श्रीमद्भगवद् गीता

Srimad Bhagavad Gita

This Edition of

Srimad Bhagavad Gita

is dedicated to those brethern who are living thousands of miles away from India and yet keeping the traditions of 'Hinduism' and 'Hindutva' alive......

—publishers

Published by :
STAR PUBLICATIONS (P) LTD.
NEW DELHI-110 002

Srimad Bhagavad Gita

★ Sanskrit Text
★ Romanised Text
★ Hindi Translation
and
★ English Translation

श्रीमद्भगवद्गीता

★ संस्कृत मूल पाठ
★ रोमन लिप्यान्तर
★ हिन्दी अनुवाद
★ अंग्रेज़ी अनुवाद

सम्पादक :
अशोक कौशिक
Editor :
Ashok Kaushik

Romanisation & English translation :
Janak Datt

SRIMAD BHAGAVAD GITA
Sanskrit Text - Romanised Text
Hindi Translation - English Translation

ISBN-10 : 81-86264-64-7
ISBN-13 : 978-81-86264-64-5

Published by:
STAR PUBLICATIONS (P) LTD.
4/5-B, Asaf Ali Road
New Delhi - 110 002

First Edition : 1993
Eleventh Edition : 2020
Twelth Edition : 2021
Thirteenth Edition : 2023
Fourteenth Edition : 2025

Price : Rs. 595/-

Printed by :
Adarsh Printer, New Delhi

INTRODUCTION

त्वमेव माता च पिता त्वमेव, त्वमेव बंधुश्च सखा त्वमेव।
त्वमेव विद्या, द्रविड़म् त्वमेव, त्वमेव सर्वं मम देव देव।।

Thou art Mother, thou art Father, thou art kinsman, thou art friend, thou art knowledge, thou art wealth; thou art my all, O'Lord of Lords.

'Srimad Bhagavad Gita' is just not a holy book. It has aslo gained a prominent place in literature of the world. It contains divine words emanating from the lips of Lord Krishna. This great epic is an eloquent proof of the observation. As a scripture, this Book embodies the supreme spiritual mystery and secrets. Its style is so simple and elegant that with a little study one can easily follow the structure of its words, yet the thoughts behind those words are so deep and abstruse that even for life time, constant study of this Book may not show an end of it.

'The Bhagavad Gita' is an unfathomable ocean of wisdom. It is a bottomless sea containing endless strate of meanings. Just as a diver diving deep in the sea lays his hands on precious gems, similarly diving deeper and deeper into the secrets of this Book, the seeker goes on discovering more and more piles of extraodrdinary gems of thoughts and ideas.

'The Bhagavad Gita' is a part of the 'Mahabharata', but even then it has its own identity, which has made it more prominent than the Mahabharata. It may look to be just a narration of the happenings of the war between Kauravas and Pandavas, but it is the philosophy of life, expressed from the lips of Lord Krishna, addressed to the warrior Arjuna, defining following ideas :

(i) Facing your enemies in a war is an asupicious and especial duty;

(ii) The Lord alone is to be worshipped, and that only by performing one's own duties. Any other worship or duty should be abandoned.

(iii) Devotion to the Lord is the mean to which all the rest is subservient;

(iv) The Lord is far different from the whole world and everything is under his control. He is the Supreme being, perfect in every excellence.

(v) The human being is obliged to perform his duties without hoping for the fruits which he may get out of his performance.

'Srimad Bhagavad Gita' has been translated into several languages, and each translation has been reviewed and commented in different ways. But this edition of Bhagavad Gita has its own distinction. It contains the original sanskrit text (alongwith Romanised version of each and every verse) as also its translation into Hindi as well as in English. We hope that this edition will enlighten not only those readers who read it from religious view point, but also to those who want to study this great literary work.

It has been brought out in comparatively bolder type so that it can be easily read by readers of all age.

–Publisher.

।। भूमिका ।।

''श्रीमद्भगवद् गीता'' महाभारत के भीष्म पर्व का अंग है। भीष्म पर्व में ही गीता को सर्वशास्त्रमयी कहा गया है। महाभारतकार का अभिप्राय है कि गीता में सर्वशास्त्रों का निष्कर्ष निहित है। कुछ लोगों का तो यहां तक कहना है कि गीता में वेदों का भी सार निहित है, किन्तु यह प्रमाण पुष्ट नहीं है। अतः गीता के पाठकों को गीता के स्वतन्त्र ग्रन्थ होने और इसमें वेदों का सार निहित होने की भ्रान्ति अपने मन से निकाल देनी चाहिये। भीष्म पर्व में गीता के महत्व को बतलाते हुए यह भी कहा गया है कि जिसने गीता का सम्यक् अध्ययन कर लिया, उसे अन्य शास्त्रों को इतने विस्तार से पढ़ने की आवश्यकता नहीं होती। बुद्धिमान् एवं विद्वान् पाठक इस कथन पर स्वयं ही विचार कर अपना निष्कर्ष निष्पन्न करें तो उपयुक्त होगा।

गीता में भक्ति, ज्ञान और कर्म विषयों पर विस्तार से प्रकाश डाला गया है। अतः जो श्रद्धालु गीता को केवल कर्मयोग अथवा भक्तियोग एवं ज्ञानयोग का ग्रंथ मानते हैं, यह उनका अपना-अपना विचार हो सकता है। शास्त्रों में कहा गया है—'मुण्डे मुण्डे मतिर्भिन्ना।' प्रत्येक व्यक्ति की अपनी अलग बुद्धि होती है और वह उसके आधार पर ही विचार करता है। किन्तु सत्य तो एक है। उस पर विवाद नहीं। अतः हमारा दृढ़ मत है कि गीता के सभी अध्यायों में यत्र-तत्र इन तीनों विषयों पर न्यूनाधिक प्रकाश डाला गया है तथा प्रसंगानुसार विषय-विशेष पर भी यथास्थान विस्तार से प्रकाश डाला गया है।

गीता में समता पर विशेष बल दिया गया है। संसार के आज के वातावरण में यदि गीता का इस परिप्रेक्ष्य में अध्ययन किया जाये तो मानवता का कल्याण होगा। गीता में मनुष्यों में समता, मनुष्य और पशुओं में समता तथा सम्पूर्ण जीवों में समता का वर्णन उपलब्ध है। इस प्रसंग में गीता के छठे अध्याय का नवां श्लोक, पांचवें अध्याय का अठारहवां श्लोक तथा छठे अध्याय का बत्तीसवां श्लोक विशेष द्रष्टव्य हैं।

जीव की क्या गति है ? आज का मानव इस विषय पर अधिक चिन्तित दिखाई देता हैं यद्यपि सामान्य मनुष्य यह भली भांति जानता है कि जो जिस प्रकार के कर्म करेगा, वह उसी प्रकार का फल भोगेगा। यही सामान्य गति है। तदपि वह इस को जानता हुआ भी अपने

कर्मों की गति को बदलता नहीं, अतः दुःख ही अधिक भोगता है। गीता में जीवों के गुण एवं कर्मानुसार उनकी उत्तम, मध्यम और कनिष्ठ, ये तीन गतियां बतलायी गयी हैं। कर्म योग तथा सांख्य योग की दृष्टि से सत्काम भाव से विहित कर्म एवं उपासना करने वालों की गति तथा सामान्य भाव से सभी प्राणियों की गति का भी इसमें यथास्थान वर्णन किया गया है। इसी प्रकार सत्व-गुणी, रजोगुणी तथा तमोगुणी प्राणियों की गति का भी इसमें उल्लेख है।

रचनाकाल से ही गीता जन-जीवन को उत्प्राणित करती आई है। आज का त्रस्त मानव भी गीता की ही शरण में जाने का विचार तो करता है, किन्तु कितना जा पाता है, यह उसके कर्मों की गति पर निर्भर करता है।

विश्व की सभी प्रमुख भाषाओं में गीता का अनुवाद प्रकाशित हो चुका है। इसे विश्वमान्य ग्रन्थ माना जाता है। कुछ अतिवादी जन इसकी तुलना विभिन्न परकीय सम्प्रदायों के धर्मग्रन्थों से करते हैं। यह उनकी मन्दमतिता है। क्योंकि जिन ग्रन्थों के साथ इसकी तुलना की जाती है, वे दो सहस्र वर्ष से अधिक प्राचीन नहीं हैं, जबकि गीता का रचनाकाल कम से कम पांच सहस्र वर्ष पूर्व तो माना ही जाता है। अतः पूर्व-ग्रन्थ की पर-ग्रन्थ के साथ तुलना करना अपनी मन्दमति का ही प्रदर्शन करना कहा जा सकता है। इस दुष्प्रयास का प्रत्याख्यान करना नितान्त आवश्यक और अनिवार्य है।

जिस प्रकार गीता का अनेक भाषाओं में अनुवाद उपलब्ध है, उसी प्रकार इसकी अनेक टीकायें भी उपलब्ध हैं। गीता के प्रस्तुत संस्करण के प्रणयन में यदि उन सभी को नहीं तो उनमें से अधिकांश को दृष्टि में रखा गया है। उनमें से जो नवनीत उपलब्ध हो पाया है उसे यहां प्रस्तुत करने का प्रयास किया गया है। हां, त्रुटियों का उत्तरदायित्व अवश्य हम पर होगा। तदपि हमें आशा ही नहीं अपितु विश्वास है कि हिन्दी और अंग्रेज़ी के पाठक इससे अवश्य लाभान्वित होंगे। इस भावना के साथ यह आपको समर्पित है–

–अशोक कौशिक
(सम्पादक)

श्रीमद्‍भगवदगीता का यह विशिष्ट संस्करण उन श्रद्धालु जनों के लिए विशेष रूप से उपयोगी होगा जो संस्कृत-श्लोकों (मूल पाठ) को रोमन-लिपि में भी पढ़ना चाहते हैं–या जो देवनागरी लिपि में पढ़ने में कठिनाई का अनुभव करते हैं, क्योंकि इस संस्करण में मूल पाठ (श्लोकों) को संस्कृत के साथ-साथ रोमन लिपि में भी दिया गया है।

श्रीमद्भगवद्गीता
प्रथमोऽध्यायः

श्रीभगवान् ने अर्जुन को निमित्त बनाकर समस्त विश्व को श्री गीता के रूप में जो महान् उपदेश दिया है, यह अध्याय उसकी अवतारणा के रूप में है। इसमें दोनों ओर के प्रधान योद्धाओं के नाम गिनाये जाने के बाद मुख्यतया अर्जुन के बन्धुनाश की आशंका से उत्पन्न मोहजनित विषाद का वर्णन है। इसलिये इसका नाम 'अर्जुन-विषाद-योग' भी रखा गया है।

प्रसंग – पाण्डवों के राजसूय यज्ञ में उनके महान् ऐश्वर्य को देखकर दुर्योधन के मन में बड़ी भारी जलन पैदा हो गयी और उसने शकुनि आदि की सम्मति से जुआ खेलने के लिए युधिष्ठिर को बुलाया और छल से उनको हराकर उनका सर्वस्व हर लिया। अन्त में यह निश्चय हुआ कि युधिष्ठिरादि पाँचों भाई द्रौपदी-सहित बारह वर्ष के लिए वन में रहें और एक साल छिपकर रहें; इस प्रकार तेरह वर्ष तक समस्त राज्य पर दुर्योधन का आधिपत्य रहे और पाण्डवों के एक साल के अज्ञातवास का भेद न खुल पाने पर तेरह वर्ष के बाद पाण्डवों का राज्य उन्हें लौटा दिया जाय। इस निर्णय के अनुसार तेरह साल बिताने के बाद जब पाण्डवों ने अपना राज्य वापस माँगा तब दुर्योधन ने साफ इन्कार कर दिया। तब दोनों ओर से युद्ध की तैयारी होने लगी।

जिस समय दोनों ओर की सेना एकत्र हो चुकी थीं, उस समय भगवान् श्रीकृष्ण ने स्वयं हस्तिनापुर जाकर हर तरह से दुर्योधन को समझाने की चेष्टा की; परंतु दुर्योधन ने स्पष्ट कह दिया–'मेरे जीते-जी पाण्डव कदापि राज्य नहीं पा सकते, यहाँ तक कि सूई की नोक भर ज़मीन भी मैं पाण्डवों को नहीं दूँगा।' तब अपना न्यायोचित स्वत्व प्राप्त करने के लिये पाण्डवों ने धर्म समझकर युद्ध के लिये निश्चय कर लिया।

जब दोनों ओर से युद्ध की पूरी तैयारी हो गयी, तब महर्षि वेदव्यास जी ने धृतराष्ट्र के समीप आकर उनसे कहा–'ये संजय तुम्हें युद्ध का सब वृत्तान्त सुनावेंगे। युद्ध की समस्त घटनाओं को ये प्रत्यक्ष देख, सुन और जान सकेंगे।'

यहीं से श्रीमद्भगवद्गीता का प्रथम अध्याय आरम्भ होता है......

SRIMAD BHAGAVADGITA

Chapter One

This sacred book of Hinduism in real sense depicts the philosophy of Hindu religion in the form of Lord Krishna's preachings to warrior Arjuna, who was unwillingly involved into the Great War, known as 'Mahabharata', between Kauravas and Pandavas. This war was fought between two groups of the same family of King Dhratrastra, who was blind. Though unhappy over the war, he was helpless yet eager to know about happenings between the two groups in the battlefied.

The blind king assigned his aide Sanjay to relay to him all what was going on in the battlefied, and for whole of the duration of this War, Sanjay had been a narrator to the King. But 'Bhagavadgita' relates to only that part of the 'Mahabharata' when Arjuna was reluctant to fight against his own relations facing on the other side. It was that time that Lord Krishna had to 'teach' him that there was nothing wrong to fight even against his relations as the war was for victory of the 'truth'.

Srimad Bhagavadgita consists of eighteen chapters, and the first chapter starts from here........

धृतराष्ट्र उवाच

धर्मक्षेत्रे कुरुक्षेत्रे समवेता युयुत्सवः।
मामकाः पाण्डवाश्चैव किमकुर्वत सञ्जय।।1।।

dhṛtarāṣṭra uvāca
dharmakṣetre kurukṣetre samavetā yuyutsavaḥ
māmakāḥ pāṇḍavāścaiva kimakurvata sañjaya

धृतराष्ट्र बोले—हे सञ्जय ! धर्मभूमि कुरुक्षेत्र में एकत्रित, युद्ध की इच्छा वाले मेरे और पाण्डु के पुत्रों ने क्या किया ? ।।1 ।।

Dhratrastra said : Sañjaya, gathered on the sacred soil of Kuruksetra, eager to fight, what did my children and the children of Pandu do? (1)

प्रसंग – धृतराष्ट्र के पूछने पर सञ्जय कहते हैं–

सञ्जय उवाच

दृष्ट्वा तु पाण्डवानीकं व्यूढं दुर्योधनस्तदा।
आचार्यमुपसंगम्य राजा वचनमब्रवीत्।।2।।

sañjaya uvāca
dṛṣṭvā tu pāṇḍavānīkaṁ vyūḍhaṁ duryodhanastadā
ācāryamupasaṅgamya rājā vacanamabravīt

सञ्जय बोले—उस समय राजा दुर्योधन ने व्यूह रचनायुक्त पाण्डवों की सेना को देखकर और द्रोणाचार्य के पास जाकर यह वचन कहा ।।2 ।।

Sañjaya said : At that time, seeing the army of the Pandavas drawn up for battle and approaching Dronacarya King Duryodhana spoke these words : (2)

प्रसंग – द्रोणाचार्य के पास जाकर दुर्योधन ने जो कुछ कहा, अब उसे बतलाते हैं–

पश्यैतां पाण्डुपुत्राणामाचार्य महतीं चमूम् ।
व्यूढां द्रुपदपुत्रेण तव शिष्येण धीमता ।। 3 ।।

paśyaitāṁ pāṇḍuputrāṇāmācārya mahatīṁ camūm
vyūḍhāṁ drupadaputreṇa tava śiṣyeṇa dhīmatā

हे आचार्य ! आपके बुद्धिमान् शिष्य द्रुपदपुत्र धृष्टद्युम्न द्वारा व्यूहाकार खड़ी की हुई पाण्डु पुत्रों की इस बड़ी भारी सेना को देखिये ।। 3 ।।

Behold, Master, the mighty army of the sons of Pandu arrayed for battle by your talented pupil, Dhrstadyumna, son of Drupada. (3)

प्रसंग – पाण्डव-सेनाकी व्यूहरचना दिखलाकर अब दुर्योधन तीन श्लोकों द्वारा पाण्डव-सेना के प्रमुख महारथियों के नाम बतलाते हैं–

अत्र शूरा महेष्वासा भीमार्जुनसमा युधि ।
युयुधानो विराटश्च द्रुपदश्च महारथः ।। 4 ।।
धृष्टकेतुश्चेकितानः काशिराजश्च वीर्यवान् ।
पुरुजित्कुन्तिभोजश्च शैब्यश्च नरपुंगवः ।। 5 ।।
युधामन्युश्च विक्रान्त उत्तमौजाश्च वीर्यवान् ।
सौभद्रो द्रौपदेयाश्च सर्व एव महारथाः ।। 6 ।।

atra śūrā maheṣvāsā bhīmārjunasamā yudhi
yuyudhāno virāṭaśca drupadāśca mahārathaḥ
dhṛṣṭaketuścekitānaḥ kāśirājaśca vīryavān
purujitkuntibhojaśca śaibyaśca narapuṅgavaḥ
yudhāmanyuśca vikrānta uttamaujāśca vīryavān
saubhadro draupadeyāśca sarva eva mahārathāḥ

इस सेना में बड़े-बड़े धनुषों वाले तथा युद्ध में भीम और अर्जुन के समान शूरवीर सात्यकि और विराट तथा महारथी राजा द्रुपद, धृष्टकेतु और चेकितान तथा बलवान् काशिराज, पुरुजित्, कुन्तिभोज और मनुष्यों में श्रेष्ठ शैव्य, पराक्रमी युधामन्यु तथा बलवान् उत्तमौजा, सुभद्रा पुत्र अभिमन्यु एवं द्रौपदी के पाँचों पुत्र—ये सभी महारथी हैं ।। 4-5-6 ।।

There are in this army heroes wielding mighty bows and equal in military prowess to Bhima and Arjuna—Satyaki and Virat and the Maharathi (warrior chief) Drupada; Dhrstaketu, Chekitana and the valiant King of Kasi, and Purujit, Kuntibhoja, and Saivya, the best of men and mighty Yudhamanyu, and valiant Uttamauja, Abhimanyu, the son of Subhadra, and the five sons of Draupadi,—all of them Maharathis (warrior chiefs). (4,5,6)

प्रसंग – पाण्डव-सेना के प्रधान योद्धाओं के नाम बतलाकर अब दुर्योधन आचार्य द्रोण से अपनी सेना के–प्रधान योद्धाओं को जान लेने के लिये अनुरोध करते हैं–

अस्माकं तु विशिष्टा ये तान्निबोध द्विजोत्तम।
नायका मम सैन्यस्य संज्ञार्थं तान् ब्रवीमि ते।। 7।।

asmākaṁ tu viśiṣṭā ye tānnibodha dvijottama
nāyakā mama sainyasya saṁjñārthaṁ tānbravīmi te

हे ब्राह्मणश्रेष्ठ ! अपने पक्ष में भी जो प्रधान हैं, उनको आप समझ लीजिये। आपकी जानकारी के लिये मेरी सेना के जो-जो सेनापति हैं, उनको बतलाता हूँ ।। 7 ।।

O best of Brahmanas, know them also who are the principal warriors on our side—the generals of my army. For your information, I mention them below :— (7)

प्रसंग – अब दो श्लोकों में दुर्योधन अपने पक्ष के प्रधान वीरों के नाम बतलाते हुए अन्यान्य वीरों के सहित उनकी प्रशंसा करते हैं–

भवान् भीष्मश्च कर्णश्च कृपश्च समितिञ्जयः।
अश्वत्थामा विकर्णश्च सौमदत्तिस्तथैव च।।8।।

bhavānbhīṣmaśca karṇaśca kṛpaśca samitiñjayaḥ
aśvatthāmā vikarṇaśca saumadattistathaiva ca

आप—द्रोणाचार्य और पितामह भीष्म तथा कर्ण और संग्राम विजयी कृपाचार्य तथा वैसे ही अश्वत्थामा, विकर्ण और सोमदत्त पुत्र भूरिश्रवा ।। 8 ।।

Yourself and Bhisma and Karna and Kripa, who is ever victorious in battle; and even so Asvatthama, Vikarna and Bhurisrava (the son of Somadatta); (8)

अन्ये च बहवः शूरा मदर्थे त्यक्तजीविताः ।
नानाशस्त्रप्रहरणाः सर्वे युद्धविशारदाः ।। 9 ।।

anye ca bahavaḥ śūrā madarthe tyaktajīvitāḥ
nānāśastrapraharaṇāḥ sarve yuddhaviśāradāḥ

और भी मेरे लिये जीवन की आशा त्याग देने वाले बहुत-से शूरवीर अनेक प्रकार के शस्त्रास्त्रों से सुसज्जित और सब-के-सब युद्ध में चतुर हैं ।। 9 ।।

And there are many other heroes, equipped with various weapons and missiles, who have staked their lives for me, all skilled in warfare. (9)

प्रसंग – अपने महारथी योद्धाओं की प्रशंसा करके अब दुर्योधन दोनों सेनाओं की तुलना करते हुए अपनी सेना को पाण्डव-सेना की अपेक्षा अधिक शक्तिशाली और उत्तम बतलाते हैं–

अपर्याप्तं तदस्माकं बलं भीष्माभिरक्षितम् ।
पर्याप्तं त्विदमेतेषां बलं भीमाभिरक्षितम् ।। 10 ।।

aparyāptaṁ tadasmākaṁ balaṁ bhīṣmābhirakṣitam
paryāptaṁ tvidameteṣāṁ balaṁ bhīmābhirakṣitam

भीष्म पितामह द्वारा रक्षित हमारी वह सेना सब प्रकार से अजेय है और भीम द्वारा रक्षित इन लोगों की यह सेना जीतने में सुगम है ।। 10 ।।

This army of ours, fully protected by Bhisma, is unconquerable; while that army of theirs, guarded in every way by Bhima, is easy to conquer. (10)

प्रसंग – इस प्रकार भीष्म द्वारा संरक्षित अपनी सेना को अजेय बताकर, अब दुर्योधन सब ओर से भीष्म की रक्षा करने के लिये द्रोणाचार्य आदि समस्त महारथियों से अनुरोध करते हैं–

अयनेषु च सर्वेषु यथाभागमवस्थिताः।
भीष्ममेवाभिरक्षन्तु भवन्तः सर्व एव हि।।11।।

ayaneṣu ca sarveṣu yathābhāgamavasthitāḥ
bhīṣmamevābhirakṣantu bhavantaḥ sarva eva hi

इसलिये सब मोर्चों पर अपनी-अपनी जगह स्थित रहते हुए आप लोग सभी निःसन्देह भीष्म पितामह की ही सब ओर से रक्षा करें ।। 11 ।।

Therefore, stationed in your respective positions on all fronts, you all guard Bhisma in particular on all sides. (11)

प्रसंग – दुर्योधन के द्वारा अपने पक्ष के महारथियों की विशेष रूप से पितामह भीष्म की प्रशंसा किये जाने का वर्णन सुनाकर अब सञ्जय उसके बाद की घटनाओं का वर्णन करते हैं–

तस्य संजनयन् हर्षं कुरुवृद्धः पितामहः।
सिंहनादं विनद्योच्चैः शंख दध्मौ प्रतापवान्।।12।।

tasya saṁjanayanharṣaṁ kuruvṛddhaḥ pitāmahaḥ
siṁhanādaṁ vinadyoccaiḥ śaṅkhaṁ dadhmau pratāpavān

कौरवों में वृद्ध बड़े प्रतापी पितामह भीष्म ने उस दुर्योधन के हृदयमें हर्ष उत्पन्न करते हुए उच्च स्वर से सिंह की दहाड़ के समान गरजकर शंख बजाया ।। 12 ।।

The grand old man of the Kaurava race, their

glorious grand-uncle Bhisma, cheering up Duryodhana, roared terribly like a lion and blew his conch. (12)

ततः शंखश्च भेर्यश्च पणवानकगोमुखाः।
सहसैवाभ्यहन्यन्त स शब्दस्तुमुलोऽभवत्।।13।।

tataḥ śaṅkhāśca bheryaśca paṇavānakagomukhāḥ
sahasaivābhyahanyanta sa śabdastumulobhavat

इसके पश्चात् शंख और नगारे तथा ढोल, मृदंग और नरसिंघे आदि बाजे एक साथ ही बज उठे। उनका वह शव्द बड़ा भयंकर हुआ ।। 13 ।।

Then conches kettledrums tabors, drums and trumpets suddenly blared forth and the noise was tumultuous. (13)

प्रसंग – धृतराष्ट्र ने पूछा था कि युद्ध के लिये एकत्र होने के बाद मेरे और पाण्डु के पुत्रों ने क्या किया, इसके उत्तर में सञ्जय ने अब तक धृतराष्ट्र के पक्ष वालों की वात सुनायी; अब पाण्डवों ने क्या किया, उसे पाँच श्लोकों में वतलाते हैं–

ततः श्वेतैर्हयैर्युक्ते महति स्यन्दने स्थितौ।
माधवः पाण्डवश्चैव दिव्यौ शंखौ प्रदध्मतुः।।14।।

tataḥ śvetairhayairyukte mahati syandane sthitau
mādhavaḥ pāṇḍavaścaiva divyau śaṅkhau pradadhmatuḥ

इसके अनन्तर सफेद घोड़ों से युक्त उत्तम रथ में बैठे हुए श्रीकृष्ण महाराज और अर्जुन ने भी अलौकिक शंख बजाये ।। 14 ।।

Then seated in a glorious chariot drawn by white horses, Sri Krsna as well as Arjuna blew their celestial conches. (14)

पाञ्चजन्यं हृषीकेशो देवदत्तं धनञ्जयः।
पौण्ड्रं दध्मौ महाशंखं भीमकर्मा वृकोदरः।। 15।।

pāñcajanyaṁ hṛṣīkeśo devadattaṁ dhanañjayaḥ
pauṇḍraṁ dadhmau mahāśaṅkhaṁ bhīmakarmā vṛkodaraḥ

श्रीकृष्ण महाराज ने पाञ्चजन्य नामक, अर्जुन ने देवदत्त नामक और भयानक कर्म वाले भीमसेन ने पौण्ड्र नामक महांशंख बजाया ।। 15 ।।

Sri Krsna blew His Conch named Pañcajanya; Arjuna, his own called Devadatta; while Bhima of terrible deeds blew his mighty conch Paundra. (15)

अनन्तविजयं राजा कुन्ती पुत्रो युधिष्ठिरः।
नकुलः सहदेवश्च सुघोषमणिपुष्पकौ।। 16।।

anantavijayaṁ rājā kuntīputro yudhiṣṭhiraḥ
nakulaḥ sahadevaśca sughoṣamaṇipuṣpakau

कुन्ती पुत्र राजा युधिष्ठिर ने अनन्त विजय नामक और नकुल तथा सहदेव ने सुघोष और मणिपुष्पक नामक शंख बजाये ।। 16 ।।

King Yudhisthira, son of Kunti, blew his conch Anantavijaya; while Nakula and Sahadeva blew theirs, known as Sughosa and Manipuspaka respectively. (16)

काश्यश्च परमेष्वासः शिखण्डी च महारथः।
धृष्टद्युम्नो विराटश्च सात्यकिश्चापराजितः।। 17।।
द्रुपदो द्रौपदेयाश्च सर्वशः पृथिवीपते।
सौभद्रश्च महाबाहुः शंखान्दध्मुः पृथक्पृथक्।। 18।।

kāśyaśca parameṣvāsaḥ śikhaṇḍī ca mahārathaḥ
dhṛṣṭadyumno virāṭaśca sātyakiścāparājitaḥ
drupado draupadeyāśca sarvaśaḥ pṛthivīpate
saubhadraśca mahābāhuḥ śaṅkhāndadhmuḥ pṛthakpṛthak

श्रेष्ठ धनुष वाले काशिराज और महारथी शिखण्डी एवं धृष्टद्युम्न तथा राजा विराट और अजेय सात्यकि, राजा द्रुपद एवं द्रौपदी के पाँचों पुत्र और बड़ी भुजावाले सुभद्रा पुत्र अभिमन्यु—इन सभी ने, हे राजन्! सब ओर से अलग-अलग शंख बजाये ।। 17-18 ।।

And the excellent archer, the King of Kasi and Sikhandi the Maharathi (great car-warrior), Dhrstadyumna and Virata; and invincible Satyaki, Drupada as well as the five sons of Draupadi, and the mighty-armed Abhimanyu, son of Subhadra, all of them, O Lord of the earth, severally blew their respective conchs from all sides. (17-18)

प्रसंग – भगवान् श्रीकृष्ण और अर्जुन के पश्चात् पाण्डव सेना के अन्यान्य शूरवीरों द्वारा सब ओर शंख बजाये जाने की बात कहकर अब उस शंखध्वनिका क्या परिणाम हुआ ? उसे सञ्जय बतलाते हैं–

स घोषो धार्तराष्ट्राणां हृदयानि व्यदारयत्।
नभश्च पृथिवीं चैव तुमुलो व्यनुनादयन्।।19।।

sa ghoṣo dhārtarāṣṭrāṇāṁ hṛdayāni vyadārayat
nabhaśca pṛthivīṁ caiva tumulo vyanunādayan

और उस भयानक शब्द ने आकाश और पृथ्वी को भी गुँजाते हुए धार्तराष्ट्रों के यानी आपके पक्ष वालों के हृदय विदीर्ण कर दिये ।। 19 ।।

And the terrible sound, echoing through heaven and earth, rent the hearts of Dhritarastra's sons. (19)

प्रसंग – पाण्डवों की शंखध्वनि से कौरव वीरों के व्यथित होने का वर्णन करके, अब चार श्लोकों में भगवान् श्रीकृष्ण के प्रति कहे हुए अर्जुन के उत्साहपूर्ण वचनों का वर्णन किया जाता है–

अथ व्यवस्थितान्दृष्ट्वा धार्तराष्ट्रान् कपिध्वजः।
प्रवृत्ते शस्त्रसम्पाते धनुरुद्यम्य पाण्डवः।।20।।
हृषीकेशं तदा वाक्यमिदमाह महीपते।

ath vyavasthitāndṛṣṭvā dhārtarāṣṭrān kapidhvaj
pravṛttē śasrasampātē dhanurudhamy pāṇḍav
hṛṣīkēśaṃ tadā vākyamidamāh mahīpatē

हे राजन् ! इसके बाद कपिध्वज अर्जुन ने मोर्चा बाँधकर डटे हुए धृतराष्ट्र-सम्बन्धियों को देखकर, उस शस्त्र चलने की तैयारी के समय धनुष उठाकर हृषीकेश श्रीकृष्ण महाराज से यह वचन कहा—हे अच्युत ! मेरे रथ को दोनों सेनाओं के बीच में खड़ा कीजिये ।। 20-21 ।।

Now, O lord of the earth, seeing your sons arrayed against him, and when missiles were ready to be hurled, Arjuna, son of Pandu, took up his bow and then addressed the following words to Sri Krsna; Krsna, place my chariot between the two armies. (20-21)

अर्जुन उवाच

सेनयोरुभयोर्मध्ये रथं स्थापय मेऽच्युत ।। 21 ।।
यावदेतान्निरीक्षेऽहं योद्धुकामानवस्थितान् ।
कैर्मया सह योद्धव्यमस्मिन् रणसमुद्यमे ।। 22 ।।

arjuna uvāca

senayorubhayormadhye ratham sthāpaya me'cyuta
yāvadetānnirīkṣe'ham yoddhukāmānavasthitān
kairmayā saha yoddhavyamasminraṇasamudyame

और जब तक कि मैं युद्ध क्षेत्र में डटे हुए युद्ध के अभिलाषी इन विपक्षी योद्धाओं को भली प्रकार देख लूँ कि इस युद्ध रूप व्यापार में मुझे किन-किन के साथ युद्ध करना योग्य है, तब तक उसे खड़ा रखिये ।। 22 ।।

And keep it there till I have carefully observed these warriors drawn up for battle, and have seen with whom I have to engage in this fight. (22)

योत्स्यमानानवेक्षेऽहं य एतेऽत्र समागताः।
धार्तराष्ट्रस्य दुर्बुद्धेर्युद्धे प्रियचिकीर्षवः।।23।।

yotsyamānānavekṣe'haṁ ya ete'tra samāgatāḥ
dhārtarāṣṭrasya durbuddheryuddhe priyacikīrṣavaḥ

दुर्बुद्धि दुर्योधन का युद्ध में हित चाहने वाले जो-जो ये राजा लोग इस सेना में आये हैं, इन युद्ध करने वालों को मैं देखूँगा ।। 23 ।।

I shall scan the well-wishers in this war of evil-minded Duryodhana, whoever have assembled on this side and are ready for the fight. (23)

प्रसंग – अर्जुन के इस प्रकार कहने पर भगवान् ने क्या किया ? अब दो श्लोकों में सञ्जय उसका वर्णन करते हैं–

सञ्जय उवाच

एवमुक्तो हृषीकेशो गुडाकेशेन भारत।
सेनयोरुभयोर्मध्ये स्थापयित्वा रथोत्तमम्।।24।।
भीष्मद्रोणप्रमुखतः सर्वेषां च महीक्षिताम्।
उवाच पार्थ पश्यैतान् समवेतान् कुरूनिति।।25।।

sañjaya uvāca
evamukto hṛṣīkeśo guḍākeśena bhārata
senyorubhayormadhye sthāpayitvā rathottamam
bhiṣmadroṇapramukhataḥ sarveṣāṁ ca mahīkṣitām
uvāca pārtha paśyaitān samavetānkurūniti

सञ्जय बोले–हे धृतराष्ट्र ! अर्जुन द्वारा इस प्रकार कहे हुए

महाराज श्रीकृष्ण चन्द्र ने दोनों सेनाओं के बीच में भीष्म और द्रोणाचार्य के सामने तथा सम्पूर्ण राजाओं के सामने उत्तम रथ को खड़ा करके इस प्रकार कहा कि हे पार्थ ! युद्ध के लिये जुटे हुए इन कौरवों को देख ।। 24-25 ।।

Sañjaya said : O king, thus addressed by Arjuna, Sri Krsna placed the magnificent chariot between the two armies in front of Bhisma, Drona and all the kings and said, Arjuna, behold these Kauravas assembled here. (24-25)

प्रसंग – भगवान् श्रीकृष्ण की आज्ञा सुनकर अर्जुन ने क्या किया ? अब उसे बतलाते हैं–

तत्रापश्यत्स्थितान् पार्थः पितृनथ पितामहान् ।
आचार्यान्मातुलान् भ्रातृन् पुत्रान् पौत्रान् सखींस्तथा ।। 26 ।।
श्वशुरान् सुहृदश्चैव सेनयोरुभयोरपि ।

tatrāpaśyatsthitān pārthaḥ pitṝnatha pitāmahān
ācāryānmātulānbhrātṝnputrānpautrānsakhīṁstathā
śvaśurānsuhṛdaścaiva senayorubhayorapi

इसके बाद पृथापुत्र अर्जुन ने उन दोनों ही सेनाओं में स्थित ताऊ-चाचों को, दादों परदादों को, गुरुओं को, मामाओं को, भाइयों को, पुत्रों को, पौत्रों को तथा मित्रों को, ससुरों को और सुहृदों को भी देखा ।। 26 और 27वें का पूर्वार्ध ।।

Now Arjuna saw stationed there in both armies his uncles, grand-uncles and teachers, even great grand-uncles, maternal uncles, brothers and cousins, sons and nephews, and grand-nephews, even so friends, fathers-in-law and well-wishers as well. (26 & first half of 27)

प्रसंग – इस प्रकार सबको देखने के बाद अर्जुन ने क्या किया ? अब उसे बतलाते हैं–

तान् समीक्ष्य स कौन्तेयः सर्वान् बन्धूनवस्थितान् ।। 27 ।।
कृपया परयाविष्टो विषीदन्निदमब्रवीत् ।

tānsamīkṣya sa kaunteyaḥ sarvānbandhūnavasthitān
kṛpayā parayāviṣṭo viṣīdannidamabravīt

उन उपस्थित सम्पूर्ण बन्धुओं को देखकर वह कुन्ती पुत्र अर्जुन अत्यन्त करुणा से युक्त होकर शोक करते हुए यह बचन बोले ।। 27वेंका उत्तरार्ध और 28वेंका पूर्वार्ध ।।

Seeing all those relations present there, Arjuna was filled with deep compassion, and uttered these words in sadness. (Second half of 27and first half of 28).

प्रसंग – बन्धुस्नेह के कारण अर्जुन की कैसी स्थिति हुई, अब ढाई श्लोकों में अर्जुन स्वयं उसका वर्णन करते हैं–

अर्जुन उवाच

दृष्ट्वेमं स्वजनं कृष्ण युयुत्सुं समुपस्थितम् ।। 28 ।।
सीदन्ति मम गात्राणि मुखं च परिशुष्यति ।
वेपथुश्च शरीरे मे रोमहर्षश्च जायते ।। 29 ।।

Arjun uvāc

dṛstavemam swajanam krsna yuyutsum samupasthitam
sidanti mama gātrāni mukham ca pariśushyati
vepathuśca śarire me romaharshaśca jāyate.

अर्जुन बोले—हे कृष्ण ! युद्ध क्षेत्र में डटे हुए युद्ध के अभिलाषी इस स्वजन समुदाय को देखकर मेरे अंग शिथिल हुए जा रहे हैं और मुख सूखा जा रहा है तथा मेरे शरीर में कम्प एवं रोमाञ्च हो रहा है ।।28वेंका उत्तरार्ध और 29 ।।

Arjuna said : Krsna, at the sight of these kinsmen arrayed for battle my limbs give way, and my mouth is parching; nay, a shiver runs through my body and hair stand upright. (2nd half of 28 and 29)

गाण्डीवं स्रंसते हस्तात्त्वक्चैव परिदह्यते।
न च शक्नोम्यवस्थातुं भ्रमतीव च मे मनः।।30।।

gāṇḍīvaṃ sraṃsatē hastāttvakcaiv paridahṛtē
n c śaknōmyavasthātuṃ bhramatīv c mē man

हाथ से ग़ाण्डीव धनुष गिर रहा है और त्वचा भी बहुत जल रही है तथा मेरा मन भ्रमित-सा हो रहा है, इसलिये मैं खड़ा रहने को भी समर्थ नहीं हूँ ।। 30 ।।

The bow, Gandiva, slips from my hand and my skin too burns all over; my brain is whirling, as it were, and I can stand no longer. (30)

प्रसंग – अपनी विषादयुक्त स्थितिका वर्णन करके अब अर्जुन अपने विचारों के अनुसार युद्ध का अनौचित्य सिद्ध करते हैं–

निमित्तानि च पश्यामि विपरीतानि केशव।
न च श्रेयोऽनुपश्यामि हत्वा स्वजनमाहवे।। 31।।

nimittāni ca paśyāmi viparītāni keśava
na ca śreyo'nupaśyāmi hatvā svajanamāhave

हे केशव ! मैं लक्षणों को भी विपरीत ही देख रहा हूँ तथा युद्ध में स्वजन-समुदाय को मारकर कल्याण भी नहीं देखता ।। 31 ।।

And, Kesava, I see such omens of evil, nor do I see any good in killing my kinsmen in battle. (31)

प्रसंग – अर्जुन ने यह कहा कि स्वजनों को मारने से किसी प्रकार का भी हित होने की सम्भावना नहीं है, अब फिर वे उसी की पुष्टि करते हैं–

न काङ्क्षे विजयं कृष्ण न च राज्यं सुखानि च।
किं नो राज्येन गोविन्द किं भोगैर्जीवितेन वा।। 32।।

na kāṅkṣe vijayaṁ kṛṣṇa na ca rājyaṁ sukhāni ca
kiṁ no rājyena govinda kiṁ bhogairjīvitena vā

हे कृष्ण ! मैं न तो विजय चाहता हूँ और न राज्य तथा सुखों को ही। हे गोविन्द ! हमें ऐसे राज्य से क्या प्रयोजन है अथवा ऐसे भोगों से और जीवन से भी क्या लाभ है ? ।। 32 ।।

Krsna, I do not covet victory, nor kingdom nor pleasures. Govinda, of what use will kingdom, or luxuries, or even life be to us! (32)

प्रसंग – अब अर्जुन स्वजन वध से मिलने वाले राज्य-भोगादिको न चाहने का कारण दिखलाते हैं–

येषामर्थे काङ्क्षितं नो राज्यं भोगाः सुखानि च।
त इमेऽवस्थिता युद्धे प्राणांस्त्यक्त्वा धनानि च।।33।।
आचार्याः पितरः पुत्रास्तथैव च पितामहाः।
मातुलाः श्वशुराः पौत्राः श्यालाः सम्बन्धिनस्तथा।।34।।

yeṣāmarthe kāṅkṣitaṁ no rājyaṁ bhogāḥ sukhāni ca
ta ime'vasthitā yuddhe prāṇāṁstyaktvā dhanāni ca
ācāryāḥ pitaraḥ putrāstathaiva ca pitāmahāḥ
mātulāḥ śvaśurāḥ pautrāḥ śyālāḥ sambandhinastathā

हमें जिनके लिये राज्य, भोग और सुखादि अभीष्ट हैं, वे ही ये सब धन और जीवन की आशाको त्याग कर युद्ध में खड़े हैं। गुरुजन, ताऊ-चाचे, लड़के और उसी प्रकार दादे, मामे, ससुर, पौत्र, साले तथा और भी सम्बन्धी लोग हैं ।। 33-34 ।।

Those very persons for whose sake we covet the throne, luxuries and pleasures,—teachers, uncles, sons and nephews and even so grand-uncles and great grand-uncles, maternal uncles, fathers-in-law, grand-nephews, brothers-in-law and other relations,—are here arrayed on the battle-field risking their lives and wealth. (33-34)

एतान्न हन्तुमिच्छामि घ्नतोऽपि मधुसूदन।
अपि त्रैलोक्यराज्यस्य हेतोः किं नु महीकृते ।। 35 ।।

etānna hantumicchāmi ghnato'pi madhusūdana
api trailokyarājyasya hetoḥ kiṁ nu mahīkṛte

हे मधुसूदन ! मुझे मारने पर भी अथवा तीनों लोकों के राज्य के लिये भी मैं इन सबको मारना नहीं चाहता; फिर पृथ्वी के लिये तो कहना ही क्या है ? ।। 35 ।।

O Slayer of Madhu, I do not want to kill them, though they should slay me, even for the throne of the three worlds; how much the less from earthly lordship! (35)

प्रसंग – यहाँ यदि यह पूछा जाय कि आप त्रिलोकी के राज्य के लिये भी उनको मारना क्यों नहीं चाहते, तो इस पर अर्जुन अपने सम्बन्धियों को मारने में लाभ का अभाव और पाप की संभावना बतलाकर अपनी बात को पुष्ट करते हैं–

निहत्य धार्तराष्ट्रन्नः का प्रीतिः स्याज्जनार्दन।
पापमेवाश्रयेदस्मान् हत्वैतानाततायिनः ।। 36 ।।

nihatya dhārtarāṣṭrānnaḥ kā prītiḥ syājjanārdana
pāpamevāśrayedasmānhatvaitānātatāyinaḥ

हे जनार्दन ! धृतराष्ट्र के पुत्रों को मारकर हमें क्या प्रसन्नता होगी ? इन आततायियों को मारकर तो हमें पाप ही लगेगा ।। 36 ।।

Krsna, how can we hope to be happy slaying the sons of Dhrtarastra; killing these desperadoes sin will surely take hold of us. (36)

प्रसंग – स्वजनों को मारना सब प्रकार से हानिकारक बतलाकर अब अर्जुन अपना मत प्रकट कर रहे हैं–

तस्मान्नार्हा वयं हन्तुं धार्तराष्ट्रान् स्वबान्धवान् ।
स्वजनं हि कथं हत्वा सुखिनः स्याम माधव ।। 37 ।।

tasmānnārhā vayaṁ hantuṁ dhārtarāṣṭrān svabāndhavān
svajanaṁ hi kathaṁ hatvā sukhinaḥ syāma mādhava

अतएव हे माधव ! अपने ही बान्धव धृतराष्ट्र के पुत्रों को मारने के लिये हम योग्य नहीं हैं; क्योंकि अपने ही कुटुम्ब को मारकर हम कैसे सुखी होंगे ? ।। 37 ।।

Therefore, Krsna, it does not behove us to kill our relations, the sons of Dhritarastra. For how can we be happy after killing our own kinsmen? (37)

प्रसंग – यहाँ यह प्रश्न हो सकता है कि कुटुम्ब-नाश से होने वाला दोष तो दोनों के लिय समान ही है; फिर यदि इस दोष पर विचार करके दुर्योधनादि युद्ध से नहीं हटते, तब तुम ही इतना विचार क्यों करते हो ? अर्जुन दो श्लोकों में इस प्रश्न का उत्तर देते हैं–

यद्यप्येते न पश्यन्ति लोभोपहतचेतसः ।
कुलक्षयकृतं दोषं मित्रदोहे च पातकम् ।। 38 ।।
कथं न ज्ञेयमस्माभिः पापादस्मान्निवर्तितुम् ।
कुलक्षयकृतं दोषं प्रपश्यद्भिर्जनार्दन ।। 39 ।।

yadyapyete na paśyanti lobhopahatacetasaḥ
kulakṣayakṛtṁ doṣaṁ mitradrohe ca pātakam
kathaṁ na jñeyamasmābhiḥ pāpādasmānnivartitum
kulakṣayakrtaṁ doṣam prapaśyadbhirjanārdana

यद्यपि लोभ से भ्रष्टचित्त हुए ये लोग कुल के नाश से उत्पन्न दोष को और मित्रों से विरोध करने में पाप को नहीं देखते, तो भी हे जनार्दन ! कुल के नाश से उत्पन्न दोष को जानने वाले हम लोगों को इस पाप से हटने के लिये क्यों नहीं विचार करना चाहिए ।। 38-39 ।।

Even if these people, with minds blinded by greed; perceive no evil in destroying their own race and no sin in treason to friends, why should not we, O Krsna, who see clearly the sin accruing from the destruction of one's family think of turning away from this crime. (38-39)

प्रसंग – कुल के नाश से कौन-कौन से दोष उत्पन्न होते हैं, इस पर अर्जुन कहते हैं– ।40।।

कुलक्षये प्रणश्यन्ति कुलधर्माः सनातनाः ।
धर्मे नष्टे कुलं कृत्स्नमधर्मोऽभिभवत्युत ।।

kulakṣaye praṇaśyanti kuladharmāḥ sanātanāḥ
dharme naṣṭe kulaṁ kṛtsnamadharmo'bhibhavatyuta

कुल के नाश से सनातन कुलधर्म नष्ट हो जाते हैं, धर्म

के नाश हो जाने पर सम्पूर्ण कुल में पाप भी बहुत फैल जाता है ।। 40 ।।

Age-long family traditions disappear with the destruction of a family; and virtue having been lost, vice takes hold of the entire race. (40)

प्रसंग – इस प्रकार जब समस्त कुल में पाप फैल जाता है तब क्या होता है, अर्जुन अब उसे बतलाते हैं–

अधर्माभिभवात्कृष्ण प्रदुष्यन्ति कुलस्त्रियः।
स्त्रीषु दुष्टासु वार्ष्णेय जायते वर्णसंकरः।। 41 ।।

adharmābhibhavātkṛṣṇa praduṣyanti kulastriyaḥ
strīṣu duṣṭāsu vārṣṇeya jāyate varṇasaṅkaraḥ

हे कृष्ण ! पाप के अधिक बढ़ जाने से कुल की स्त्रियाँ अत्यन्त दूषित हो जाती हैं और हे वार्ष्णेय ! स्त्रियों के दूषित हो जाने पर वर्णसंकर उत्पन्न होता है ।। 41 ।।

With the preponderance of vice, Krsna, the women of the family become corrupt; and with the corruption of women, O descendant of Vrsni, there ensues an intermixture of castes. (41)

प्रसंग – वर्णसंकर सन्तान के उत्पन्न होने से क्या-क्या हानियाँ होती हैं, अर्जुन अब उन्हें बतलाते हैं–

संकरो नरकायैव कुलघ्नानां कुलस्य च।
पतन्ति पितरो ह्येषां लुप्तपिण्डोदकक्रियाः।। 42 ।।

saṅkaro narakāyaiva kulaghnānāṁ kulasya ca
patanti pitaro hyeṣāṁ luptapiṇḍodakakriyāḥ.

वर्णसंकर कुलघातियों को और कुल को नरक में ले जाने के लिये ही होता है। लुप्त हुई पिण्ड और जल की क्रिया वाले अर्थात् श्राद्ध और तर्पण से वञ्चित इनके पितर लोग भी अधोगति को प्राप्त होते हैं ।। 42 ।।

Admixture of blood damns the destroyers of the race as well as the race itself. Deprived of the offerings of rice and water (Sraddha, Tarpana, etc.,) the manes of their race also fall. (42)

प्रसंग – वर्णसंकरकारक दोषों से क्या हानि होती है, अब उसे बतलाते हैं–

दोषैरेतैः कुलघ्नानां वर्णसंकरकारकैः।
उत्साद्यन्ते जातिधर्माः कुलधर्माश्च शाश्वताः।। 43।।

doṣairetaiḥ kulaghnānām̐ varṇasaṅkarakārakaiḥ
utsādyante jātidharmāḥ kuladharmāśca śāśvatāḥ

इन वर्णसंकरकारक दोषों से कुलघातियों के सनातन कुल-धर्म और जाति-धर्म नष्ट हो जाते हैं ।। 43 ।।

Through these evils bringing about an intermixture of castes, the age-long caste-traditions and family customs of the killers of kinsmen get extinct. (43)

प्रसंग – 'कुल-धर्म, और 'जाति-धर्म' के नाश से क्या हानि है; अब इस पर कहते हैं–

उत्सन्नकुलधर्माणां मनुष्याणां जनार्दन।
नरकेऽनियतं वासो भवतीत्यनुशुश्रुम।। 44।।

utsannakuladharmāṇām̐ manuṣyāṇām̐ janārdana
narake'niyatam̐ vāso bhavatītyanuśuśruma

हे जनार्दन ! जिनका कुल-धर्म नष्ट हो गया है, ऐसे मनुष्यों का अनिश्चित काल तक नरक में वास होता है, ऐसा हम सुनते आये हैं ।। 44 ।।

Krsna, we hear that men who have lost their family traditions dwell in hell for an indefinite period of time. (44)

प्रसंग – इस प्रकार स्वजन-वध से होने वाले महान् अनर्थ का वर्णन करके अब अर्जुन युद्ध के उद्योग, रूप और कृत्य पर शोक प्रकट करते हैं–

अहो वत महत्पापं कर्तुं व्यवसिता वयम् ।
यद्राज्यसुखलोभेन हन्तुं स्वजनमुद्यताः ।। 45 ।।

aho bata mahatpāpaṁ kartuṁ vyavasitā vayam .
yadrājyasukhalobhena hantuṁ svajanamudyatāḥ

हा ! शोक ! हम लोग बुद्धिमान् होकर भी महान् पाप करने को तैयार हो गये हैं, जो राज्य और सुख के लोभ से स्वजनों को मारने के लिये उद्यत हो गये हैं ।। 45 ।।

Oh what a pity! Though possessed of intelligence we have set our mind on the commission of a great sin in that due to lust for throne and enjoyment we are intent on killing own kinsmen. (45)

प्रसंग – इस प्रकार पश्चात्ताप करने के बाद अब अर्जुन अपना निर्णय सुनाते हैं–

यदि मामप्रतीकारमशस्त्रं शस्त्रपाणयः।
धार्तराष्ट्रा रणे हन्युस्तन्मे क्षेमतरं भवेत्।।46।।

yadi māmapratīkāramaśastraṁ śastrapāṇayaḥ
dhārtarāṣṭrā raṇe hanyustanme kṣemataraṁ bhavet

यदि मुझ शस्त्ररहित एवं सामना न करने वाले को शस्त्र हाथ में लिये हुए धृतराष्ट्र के पुत्र रण में मार डालें तो वह मारना भी मेरे लिये अधिक कल्याणकारक होगा ।। 46 ।।

It would be better for me if the sons of Dhrtarastra, armed with weapons, killed me in battle while I was unarmed and unresisting. (46)

प्रसंग – भगवान् श्रीकृष्ण से इतनी बात कहने के बाद अर्जुन ने क्या किया, इस जिज्ञासा पर अर्जुन की स्थिति बतलाते हुए सञ्जय कहते हैं–

सञ्जय उवाच

एवमुक्त्वार्जुनः संख्ये रथोपस्थ उपाविशत्।
विसृज्य सशरं चापं शोकसंविग्नमानसः।।47।।

evamuktvārjunaḥ saṅkhye rathopastha upāviśat
visṛjya saśaraṁ cāpaṁ śokasaṁvignamānasaḥ

सञ्जय बोले–रणभूमि में शोक से उद्विग्न मन वाला अर्जुन इस प्रकार कहकर बाणसहित धनुष को त्यागकर रथ के पिछले भाग में बैठ गया ।। 47 ।।

Sañjaya said : Arjuna, whose mind was agitated by grief on the battle-field, having spoken, thus, and having thrown aside his bow and arrows, sank into the hinder part of his chariot. (47)

ॐ तत्सदिति श्रीमद्भगवद्गीतासूपनिषत्सु ब्रह्मविद्यायां योगशास्त्रे श्रीकृष्णार्जुन-
संवादेऽर्जुनविषादयोगो नाम प्रथमोऽध्यायः ।। 1 ।।

ॐ श्रीपरमात्मने नमः

द्वितीयोऽध्याय

इस अध्याय में शरणागत अर्जुन द्वारा अपने शोक की निवृत्ति का ऐकान्तिक उपाय पूछे जाने पर पहले-पहल भगवान् ने तीसवें श्लोक तक आत्मतत्त्व का वर्णन किया है। सांख्य योग के साधन में आत्मतत्त्वका श्रवण, मनन और निदिध्यासन ही मुख्य है। यद्यपि इस अध्याय में तीसवें श्लोक के बाद स्वधर्म का वर्णन करके कर्मयोग स्वरूप भी समझाया गया है, परंतु उपदेश का आरम्भ सांख्ययोग से ही हुआ है और आत्मतत्त्व का वर्णन अन्य अध्यायों की अपेक्षा इसमें अधिक विस्तारपूर्वक हुआ है इस कारण इस अध्याय का नाम 'सांख्ययोग' रखा गया है।

प्रसंग – भगवान् श्रीकृष्ण ने अर्जुन से क्या बात कही और किस प्रकार उसे युद्ध के लिये पुनः तैयार किया; यह सब बतलाने की आवश्यकता होने पर सञ्जय अर्जुन की स्थितिका वर्णन करते हुए दूसरे अध्याय का आरम्भ करते हैं–

सञ्जय उवाच

तं तथा कृपयाविष्टमश्रुपूर्णाकुलेक्षणम्।
विषीदन्तमिदं वाक्यमुवाच मधुसूदनः।।1।।

sañjaya uvāca
tam tathā kṛpayāviṣṭamaśrupūrṇākulekṣaṇam
viṣīdantamidaṁ vākyamuvāca madhusūdanaḥ

सञ्जय बोले—उस प्रकार करुणा से व्याप्त और आँसुओं से पूर्ण तथा व्याकुल नेत्रों वाले शोकयुक्त उस अर्जुन के प्रति भगवान् मधुसूदन ने यह वचन कहा ।।1 ।।

Sañjaya said : Sri Krsna then addressed the following words to Arjuna, who was as mentioned before overwhelmed with pity, whose eyes were filled with tears and agitated, and who was full of sorrow. (1)

श्री भगवानुवाच

कुतस्त्वा कश्मलमिदं विषमे समुपस्थितम्।
अनार्यजुष्टमस्वर्ग्यमकीर्तिकरमर्जुन ।।2।।

śrībhagavān uvāca

kutastvā kaśmalamidaṁ viṣame samupasthitam
anāryajuṣṭamasvargyamakīrtikaramarjuna

श्रीभगवान् बोले—हे अर्जुन ! तुझे इस असमय में यह मोह किस हेतु से प्राप्त हुआ ? क्योंकि न तो यह श्रेष्ठ पुरुषों द्वारा आचरित है, न स्वर्ग को देने वाला है और न कीर्तिको करने वाला ही है ।।2 ।।

Sri Bhagavan said : Arjuna, how has this infatuation overtaken you at this odd hour? It is shunned by noble souls; neither will it bring heaven, nor fame, to you. (2)

क्लैब्यं मा स्म गमः पार्थ नैतत्त्वय्युपपद्यते ।
क्षुद्रं हृदयदौर्बल्यं त्यक्त्वोत्तिष्ठ परन्तप ।।3।।

klaibyaṁ mā sma gamaḥ pārtha naitattvayyupapadyate
kṣudraṁ hṛdayadaurbalayaṁ tyaktvottiṣṭha paraṁtapa

इसलिये हे अर्जुन ! नपुंसकता को मत प्राप्त हो, तुझमें यह उचित नहीं जान पड़ती । हे परन्तप ! हृदय की तुच्छ दुर्बलता को त्याग कर युद्ध के लिये खड़ा हो जा ।।3 ।।

Yield not to unmanliness, Arjuna ; ill does it become you. Shaking off this paltry faint-heartedness stand up, O scorcher of enemies. (3)

प्रसंग – भगवान् के इस प्रकार कहने पर गुरुजनों के साथ किये जाने वाले युद्ध को अनुचित सिद्ध करते हुए दो श्लोकों में अर्जुन अपना निश्चय प्रकट करते हैं–

अर्जुन अवाच

कथं भीष्ममहं संख्ये द्रोणं च मधुसूदन।
इषुभिः प्रतियोत्स्यामि पूजार्हावरिसूदन।।4।।

arjuna uvāca
katham bhīṣmamaham saṁkhye droṇaṁ ca madhusūdana
iṣubhiḥ pratiyotsyāmi pūjārhāvarisūdana

अर्जुन बोले–हे मधुसूदन ! मैं रणभूमि में किस प्रकार वाणों से भीष्म पितामह और द्रोणाचार्य के विरुद्ध लड़ूंगा ? क्योंकि हे अरिसूदन ! वे दोनों ही पूजनीय हैं ।। 4 ।।

Arjuna said: How, Krsna, shall I fight Bhisma and Drona with arrows on the battle-field? They are worthy of deepest reverence, O destroyer of foes. (4)

गुरूनहत्वा हि महानुभावाञ्छ्रेयो भोक्तुं भैक्ष्यमपीह लोके।
हत्वार्थकामांस्तु गुरूनिहैव भुञ्जीय भोगान् रुधिरप्रदिग्धान्।।5।।

gurūnahatvā hi mahānubhāvān śreyo bhoktuṁ bhaikṣyamapīha loke
hatvārthakāmāṁstu gurūnihaiva bhuñjīya bhogān rudhirapradigdhān

इसलिये इन महानुभाव गुरुजनों को न मारकर मैं इस लोक में भिक्षा का अन्न भी खाना कल्याणकारक समझता हूँ। क्योंकि गुरुजनों को मारकर भी इस लोक में रुधिर से सने हुए अर्थ और कामरूप भोगों को ही तो भोगूँगा ।। 5 ।।

It is better to live on alms in this world without slaying these noble elders, because even after killing them we shall after all enjoy only blood-stained pleasures in the form of wealth and sense-enjoyments. (5)

प्रसंग – इस प्रकार अपना निश्चय प्रकट कर देने पर भी जब अर्जुन को सन्तोष नहीं हुआ और अपने निश्चय में शंका उत्पन्न हो गयी, तब वे फिर कहने लगे–

न चैतद्विद्मः कतरन्नो गरीयो यद्वा जयेम यदि वा नो जयेयुः।
यानेव हत्वा न जिजीविषामस्तेऽवस्थिताः प्रमुखे धार्तराष्ट्राः।। 6।।

na caitadvidmaḥ kataranno garīyo
yadvā jayema yadi vā no jayeyuḥ
yāneva hatvā na jijīviṣāma-
ste'vasthitāḥ pramukhe dhārtarāṣṭrāḥ

हम यह भी नहीं जानते कि हमारे लिये युद्ध करना और न करना–इन दोनों में से कौन-सा श्रेष्ठ है, अथवा यह भी नहीं जानते कि उन्हें हम जीतेंगे या हमको वे जीतेंगे। और जिन को मारकर हम ज़ीना भी नहीं चाहते, वे ही हमारे आत्मीय धृतराष्ट्र के पुत्र हमारे मुक़ाबले में खड़े हैं ।। 6 ।।

Wo do not even know which is preferable for us— to fight or not to fight; nor do we know whether we shall win or whether they will conquer us. Those very sons of Dhrtarastra, killing whom we do not even wish to live, stand in the enemy ranks. (6)

प्रसंग – इस प्रकार कर्तव्य का निर्णय करने में अपनी असमर्थता प्रकट करने के बाद अब अर्जुन भगवान् की शरण ग्रहण करके अपना निश्चित कर्तव्य बतलाने के लिये उनसे प्रार्थना करते हैं–

कार्पण्यदोषोपहतस्वभावः पृच्छामि त्वां धर्मसंमूढचेताः।
यच्छ्रेयः स्यान्निश्चितं ब्रूहि तन्मे शिष्यस्तेऽहं शाधि मां त्वां प्रपन्नम्।। 7।।

kārpaṇyadoṣopahatasvabhāvaḥ
pṛcchāmi tvāṁ dharmasaṁmūḍhacetāḥ
yacchreyaḥ syānniścitaṁ brūhi tanme
śiṣyaste'haṁ śādhi māṁ tvāṁ prapannam

इसलिये कायरता रूप दोष से उपहत हुए स्वभाव वाला तथा धर्म के विषय में मोहित चित्त हुआ मैं आपसे पूछता हूँ कि जो साधन निश्चित कल्याण कारक हो, वह मेरे लिये कहिये; क्योंकि मैं आपका शिष्य हूँ, इसलिये आपके शरण हुए मुझको शिक्षा दीजिये ।। 7 ।।

With my very being tainted by the vice of faint-heartedness and my mind puzzled with regard to duty, I am asking you. Tell me that which is decidedly good; I am Your disciple. Pray instruct me, who have put myself into Your hands. (7)

प्रसंग – इस प्रकार शिक्षा देने के लिये भगवान् से प्रार्थना करके अब अर्जुन उस प्रार्थना का हेतु बतलाते हुए अपने विचारों को प्रकट करते हैं–

न हि प्रपश्यामि ममापनुद्याद्यच्छोकमुच्छोषणमिन्द्रियाणाम्।
अवाप्य भूमावसपत्नमृद्धं राज्यं सुराणामपि चाधिपत्यम्।। 8।।

na hi prapaśyāmi mamāpanudyād
yacchokamucchoṣaṇamindriyāṇām
avāpya bhūmāvasapatnamṛddhaṁ
rājyaṁ surāṇāmapi cādhipatyam

क्योंकि भूमि में निष्कण्टक, धन-धान्य सम्पन्न राज्य को और देवताओं के स्वामीपने को प्राप्त होकर भी मैं उस उपाय

को नहीं देखता हूँ, जो मेरी इन्द्रियों के सुखाने वाले शोक को दूर कर सके ।।8।।

For even on obtaining undisputed sovereignty and an affluent kingdom on this earth and lordship over the gods, I do not see any means that can drive away the grief which is drying up my senses. (8)

प्रसंग – इसके बाद अर्जुन ने क्या किया, यह बतलाया जाता है–

सञ्जय उवाच

एवमुक्त्वा हृषीकेशं गुडाकेशः परंतप।
न योत्स्य इति गोविन्दमुक्त्वा तूष्णीं बभूव ह।।9।।

sañjaya uvāca
evamuktvā hṛṣīkeśaṁ guḍākeśaḥ paraṁtapa
na yotsya iti govindamuktvā tūṣṇīṁ babhūva ha

सञ्जय बोले–हे राजन् ! निद्रा को जीतने वाले अर्जुन अन्तर्यामी श्रीकृष्ण महाराज के प्रति इस प्रकार कहकर फिर श्रीगोविन्द भगवान् से 'युद्ध नहीं करूँगा' यह स्पष्ट कहकर चुप हो गये ।।9।।

Sañjaya said : O king, having thus spoken to Sri Krsna, Arjuna again said to Him, "I will not fight," and became silent. (9)

प्रसंग – इस प्रकार अर्जुन के चुप हो जाने पर भगवान् श्रीकृष्ण ने क्या किया, इस जिज्ञासा पर सञ्जय कहते हैं–

तमुवाच हृषीकेशः प्रहसन्निव भारत।
सेनयोरुभयोर्मध्ये विषीदन्तमिदं वचः।।10।।

tamuvāca hṛṣīkesaḥ prahasanniva bhārata
senayorubhayormadhye viṣīdantamidaṁ vacaḥ

हे भरतवंशी धृतराष्ट्र ! अन्तर्यामी श्रीकृष्ण महाराज़ दोनों सेनाओं के बीच में शोक करते हुए उस अर्जुन को हँसते हुए-से यह वचन बोले ।। 10 ।।

Then, O Dhrtarastra, Sri Krsna, as if smiling, addressed the following words to sorrowing Arjuna, in the midst of the two armies. (10)

प्रसंग – अर्जुन को अधिकारी समझकर उसके शोक और मोह को सदा के लिये नष्ट करने के उद्देश्य से भगवान् पहले नित्य और अनित्य वस्तु के विवेचन पूर्वक सांख्ययोग की दृष्टि से भी युद्ध करना कर्तव्य है, ऐसा प्रतिपादन करते हुए सांख्यनिष्ठा का वर्णन करते हैं–

श्रीभगवानुवाच

अशोच्यानन्वशोचस्त्वं प्रज्ञावादांश्च भाषसे।
गतासूनगतासूंश्च नानुशोचन्ति पण्डिताः ।। 11 ।।

śrībhagavānuvāca
aśocyānanvaśocastvaṁ prajñāvādāṁśca bhāṣase
gatāsūnagatāsūṁśca nānuśocanti paṇḍitāḥ

श्रीभगवान् बोले—हे अर्जुन ! तू न शोक करने योग्य मनुष्यों के लिये शोक करता है और पण्डितों के से वचनों को कहता है; परंतु जिनके प्राण चले गये हैं, उनके लिये और जिनके प्राण नहीं गये हैं, उनके लिये भी पण्डितजन शोक नहीं करते ।। 11 ।।

Sri Bhagavan said : Arjuna, you grieve over those who should not be grieved for, and yet speak like the learned; wise men do not sorrow over the dead or the living. (11)

प्रसंग – भगवान् आत्मा की नित्यता का प्रतिपादन करके आत्मदृष्टि से उनके लिये शोक करना अनुचित सिद्ध करते हैं–

न त्वेवाहं जातु नासं न त्वं नेमे जनाधिपाः।
न चैव न भविष्यामः सर्वे वयमतः परम्।।12।।

na tvevāhaṁ jātu nāsaṁ na tvaṁ neme janādhipāḥ
na caiva na bhaviṣyāmaḥ sarve vayamataḥ param

न तो ऐसा ही है कि मैं किसी काल में नहीं था या तू नहीं था अथवा ये राजा लोग नहीं थे और न ऐसा ही है कि इससे आगे हम सब नहीं रहेंगे ।। 12 ।।

In fact, there was never a time when I was not, or when you or these kings were not. Nor is it a fact that hereafter we shall all cease to be. (12)

प्रसंग – इस प्रकार आत्मा की नित्यता का प्रतिपादन करके अब उसकी निर्विकारता का प्रतिपादन करते हुए आत्मा के लिये शोक करना अनुचित सिद्ध करते हैं–

देहिनोऽस्मिन् यथा देहे कौमारं यौवनं जरा।
तथा देहान्तरप्राप्तिर्धीरस्तत्र न मुह्यति।।13।।

dehino'sminyathā dehe kaumāraṁ yauvanaṁ jarā
tathā dehāntaraprāptirdhīrastatra na muhyati

जैसे जीवात्मा की इस देह में बालक पन, जवानी और वृद्धावस्था होती है, वैसे ही अन्य शरीर की प्राप्ति होती है; उस विषय में धीर पुरुष मोहित नहीं होता ।। 13 ।।

Just as boyhood, youth and old age are attributed to the soul through this body, even so it attains another body. The wise man does not get deluded about this. (13)

पसंग – भगवान् सब प्रकार के संयोग-वियोगादि को अनित्य बतलाकर उनको सहन करने की आज्ञा देते हैं–

मात्रास्पर्शास्तु कौन्तेय शीतोष्णसुखदुःखदाः ।
आगमापायिनोऽनित्यास्तांस्तितिक्षस्व भारत ।। 14 ।।

mātrāsparśāstu kaunteya śītoṣṇasukhaduḥkhādaḥ
āgamāpāyino'nityāstāṁstitikṣasva bhārata

हे कुन्तीपुत्र ! सर्दी-गर्मी और सुख – दुःख को देने वाले इन्द्रिय और विषयों के संयोग तो उत्पत्ति, विनाशशील और अनित्य हैं; इसलिये हे भारत ! उनको तू सहन कर ।। 14 ।।

O son of Kunti, the contacts between the senses and their objects, which give rise to the feeling of heat and cold, pleasure and pain etc., are transitory and fleeting; there-fore, Arjuna, ignore them. (14)

पसंग – इन सबको सहन करने से क्या लाभ होगा ? इस जिज्ञासा पर कहते हैं–

यं हि न व्यथयन्त्येते पुरुषं पुरुषर्षभ ।
समदुःखसुखं धीरं सोऽमृतत्वाय कल्पते ।। 15 ।।

yaṁ hi na vyathayantyete puruṣaṁ puruṣarṣabha
samaduḥkhasukhaṁ dhīraṁ so'mṛtatvāya kalpate

क्योंकि हे पुरुष श्रेष्ठ ! दुःख-सुख को समान समझने वाले जिस धीर पुरुष को ये इन्द्रियां और विषयों के संयोग व्याकुल नहीं करते, वह मोक्ष के योग्य होता है ।। 15 ।।

Arjuna, the wise man to whom pain and pleasure are alike, and who is not tormented by these contacts, becomes eligible for immortality. (15)

प्रसंग – इस श्लोक में भगवान् नित्य और अनित्य वस्तु के विवेचन की रीति बतलाने के लिये दोनों के लक्षण बतलाते हैं–

नासतो विद्यते भावो नाभावो विद्यते सतः।
उभयोरपि दृष्टोऽन्तस्त्वनयोस्तत्त्वदर्शिभिः ।। 16 ।।

nāsato vidyate bhāvo nābhāvo vidyate sataḥ
ubhayorapi dṛṣṭo'ntastvanayostattvadarśibhiḥ

असत् वस्तु की तो सत्ता नहीं है और सत् का अभाव नहीं है। इस प्रकार इन दोनों को ही तत्त्वज्ञानी पुरुषों द्वारा देखा गया है ।। 16 ।।

The unreal has no existence, and the real never ceases to be, the reality of both has thus been perceived by the seers of truth. (16)

प्रसंग – पूर्व श्लोक में जिस 'सत्' तत्त्व के लिये यह कहा गया है कि 'उसका अभाव नहीं है', वह 'सत्' तत्त्व क्या

है—इस जिज्ञासा पर कहते हैं—

अविनाशि तु तद्विद्धि येन सर्वमिदं ततम्।
विनाशमव्ययस्यास्य न कश्चित्कर्तुमर्हति।।17।।

avināśi tu tadviddhi yena sarvamidaṁ tatam
vināśamavyayasyāsya na kaścitkartumarhati

नाशरहित तो तू उसको जान, जिससे यह सम्पूर्ण जगत्—दृश्य वर्ग व्याप्त है। इस अविनाशीका विनाश करने में कोई भी समर्थ नहीं है ।। 17 ।।

Know that alone to be imperishable, which pervades this universe; for no one has power to destroy this indestructible substance. (17)

प्रसंग – इस प्रकार 'सत्' तत्त्व की व्याख्या हो जाने के अनन्तर पूर्वोक्त 'असत्' वस्तु क्या है, इस जिज्ञासा पर कहते हैं—

अन्तवन्त इमे देहा नित्यस्योक्ताः शरीरिणः।
अनाशिनोऽप्रमेयस्य तस्माद्युध्यस्व भारत।।18।।

antavanta ime dehā nityasyoktāḥ śarīriṇaḥ
anāśino'prameyasya tasmādyudhyasva bhārata

इस नाशरहित, अप्रमेय, नित्यस्वरूप जीवात्मा के सब शरीर नाशवान् कहे गये हैं। इसलिये हे भरतवंशी अर्जुन ! तू युद्ध कर ।। 18 ।।

All these bodies pertaining to the imperish-able,

indefinable and eternal soul are spoken of as perishable; therefore, Arjuna, fight. (18)

प्रसंग – अगले श्लोकों में 'आत्मा को मरने या मारनेवाला मानना अज्ञान है', यह कहकर उसका समाधान करते हैं–

य एनं वेत्ति हन्तारं यश्चैनं मन्यते हतम्।
उभौ तौ न विजानीतो नायं हन्ति न हन्यते।। 19।।

ya enaṁ vetti hantāraṁ yaścainaṁ manyate hatam
ubhau tau na vijānīto nāyaṁ hanti na hanyate

जो इस आत्मा को मारने वाला समझता है तथा जो इसको मारा मानता है, वे दोनों ही नहीं जानते; क्योंकि यह आत्मा वास्तव में न तो किसी को मारता है और न किसी के द्वारा मारा जाता है ।। 19 ।।

They are both ignorant, he who knows the soul to be capable to killing and he who takes it as killed; for verily the soul neither kills, nor is killed. (19)

प्रसंग – पूर्व श्लोक में यह कहा कि आत्मा किसी के द्वारा नहीं मारा जाता, इस पर यह जिज्ञासा होती है कि आत्मा किसी के द्वारा नहीं मारा जाता, इसमें क्या कारण है ? इसके उत्तर में भगवान् आत्मा में सब प्रकार के विकारों का अभाव बतलाते हुए उसके स्वरूप का प्रतिपादन करते हैं–

न जायते म्रियते वा कदाचिन्नायं भूत्वा भविता वा न भूयः।
अजो नित्यः शाश्वतोऽयं पुराणो न हन्यते हन्यमाने शरीरे।। 20।।

na jāyate mriyate vā kadāci-
nnāyaṁ bhūtvā bhavitā vā na bhūyaḥ
ajo nityaḥ śāśvato'yaṁ purāṇo
na hanyate hanyamāne śarīre

यह आत्मा किसी काल में भी न तो जन्मता है और न मरता ही है तथा न यह उत्पन्न होकर फिर होने वाला ही है; क्योंकि यह अजन्मा, नित्य, सनातन और पुरातन है, शरीर के मारे जाने पर भी यह नहीं मारा जाता ।। 20 ।।

The soul is never born nor dies; nor does it become only after being born. For it is unborn, eternal, everlasting and ancient; even though the body is slain, the soul is not. (20)

प्रसंग – उन्नीसवें श्लोक में भगवान् ने यह बात कही कि आत्मा न तो किसी को मारता है और न किसी के द्वारा मारा जाता है; उसके अनुसार बीसवें श्लोक में उसे विकार रहित बतलाकर इस बात का प्रतिपादन किया कि वह क्यों नहीं मारा जाता। अब अगले श्लोक में यह बतलाते हैं कि वह किसी को मारता क्यों नहीं–

वेदाविनाशिनं नित्यं य एनमजमव्ययम्।
कथं स पुरुषः पार्थ कं घातयति हन्ति कम्।।21।।

vedāvināśinaṁ nityaṃ ya enamajamavyayam
kathaṁ sa puruṣaḥ pārtha kaṁ ghātayati hanti kam

हे पृथापुत्र अर्जुन ! जो पुरुष इस आत्मा को नाशरहित, नित्य, अजन्मा और अव्यय जानता है, वह पुरुष कैसे किसको मरवाता है और कैसे किसको मारता है ।। 21 ।।

Arjuna, the man who knows this soul to be imperishable, eternal and free from birth and decay,—how and whom will he cause to be killed, how and whom will he kill? (21)

प्रसंग – आत्मा का जो एक शरीर से सम्बन्ध छूटकर दूसरे शरीर से सम्बन्ध होता है, उसमें उसे अत्यन्त कष्ट होता

है; अतः उसके लिये शोक करना कैसे अनुचित है ? इस पर कहते हैं–

वासांसि जीर्णानि यथा विहाय नवानि गृह्णाति नरोऽपराणि।
तथा शरीराणि विहाय जीर्णान्यन्यानि संयाति नवानि देही।। 22।।

vāsāṁsi jīrṇāni yathā vihāya
navāni gṛhṇāti naro'parāṇi
tathā śarīrāṇi vihāya jīrṇā-
nyanyāni saṁyāti navāni dehī

जैसे मनुष्य पुराने वस्त्रों को त्याग कर दूसरे नये वस्त्रों को ग्रहण करता है, वैसे ही जीवात्मा पुराने शरीरों को त्याग कर दूसरे नये शरीरों को प्राप्त होता है ।। 22 ।।

As a man shedding worn-out garments, takes other new ones, likewise the embodied soul, casting off worn-out bodies, enters into others which are new. (22)

प्रसंग – इस प्रकार एक शरीर से दूसरे शरीर के प्राप्त होने में शोक करना अनुचित सिद्ध करके, अब भगवान् आत्मा का स्वरूप दुर्विज्ञेय होने के कारण पुनः तीन श्लोकों द्वारा प्रकारान्तर से उसकी नित्यता, निराकारता और निर्विकारता का प्रतिपादन करते हुए उसके विनाश की आशंका से शोक करना अनुचित सिद्ध करते हैं–

नैनं छिन्दन्ति शस्त्राणि नैनं दहति पावकः।
न चैनं क्लेदयन्त्यापो न शोषयति मारुतः।। 23।।

nainaṁ chindanti śastrāṇi nainaṁ dahati pāvakaḥ
na cainaṁ kledayantyāpo na śoṣayati mārutaḥ

इस आत्मा को शस्त्रादि नहीं काट सकते, इसको आग नहीं जला सकती, इसको जल नहीं गला सकता और वायु नहीं सुखा सकता ।। 23 ।।

Weapons cannot cut it, nor can fire burn it; water cannot wet it nor can wind dry it. (23)

अच्छेद्योऽयमदाह्योऽयमक्लेद्योऽशोष्य एव च।
नित्यः सर्वगतः स्थाणुरचलोऽयं सनातनः।।24।।

acchedyo'yamadāhyo'yamakledyo'śoṣya eva ca
nityaḥ sarvagataḥ sthāṇuracalo'yaṁ sanātanaḥ

क्योंकि यह आत्मा अच्छेद्य है, यह आत्मा अदाह्य, अक्लेद्य और निःसन्देह अशोष्य है तथा यह आत्मा नित्य, सर्वव्यापी, अचल, स्थिर रहनेवाला और सनातन है ।। 24 ।।

For this soul is incapable of being cut; it is proof against fire, impervious to water and undriable as well. This soul is eternal, omnipresent, immovable, constant and everlasting. (24)

अव्यक्तोऽयमचिन्त्योऽयमविकार्योऽयमुच्यते।
तस्मादेवं विदित्वैनं नानुशोचितुमर्हसि।।25।।

avykto'yamacintyo'yamavikāryo'yamucyate
tasmādevaṁ viditvainaṁ nānuśocitumarhasi

यह आत्मा अव्यक्त है, यह आत्मा अचिन्त्य है और यह आत्मा विकाररहित कहा जाता है। इससे हे अर्जुन ! इस आत्मा को उपर्युक्त प्रकार से जानकर तू शोक करने के योग्य नहीं है अर्थात् तुझे शोक करना उचित नहीं है ।। 25 ।।

This soul is unmanifest; it is unthinkable; and it is spoken of as immutable. Therefore, knowing this as such, you should not grieve. (25)

प्रसंग – उपर्युक्त श्लोकों में भगवान् ने आत्मा को अजन्मा और अविनाशी बतलाकर उसके लिये शोक करना अनुचित सिद्ध किया; अब दो श्लोकों द्वारा आत्मा को औपचारिक रूप से जन्मने-मरने वाला मानने पर भी उसके लिये शोक करना अनुचित है, ऐसा सिद्ध करते हैं–

अथ चैनं नित्यजातं नित्यं वा मन्यसे मृतम्।
तथापि त्वं महाबाहो नैवं शोचितुमर्हसि।। 26।।

atha cainaṁ nityajātaṁ nityaṁ vā manyase mṛtam
tathāpi tvaṁ mahābāho naivaṁ śocitumarhasi

किंतु यदि तू इस आत्मा को सदा जन्मने वाला तथा सदा मरनेवाला मानता हो, तो भी हे महाबाहो ! तू इस प्रकार शोक करने को योग्य नहीं है ।। 26 ।।

And, Arjuna, if you should suppose this soul to be subject to constant birth and death, even than you should not grieve like this. (26)

जातस्य हि ध्रुवो मृत्युर्ध्रुवं जन्म मृतस्य च।
तस्मादपरिहार्येऽर्थे न त्वं शोचितुमर्हसि।। 27।।

jātasya hi dhruvo mṛtyurdhruvaṁ janma mṛtasya ca
tasmādaparihārye'rthe na tvaṁ śocitumarhasi

क्योंकि इस मान्यता के अनुसार जन्मे हुए की मृत्यु निश्चित है और मरे हुए का जन्म निश्चित है। इससे भी इस बिना उपाय

वाले विषय में तू शोक करने के योग्य नहीं है ।। 27 ।।

For in that case death is certain for the born, and rebirth is inevitable for the dead. You should not, therefore, grieve over the inevitable. (27)

प्रसंग – पूर्व श्लोकों द्वारा जो आत्मा को नित्य, अजन्मा अविनाशी मानते हैं और जो सदा जन्मने-मरनेवाला मानते हैं, उन दोनों के मत से ही आत्मा के लिये शोक करना नहीं बनता–यह बात सिद्ध की गयी। अब अगले श्लोक में यह सिद्ध करते हैं कि प्राणियों के शरीरों को उद्देश्य करके भी शोक करना नहीं बनता–

अव्यक्तादीनि भूतानि व्यक्तमध्यानि भारत।
अव्यक्तनिधनान्येव तत्र का परिदेवना।।28।।

avyaktādīni bhūtāni vyaktamadhyāni bhārata
avyaktanidhanānyeva tatra kā paridevanā

हे अर्जुन ! सम्पूर्ण प्राणी जन्म से पहले अप्रकट थे और मरने के बाद भी अप्रकट हो जाने वाले हैं, केवल बीच में प्रकट हैं; फिर ऐसी स्थिति में क्या शोक करना है ? ।। 28 ।।

Arjuna, before birth beings are not manifest to our human senses; at death they return to the unmanifest again. They are manifest only in the interin between birth and death. What occasion, then, for lamentation? (28)

प्रसंग – आत्मतत्त्व अत्यन्त दुर्बोध होने के कारण उसे समझाने के लिये भगवान् ने उपर्युक्त श्लोकों द्वारा भिन्न-भिन्न प्रकार से उसके स्वरूप का वर्णन किया; अब अगले श्लोक में उस आत्मतत्त्व दर्शन, वर्णन और श्रवण की अलौकिकता और दुर्लभता का निरूपण करते हैं–

आश्चर्यवत्पश्यति कश्चिदेनमाश्चर्यवद्वदति तथैव चान्यः।
आश्चर्यवच्चैनमन्यः श्रृणोति श्रुत्वाप्येनं वेद न चैव कश्चित्।।29।।

āścaryavatpaśyati kaścidena-
māścaryavadvadati tathaiva cānyaḥ
āścaryavaccainamanyaḥ śṛṇoti
śrutvāpyenaṁ veda na caiva kaścit

कोई एक महापुरुष ही इस आत्मा को आश्चर्य की भाँति देखता है और वैसे ही दूसरा कोई महापुरुष ही इसके तत्त्व का आश्चर्य की भाँति वर्णन करता है तथा दूसरा कोई अधिकारी पुरुष ही इसे आश्चर्य की भाँति सुनता है और कोई-कोई तो सुनकर भी इसको नहीं जानता ।। 29 ।।

Hardly anyone perceives this soul as marvellous, scarce another likewise speaks thereof as marvellous, and scarce another hears of it as marvellous; while there are some who know it not even on hearing of it. (29)

प्रसंग — इस प्रकार आत्म तत्त्व के दर्शन; वर्णन और श्रवण की अलौकिकता और दुर्लभता का प्रतिपादन करके अब, 'आत्मा नित्य की अवध्य है; अतः किसी भी प्राणी के लिये शोक करना उचित नहीं है'—यह बतलाते हुए भगवान् सांख्य योग के प्रकरण का उपसंहार करते हैं—

देही नित्यमवध्योऽयं देहे सर्वस्य भारत।
तस्मात्सर्वाणि भूतानि न त्वं शोचितुमर्हसि।। 30।।

dehī nityamavadhyo'yaṁ dehe sarvasya bhārata
tasmātsarvāṇi bhūtāni na tvaṁ śocitumarhasi

हे अर्जुन ! यह आत्मा सब के शरीरों में सदा ही अवध्य है। इस कारण सम्पूर्ण प्राणियों के लिये तू शोक करने को योग्य नहीं है ।। 30 ।।

Arjuna, this soul dwelling in the bodies of all can never be slain; therefore, you should not mourn for anyone. (30)

प्रसंग – यहाँ तक भगवान् ने सांख्य योग के अनुसार अनेक युक्तियों द्वारा नित्य, शुद्ध, बुद्ध, सम, निर्विकार और अकर्ता आत्मा के एकत्व, नित्यत्व, अविनाशित्व आदि का प्रतिपादन करके तथा शरीरों को विनाशशील बतलाकर आत्मा के या शरीरों के लिये अथवा शरीर और आत्मा के वियोग के लिये शोक करना अनुचित सिद्ध किया। साथ ही प्रसंग वश आत्मा को जन्मने-मरनेवाला मानने पर शोक करने के अनौचित्यका प्रतिपादन किया और अर्जुन को युद्ध करने के लिये आज्ञा दी। अब सात श्लोकों द्वारा क्षात्र धर्म के अनुसार शोक करना अनुचित सिद्ध करते हुए अर्जुन को उस के लिये उत्साहित करते हैं–

स्वधर्ममपि चावेक्ष्य न विकम्पितुमर्हसि।
धर्म्याद्धि युद्धाच्छ्रेयोऽन्यत्क्षत्रियस्य न विद्यते।।31।।

svadharmamapi cāvekṣya na vikampitumarhasi
dharmyāddhi yuddhācchreyo'nyatkṣatriyasya na vidyate

तथा अपने धर्म को देखकर भी तू भय करने योग्य नहीं है यानी तुझे भय नहीं करना चाहिये; क्योंकि क्षत्रिय के लिये धर्मयुक्त युद्ध से बढ़कर दूसरा कोई कल्याणकारी कर्तव्य नहीं है ।। 31 ।।

Besides: considering your own duty too you should not waver; for there is nothing more welcome for a man of the warrior class than a righteous war. (31)

यदृच्छया चोपपन्नं स्वर्गद्वारमपावृतम्।
सुखिनः क्षत्रियाः पार्थ लभन्ते युद्धमीदृशम्।।32।।

yadṛcchayā copapannaṁ svargadvāramapāvṛtam
sukhinaḥ kṣatriyāḥ pārtha labhante yuddhamīdṛśam

हे पार्थ ! अपने-आप प्राप्त हुए और खुले हुए स्वर्ग के द्वार रूप इस प्रकार के युद्ध को भाग्यवान् क्षत्रिय लोग ही पाते हैं.।। 32 ।।

Arjuna, happy are the Ksatriyas who get such an unsolicited opportunity for war; which opens the door to heaven. (32)

प्रसंग – इस प्रकार धर्ममय युद्ध करने में लाभ दिखलाने के बाद अब उसे न करने में हानि दिखलाते हुए भगवान् अर्जुन को युद्ध के लिये उत्साहित करते हैं–

अथ चेत्त्वमिमं धर्म्यं संग्रामं न करिष्यसि।
ततः स्वधर्मं कीर्तिं च हित्वा पापमवाप्स्यसि।। 33।।

atha cettvamimaṁ dharmyaṁ saṁgrāmaṁ na kariṣyasi
tataḥ svadharmaṁ kīrtiṁ ca hitvā pāpamavāpsyasi

किंतु यदि तू इस धर्म युक्त युद्ध को नहीं करेगा तो स्वधर्म और कीर्तिको खोकर पाप को प्राप्त होगा ।। 33 ।।

Now, if you refuse to fight this righteous war, then, shirking your duty and losing your reputation, you will incur sin. (33)

अकीर्तिं चापि भूतानि कथयिष्यन्ति तेऽव्ययाम्।
सम्भावितस्य चाकीर्तिर्मरणादतिरिच्यते।। 34।।

akīrtiṁ cāpi bhūtāni kathayiṣyanti te'vyayām ,
sambhāvitasya cākīrti-rmaraṇādatiricyate

तथा सब लोग तेरी बहुत काल तक रहने वाली अपकीर्ति का भी कथन करेंगे और मांननीय पुरुष के लिये अपकीर्ति मरण से भी बढ़कर है ।। 34 ।।

Nay, people will also pour undying infamy on you; and infamy brought on a man enjoying popular esteem is worse than death. (34)

भयाद्रणादुपरतं मंस्यन्ते त्वां महारथाः ।
येषां च त्वं बहुमतो भूत्वा यास्यसि लाघवम् ।। 35 ।।

bhayādraṇāduparataṁ maṁsyante tvāṁ mahārathāḥ
yeṣāṁ ca tvaṁ bahumato bhūtvā yāsyasi lāghavam

और जिनकी दृष्टि में तू पहले बहुत सम्मानित होकर अब लघुता को प्राप्त होगा, वे महारथी लोग तुझे भय के कारण युद्ध से हटा हुआ मानेंगे ।। 35 ।।

And the warrior-chiefs who thought highly of you, will now despise you, thinking that it was fear which drove you from battle. (35)

अवाच्यवादांश्च बहून् वदिष्यन्ति तवाहिताः ।
निन्दन्तस्तव सामर्थ्यं ततो दुःखतरं नु किम् ।। 36 ।।

avācyavādāṁśca bahūnvadiṣyanti tavāhitāḥ
nindantastava sāmarthyaṁ tato duḥkhataraṁ nu kim

तेरे वैरी लोग तेरे सामर्थ्य की निन्दा करते हुए तुझे बहुत-से

न कहने योग्य वचन भी कहेंगे; उससे अधिक दुःख और क्या होगा ।। 36 ।।

And your enemies, disparaging your might, will speak many unbecoming words; what can be more distressing than this? (36)

प्रसंग -- उपर्युक्त बहुत-से हेतुओं को दिखलाकर युद्ध न करने में अनेक प्रकार की हानियों का वर्णन करने के वाद अब भगवान् युद्ध करने में दोनों तरह से लाभ दिखलाते हुए अर्जुन को युद्ध के लिये तैयार होने की आज्ञा देते हैं--

हतो वा प्राप्स्यसि स्वर्गं जित्वा वा भोक्ष्यसे महीम् ।
तस्मादुत्तिष्ठ कौन्तेय युद्धाय कृतनिश्चयः॥37।।

hato vā prāpsyasi svargaṁ jitvā vā bhokṣyase mahīm
tasmāduttiṣṭha kaunteya yuddhāya kṛtaniścayaḥ

या तो तू युद्ध में मारा जाकर स्वर्ग को प्राप्त होगा अथवा संग्राम में जीतकर पृथ्वी का राज्य भोगेगा। इस कारण हे अर्जुन ! तू युद्ध के लिये निश्चय करके खड़ा हो जा ।। 37 ।।

Die, and you will win heaven; conquer, and you enjoy sovereignty of the earth; therefore, stand up, Arjuna, determined to fight. (37)

प्रसंग -- उपर्युक्त श्लोक में भगवान् ने युद्ध का फल राज्य सुख या स्वर्ग की प्राप्ति तक बतलाया; किंतु अर्जुन ने तो पहले ही कह दिया था कि इस लोक के राज्य की तो बात ही क्या है, मैं तो त्रिलोकी के राज्य के लिये भी अपने कुलका नाश नहीं करना चाहता। अतः जिसे राज्य सुख और स्वर्ग की इच्छा न हो उसको किस प्रकार युद्ध करना चाहिये, यह बात अगले श्लोक में बतलायी जाती है--

सुखदुःखे समे कृत्वा लाभालाभौ जयाजयौ ।
ततो युद्धाय युज्यस्व नैवं पापमवाप्स्यसि ।।38।।

sukhaduḥkhe same kṛtvā lābhālābhau jayājayau
tato yuddhāya yujyasva naivaṁ pāpamavāpsyasi

जय-पराजय, लाभ-हानि और सुख-दुःख को समान समझ कर, उसके बाद युद्ध के लिये तैयार हो जा; इस प्रकार युद्ध करने से तू पाप को नहीं प्राप्त होगा ।। 38 ।।

Treating alike victory and defeat, gain and loss, pleasure and pain, get ready for the fight, then; fighting thus you will not incur sin. (38)

प्रसंग – यहाँ तक भगवान् ने सांख्य योग के सिद्धान्त से तथा क्षात्र धर्म की दृष्टि से युद्ध का औचित्य सिद्ध करके अर्जुन को समतापूर्वक युद्ध करने के लिये आज्ञा दी; अब कर्मयोग के सिद्धान्त से युद्ध का औचित्य बतलाने के लिये कर्मयोग के वर्णन की प्रस्तावना करते हैं–

एषा तेऽभिहिता सांख्ये बुद्धिर्योगे त्विमां श्रृणु ।
बुद्ध्या युक्तो यया पार्थ कर्मबन्धं प्रहास्यसि ।। 39 ।।

eṣā te'bhihitā sāṅkhye buddhiryoge tvimāṁ śṛṇu
buddhyā yukto yayā pārtha karmabandhaṁ prahāsyasi

हे पार्थ ! यह बुद्धि तेरे लिये ज्ञान योग के विषय में कही गयी और अब तू इसको कर्मयोग के विषय में सुन कि जिस बुद्धि से युक्त हुआ तू कर्मों के बन्धन को भलीभाँति त्याग देगा यानि सर्वथा नष्ट कर डालेगा ।। 39 ।।

Arjuna, this attitude of mind has been presented to you from the point of view of Jñanayoga; now hear the same as presented from the standpoint of Karmayoga

(the Yoga of selfless action). Equipped with this attitude of mind, you will be able to throw off completely the shackles of Karma. (39)

प्रसंग – इस प्रकार कर्मयोग के वर्णन की प्रस्तावना करके अब उसका रहस्यपूर्ण महत्त्व बतलाते हैं–

नेहाभिक्रमनाशोऽस्ति प्रत्यवायो न विद्यते।
स्वल्पमप्यस्य धर्मस्य त्रायते महतो भयात्।।40।।

nehābhikramanāśo'sti pratyavāyo na vidyate
svalpamapyasya dharmasya trāyate mahato bhayāt

इस कर्मयोग में आरम्भ का अर्थात् बीज का नाश नहीं है और उलटा फलरूप दोष भी नहीं है; बल्कि इस कर्मयोग रूप धर्म का थोड़ा सा भी साधन जन्म-मृत्यु रूप महान् भय से रक्षा कर लेता है ।। 40 ।।

In this path (of disinterested action) there is no loss of effort, nor is there fear of contrary result. Even a little practice of this discipline saves one from the terrible fear of birth and death. (40)

प्रसंग – इस प्रकार कर्मयोग का महत्त्व बतलाकर अब उसके आचरण की विधि बतलाने के लिये पहले उस कर्मयोग में परम आवश्यक जो सिद्ध कर्मयोगी की निश्चयात्मिका स्थायी समबुद्धि है, उसका और कर्मयोग में बाधक जो सकाम मनुष्यों की भिन्न-भिन्न बुद्धियाँ हैं, उनका भेद बतलाते हैं–

व्यवसायात्मिका बुद्धिरेकेह कुरुनन्दन।
बहुशाखा ह्यनन्ताश्च बुद्धयोऽव्यवसायिनाम्।।41।।

vyavasāyātmikā buddhirekeha kurunandana
bahuśākhā hyanantāśca buddhayo'vyavasāyinām

हे अर्जुन ! इस कर्मयोग में निश्चयात्मिका बुद्धि एक ही होती है; किंतु अस्थिर विचार वाले विवेकहीन सकाम मनुष्यों की बुद्धियाँ निश्चय ही बहुत भेदोंवाली और अनन्त होती हैं ।। 41 ।।

Arjuna, in this Yoga (of disinterested action) the intellect is determinate and directed singly towards one ideal; whereas the intellect of the undecided (ignorant men moved by desires) wandes in all directions, after innumerable aims. (41)

प्रसंग – इस प्रकार कर्मयोगी के लिये अवश्य धारण करने योग्य निश्चयात्मिका बुद्धिका और त्याग करने योग्य सकाम मनुष्यों की बुद्धियों का स्वरूप बतलाकर अब तीन श्लोकों में सकाम भावको त्याज्य बतलाने के लिये सकाम मनुष्यों का स्वभाव, सिद्धान्त और आचार-व्यवहार का वर्णन करते हैं–

यामिमां पुष्पितां वाचं प्रवदन्त्यविपश्चितः।
वेदवादरताः पार्थ नान्यदस्तीति वादिनः।।42।।
कामात्मानः स्वर्गपरा जन्मकर्मफलप्रदाम्।
क्रियाविशेषबहुलां भोगैश्वर्यगतिं प्रति।।43।।
भोगैश्वर्यप्रसक्तानां तयापहृतचेतसाम्।
व्यवसायात्मिका बुद्धिः समाधौ न विधीयते।।44।।

yāmimāṁ puṣpitāṁ vācaṁ pravadantyavipaścitaḥ
vedavādaratāḥ pārtha nānyadastīti vādinaḥ
kāmātmānaḥ svargaparā janmakarmaphalapradām
krīyāviśeṣabahulāṁ bhogaiśvaryagatiṁ prati
bhogaiśvaryaprasaktānāṁ tayāpahṛtacetasām
vyavasāyātmikā buddhiḥ samādhau na vidhīyate

हे अर्जुन ! जो भोगों में तन्मय हो रहे हैं, जो कर्म फल के प्रशंसक वेद-वाक्यों में प्रीति रखते हैं, जिनकी बुद्धि में स्वर्ग ही परम प्राप्य वस्तु है और जो स्वर्ग से बढ़कर दूसरी कोई वस्तु ही नहीं है—ऐसा कहने वाले हैं—वे अविवेकीजन इस प्रकार की जिस पुष्पित यानी दिखाऊ शोभायुक्त वाणी को कहा करते हैं जो कि जन्म रूप कर्म फल देने वाली एवं भोग तथा ऐश्वर्य की प्राप्ति के लिये नाना प्रकार की बहुत-सी क्रियाओं का वर्णन करने वाली है, उस वाणी द्वारा जिनका चित्त हर लिया गया है, जो भोग और ऐश्वर्य में अत्यन्त आसक्त हैं, उन पुरुषों की परमात्मा में निश्चयात्मिका बुद्धि नहीं होती ।। 42-43-44 ।।

Arjuna, those who are full of worldly desires and devoted to the letter of the Vedas, who look upon heaven, as the supreme goal and argue that there is nothing beyond heaven are unwise. They utter flowery speech recommending many ritual of various kinds for the attainment of pleasure and power with rebirth as their fruit. Those whose minds are carried away by such words, and who are deeply attached to pleasure and worldly power, cannot attain the determinate intellect concentrated on God. (42,43,44)

प्रसंग – इस प्रकार भोग और ऐश्वर्य में आसक्त सकाम मनुष्यों में निश्चयात्मिका बुद्धि के न होने की बात कहकर अब कर्मयोग का उपदेश देने के उद्देश्य से पहले भगवान् अर्जुन को उपर्युक्त भोग और ऐश्वर्य में आसक्ति रहित होकर समभाव से सम्पन्न होने के लिये कहते हैं–

त्रैगुण्यविषया वेदा निस्त्रैगुण्यो भवार्जुन।
निर्द्वन्द्वो नित्यसत्त्वस्थो निर्योगक्षेम आत्मवान् ।। 45 ।।

traiguṇyaviṣayā vedā nistraiguṇyo bhavārjuna
nirdvandvo nityasattvastho niryogakṣema ātmavān

हे अर्जुन ! वेद उपर्युक्त प्रकार से तीनों गुणों के कार्यरूप समस्त भोगों एवं उनके साधनों का प्रतिपादन करने वाले हैं; इसलिये तू उन भोगों एवं उनके साधनों, आसक्तिहीन, हर्ष-शोकादि द्वन्द्वों से रहित, नित्यवस्तु परमात्मा में स्थित योगक्षेमको न चाहने वाला और स्वाधीन अन्तःकरणवाला हो ।। 45 ।।

Arjuna, the Vedas thus deal with evolutes of the three Gunas (modes of Prakriti); viz., worldly enjoyments and the means of attaining such enjoyments; be thou indifferent to these enjoyments and their means, rising above pairs of opposites like pleasur and pain etc., established in the Eternal Existence (God), absolutely unconcerned about the supply of wants and the preservation of what has been already attained, and self-controlled. (45)

प्रसंग – पूर्व श्लोक में अर्जुन को यह बात कही गयी कि सब वेद तीनों गुणों के कार्य का प्रतिपादन करनेवाले हैं और तुम तीनों गुणों के कार्यरूप समस्त भोगों में और उनके साधनों में आसक्तिरहित हो जाओ। अब उसके फलस्वरूप ब्रह्मज्ञान का महत्त्व बतलाते हैं–

यावानर्थ उदपाने सर्वतः सम्प्लुतोदके।
तावान् सर्वेषु वेदेषु ब्राह्मणस्य विजानतः ।। 46 ।।

yāvānartha udapāne sarvataḥ samplutodake
tāvānsarveṣu vedeṣu brāhmaṇasya vijānataḥ

सब ओर से परिपूर्ण जलाशय के प्राप्त हो जाने पर छोटे जलाशय में मनुष्य का जितना प्रयोजन रहता है, ब्रह्म को तत्त्व से जानने वाले ब्राह्मण का समस्त वेदों में उतना ही प्रयोजन रह जाता है ।। 46 ।।

A Brahmana, who has obtained enlightenment, has the same use for all the Vedas as one who stands at the brink of a sheet of water overflowing on all sides has for a small reservoir of water. (46)

प्रसंग – इस प्रकार समबुद्धि रूप कर्मयोग का और उसके फलका महत्त्व बतलाकर अब दो श्लोकों में भगवान् कर्मयोग का स्वरूप बतलाते हुए अर्जुन को कर्मयोग में स्थित होकर कर्म करने के लिये कहते हैं–

कर्मण्येवाधिकारस्ते मा फलेषु कदाचन।
मा कर्मफलहेतुर्भूर्मा ते संगोऽस्त्वकर्मणि।।47।।

karmaṇyevādhikāraste mā phaleṣu kadācana
mā karmaphalaheturbhūrmā te saṅgo'stvakarmaṇi

तेरा कर्म करने में ही अधिकार है, उसके फलों में कभी नहीं। इसलिये तू कर्मों के फ़लका हेतु मत हो तथा तेरी कर्म न करने में भी आसक्ति न हो ।। 47 ।।

Your right is to work only, but never to the fruit thereof. Be not instrumental in making your actions bear fruit, nor let your attachment be to inaction. (47)

प्रसंग – उपर्युक्त श्लोक में यह बात कही गयी कि तुमको न तो कर्मों के फलका हेतु बनना चाहिये और न कर्म न करने में ही आसक्त होना चाहिये अर्थात् कर्मों का त्याग भी नहीं करना चाहिये। इस पर यह जिज्ञासा होती है कि तो फिर किस प्रकार कर्म करना चाहिये ? इसलिये भगवान् कहते हैं–

योगस्थः कुरु कर्माणि संगं त्यक्त्वा धनञ्जय।
सिद्ध्यसिद्ध्योः समो भूत्वा समत्वं योग उच्यते।।48।।

yogasthaḥ kuru karmāṇi saṅgaṁ tyaktvā dhanañjaya
siddhyasiddhyoḥ samo bhūtvā samatvaṁ yoga ucyate

हे धनञ्जय ! तू आसक्ति को त्याग कर तथा सिद्धि और असिद्धि में समान बुद्धिवाला होकर योग में स्थित हुआ कर्तव्य कर्मों को कर, समत्व ही योग कहलाता है ।। 48 ।।

Arjuna, perform your duties established in Yoga, renouncing attachment, and even-tempered in success and failure; envenness of temper is called Yoga.(48)

प्रसंग – इस प्रकार कर्मयोग की प्रक्रिया बतलाकर अब सकाम भाव की निन्दा और समभावरूप बुद्धि योग का महत्त्व प्रकट करते हुए भगवान् अर्जुन को उसका आश्रय लेने के लिये आज्ञा देते हैं–

दूरेण ह्यवरं कर्म बुद्धियोगाद्धनंञ्जय।
बुद्धौ शरणमन्विच्छ कृपणाः फलहेतवः।।49।।

dūreṇa hyavaraṁ karma buddhiyogāddhanañjaya
buddhau śaraṇamanviccha kṛpaṇāḥ phalahetavaḥ

इस समत्वरूप बुद्धियोग से सकाम कर्म अत्यन्त ही निम्न श्रेणी का है। इसलिये हे धनञ्जय ! तू समबुद्धि में ही रक्षा का उमाय ढूँढ़ अर्थात् बुद्धियोग का ही आश्रय ग्रहण कर; क्योंकि फल के हेतु बनने वाले अत्यन्त दीन हैं ।। 49 ।।

Action (with a selfish motive) is far inferior to this Yoga in the form of equanimity. Do you seek

refuge in this equipoise of mind, Arjuna; for poor and wretched are those who are instrumental in making their actions bear fruit. (49)

प्रसंग – इस प्रकार अर्जुन को सत्य का आश्रय लेने की आज्ञा देकर अब दो श्लोकों में उस समता रूप बुद्धि से युक्त महापुरुषों की प्रशंसा करते हुए भगवान् अर्जुन को कर्मयोग का अनुष्ठान करने की पुनः आज्ञा देकर उसका फल बतलाते हैं–

बुद्धियुक्तो जहातीह उभे सुकृतदुष्कृते।
तस्माद्योगाय युज्यस्व योगः कर्मसु कौशलम्।।50।।

buddhiyukto jahātīha ubhe sukṛtaduṣkṛte
tasmādyogāya yujyasva yogaḥ karmasu kauśalam

समबुद्धि युक्त पुरुष पुण्य और पाप दोनों को इसी लोक में त्याग देता है अर्थात् उनसे मुक्त हो जाता है। इससे तू समत्वरूप योग में लग जा; यह समत्व रूप योग ही कर्मों में कुशलता है अर्थात् कर्मबन्धन से छूटने का उपाय है ।। 50 ।।

Endowed with equanimity, one sheds in this life both good and evil. Therefore, strive for the practice of this Yoga of equanimity. Skill in action lies in (the practice of this) Yoga. (50)

कर्मजं बुद्धियुक्ता हि फलं त्यक्त्वा मनीषिणः।
जन्मबन्धविनिर्मुक्ताः पदं गच्छन्त्यनामयम्।।51।।

karmajaṁ buddhiyuktā hi phalaṁ tyaktvā manīṣiṇaḥ
janmabandhavinirmuktāḥ padaṁ gacchantyanāmayam

क्योंकि समबुद्धि से युक्त ज्ञानी जन कर्मों से उत्पन्न होने वाले फल को त्याग कर जन्मरूप बन्धन से मुक्त हो निर्विकार परम पद को प्राप्त हो जाते हैं ।। 51 ।।

For wise men possessing an equiposied mind, renouncing the fruit of actions and freed from the shackles of birth, attain the blissful supreme state. (51)

प्रसंग – भगवान् ने कर्मयोग के आचरण द्वारा अनामय पद की प्राप्ति बतलायी; इस पर अर्जुन को यह जिज्ञासा हो सकती है कि अनामय परम पद की प्राप्ति मुझे कब और कैसे होगी ? इसके लिये भगवान् दो श्लोकों में कहते हैं–

यदा ते मोहकलिलं बुद्धिर्व्यतितरिष्यति।
तदा गन्तासि निर्वेदं श्रोतव्यस्य श्रुतस्य च।।52।।

yada te mohakalilaṁ buddhirvyatitariṣyati
tadā gantāsi nirvedaṁ śrotavyasya śrutasya ca

जिस काल में तेरी बुद्धि मोहरूप दलदल को भलीभाँति पार कर जायेगी, उस समय तू सुने हुए और सुनने में आने वाले इस लोक और परलोक सम्बन्धी सभी भोगों से वैराग्य को प्राप्त हो जायेगा ।। 52 ।।

When your mind will have fully crossed the more of delusion, you will then grow indifferent to the enjoyments of this world and the next that have been heard of as well as to those that are yet to be heard of. (52)

श्रुतिविप्रतिपन्ना ते यदा स्थास्यति निश्चला।
समाधावचला बुद्धिस्तदा योगमवाप्स्यसि।।53।।

śrutivipratipannā te yadā sthāsyati niścalā
samādhāvacalā buddhistadā yogamavāpsyasi

भाँति-भाँति के वचनों को सुनने से विचलित हुई तेरी बुद्धि जब परमात्मा में अचल और स्थिर ठहर जायेगी, तब तू योग को प्राप्त हो जायेगा अर्थात् तेरा परमात्मा से नित्य संयोग हो जायेगा ।। 53 ।।

When your intellect, confused by hearing conflicting statements, will rest, steady and undistracted (in meditation) on God, you will then attain Yoga (for lasting union with God). (53)

प्रसंग – पूर्वश्लोकों में भगवान् ने यह बात कही कि जब तुम्हारी बुद्धि मोहरूपी दलदल को सर्वथा पारकर जायेगी तथा तुम इस लोक और परलोक के समस्त भोगों से विरक्त हो जाओगे, तुम्हारी बुद्धि परमात्मा में निश्चल ठहर जायेगी, जब तुम परमात्मा को प्राप्त हो जाओगे। इस पर परमात्मा को प्राप्त स्थित प्रज्ञ, सिद्ध योगी के लक्षण और आचरण जानने की इच्छा से अर्जुन पूछते हैं–

अर्जुन उवाच

स्थितप्रज्ञस्य का भाषा समाधिस्थस्य केशव।
स्थितधीः किं प्रभाषेत किमासीत व्रजेत किम् ।। 54 ।।

arjuna uvāca
sthitaprajñasya kā bhāṣā samādhisthasya keśava
sthitadhīḥ kiṁ prabhāṣeta kimāsīta vrajeta kim

अर्जुन बोले–हे केशव ! समाधि में स्थित परमात्मा को प्राप्त हुए स्थिर बुद्धि पुरुष का क्या लक्षण है ? वह स्थिर बुद्धि पुरुष कैसे बोलता है, कैसे बैठता है और कैसे चलता है ? ।। 54 ।।

Arjuna said : Krsna, what is the definition (mark) of a God-realized soul, stable to mind and established in Samadhi (perfect tranquillity of mind)? How does

the man of stable mind speak, how does he sit, how does he walk? (54)

प्रसंग – पूर्व श्लोक में अर्जुन ने परमात्मा को प्राप्त हुए सिद्ध योगी के विषय में चार बातें पूछी हैं; इन चारों बातों का उत्तर भगवान् ने अध्याय की समाप्ति पर्यन्त दिया है, बीच में प्रसंगवश दूसरी बातें भी कही हैं। इस अगले श्लोक में अर्जुन के पहले पश्न का उत्तर संक्षेप में देते हैं–

श्रीभगवानुवाच

प्रजहाति यदा कामान् सर्वान् पार्थ मनोगतान्।
आत्मन्येवात्मना तुष्टः स्थितप्रज्ञस्तदोच्यते।।55।।

śrībhagavānuvāca
prajahāti yadā kāmānsarvānpārtha manogatān
ātmanyevātmanā tuṣṭaḥ sthitaprajñastadocyate

श्री भगवान् बोले–हे अर्जुन ! जिस काल में यह पुरुष मन में स्थित सम्पूर्ण कामनाओं को भलीभाँति त्याग देता है और आत्मा से आत्मा में ही सन्तुष्ट रहता है, उस काल में स्थित प्रज्ञ कहा जाता है ।। 55 ।।

Sri Bhagavan said : Arjuna, when one thoroughly dismisses all cravings of the mind, and is satisfied in the self through (the joy of) the self, then he is called stable of mind. (55)

प्रसंग – स्थित प्रज्ञ के विषय में अर्जुन ने चार बातें पूछी हैं, उनमें से पहला प्रश्न इतना व्यापक है कि उसके बाद के तीनों प्रश्न उसमें अन्तर्भाव हो जाता है। इस दृष्टि से तो अध्याय की समाप्ति पर्यन्त उस एक ही प्रश्न का उत्तर है; पर अन्य तीन प्रश्नों का भेद समझाने के लिये ऐसा समझना चाहिये कि अब दो श्लोकों में 'स्थितप्रज्ञ कैसे बोलता है' इस दूसरे प्रश्न का उत्तर दिया जाता है–

दुःखेष्वनुद्विग्नमनाः सुखेषु विगतस्पृहः।
वीतरागभयक्रोधः स्थितधीर्मुनिरुच्यते।।56।।

duḥkheṣvanudvignamanāḥ sukheṣu vigataspṛhaḥ
vītarāgabhayakrodhaḥ sthitadhīrmunirucyate

दुःखों की प्राप्ति होने पर जिसके मन में उद्वेग नहीं होता, सुखों की प्राप्ति में जो सर्वथा निःस्पृह है तथा जिसके राग, भय और क्रोध नष्ट् हो गये हैं, ऐसा मुनि स्थिर बुद्धि कहा जाता है ।। 56 ।।

The sage, whose mind remains unperturbed amid sorrows, whose thirst for pleasure has altogether disappeared, and who is free from passion, fear and anger, is called stale of mind. (56)

यः सर्वत्रानभिस्नेहस्तत्तत्प्राप्य शुभाशुभम्।
नाभिनन्दति न द्वेष्टि तस्य प्रज्ञा प्रतिष्ठिता।।57।।

yaḥ sarvatrānabhisnehastattatprāpya śubhāśubham
nābhinandati na dveṣṭi tasya prajñā pratiṣṭhitā

जो पुरुष सर्वत्र स्नेहरहित हुआ उस-उस शुभ या अशुभ वस्तु को प्राप्त होकर न प्रसन्न होता है और न द्वेष करता है उसकी बुद्धि स्थिर है ।। 57 ।।

He who is unattached to everything, and meeting with good and evil, neither rejoices nor recoils, his mind is stable. (57)

प्रसंग – 'स्थिर बुद्धि वाला योगी कैसे बोलता है ?' इस दूसरे प्रश्न का उत्तर समाप्त करके अब भगवान् 'वह कैसे बैठता है ?' इस तीसरे प्रश्न का उत्तर देते हुए यह दिखलाते हैं कि स्थित प्रज्ञ पुरुष की इन्द्रियों का सर्वथा उसके वश में हो जाना और आसक्ति से रहित होकर अपने-अपने विषयों से उपरत हो जाना ही स्थित प्रज्ञ पुरुष का बैठना है–

यदा संहरते चायं कूर्मोऽगानीव सर्वशः।
इन्द्रियाणीन्द्रियार्थेभ्यस्तस्य प्रज्ञा प्रतिष्ठिता।।58।।

yadā saṁharate cāyaṁ kurmo'ṅgānīva sarvaśaḥ
indriyāṇīndriyārthebhyastasya prajñā pratiṣṭhitā

जैसे कछुवा अपने सब अंगों को समेट लेता है, वैसे ही जिसने अपनी सब इन्द्रियों को हटा लिया है, उसकी बुद्धि स्थिर हो जाती है ।। 58 ।।

When like a tortoise, which draws in its limbs from all directions, he withdraws his senses from the sense-objects, his mind is (should be considered as) stable. (58)

प्रसंग – पूर्व श्लोक में तीसरे प्रश्न का उत्तर देते हुए स्थित प्रज्ञ के बैठने का प्रकार बतलाकर अब उसमें होने वाली शंकाओं का समाधान करने के लिये अन्य प्रकार से किये जाने वाले इन्द्रिय संयम की अपेक्षा स्थितप्रज्ञ के इन्द्रिय संयम की विलक्षणता दिखलाते हैं–

विषया विनिवर्तन्ते निराहारस्य देहिनः ।
रसवर्जं रसोऽप्यस्य परं दृष्ट्वा निवर्तते ।। 59 ।।

viṣayā vinivartante nirāhārasya dehinaḥ
rasavarjaṁ raso'pyasya paraṁ dṛṣṭvā nivartate

इन्द्रियों के द्वारा विषयों को ग्रहण न करने वाले पुरुष के भी केवल विषय तो निवृत्त हो जाते हैं, परंतु उनमें रहने वाली आसक्ति निवृत्त नहीं होती । इस स्थितप्रज्ञ पुरुष की तो आसक्ति भी परमात्मा का साक्षात्कार करके निवृत्त हो जाती है ।। 59 ।।

Sense-objects turn away from him, who does not enjoy them with his senses; but the taste for them persists. This relish also disappears in the case of the man of stable mind when he sees the Supreme. (59)

प्रसंग – आसक्ति का नाश और इन्द्रिय संयम नहीं होने से क्या हानि है ? इस पर कहते हैं–

यततो ह्यपि कौन्तेय पुरुषस्य विपश्चितः।
इन्द्रियाणि प्रमाथीनि हरन्ति प्रसभं मनः।।60।।

yatato hyapi kaunteya puruṣasya vipaścitaḥ
indriyāṇi pramāthīni haranti prasabhaṁ manaḥ

हे अर्जुन ! आसक्ति का नाश न होने के कारण ये प्रमथन स्वभाव वाली इन्द्रियाँ यत्न करते हुए बुद्धिमान् पुरुष के मन को बलात्कार से हर लेती हैं ।। 60 ।।

Turbulent by nature, the senses even of a wise man, who is practising self-control, forcibly carry away his mind, Arjuna. (60)

प्रसंग – इस प्रकार इन्द्रिय संयम की आवश्यकता का प्रतिपादन करके अब भगवान् साधक का कर्तव्य बतलाते हुए पुनः इन्द्रिय संयम को स्थितप्रज्ञ-अवस्था का हेतु बतलाते हैं–

तानि सर्वाणि संयम्य युक्त आसीत मत्परः।
वशे हि यस्येन्द्रियाणि तस्य प्रज्ञा प्रतिष्ठिता।।61।।

tāni sarvāṇi saṁyamya yukta āsīta matparaḥ
vaśe hi yasyendriyāṇi tasya prajñā pratiṣṭhitā

इसलिये साधक को चाहिये कि बह उन सम्पूर्ण इन्द्रियों को वश में करके समाहित चित्त हुआ मेरे परायण होकर ध्यान में बैठे; क्योंकि जिस पुरुष की इन्द्रियाँ वश में होती हैं, उसी की बुद्धि स्थिर हो जाती है ।।61 ।।

Therefore, having controlled them all and collecting his mind one should sit for meditation, devoting oneself heart and soul to Me. For he, whose senses are mastered is known to have a stable mind. (61)

प्रसंग – उपर्युक्त प्रकार से मनसहित इन्द्रियों को वंश में न करने से और भगवत्परायण न होने से क्या हानि है ? यह बात अब दो श्लोकों में बतलायी जाती है–

ध्यायतो विषयान् पुंसः संगस्तेषूपजायते ।
संगात्सञ्जायते कामः कामात्क्रोधोऽभिजायते ।। 62 ।।

dhyāyato viṣayānpuṁsaḥ saṅgasteṣūpajāyate
saṅgātsaṁjāyate kāmaḥ kāmātkrodho'bhijāyate

विषयों का चिन्तन करने वाले पुरुष की उन विषयों में आसक्ति हो जाती है, आसक्ति से उन विषयों की कामना उत्पन्न होती है और कामना में विघ्न पड़ने से क्रोध उत्पन्न होता है ।। 62 ।।

The man dwelling on sense-objects develops attachment for them; from attachment springs up desire, and from desire (unfulfilled) ensues anger. (62)

क्रोधाद्भवति सम्मोहः सम्मोहात्स्मृतिविभ्रमः ।
स्मृतिभ्रंशाद् बुद्धिनाशो बुद्धिनाशात्प्रणश्यति ।। 63 ।।

krodhādbhavati saṃmohaḥ saṃmohātsmṛtivibhramaḥ
smṛtibhraṃśād buddhināśo buddhināśātpraṇaśyati

क्रोध से अत्यन्त मूढ़भाव उत्पन्न हो जाता है, मूढ़भाव से स्मृति में भ्रम हो जाता है, स्मृति में भ्रम हो जाने से बुद्धि अर्थात् ज्ञानशक्ति का नाश हो जाता है और बुद्धि का नाश हो जाने से यह पुरुष अपनी स्थिति से गिर जाता है ।। 63 ।।

From anger arises infatuation; from infatuation, confusion of memory; from confusion of memory, loss of reason; and from loss of reason one goes to complete ruin. (63)

प्रसंग – इस प्रकार मनसहित इन्द्रियों को वश में न करने वाले मनुष्य के पतन का क्रम बतलाकर अब भगवान् 'स्थितप्रज्ञ योगी कैसे चलता है' इस चौथे प्रश्न का उत्तर आरम्भ करते हुए पहले दो श्लोकों में जिसके मन और इन्द्रियाँ वश में होते हैं, ऐसे साधक द्वारा विषयों में विचरण किये जाने का प्रकार और उसका फल बतलाते हैं–

रागद्वेषवियुक्तैस्तु विषयानिन्द्रियैश्चरन् ।
आत्मवश्यैर्विधेयात्मा प्रसादमधिगच्छति ।।64।।

rāgadveṣaviyuktaistu viṣayānindriyaiścaran
ātmavaśyairvidheyātmā prasādamadhigacchati

परंतु अपने अधीन किये हुए अन्तःकरणवाला साधक अपने वश में की हुई, राग-द्वेष से रहित इन्द्रियों द्वारा विषयों में विचरण करता हुआ अन्तःकरण की प्रसन्नता को प्राप्त होता है ।। 64 ।।

But the self-controlled practicant, while enjoying the various sense-objects through his senses, which are disciplined and free from likes and dislikes, attains placidity of mind. (64)

प्रसादे सर्वदुःखानां हानिरस्योपजायते।
प्रसन्नचेतसो ह्याशु बुद्धिः पर्यवतिष्ठते।।65।।

prasāde sarvaduḥkhānāṁ hānirasyopajāyate
prasannacetaso hyāśu buddhiḥ paryavatiṣṭhate

अन्तःकरण की प्रसन्नता होने पर इसके सम्पूर्ण दुःखों का अभाव हो जाता है और उस प्रसन्न चित्त वाले कर्मयोगी की बुद्धि शीघ्र ही सब ओर से हटकर एक परमात्मा में ही भलीभाँति स्थिर हो जाती है ।। 65 ।।

With the attainment of such placidity of mind, all his sorrows come to an end; and the intellect of such a person of tranquil mind, soon withdrawing itself from all sides, becomes firmly established in God. (65)

प्रसंग —इस प्रकार मन और इन्द्रियों को वश में करके अनासक्त भाव से इन्द्रियों द्वारा व्यवहार करने वाले साधक को सुख शान्ति और स्थितप्रज्ञ-अवस्था प्राप्त होने की बात कहकर अब दो श्लोकों द्वारा इससे विपरीत जिसके मन-इन्द्रिय जीते हुए नहीं हैं, ऐसे विषयासक्त मनुष्य में सुख शान्ति का अभाव दिखलाकर विषयों के संग से उसकी बुद्धि के विचलित हो जाने का प्रकार बतलाते हैं—

नास्ति बुद्धिरयुक्तस्य न चायुक्तस्य भावना।
न चाभावयतः शान्तिरशान्तस्य कुतः सुखम्।।66।।

nāsti buddhirayuktasya na cāyuktasya bhāvanā
na cābhāvayataḥ śāntiraśāntasya kutaḥ sukham

न जीते हुए मन और इन्द्रियों वाले पुरुष में निश्चयात्मिका वुद्धि नहीं होती और उस अयुक्त मनुष्य के अन्तःकरण में भावना भी नहीं होती तथा भावनाहीन मनुष्य को शान्ति नहीं मिलती और शान्तिरहित मनुष्य को सुख कैसे मिल सकता है ? ।। 66 ।।

He who has not controlled his mind and senses can have no reason; nor can such an undisciplined man think of God. the unthinking man can have no peace; and how can there be happiness for one lacking peace of mind.? (66)

इन्द्रियाणां हि चरतां यन्मनोऽनु विधीयते।
तदस्य हरति प्रज्ञां वायुर्नावमिवाम्भसि ।। 67 ।।

indriyāṇāṁ hi caratāṁ yanmano'nu vidhīyate
tadasya harati prajñāṁ vāyurnāvamivāmbhasi

क्योंकि जैसे जल में चलने वाली नाव को वायु हर लेती है, वैसे ही विषयों में विचरती हुई इन्द्रियों में से मन जिस इन्द्रिय के साथ रहता है वह एक ही इन्द्रिय इस अयुक्त पुरुष की बुद्धि को हर लेती है ।। 67 ।।

As the wind carries away a boat upon the waters, even so of the senses moving among sense-objects, the one to which the mind is joined takes away his discrimination. (67)

प्रसंग —इस प्रकार अयुक्त पुरुष की बुद्धि के विचलित होने का प्रकार बतलाकर अब पुनः स्थितप्रज्ञ अवस्था की प्राप्ति में सब प्रकार से इन्द्रिय संयम की विशेष आवश्यकता सिद्ध करते हुए स्थितप्रज्ञ पुरुष की अवस्था का वर्णन करते हैं—

तस्माद्यस्य महाबाहो निगृहीतानि सर्वशः।
इन्द्रियाणीन्द्रियार्थेभ्यस्तस्य प्रज्ञा प्रतिष्ठिता।।68।।

tasmādyasya mahābāho nigṛhītāni sarvaśaḥ
indriyāṇīndriyārthebhyastasya prajñā pratiṣṭhitā

इसलिये हे महाबाहो ! जिस पुरुष की इन्द्रियाँ इन्द्रियों के विषयों से सब प्रकार निग्रह की हुई हैं, उसी की बुद्धि स्थिर है ।। 68 ।।

Therefore, Arjuna, he whose senses are completely restrained from their objects, is said to have a stable mind. (68)

प्रसंग —इस प्रकार मन और इन्द्रियों के संयम न करने में हानि और संयम करने में लाभ दिखलाकर तथा स्थितप्रज्ञ-अवस्था प्राप्त करने के लिये राग-द्वेष के त्यागपूर्वक मनसहित इन्द्रियों के संयम की विशेष आवश्यकता का प्रतिपादन करके स्थितप्रज्ञ पुरुष की अवस्था का वर्णन किया। अब साधारण विषयासक्त मनुष्यों में और मन-इन्द्रियों का संयम करके परमात्मा को प्राप्त हुए स्थिर बुद्धि संयमी महापुरुष में क्या अन्तर है, इस बात को रात और दिन के दृष्टान्त से समझाते हुए उनकी स्वाभाविक स्थिति का वर्णन करते हैं—

या निशा सर्वभूतानां तस्यां जागर्ति संयमी।
यस्यां जाग्रति भूतानि सा निशा पश्यतो मुनेः।।69।।

yā niśā sarvabhūtānām̐ tasyām̐ jāgarti sam̐yamī
yasyām̐ jāgrati bhūtāni sā niśā paśyato muneḥ

सम्पूर्ण प्राणियों के लिये जो रात्रि के समान है, उस नित्य ज्ञानस्वरूप परमानन्द की प्राप्ति में स्थितप्रज्ञ योगी जागता है

और जिस नाशवान् सांसारिक सुख की प्राप्ति में सब प्राणी जागते हैं, परमात्मा के तत्त्व को जानने वाले मुनि के लिये वह रात्रि के समान है ।। 69 ।।

That which is night to all beings, in that state (of Divine Knowledge and supreme Bliss) the God-realized Yogi keeps awake. And that (the ever-changing, transient worldly happiness) in which all beings keep awake is night to the seer. (69)

प्रसंग —इस प्रकार रात्रि के रूपक से ज्ञानी और अज्ञानियों की स्थिति का भेद दिखलाकर अब समुद्र की उपमासे यह भाव दिखलाते हैं कि ज्ञानी परम शान्ति को प्राप्त होता है और भोगों की कामना वाला अज्ञानी मनुष्य शान्ति को प्राप्त नहीं होता—

आपूर्यमाणमचलप्रतिष्ठं समुद्रमापः प्रविशन्ति यद्वत्।
तद्वत्कामा यं प्रविशन्ति सर्वे स शान्तिमाप्नोति न कामकामी ।। 70 ।।

āpūryamāṇamacalapratiṣṭhaṁ
samudramāpaḥ praviśanti yadvat
tadvatkāmā yaṁ praviśanti sarve
sa śāntimāpnoti na kāmakāmī

जैसे नाना नदियों के जल सब ओर से परिपूर्ण, अचल प्रतिष्ठा वाले, समुद्र में उसको विचलित न करते हुए ही समा जाते हैं, वैसे ही सब भोग जिस स्थितप्रज्ञ पुरुष में किसी प्रकार का विकार उत्पन्न किये बिना ही समा जाते हैं, वही पुरुष शान्ति को प्राप्त होता है, भोगों को चाहने वाला नहीं ।। 70 ।।

As the waters of different rivers enter the ocean, which though full on all sides remains undisturbed, likewise he is whom all enjoy-ments merge themselves attains peace; not he who hankers after such enjoyments. (70)

प्रसंग –'स्थितप्रज्ञ कैसे चलता है ?' अर्जुन का यह चौथा प्रश्न परमात्मा को प्राप्त हुए पुरुष के विषय में ही था; किंतु यह प्रश्न आचरणविषयक होने के कारण उसके उत्तर में श्लोक चौंसठ से यहाँ तक किस प्रकार आचरण करने वाला मनुष्य शीघ्र स्थितप्रज्ञ बन सकता है, कौन नहीं बन सकता और जब मनुष्य स्थितप्रज्ञ हो जाता है उस समय उसकी कैसी स्थिति होती है–ये सब बातें बतलायी गयीं। अब उस चौथे प्रश्न का स्पष्ट उत्तर देते हुए स्थितप्रज्ञ पुरुष के आचरण का प्रकार बतलाते हैं–

विहाय कामान् यः सर्वान् पुमांश्चरति निःस्पृह।
निर्ममो निरहंकार स शान्तिमधिगच्छति।।71।।

vihāya kāmānyaḥ sarvānpumāṁścarati niḥspṛhaḥ
nirmamo nirahaṅkāraḥ sa śāntimadhigacchati

जो पुरुष सम्पूर्ण कामनाओं को त्यागकर ममता रहित, अहंकार रहित और स्पृहारहित हुआ विचरता है, वही शान्ति को प्राप्त होता है अर्थात् वह शान्ति को प्राप्त है ।।71 ।।

He who has given up all desires, and moves free from attachment, egoism and thirst for ejoyment attains peace. (71)

प्रसंग –इस प्रकार अर्जुन के चारों प्रश्नों का उत्तर देने के अनन्तर अब स्थितप्रज्ञ पुरुष का महत्त्व बतलाते हुए इस अध्याय का उपसंहार करते हैं–

एषा ब्राह्मी स्थितिः पार्थ नैनां प्राप्य विमुह्यति।
स्थित्वास्यामन्तकालेऽपि ब्रह्मनिर्वाणमृच्छति।।72।।

eṣā brāhmī sthitiḥ pārtha naināṁ prāpya vimuhyati
sthitvāsyāmantakāle'pi brahmanirvāṇamṛcchati

हे अर्जुन ! यह ब्रह्म को प्राप्त पुरुष की स्थिति है, इसको प्राप्त होकर योगी कभी मोहित नहीं होता और अन्त काल

में भी इस ब्राह्मी स्थिति में स्थित होकर ब्रह्मानन्द को प्राप्त हो जाता है ।। 72 ।।

Arjuna, such is the state of the God-realized soul; having reached this state, he overcomes delusion. And established in this state, even at the last moment, he attains Brahmic Bliss. (72)

ॐ तत्सदिति श्रीमद्भगवद्गीतासूपनिषत्सु ब्रह्मविद्यायां योगशास्त्रे श्रीकृष्णार्जुन संवादे सांख्ययोगो नाम द्वितीयोऽध्यायः ।।2 ।।

ॐ श्रीपरमात्मने नमः

तृतीयोऽध्यायः

इस अध्याय में नाना प्रकार के हेतुओं से विहित कर्मों की अवश्यकर्तव्यता सिद्ध की गयी है तथा प्रत्येक मनुष्य को अपने-अपने वर्ण-आश्रम के लिये विहित कर्म किस प्रकार करने चाहिये, क्यों करने चाहिये, उनके न करने में क्या हानि है, करने में क्या लाभ है, कौन-से कर्म बन्धनकारक हैं और कौन-से मुक्ति में सहायक हैं—इत्यादि बातें भलीभाँति समझायी गयी हैं। इस प्रकार इस अध्याय में कर्मयोग का विषय अन्यान्य अध्यायों की अपेक्षा अधिक और विस्तारपूर्वक वर्णित है एवं दूसरे विषयों का समावेश बहुत ही कम हुआ है, जो कुछ हुआ है, वह भी बहुत ही संक्षेप में हुआ है; इसलिये इस अध्याय का नाम 'कर्मयोग' रखा गया है।

प्रसंग —'बुद्धि' शब्द का अर्थ 'ज्ञान' मान लेने से अर्जुन को भ्रम हो गया, भगवान् के वचनों में 'कर्म' की अपेक्षा 'ज्ञान' की प्रशंसा प्रतीत होने लगी; एवं वे वचन उनको स्पष्ट न दिखायी देकर मिले हुए-से जान पड़ने लगे। अतएव भगवान् से उनका स्पष्टीकरण करवाने की और अपने लिये निश्चित श्रेयःसाधन जानने की इच्छा से अर्जुन पूछते हैं—

अर्जुन उवाच

ज्यायसी चेत्कर्मणस्ते मता बुद्धिर्जनार्दन।
तत्किं कर्मणि घोरे मां नियोजयसि केशव॥ 1॥

arjuna uvāca
jyāyasī cetkarmaṇaste matā buddhirjanārdana
tatkiṁ karmaṇi ghore māṁ niyojayasi keśava

अर्जुन बोले—हे जनार्दन ! यदि आपको कर्म की अपेक्षा ज्ञान श्रेष्ठ मान्य है तो फिर हे केशव ! मुझे भयंकर कर्म में क्यों लगाते हैं ? ॥ 1 ॥

Arjuna said : Krsna, if you consider Knowledge as superior to Action, then why do You urge me to this dreadful action, Kesava ! (1)

व्यामिश्रेणेव वाक्येन बुद्धिं मोहयसीव मे।
तदेकं वद निश्चित्य येन श्रेयोऽहमाप्नुयाम्।।2।।

vyāmiśreṇeva vākyena buddhiṁ mohayasīva me
tadekaṁ vada niścitya yena śreyo'hamāpnuyām

आप मिले हुए-से वचनों से मेरी बुद्धि को मानो मोहित कर रहे हैं। इसलिये उस एक बात को निश्चित करके कहिये जिससे मैं कल्याण को प्राप्त हो जाऊँ ।।2 ।।

You are, as it were, puzzling my mind by these seemingly involved expressions; there-fore, tell me difinitely the one discipline by which I may obtain the highest good. (2)

प्रसंग –इस प्रकार अर्जुन के पूछने पर भगवान् उनका निश्चित कर्तव्य भक्तिप्रधान कर्मयोग बतलाने के उद्देश्य से पहले उनके प्रश्न का उत्तर देते हुए यह दिखलाते हैं कि मेरे वचन 'व्यामिश्र' अर्थात् मिले हुए नहीं हैं वरं सर्वथा स्पष्ट और अलग-अलग हैं–

श्रीभगवानुवाच

लोकेऽस्मिन्द्विविधा निष्ठा पुरा प्रोक्ता मयानघ।
ज्ञानयोगेन सांख्यानां कर्मयोगेन योगिनाम्।।3।।

śrībhagavānuvāca
loke'smindvividhā niṣṭhā purā proktā mayānagha
jñānayogena sāṅkhyānāṁ karmayogena yoginām

श्रीभगवान् बोले–हे निष्पाप ! इस लोक में दो प्रकार की निष्ठा मेरे द्वारा पहले वर्णन की गयी है। उनमें से सांख्ययोगियों

की निष्ठा तो ज्ञान योग से और योगियों की निष्ठा कर्मयोग से होती है ।। 3 ।।

Sri Bhagavan said: Arjuna, in this world two courses of Sadhana (Spiritual discipline) have been enunciated by Me in the past. In the case of the Sankhyayogi, the Sadhana proceeds along the path of Knowledge; whereas in the case of the Krmayogi, it proceeds along the path of Action. (3)

प्रसंग —पूर्व श्लोक में भगवान् ने जो यह बात कही है कि सांख्यनिष्ठा ज्ञान योग के साधन से होती है और योगनिष्ठा कर्मयोग के साधन से होती है, उसी बात को सिद्ध करने के लिये अब यह दिखलाते हैं कि कर्तव्य कर्मों का स्वरूप- त्याग किसी भी निष्ठा का हेतु नहीं है—

न कर्मणामनारम्भान्नैष्कर्म्यं पुरुषोऽश्नुते ।
न च संन्यसनांदेव सिद्धिं समधिगच्छति ।। 4 ।।

na karmaṇāmanārambhānnaiṣkarmyaṁ , puruṣo'śnute
na ca saṁnyasanādeva siddhiṁ samadhigacchati

मनुष्य न तो कर्मों का आरम्भ किये बिना निष्कर्मता को यानी योगनिष्ठा को प्राप्त होता है और न कर्मों के केवल त्याग मात्र से सिद्धि यानी सांख्यनिष्ठा को ही प्राप्त होता है ।। 4 ।।

Man does not attain freedom from action (culmination of the discipline of Action) without entering upon action; nor does he reach perfection (culmination of the discipline of Knowledge) merely by ceasing to act. (4)

प्रसंग —इस प्रकार कर्मयोगी के लिये कर्तव्य कर्मों के न करने को योगनिष्ठा की प्राप्ति में बाधक और सांख्ययोगी

के लिये सिद्धि की प्राप्ति में केवल बाहरी कर्मों के त्याग को गौण बतलाकर, अब अर्जुन को कर्तव्य कर्मों में प्रवृत्त करने के उद्देश्य से भिन्न-भिन्न हेतुओं से कर्म करने की आवश्यकता सिद्ध करने के लिये पहले कर्मों के सर्वथा त्याग को अशक्य बतलाते हैं–

न हि कश्चित्क्षणमपि जातु तिष्ठत्यकर्मकृत्।
कार्यते ह्यवशः कर्म सर्वः प्रकृतिजैर्गुणैः।।5।।

na hi kaścitkṣaṇamapi jātu tiṣṭhatyakarmakṛt
kāryate hyavaśaḥ karma sarvaḥ prakṛtijairguṇaiḥ

निःसन्देह कोई भी मनुष्य किसी भी काल में क्षण मात्र भी बिना कर्म किये नहीं रहता; क्योंकि सारा मनुष्य समुदाय प्रकृति जनित गुणों द्वारा परवश हुआ कर्म करने के लिये बाध्य किया जाता है ।।5 ।।

Surely none can ever remain inactive even for a moment; for everyone helplessly driven to action by nature-born qualities. (5)

प्रसंग –पूर्व श्लोक में यह बात कही गयी कि कोई मनुष्य क्षण मात्र भी कर्म किये बिना नहीं रहता; इस पर यह शंका होती है कि इन्द्रियों की क्रियाओं को हठ से रोककर भी तो मनुष्य कर्मों का त्याग कर सकता है। अतः ऊपर इन्द्रियों की क्रियाओं का त्याग कर देना कर्मों का त्याग नहीं है, यह भाव दिखलाने के लिये भगवान् कहते हैं–

कर्मेन्द्रियाणि संयम्य य आस्ते मनसा स्मरन्।
इन्दियार्थान्विमूढात्मा मिथ्याचारः स उच्यते।।6।।

karmendriyāṇi saṁyamya ya āste manasā smaran
indriyārthānvimūḍhātmā mithyācāraḥ sa ucyate

जो मूढबुद्धि मनुष्य समस्त इन्द्रियों को हठपूर्वक ऊपर से रोककर मन से उन इन्द्रियों के विषयों का चिन्तन करता रहता

है, वह मिथ्याचारी अर्थात् दम्भी कहा जाता है ।। 6 ।।

He who outwardly restraining the organs of sense and action, sits mentally dwelling on the objects of senses, that man of deluded intellect is called a hypocrite. (6)

प्रसंग –इस प्रकार केवल ऊपर से इन्द्रियों को विषयों से हटा लेने को मिथ्याचार बतलाकर, अब आसक्ति का त्याग करके इन्द्रियों द्वारा निष्काम भाव से कर्तव्य कर्म करने वाले योगी की प्रशंसा करते हैं–

यस्त्विन्द्रियाणि मनसा नियम्यारभतेऽर्जुन।
कर्मेन्द्रियैः कर्मयोगमसक्तः स विशिष्यते।। 7।।

yastvindriyāṇi manasā niyamyārabhate'rjuna
karmendriyaiḥ karmayogamasaktaḥ sa viśiṣyate

किंतु हे अर्जुन ! जो पुरुष मन से इन्द्रियों को वश में करके अनासक्त हुआ समस्त इन्द्रियों द्वारा कर्मयोग का आचरण करता है, वही श्रेष्ठ है ।। 7 ।।

On the other hand, he who controlling the organs of sense and action by the power of his will, and remaining unattached, undertakes the Yoga of Action through those organs, Arjuna, he excels. (7)

प्रसंग –अर्जुन ने जो यह पूछा था कि आप मुझे घोर कर्म में क्यों लगाते हैं, उसके उत्तर में ऊपर से कर्मों का त्याग करने वाले मिथ्याचारी की निन्दा और कर्मयोगी की प्रशंसा करके अब उन्हें कर्म करने के लिये आज्ञा देते हैं–

नियतं कुरु कर्म त्वं कर्म ज्यायो ह्यकर्मणः।
शरीरयात्रापि च ते न प्रसिद्ध्येदकर्मणः।। 8।।

niyatam kuru karma tvaṁ karma jyāyo hyakarmaṇaḥ
śarīrayātrāpi ca te na prasiddhyedakarmaṇaḥ

तू शास्त्र विहित कर्तव्य कर्म कर; क्योंकि कर्म न करने की अपेक्षा कर्म करना श्रेष्ठ है तथा कर्म न करने से तेरा शरीर-निर्वाह भी नहीं सिद्ध होगा ।। 8 ।।

Therefore, do you perform your allotted duty; for action is superior to inaction. Desisting from action, you cannot even maintain your body. (8)

प्रसंग – यहाँ यह जिज्ञासा होती है कि शास्त्र विहित यज्ञ, दान और तप आदि शुभ कर्म भी तो बन्धन के हेतु माने गये हैं; फिर कर्म न करने की अपेक्षा कर्म करना श्रेष्ठ कैसे है ? इस पर कहते हैं–

यज्ञार्थात्कर्मणोऽन्यत्र लोकोऽयं कर्मबन्धनः ।
तदर्थं कर्म कौन्तेय मुक्तसंगः समाचर ।। 9 ।।

yajñārthātkarmaṇo'nyatra loko'yaṁ karmabandhanaḥ
tadarthaṁ karma kaunteya muktasaṅgaḥ samācara

यज्ञ के निमित्त किये जाने वाले कर्मों से अतिरिक्त दूसरे कर्मों में लगा हुआ ही यह मनुष्य समुदाय कर्मों से बँधता है। इसलिये हे अर्जुन ! तू आसक्ति से रहित होकर उस यज्ञ के निमित्त ही भलीभाँति कर्तव्य कर्म कर ।। 9 ।।

Man is bound by his own action except when it is performed for the sake of sacrifice. Therefore, Arjuna, do you efficiently perform your duty, free from attachment; for the sake of sacrifice alone. (9)

प्रसंग –पूर्व श्लोक में भगवान् ने यह बात कही कि यज्ञ के निमित्त कर्म करने वाला मनुष्य कर्मों से नहीं बँधता; इसलिये यहाँ यह जिज्ञासा होती है कि यज्ञ किस को कहते हैं, उसे क्यों करना चाहिये और उसके लिये कर्म करने वाला मनुष्य कैसे नहीं बँधता। अतएव इन बातों को समझाने के लिये भगवान् ब्रह्माजी के वचनों का प्रमाण देकर कहते हैं–

सहयज्ञाः प्रजाः सृष्ट्वा पुरोवाच प्रजापतिः।
अनेन प्रसविष्यध्वमेष वोऽस्त्विष्टकामधुक्।।10।।

sahayajñāḥ prajāḥ sṛṣṭvā purovāca prajāpatiḥ
anena prasaviṣyadhvameṣa vo'stviṣṭakāmadhuk

प्रजापति ब्रह्मा ने कल्प के आदि में यज्ञ सहित प्रजाओं को रचकर उनसे कहा कि तुम लोग इस यज्ञ के द्वारा वृद्धि को प्राप्त होओ और यह यज्ञ तुम लोगों को इच्छित भोग प्रदान करने वाला हो ।। 10 ।।

Having created mankind along with the spirit of sacrifice at the beginning of Creation the Creator, Brahma, said to them, "You shall prosper by this; may this yield the enjoyment you seek. (10)

देवान्भावयतानेन ते देवा भावयन्तु वः।
परस्परं भावयन्तः श्रेयः परमवाप्स्यथ।।11।।

devānbhāvayatānena te devā bhāvayantu vaḥ
parasparaṁ bhāvayantaḥ śreyaḥ paramavāpsyatha

तुम लोग इस यज्ञ के द्वारा देवताओं को उन्नत करो और वे देवता तुम लोगों को उन्नत करें। इस प्रकार निःस्वार्थभाव से एक-दूसरे को उन्नत करते हुए तुम लोग परम कल्याण को प्राप्त हो जाओगे ।। 11 ।।

Foster the gods through this (sacrifice), and let the gods be gracious to you. Each fostering other disinterestedly, you will attain the highest good. (11)

इष्टान्भोगान्हि वो देवा दास्यन्ते यज्ञभाविताः ।
तैर्दत्तानप्रदायैभ्यो यो भुङ्क्ते स्तेन एव सः ।। 12 ।।

iṣṭānbhogānhi vo devā dāsyante yajñabhāvitāḥ
tairdattānapradāyaibhyo yo bhuṅkte stena eva saḥ

यज्ञ के द्वारा बढ़ाये हुए देवता तुम लोगों को बिना माँगे ही इच्छित भोग निश्चय ही देते रहेंगे। इस प्रकार उन देवताओं के द्वारा दिये हुए भोगों को जो पुरुष उनको बिना दिये स्वयं भोगता है, वह चोर ही है ।। 12 ।।

Fostered by sacrifice, the gods will surely bestow on you unasked all the desired enjoyments. He who enjoys the gifts bestowed by them, without giving them in return, is undoubtedly a thief. (12)

प्रसंग —इस प्रकार ब्रह्माजी के वचनों का प्रमाण देकर भगवान् ने यज्ञादि कर्मों की कर्तव्यता का प्रतिपादन किया और साथ ही उनका पालन न करने वाले को चोर बतलाकर उसकी निन्दा की; अब उन कर्तव्य कर्मों का आचरण करने वाले पुरुषों की प्रशंसा करते हुए उनसे विपरीत केवल शरीर पोषण के लिये ही कर्म करने वाले पापियों की निन्दा करते हैं—

यज्ञशिष्टाशिनः सन्तो मुच्यन्ते सर्वकिल्विषैः ।
भुञ्जते ते त्वघं पापा ये पचन्त्यात्मकारणात् ।। 13 ।।

yajñaśiṣṭāśinaḥ santo mucyante sarvakilbiṣaiḥ
bhuñjate te tvaghaṁ pāpā ye pacantyātmakāraṇāt

यज्ञ से बचे हुए अन्न को खाने वाले श्रेष्ठ पुरुष सब पापों से मुक्त हो जाते हैं और जो पापी लोग अपना शरीर पोषण करने के लिये ही अन्न पकाते हैं, वे तो पाप को खाते हैं ।। 13 ।।

The virtuous who partake of what is left over after sacrifice are absolved of all sins. Those sinful ones who cook for the sake of nourishing their body alone eat only sin. (13)

प्रसंग –यहाँ यह जिज्ञासा होती है कि यज्ञ न करने से क्या हानि है ? इसपर सृष्टि चक्र को सुरक्षित रखने के लिये यज्ञ की आवश्यकता का प्रतिपादन करते हैं–

अन्नाद्भवन्ति भूतानि पर्जन्यादन्नसंभवः।
यज्ञाद्भवति पर्जन्यो यज्ञः कर्मसमुद्भवः।। 14।।
कर्म ब्रह्मोद्भवं विद्धि ब्रह्माक्षरसमुद्भवम्।
तस्मात्सर्वगतं ब्रह्म नित्यं यज्ञे प्रतिष्ठितम्।। 15।।

annādbhavanti bhūtāni parjanyādannasaṁbhavaḥ
yajñādbhavati parjanyo yajñaḥ karmasamudbhavaḥ
karma brahmodbhavaṁ viddhi brahmākṣarasamudbhavam
tasmātsarvagataṁ brahma nityaṁ yajñe pratiṣṭhitam

सम्पूर्ण प्राणी अन्न से उत्पन्न होते हैं, अन्न की उत्पत्ति वृष्टि से होती है, वृष्टि यज्ञ से होती है और यज्ञ विहित कर्मों से उत्पन्न होने वाला है। कर्म समुदाय को तू वेद से उत्पन्न और वेद को अविनाशी परमात्मा से उत्पन्न हुआ जान। इससे सिद्ध

होता है कि सर्वव्यापी परम अक्षर परमात्मा सदा ही यज्ञ में प्रतिष्ठित है ।। 14-15 ।।

All beings are evolved from food; production of food is dependent on rain; rain ensues from sacrifice, and sacrifice is rooted in prescribed action. Know that prescribed action has its origin in the Vedas, and the Vedas proceed from the Indestructible (God); hence the all-pervading Infinite is always present in sacrifice. (14,15)

प्रसंग —इस प्रकार सृष्टि चक्र की स्थिति यज्ञ पर निर्भर बतलाकर और परमात्मा को यज्ञ में प्रतिष्ठित कहकर अब उस यज्ञ रूप स्वधर्म के पालन की अवश्यकर्तव्यता सिद्ध करने के लिये उस सृष्टि चक्र के अनुकूल न चलने वाले की यानी अपना कर्तव्य-पालन न करने वाले की निन्दा करते हैं—

एवं प्रवर्तितं चक्रं नानुवर्तयतीह यः।
अघायुरिन्द्रियारामो मोघं पार्थ स जीवति।। 16।।

evaṁ pravartitaṁ cakraṁ nānuvartayatīha yaḥ
aghāyurindriyārāmo moghaṁ pārtha sa jīvati

हे पार्थ ! जो पुरुष इस लोक में इस प्रकार परम्परा से प्रचलित सृष्टि चक्र के अनुकूल नहीं बरतता अर्थात् अपने कर्तव्य का पालन नहीं करता, वह इन्द्रियों के द्वारा भोगों में रमण करने वाला पापायु पुरुष व्यर्थ ही जीता है ।। 16 ।।

Arjuna, he who does not follow the wheel of creation thus set going in this world (i.e., does not perform his duties), sinful and sensual, he lives in vain. (16)

प्रसंग —यहाँ यह जिज्ञासा होती है कि उपर्युक्त प्रकार से सृष्टि-चक्र के अनुसार चलने का दायित्व किस श्रेणी के

मनुष्यों पर है ? इस पर परमात्मा को प्राप्त सिद्ध महापुरुष के सिवा इस सृष्टि से सम्बन्ध रखने वाले सभी मनुष्यों पर अपने-अपने कर्तव्य पालन का दायित्व है—यह भाव दिखलाने के लिये दो श्लोकों में ज्ञानी महापुरुष के लिये कर्तव्य अभाव और उसका हेतु बतलाते हैं—

यस्त्वात्मरतिरेव स्यादात्मतृप्तश्च मानवः।
आत्मन्येव च संतुष्टस्तस्य कार्यं न विद्यते।। 17।।

yastvātmaratireva syādātmatṛptaśca mānavaḥ
ātmanyeva ca saṁtuṣṭastasya kāryaṁ na vidyate

परन्तु जो मनुष्य आत्मा में ही रमण करने वाला और आत्मा में ही तृप्त तथा आत्मा में ही सन्तुष्ट हो उसके लिये कोई कर्तव्य नहीं है ।। 17 ।।

He, however, who takes delight in the self alone and is gratified with the Self, and is contented in the self, has no duty. (17)

नैव तस्य कृतेनार्थो नाकृतेनेह कश्चन।
न चास्य सर्वभूतेषु कश्चिदर्थव्यपाश्रयः।। 18।।

naiva tasya kṛtenārtho nākṛteneha kaścana
na cāsya sarvabhūteṣu kaścidarthavyapāśrayaḥ

उस महापुरुष का इस विश्व में न तो कर्म करने से कोई प्रयोजन रहता है और न कर्मों के न करने से ही कोई प्रयोजन रहता है। तथा सम्पूर्ण प्राणियों में भी इसका किञ्चिन्मात्र भी स्वार्थ का सम्बन्ध नहीं रहता ।। 18 ।।

In this world that great soul has no use whatsoever for things done nor for things not done; nor has he selfish dependence of any kind on any creature. (18)

प्रसंग –यहाँ तक भगवान् ने बहुत-से हेतु बतलाकर यह बात सिद्ध की कि जब तक मनुष्य को परम श्रेयरूप परमात्मा की प्राप्ति न हो जाये, तब तक उसके लिये स्वधर्म का पालन करना अर्थात् अपने वर्णाश्रम के अनुसार विहित कर्मों का अनुष्ठान निःस्वार्थ भाव से करना अवश्य कर्तव्य है और परमात्मा को प्राप्त हुए पुरुष के लिये किसी प्रकार का कर्तव्य न रहने पर उसके मन-इन्द्रियों द्वारा लोक संग्रह के लिये प्रारब्धानुसार कर्म होते हैं। अब उपर्युक्त वर्णन का लक्ष्य कराते हुए भगवान् अर्जुन को अनासक्त भाव से कर्तव्य कर्म करने के लिये आज्ञा देते हैं–

तस्मादसक्तः सततं कार्यं कर्म समाचर।
असक्तो ह्याचरन्कर्म परमाप्नोति पूरुषः।।19।।

tasmādasaktaḥ satataṁ kāryaṁ karma samācara
asakto hyācarankarma paramāpnoti pūruṣaḥ

इसलिये तू निरन्तर आसक्ति से रहित होकर सदा कर्तव्य कर्म को भलीभाँति करता रह। क्योंकि आसक्ति से रहित होकर कर्म करता हुआ मनुष्य परमात्मा को प्राप्त हो जाता है ।।19।।

Therefore, go on efficiently doing your duty without attachment. Doing work without attachment man attains the Supreme. (19)

प्रसंग –पूर्व श्लोक में भगवान् ने जो यह बात कही कि आसक्ति से रहित होकर कर्म करने वाला मनुष्य परमात्मा को प्राप्त हो जाता है, उस बात को पुष्ट करने के लिये जनकादि का प्रमाण देकर पुनः अर्जुन के लिये कर्म करना उचित बतलाते हैं–

कर्मणैव हि संसिद्धिमास्थिता जनकादयः।
लोकसंग्रहमेवापि संपश्यन्कर्तुमर्हसि।।20।।

karmaṇaiva hi saṁsiddhimāsthitā janakādayaḥ
lokasaṁgrahamevāpi saṁpaśyankartumarhasi

जनकादि ज्ञानीजन भी आसक्ति रहित कर्मद्वारा ही परम सिद्धि को प्राप्त हुए थे। इसलिये तथा लोक संग्रह को देखते हुए भी तू कर्म करने को ही योग्य है अर्थात् तुझे कर्म करना ही उचित है ।। 20 ।।

It is through action (without attachment) alone that Janaka and other wise men reached perfection. Having an eye to maintenance of the world order too you should take to action. (20)

प्रसंग —पूर्व श्लोक में भगवान् ने अर्जुन को लोक संग्रह की ओर देखते हुए कर्मों का करना उचित बतलाया; इस पर यह जिज्ञासा होती है कि कर्म करने से किस प्रकार लोकसंग्रह होता है ? अतः यही बात समझाने के लिये कहते हैं—

यद्यदाचरति श्रेष्ठस्तत्तदेवेतरो जनः।
स यत्प्रमाणं कुरुते लोकस्तदनुवर्तते।।21।।

yadyadācarati śreṣṭhastattadevetaro janaḥ
sa yatpramāṇaṁ kurute lokastadanuvartate

श्रेष्ठ पुरुष जो-जो आचरण करता है, अन्य पुरुष भी वैसा-वैसा ही आचरण करते हैं। वह जो कुछ प्रमाण कर देता है, समस्त मनुष्य समुदाय उसी के अनुसार बरतने लग जाता है ।। 21 ।।

For whatever a great man does, that very thing other men also do; whatever standard he sets up; the generality of men follow the same. (21)

प्रसंग –इस प्रकार श्रेष्ठ महापुरुष के आचरणों को लोकसंग्रह में हेतु बतलाकर अब भगवान् तीन श्लोकों में अपना उदाहरण देकर वर्णाश्रम के अनुसार विहित कर्मों के करने की अवश्यकर्तव्यता का प्रतिपादन करते हैं–

न मे पार्थास्ति कर्तव्यं त्रिषु लोकेषु किंचन।
नानवाप्तमवाप्तव्यं वर्त एव च कर्मणि।।22।।

na me pārthāsti kartavyaṁ triṣu lokeṣu kiṁcana
nānavāptamavāptavyaṁ varta eva ca karmaṇi

हे अर्जुन ! मुझे इन तीनों लोकों में न तो कुछ कर्तव्य है और न कोई भी प्राप्त करने योग्य वस्तु अप्राप्त है, तो भी मैं कर्म में ही बरतता हूँ ।। 22 ।।

Arjuna, there is nothing in all the three worlds for Me to do, nor is there anything worth attaining unattained by Me. Yet I continue to work. (22)

यदि ह्यहं न वर्तेयं जातु कर्मण्यतन्द्रितः।
मम वर्त्मानुवर्तन्ते मनुष्याः पार्थ सर्वशः।।23।।

yadi hyahaṁ na varteyaṁ jātu karmaṇyatandritaḥ
mama vartmānuvartante manuṣyāḥ pārtha sarvaśaḥ

क्योंकि हे पार्थ ! यदि कदाचित् मैं सावधान होकर कर्मों में न बरतूँ तो बड़ी हानि हो जाय; क्योंकि मनुष्य सब प्रकार

से मेरे ही मार्ग का अनुसरण करते हैं ।। 23 ।।

Should I not engage in action, scrupulously at any time, great harm will come to the world; for, Arjuna, men follow My way in all matters. (23)

उत्सीदेयुरिमे लोका न कुर्यां कर्म चेदहम्।
संकरस्य च कर्ता स्यामुपहन्यामिमाः प्रजाः ।। 24 ।।

utsīdeyurime lokā na kuryāṁ karma cedaham
saṁkarasya ca kartā syāmupahanyāmimāḥ prajāḥ

इसलिये यदि मैं कर्म न करूँ तो ये सब मनुष्य नष्ट-भ्रष्ट हो जायँ और मैं संकरता का करने वाला होऊँ तथा इस समस्त प्रजा को नष्ट करने वाला बनूँ ।। 24 ।।

If I cease to act, these worlds will perish; nay, I should prove to be the cause of confusion, and of the destruction of these people. (24)

प्रसंग —इस प्रकार तीन श्लोकों में कर्मों को सावधानी के साथ न करने और उनका त्याग करने के कारण होने वाले परिणाम का अपने उदाहरण से वर्णन करके, लोकसंग्रह की दृष्टि से सबके लिये विहित कर्मों की अवश्यकर्तव्यता का प्रतिपादन करने के अनन्तर अब भगवान् उपर्युक्त लोक संग्रह की दृष्टि से ज्ञानी को कर्म करने के लिये प्रेरणा करते हैं—

सक्ताः कर्मण्यविद्वांसो यथा कुर्वन्ति भारत।
कुर्याद्विद्वांस्तथासक्ताश्चिकीर्षुर्लोकसंग्रहम् ।। 25 ।।

saktāḥ karmaṇyavidvāṁso yathā kurvanti bhārata
kuryādvidvāṁstathāsaktaścikīrṣurlokasaṁgraham

हे भारत ! कर्म में आसक्त हुए अज्ञानीजन जिस प्रकार कर्म करते हैं, आसक्ति रहित विद्वान् भी लोक संग्रह करना चाहता हुआ उसी प्रकार कर्म करे ।। 25 ।।

Arjuna, as the unwise act with attachment, so should the wise man, seeking maintenance of the world order, act without attachment. (25)

न बुद्धिभेदं जनयेदज्ञानां कर्मसंगिनाम्।
जोषयेत्सर्वकर्माणि विद्वान्युक्तः समाचरन्।।26।।

na buddhibhedaṁ janayedajñānām karmasaṅginām
joṣayetsarvakarmāṇi vidvānyuktaḥ samācaran

परमात्मा स्वरूप में अटल स्थित हुए ज्ञानी पुरुष को चाहिये कि वह शास्त्र विहित कर्मों में आसक्ति वाले अज्ञानियों की बुद्धि में भ्रम अर्थात् कर्मों में अश्रद्धा उत्पन्न न करे, किंतु स्वयं शास्त्र विहित समस्त कर्म भलीभाँति करता हुआ उनसे भी वैसे ही करवावे ।। 26 ।।

A wise man established in the Self, should not unsettle the mind of the ignorant attached to action, but should get them to perform all their duties, duly performing his own duties. (26)

प्रसंग –इस प्रकार दो श्लोकों में ज्ञानी के लिये लोक संग्रह को लक्ष्य में रखते हुए शास्त्र विहित कर्म करने की प्रेरणा करके अब दो श्लोकों में कर्मासक्त जन समुदाय की अपेक्षा सांख्ययोगी की विलक्षणता का प्रतिपादन करते हैं–

प्रकृतेः क्रियमाणानि गुणैः कर्माणि सर्वशः।
अहंकारविमूढात्मा कर्ताहमिति मन्यते।।27।।

prakṛteḥ kriyamāṇāni guṇaiḥ karmāṇi sarvaśaḥ
ahaṅkāravimūḍhātmā kartāhamiti manyate

वास्तव में सम्पूर्ण कर्म सब प्रकार से प्रकृति के गुणों द्वारा किये जाते हैं तो भी जिसका अन्तःकरण अहंकार से मोहित हो रहा है, ऐसा अज्ञानी 'मैं कर्ता हूँ' ऐसा मानता है ।। 27 ।।

All actions are being performed by the modes of Prakrti (Primordial Matter). The fool, whose mind is deluded by egoism, thinks: "I am the doer." (27)

तत्त्ववित्तु महाबाहो गुणकर्मविभागयोः ।
गुणा गुणेषु वर्तन्त इति मत्वा न सज्जते ।।28।।

tattvavittu mahābāho guṇakarmavibhāgayoḥ
guṇā guṇeṣu vartanta iti matvā na sajjate

परंतु हे महाबाहो ! गुण विभाग और कर्म विभाग के तत्त्व को जानने वाला ज्ञानयोगी सम्पूर्ण गुण ही गुणों में बरत रहे हैं, ऐसा समझकर उनमें आसक्त नहीं होता ।। 28 ।।

He, however, who has true insight into the respective spheres of Gunas (modes of Prakrti) and their actions, holding that it is the Gunas (in the shape of the senses, mind, etc.,) that move among the Gunas (objects of perception), does not get attached to them, Arjuna. (28)

प्रसंग —इस प्रकार कर्मासक्त मनुष्यों की और सांख्ययोगी की स्थिति का भेद बतलाकर अब आत्मतत्त्व को पूर्णतया समझाने वाले महापुरुष के लिये यह प्रेरणा की जाती है कि वह कर्मासक्त अज्ञानी मनुष्यों को विचलित न करे—

प्रकृतेर्गुणसम्मूढाः सज्जन्ते गुणकर्मसु ।
तानकृत्स्नविदो मन्दान्कृत्स्नविन्न विचालयेत् ।। 29 ।।

prakṛterguṇasaṁmūḍhāḥ sajjante guṇakarmasu
tānakṛtsnavido mandānkṛtsnavinna vicālayet

प्रकृति के गुणों से अत्यन्त मोहित हुए मनुष्य गुणों में और कर्मों में आसक्त रहते हैं, उन पूर्णतया न समझने वाले मन्दबुद्धि अज्ञानियों को पूर्णतया जानने वाला ज्ञानी विचलित न करे ।। 29 ।।

Those who are completely deluded by the Gunas (modes) of Prakrti remain attached to those Gunas and actions; the man of perfect Knowledge should not unsettle the mind of those insufficiently knowing fools. (29)

प्रसंग —इस प्रकार कर्मों की अवश्यकर्तव्यता का प्रतिपादन करके अब भगवान् अर्जुन की दूसरे श्लोक में की हुई प्रार्थना के अनुसार उसे परम कल्याण की प्राप्ति का ऐकान्तिक और सर्वश्रेष्ठ निश्चित साधन बतलाते हुए युद्ध के लिये आज्ञा देते हैं—

मयि सर्वाणि कर्माणि संन्यस्याध्यात्मचेतसा ।
निराशीर्निर्ममो भूत्वा युध्यस्व विगतज्वरः ।। 30 ।।

mayi sarvāṇi karmāṇi saṁnyasyādhyātmacetasā
nirāśīrnirmamo bhūtvā yudhyasva vigatajvaraḥ

मुझ अन्तर्यामी परमात्मा में लगे हुए चित्त द्वारा सम्पूर्ण कर्मों को मुझ में अर्पण करके आशारहित, ममतारहित और सन्तापरहित होकर युद्ध कर ।। 30 ।।

Therefore, dedicating all actions to Me with your mind fixed on Me, the Self of all freed from hope and the feeling of meum and cured of mental fever, fight. (30)

प्रसंग —इस प्रकार अर्जुन को उनके कल्याण का निश्चित साधन बतलाते हुए भगवान् उन्हें युद्ध करने की आज्ञा देकर अब उसका अनुष्ठान करने के फल का वर्णन करते हैं—

ये मे मतमिदं नित्यमनुतिष्ठन्ति मानवाः।
श्रद्धावन्तोऽनसूयन्तो मुच्यन्ते तेऽपि कर्मभिः ।। 31 ।।

ye me matamidaṁ nityamanutiṣṭhanti mānavāḥ
śraddhāvanto'nasūyanto mucyante te'pi karmabhiḥ

जो कोई मनुष्य दोष दृष्टि से रहित और श्रद्धायुक्त होकर मेरे इस मत का सदा अनुसरण करते हैं, वे भी सम्पूर्ण कर्मों से छूट जाते हैं ।। 31 ।।

Even those men who, with an uncavilling and devout mind, always follow this teaching of Mine are released from the bondage of all actions. (31)

प्रसंग —इस प्रकार भगवान् अपने उपर्युक्त मत का अनुष्ठान करने का फल बतलाकर अब उसके अनुसार न चलने में हानि बतलाते हैं—

ये त्वेतदभ्यसूयन्तो नानुतिष्ठन्ति मे मतम्।
सर्वज्ञानविमूढांस्तान्विद्धि नष्टानचेतसः ।। 32 ।।

ye tvetadabhyasūyanto nānutiṣṭhanti me matam
sarvajñānavimūḍhāṁstānviddhi naṣṭānacetasaḥ

परंतु जो मनुष्य मुझ में दोषारोपण करते हुए मेरे इस मत के अनुसार नहीं चलते हैं, उन मूर्खों को तू सम्पूर्ण ज्ञानों में मोहित और नष्ट हुए ही समझ ।। 32 ।।

They, however, who, finding fault with this teaching of Mine, do not follow it, take those fools to be deluded in the matter of all knowledge, and lost. (32)

प्रसंग –पूर्व श्लोक में यह बात कही गयी कि भगवान् के मन के अनुसार न चलने वाला नष्ट हो जाता है; इस पर यह जिज्ञासा होती है कि यदि कोई भगवान् के मन के अनुसार कर्म न करके हठपूर्वक कर्मों का सर्वथा त्याग कर दे तो क्या हानि है ? इस पर कहते हैं–

सदृशं चेष्टते स्वस्याः प्रकृतेर्ज्ञानवानपि।
प्रकृतिं यान्ति भूतानि निग्रहः किं करिष्यति।।33।।

sadṛśaṁ ceṣṭate svasyāḥ prakṛterjñānavānapi
prakṛtiṁ yānti bhūtāni nigrahaḥ kiṁ kariṣyati

सभी प्राणी प्रकृति को प्राप्त होते हैं अर्थात् अपने स्वभाव से परवश हुए कर्म करते हैं, ज्ञानवान् भी अपनी प्रकृति के अनुसार चेष्टा करता है। फिर इसमें किसी का हठ क्या करेगा ।। 33 ।।

All living creatures follow their tendencies; even the wise man acts according to the tendecies of his own nature. What use is any external restraint? (33)

प्रसंग —इस प्रकार सबको प्रकृति के अनुसार कर्म करने पड़ते हैं, तो फिर कर्मबन्धन से छूटने के लिये मनुष्य को क्या करना चाहिये ? इस जिज्ञासा पर कहते हैं—

इन्द्रियस्येन्द्रियस्यार्थे रागद्वेषौ व्यवस्थितौ।
तयोर्न वशमागच्छेत्तौ ह्यस्य परिपन्थिनौ।।34।।

indriyasyendriyasyārthe rāgadveṣau vyavasthitau
tayorna vaśamāgacchettau hyasya paripanthinau

इन्द्रिय-इन्द्रिय के अर्थ में अर्थात् प्रत्येक इन्द्रिय के विषय में राग और द्वेष छिपे हुए स्थित हैं, मनुष्य को उन दोनों के वश में नहीं होना चाहिये, क्योंकि वे दोनों ही इसके कल्याण मार्ग में विघ्न करने वाले महान् शत्रु हैं ।। 34 ।।

Attraction and repulsion are rooted in all sense-objects. Man should never allow him-self to be swayed by them, because they are the two principal enemies standing in the way of his redemption. (34)

प्रसंग —यहाँ अर्जुन के मन में यह बात आ सकती है कि मैं यह युद्ध रूप घोर कर्म न करके यदि भिक्षावृत्ति से अपना निर्वाह करता हुआ शान्तिमय कर्मों में लगा रहूँ तो सहज ही राग-द्वेष से छूट सकता हूँ, फिर आप मुझे युद्ध करने के लिये आज्ञा क्यों दे रहे हैं ? इस पर भगवान् कहते हैं—

श्रेयान्स्वधर्मो विगुणः परधर्मात्स्वनुष्ठितात्।
स्वधर्मे निधनं श्रेयः परधर्मो भयावहः।।35।।

śreyānsvadharmo viguṇaḥ paradharmātsvanuṣṭhitāt
svadharme nidhanam śreyaḥ paradharmo bhayāvahaḥ

अच्छी प्रकार आचरण में लाये हुए दूसरे के धर्म से गुणरहित

भी अपना धर्म अति उत्तम है। अपने धर्म में तो मरना भी कल्याणकारक है और दूसरे का धर्म भय को देने वाला है ।। 35 ।।

One's own duty, though devoid of merit, is preferable to the duty of another well performed. Even death in the performance of one's own duty brings blessedness; another's duty is fraught with fear. (35)

प्रसंग —मनुष्य का स्वधर्म पालन करने में ही कल्याण है, पर धर्म का सेवन और निषिद्धकर्मों का आचरण करने में सब प्रकार से हानि है। इस बात को भलीभाँति समझ लेने के बाद भी मनुष्य अपने इच्छा, विचार और धर्म के विरुद्ध पापाचार में किस कारण प्रवृत्त हो जाते हैं—इस बात के जानने की इच्छा से अर्जुन पूछते हैं—

अर्जुन उवाच

अथ केन प्रयुक्तोऽयं पापं चरति पूरुषः।
अनिच्छन्नपि वार्ष्णेय बलादिव नियोजितः।। 36।।

arjuna uvāca
atha kena prayukto'yaṁ pāpaṁ carati pūruṣaḥ
anicchannapi vārṣṇeya balādiva niyojitaḥ

अर्जुन बोले—हे कृष्ण ! तो फिर यह मनुष्य स्वयं न चाहता हुआ भी बलात्कार से लगाये हुए की भाँति किससे प्रेरित होकर पाप का आचरण करता है ? ।। 36 ।।

Arjuna said : Now impelled by what, Krsna, does this man commit sin even involuntarily, as though driven by force? (36)

प्रसंग —इस प्रकार अर्जुन के पूछने पर भगवान् श्रीकृष्ण कहने लगे—

श्रीभगवानुवाच

काम एष क्रोध एष रजोगुणसमुद्भवः।
महाशनो महापाप्मा विद्ध्येनमिह वैरिणम् ।। 37 ।।

śrībhagavānuvāca
kāma eṣa krodha eṣa rajoguṇasamudbhavaḥ
mahāśano mahāpāpmā viddhyenamiha vairiṇam

श्रीभगवान् बोले—रजोगुण से उत्पन्न हुआ यह काम ही क्रोध है, यह बहुत खाने वाला अर्थात् भोगों से कभी न अघाने वाला और बड़ा पापी है, इसको ही तू इस विषय में वैरी जान ।। 37 ।।

Sri Bhagavan said : It is desire begotten of the element of Rajas, which appears as wrath; nay, it is insatiable and grossly wicked. Know this to be the enemy in this case. (37)

प्रसंग —पूर्व श्लोक में समस्त अनर्थों का मूल और इस मनुष्य को बिना इच्छा के पापों में लगाने वाला वैरी काम को बतलाया। इस पर यह जिज्ञासा होती है कि यह काम मनुष्य को किस प्रकार पापों में प्रवृत्त करता है ? अतः अव तीन श्लोकों द्वारा यह समझाते हैं कि यह मनुष्य के ज्ञान को आच्छादित करके उसे अन्धा बनाकर पापों के गड्ढे में ढकेल देता है—

धूमेनाव्रियते वह्निर्यथादर्शो मलेन च।
यथोल्बेनावृतो गर्भस्तथा तेनेदमावृतम् ।। 38 ।।

dhūmenāvriyate vahniryathādarśo malena ca
yatholbenāvṛto garbhastathā tenedamāvṛtam

जिस प्रकार धुएँ से अग्नि और मैल से दर्पण ढका जाता है तथा जिस प्रकार जेर से गर्भ ढका रहता है, वैसे ही उस काम के द्वारा यह ज्ञान ढका रहता है ।। 38 ।।

As a flame is covered by smoke, mirror by dirt, and embryo by the amnion, so is Knowledge coverd by it (desire) (38)

प्रसंग –पूर्व श्लोक में 'तेन' पद 'काम' का और 'इदम्' पद 'ज्ञान' का वाचक है– इस बात को स्पष्ट करते हुए उस काम को अग्नि की भाँति कभी पूर्ण न होने वाला बतलाते हैं–

आवृतं ज्ञानमेतेन ज्ञानिनो नित्यवैरिणा।
कामरूपेण कौन्तेय दुष्पूरेणानलेन च।।39।।

āvṛtaṁ jñānametena jñānino nityavairiṇā
kāmarūpeṇa kaunteya duṣpūreṇānalena ca

और हे अर्जुन ! इस अग्नि के समान कभी न पूर्ण होने वाले कामरूप ज्ञानियों के नित्य वैरी के द्वारा मनुष्य का ज्ञान ढका हुआ है ।। 39 ।।

And, Arjuna, Knowledge stand covered by this eternal enemy of the wise, known as desire, which is insatiable like fire. (39)

प्रसंग –इस प्रकार काम के द्वारा ज्ञान को आवृत बतलाकर अब उसे मरने का उपाय बतलाने के उद्देश्य से उसके वासस्थान और उसके द्वारा जीवात्मा के मोहित किये जाने का प्रकार बतलाते हैं–

इन्द्रियाणि मनो बुद्धिरस्याधिष्ठानमुच्यते।
एतैर्विमोहयत्येष ज्ञानमावृत्य देहिनम्।।40।।

indriyāṇi mano buddhirasyādhiṣṭhānamucyate
etairvimohayatyeṣa jñānamāvṛtya dehinam

इन्द्रियाँ, मन और बुद्धि—ये सब इसके वासस्थान कहे जाते हैं। यह काम इन मन, बुद्धि और इन्द्रियों द्वारा ही ज्ञान को आच्छादित करके जीवात्मा को मोहित करता है ।। 40 ।।

The senses, the mind and the intellect are declared to be its seat; screening the light of Truth through these; it (desire) deludes the embodied soul. (40)

प्रसंग —इस प्रकार कामरूप वैरी के अत्याचार का और वह जहाँ छिपा रहकर अत्याचार करता है, उन वासस्थानों का परिचय कराकर, अब भगवान् उस कामरूप वैरी को मारने की युक्ति बतलाते हुए उसे मार डालने के लिये अर्जुन को आज्ञा देते हैं—

तस्मात्त्वमिन्द्रियाण्यादौ नियम्य भरतर्षभ।
पाप्मानं प्रजहि ह्येनं ज्ञानविज्ञाननाशनम् ।। 41 ।।

tasmāttvamindriyāṇyādau niyamaya bharatarṣabha
pāpmānaṁ prajahi hyenaṁ jñānavijñānanāśanam

इसलिये हे अर्जुन ! तू पहले इन्द्रियों को वश में करके इस ज्ञान और विज्ञान का नाश करने वाले महान पापी काम को अवश्य ही बलपूर्वक मार डाल ।। 41 ।।

Therefore, Arjuna, you must first control your senses; and then kill this evil thing which obstructs Jñana (Knowledge of the Absolute or Nirguna Brahma) and vijñana (Knowledge of Sakar Brahma or manifest Divinity). (41)

प्रसंग —पूर्व श्लोक में इन्द्रियों को वश में करके कामरूप शत्रु को मारने के लिये कहा गया। इस पर यह शंका होती है कि जब इन्द्रिय, मन और बुद्धि पर काम का अधिकार है और उनके द्वारा कामने जीवात्मा को मोहित कर रखा है तो ऐसी स्थिति में वह इन्द्रियों को वश में करके काम को कैसे मार सकता है। इस शंका को दूर करने के लिये भगवान् आत्मा के यथार्थ स्वरूप लक्ष्य कराते हुए आत्मबल की स्मृति कराते हैं—

इन्द्रियाणि पराण्याहुरिन्द्रियेभ्यः परं मनः।
मनसस्तु परा बुद्धिर्यो बुद्धेः परतस्तु सः।।42।।

indriyāṇi parāṇyāhurindriyebhyaḥ paraṁ manaḥ
manasastu parā budhiryo buddheḥ paratastu saḥ

इन्द्रियों को स्थूल शरीर से परे यानी श्रेष्ठ, बलवान् और सूक्ष्म कहते हैं; इन इन्द्रियों से परे मन है, मन से भी परे बुद्धि है और जो बुद्धि से भी अन्यन्त परे है वह आत्मा है ।। 42 ।।

The senses are said to be greater than the body; but greater than the senses is the mind. Greater than the mind is the intellect; and what is greater than the intellect is he (the Self). (42)

प्रसंग —अब भगवान् पूर्व श्लोक के वर्णनानुसार आत्मा को सर्वश्रेष्ठ समझकर कामरूप वैरी को मारने के लिये आज्ञा देते हैं—

एवं बुद्धे परं बुद्ध्वा संस्तभ्यात्मानमात्मना।
जहि शत्रुं महाबाहो कामरूपं दुरासदम्।।43।।

evaṁ buddheḥ paraṁ buddhvā saṁstabhyātmānamātmanā
jahi śatruṁ mahābāho kāmarūpaṁ durāsadam

इस प्रकार बुद्धि से परे अर्थात् सूक्ष्म, बलवान् और अत्यन्त श्रेष्ठ आत्मा को जानकर और बुद्धि के द्वारा मन को वश में

करके हे महाबाहो ! तू इस कामरूप दुर्जय शत्रु को मार डाल ।। 43 ।।

Thus, Arjuna, knowing that which is higher than the intellect and subduing the mind by reason, kill this enemy in the form of Desire that is hard to overcome. (43)

ॐ तत्सदिति श्रीमद्भगवद्गीतासूपनिषत्सु ब्रह्मविद्यायां योगशास्त्रे श्रीकृष्णार्जुन-संवादे कर्मयोगो नाम तृतीयोऽध्यायः ।। 3 ।।

◎ ◎ ◎

ॐ श्रीपरमात्मने नमः

चतुर्थोऽध्यायः

यहाँ 'ज्ञान' शब्द परमार्थ-ज्ञान अर्थात् तत्त्व ज्ञान का, 'कर्म' शब्द कर्मयोग अर्थात् योग मार्ग का और 'संन्यास' शब्द सांख्ययोग अर्थात् ज्ञान मार्ग का वाचक है; विवेकज्ञान और शास्त्रज्ञान भी 'ज्ञान' शब्द के अन्तर्गत हैं। इस चौथे अध्याय में भगवान् ने अपने अवतरित होने के रहस्य और तत्त्व सहित कर्मयोग तथा संन्यास योग का और इन सबके फलस्वरूप जो परमात्मा का तत्त्व यथार्थ ज्ञान है, उसका वर्णन किया है; इसलिये इस अध्याय का नाम 'ज्ञानकर्म-संन्यास योग' रखा गया है।

प्रसंग—अब भगवान् पुनः उसके सम्बन्ध में बहुत-सी बातें बतलाने के उद्देश्य से उसी का प्रकारण आरम्भ करते हुए पहले तीन श्लोकों में उस कर्मयोग की परम्परा बतलाकर उसकी अनादिता सिद्ध करते हुए प्रशंसा करते हैं—

श्रीभगवानुवाच

इमं विवस्वते योगं प्रोक्तवानहमव्ययम्।
विवस्वान्मनवे प्राह मनुरिक्ष्वाकवेऽब्रवीत्।।1।।

śrībhagavānuvāca
imaṁ vivasvate yogaṁ proktavānahamavyayam
vivasvānmanave prāha manurikṣvākave'bravīt

श्री भगवान् बोले—मैंने इस अविनाशी योग को सूर्य से कहा था, सूर्य ने अपने पुत्र वैवस्वत मनु से कहा और मनु ने अपने पुत्र राजा इक्ष्वाकु से कहा।।1।।

Sri Bhagavan said : I taught this immortal Yoga to Vivasvan (Sun-god); Vivasvan conveyed it to Manu (his son); and Manu imparted it to (his son) Iksvaku. (1)

एवं परम्पराप्राप्तमिमं राजर्षयो विदुः।
स कालेनेह महता योगो नष्टः परंतप।।2।।

evaṁ paramparāprāptamimaṁ rājarṣayo viduḥ
sa kāleneha mahatā yogo naṣṭaḥ paraṁtapa

हे परन्तप अर्जुन! इस प्रकार परम्परा से प्राप्त इस योग को राजर्षियों जाना; किंतु उसके बाद वह योग बहुत काल से इस पृथ्वी लोक में लुप्तप्राय हो गया।। 2 ।।

Thus transmitted in succession from father to son, Arjuna, this Yoga remained known to the Rajarsis (royal sages). It has, however, long since disappeared from this earth. (2)

स एवायं मया तेऽद्य योगः प्रोक्तः पुरातनः।
भक्तोऽसि मे सखा चेति रहस्यं ह्येतदुत्तमम्।। 3।।

sa evāyaṁ mayā te'dya yogaḥ proktaḥ purātanaḥ
bhakto'si me sakhā ceti rahasyaṁ hyetaduttamam

तू मेरा भक्त और प्रिय सखा है, इसलिये वही यह पुरातन योग आज मैंने तुझको कहा है; क्योंकि यह बड़ा ही उत्तम रहस्य है अर्थात् गुप्त रखने योग्य विषय है।। 3 ।।

The same ancient Yoga has this day been imparted to you by Me, because you are My devotee and friend; and also because this is a supreme secret. (3)

प्रसंग—उपर्युक्त वर्णन से मनुष्य को स्वाभाविक ही यह शंका हो सकती है कि भगवान् श्रीकृष्ण तो अभी द्वापरयुग में प्रकट हुए हैं और सूर्य देव, मनु एवं इक्ष्वाकु बहुत पहले हो चुके हैं; तब इन्होंने इस योग का उपदेश सूर्य के प्रति कैसे दिया? अतएव इसके समाधान के साथ ही भगवान् के अवतार-तत्त्व को भली प्रकार समझने की इच्छा से अर्जुन पूछते हैं—

अर्जुन उवाच

अपरं भवतो जन्म परं जन्म विवस्वतः।
कथमेतद्विजानीयां त्वमादौ प्रोक्तवानिति।। 4।।

arjuna uvāca
aparaṁ bhavato janma paraṁ janma vivasvataḥ
kathametadvijānīyāṁ tvamādau proktavāniti

अर्जुन बोले—आपका जन्म तो अर्वाचीन—अभी हाल का ही और सूर्य का जन्म बहुत पुराना है अर्थात् कल्प के आदि में हो चुका था; तब मैं इस बात को कैसे समझूँ कि आप की ने कल्प के आदि में सूर्य से यह योग का था।। 4 ।।

Arjuna said : You are of recent origin, while the birth of Vivasvan dates back to remote antiquity. How, then, am I to believe that You taught this Yoga at the beginning of creations? (4)

प्रसंग—इस प्रकार अर्जुन ने पूछने पर अपने अवतार-तत्त्व का रहस्य समझाने के लिए अपनी सर्वज्ञता प्रकट करते हुए भगवान् कहते हैं—

श्रीभगवानुवाच

बहूनि मे व्यतीतानि जन्मानि तव चार्जुन।
तान्यहं वेद सर्वाणि न त्वं वेत्थ परंतप।।5।।

śrībhagavānuvāca
bahūni me vyatītāni janmāni tava cārjuna
tāṇyahaṁ veda sarvānī na tvaṁ vettha paraṁtapa

श्रीभगवान् बोले—हे परन्तप अर्जुन! मेरे और तेरे बहुत-से जन्म हो चुके हैं। उन सबको तू नहीं जानता, किंतु मैं जानता हूँ।। 5 ।।

Sri Bhagavan said : Arjuna, you and I have passed through many births, I remember them all; you do not remember, O chastiser of foes. (5)

प्रसंग—भगवान् के मुख से यह बात सुनकर कि अब तक मेरे बहुत-से जन्म हो चुके हैं, यह जानने की इच्छा होती है कि आपका जन्म किस प्रकार होता है और आपके जन्म में तथा अन्य लोगों के जन्म में क्या भेद है। अतएव इस बात को समझाने के लिये भगवान् अपने जन्मा का तत्त्व बतलाते हैं—

अजोऽपि सन्नव्ययात्मा भूतानामीश्वरोऽपि सन्।
प्रकृतिं स्वामधिष्ठाय संभवाम्यात्ममायया।।6।।

ajo'pi sannavyayātmā bhūtānāmīśvaro'pi san
prakṛtiṁ svāmadhiṣṭhāya saṁbhavāmyātmamāyayā

मैं अजन्मा और अविनाशी स्वरूप होते हुए भी तथा समस्त प्रणियों का ईश्वर होतें हुए भी अपनी प्रकृति को अधीन करके अपनी योगमाया से प्रकट होता हूँ।।6 ।।

Though brithless and deathless, and the Lord of all beings, I manifest Myself through My own Yogamaya (divine potency), keeping My Nature (Prakrti) under control. (6)

प्रसंग—इस प्रकार भगवान् के मुख से उनके जन्म का तत्त्व सुनने पर यह जिज्ञासा होती है कि आप किस-किसी समय और किन-किन कारणों में इस प्रकार अवतार धारण करते हैं। इस पर भगवान् दो श्लोकों में अपने अवतार के अवसर, हेतु और उद्देश्य बतलाते हैं—

यदा यदा हि धर्मस्य गलानिर्भवति भारत।
अभ्युत्थानमधर्मस्य तदात्मानं सृजाम्यहम्।।7।।

yadā yadā hi dharmasya glānirbhavati bhārata
abhyutthānamadharmasya tadātmānaṁ sṛjāmyaham

हे भारत! जब-जब धर्म की हानि और अधर्म की वृद्धि होती है, तब-तब ही मैं अपने रूप को रचता हूँ अर्थात् साकार रूप से लोगों के सम्मुख प्रकट होता हूँ।। 7 ।।

Arjuna, whenever righteousness is on the decline, and unrighteousness is in the ascendant, then I body Myself forth. (7)

परित्राणाय साधूनां विनाशाय च दुष्कृताम्।
धर्मसंस्थापनार्थाय संभवामि युगे युगे।।8।।

paritrāṇāya sādhūnāṁ vināśāya ca duṣkṛitām
dharmasaṁsthāpanārthāya saṁbhavāmi yuge yuge

साधु पुरुषों का उद्धार करने के लिये, पाप-कर्म करने वालों का विनाश करने के लिये और धर्म की अच्छी तरह से स्थापना करने के लिये मैं युग-युग में प्रकट हुआ करता हूँ।। 8 ।।

For the protection of the virtuous, for the extirpation of evil-doers, and establishing Dharma (righteousness) on a firm footting, I born from age to age. (8)

प्रसंग—इस प्रकार भगवान् अपने व्यि जन्मों के अवसर, हेतु और उद्देश का वर्णन करके अब उन जन्मों की और उनमें किये जाने वाले कर्मों की दिव्यता को तत्त्व से जानने का फल बतलाते हैं—

जन्म कर्म च मे दिव्यमेवं यो वेत्ति तत्त्वतः।
त्यक्त्वा देहं पुनर्जन्म नैति मामेति सोऽर्जुन।।9।।

janma karma ca me divyamevaṁ yo vetti tattvataḥ
tyaktvā dehaṁ punarjanma naiti māmeti so'rjuna

हे अर्जुन! मेरे जन्म और कर्म दिव्य अर्थात् निर्मल और अलौकिक हैं—इस प्रकार जो मनुष्य तत्त्व से जान लेता है, वह शरीर को त्यागकर फिर जन्म को प्राप्त नहीं होता, किंतु मुझे ही प्राप्त होता है।। 9 ।।

Arjuna, My birth and activities are divine. He who knows this in reality is not reborn on leaving his body, but comes to Me. (9)

प्रसंग—इस प्रकार भगवान् के जन्म और कर्मों को तत्त्व से दिव्य समझ लेने का जो फल बतलाया गया है, वह अनादि परम्परा से चला आ रहा है—इस बात को स्पष्ट करने के लिये भगवान् कहते हैं—

वीतारागभयक्रोधा मन्मया मामुपाश्रिताः।
बहवो ज्ञानतपसा पूता मद्भावमागताः।। 10।।

vītarāgabhayakrodhā manmayā māmupāśritāḥ
bahavo jñānatapasā pūtā madbhāvamāgatāḥ

पहले भी, जिनके राग, भय और क्रोध सर्वथा नष्ट हो गये थे और जो मुझ में अनन्य प्रेमपूर्वक स्थित रहते थे, ऐसे मेरे आश्रित रहने वाले बहुत से भक्त उपुर्यक्त ज्ञानरूप तपसे पवित्र

होकर मेरे स्वरूप को प्राप्त हो चुके हैं।। 10 ।।

Completely rid of passion, fear and anger, wholly absorbed in Me, depending on Me, and purified by the penance of wisdom; many have become one with Me even in the past. (10)

प्रसंग—पूर्व श्लोकों में भगवान् ने यह बात कही कि मेरे जन्म और कर्मों को जो दिव्य समझ लेते हैं, उन अनन्यप्रेमी भक्तों को मेरी प्राप्ति हो जाती है; इस पर यह जिज्ञासा होती है कि उनको आप किस प्रकार और किस रूप में मिलते हैं? इस पर कहते हैं—

ये यथा मां प्रपद्यन्ते तांस्तथैव भजाम्यहम्।
मम वर्त्मानुवर्तन्ते मनुष्याः पार्थ सर्वशः।।11।।

ye yathā māṁ prapadyante tāṁstathaiva bhajāmyaham
mama vartmānuvartante manuṣyāḥ pārtha sarvaśaḥ

हे अर्जुन! जो भक्त मुझे जिस प्रकार भजते हैं, मैं भी उनको उसी प्रकार भजता हूँ; क्योंकि सभी मनुष्य सब प्रकार से मेरे ही मार्ग का अनुसरण करते हैं।। 11 ।।

Arjuna, howsoever men seek Me; even so do I approach them; for all men follow My path in every way. (11)

प्रसंग—यदि यह बात है, तो फिर लोग भगवान् को न भजकर अन्य देवताओं की उपासना क्यों करते हैं? इस पर कहते हैं—

काङ्क्षन्तः कर्मणां सिद्धिं यजन्त इह देवताः।
क्षिप्रं हि मानुषे लोके सिद्धिर्भवति कर्मजा।।12।।

kāṅkṣantaḥ karmaṇāṁ siddhiṁ yajanta iha devatāḥ
kṣipraṁ hi mānuṣe loke siddhirbhavati karmajā

इस मनुष्य लोक में कर्मों के फल को चाहने वाले लोग देवताओं का पूजन किया करते हैं; क्योंकि उनको कर्मों से उत्पन्न होने वाली सिद्धि शीघ्र मिल जाती है।। 12 ।।

In this world of human beings; men seeking the fruition of their activities worship the gods; for success born of actions follow quickly. (12)

प्रसंग—नवें श्लोक में भगवान् के दिव्य जन्म और कर्मों को तत्त्व से जानने का फल भगवान् की प्राप्ति बतलाया गया। उसके पूर्व भगवान् के जन्म की दिव्यता का विषय भी भलीभाँति समझाया गाया, किंतु भगवान् के कर्मों की दिव्यता का विषय स्पष्ट नहीं हुआ; इसलिये अब भगवान् दो श्लोकों में अपने सृष्टि-रचनादि कर्मों में कर्तापन, विषमता और स्पृहाका अभाव दिखलाकर उन कर्मों की दिव्यता का विषय समझाते हैं—

चातुर्वर्ण्यं मया सृष्टं गुणकर्मविभागशः।
तस्य कर्तारमपि मां विद्ध्यकर्तारमव्ययम्।। 13।।

cāturvarṇyaṁ mayā sṛṣṭaṁ guṇakarmavibhāgaśaḥ
tasya kartāramapi māṁ viddhyakartāramavyayam

ब्राह्मण, क्षत्रिय, वैश्य और शूद्र—इन चार वर्णों का समूह, गुण और कर्मों के विभागपूर्वक मेरे द्वारा रचा गया है। इस प्रकार उस सृष्टि-रचनादि कर्म का कर्ता होने पर भी मुझ अविनाशी परमेश्वर को तू वास्तव में अकर्ता ही जान।। 13 ।।

The four orders of society (th Brahmana, the Ksatriya, the Vaisya and the Sudra) were created by Me classifying them according to the mode of Prakrti predominant in each and apportioning corresponding duties to them; though the author of this creation, know Me, the immortal Lord, o be a non-doer. (13)

न मां कर्माणि लिम्पन्ति न मे कर्मफले स्पृहा।
इति मां योऽभिजानाति कर्मभिर्न स बध्यते।।14।।

na māṁ karmāṇī limpanti na me karmaphale spṛhā
iti māṁ yo'bhijānāti karmabhirna sa badhyate

कर्मों के फल में मेरी स्पृहा नहीं है, इसलिये मुझे कर्म लिप्त नहीं करते—इस प्रकार जो मुझे तत्त्व से जान लेता है, वह भी कर्मों से नहीं बँधता।। 14 ।।

Since I have no craving for the fruit of acions; actions do not contaminate Me, Even he who thus knows Me in reality is not bound by actions. (14)

प्रसंग—इस प्रकार भगवान् अपने कर्मों की दिव्यता और उनका तत्त्व जानने का महत्त्व बतलाकर, अब मुमुक्षु पुरुषों के उदाहरणपूर्वक उसी प्रकार निष्कामभाव से कर्म करने के लिये अर्जुन को आज्ञा देते हैं—

एवं ज्ञात्वा कृतं कर्म पूर्वैरपि मुमुक्षुभिः।
कुरु कर्मैव तस्मात्त्वं पूर्वैः पूर्वतरं कृतम्।।15।।

evaṁ jñātvā kṛtaṁ karma pūrvairapi mumukṣubhiḥ
kuru karmaiva tasmāttvaṁ pūrvaiḥ pūrvataraṁ kṛtam

पूर्वकाल के मुमुक्षुओं ने भी इस प्रकार जानकर ही कर्म किये हैं। इसलिये तू भी पूर्वजों द्वारा सदा से किये जाने वाले कर्मों को ही कर।। 15 ।।

Having known thus, action was performed even by the ancient seekers for liberation; therefore, you

also perform such action as have been performed by the ancients from the beginning of time. (15)

किं कर्म किमकर्मेति कवयोऽप्यत्र मोहिताः।
तत्ते कर्म प्रवक्ष्यामि यज्ज्ञात्वा मोक्ष्यसेऽशुभात्।। 16।।

kiṁ karma kimakarmeti kavayo'pyatra mohitāḥ
tatte karma pravakṣyāmi yajjñātvā mokṣyase'śubhāt

कर्म क्या है ? और अकर्म क्या है ?—इस प्रकार इसका निर्णय करने में बुद्धिमान् पुरुष भी मोहित हो जाते हैं। इसलिये वह कर्मतत्त्व मैं तुझे भलीभाँति समझाकर कहूँगा, जिसे जानकर तू अशुभ से अर्थात् कर्मबन्धन से मुक्त हो जायेगा।। 16 ।।

What is action and what is inaction? Even men of intelligence are puzzled over this question. Therefore, I shall expound to you the truth about action, knowing which you will be freed from its evil effect (binding nature) (16)

प्रसंग—यहाँ स्वभावतः मनुष्य मान सकता है कि शास्त्रविहित करने योग्य कर्मों का नाम कर्म है और क्रियाओं का स्वरूप से त्याग कर देना ही अकर्म है—इसमें मोहित होने की कौन-सी बात है और इन्हें जानना क्या है ? किंतु इतना जान लेने मात्र से ही वास्तविक कर्म-अकर्म का निर्णय नहीं हो सकता, कर्मों के तत्त्व को भलीभाँति समझने की आवश्यकत है। इस भाव को स्पष्ट करने के लिये भगवान् कहते हैं—

कर्मणो ह्यपि बोद्धव्यं बोद्धव्यं च विकर्मणः।
अकर्मणश्च बोद्धव्यं गहना कर्मणो गतिः।। 17।।

karmaṇo hyapi boddhavyaṁ boddhavyaṁ ca vikarmaṇaḥ
akarmaṇaśca boddhavyaṁ gahanā karmaṇo gatiḥ

कर्म का स्वरूप भी जानना चाहिये और अकर्म का स्वरूप भी जानना चाहिये; तथा निषिद्ध कर्म का स्वरूप भी जानना चाहिए; क्योंकि कर्म की गति गहन है।। 17 ।।

The truth about action must be known and the ruth of inaction also must be known; even so the truth about prohibited action must be known. For mysterious are the ways of action. (17)

प्रसंग—इस प्रकार श्रोता के अन्तःकरण में रुचि और श्रद्धा उत्पन्न करने के लिये कर्मतत्त्व को गहन एवं उसका जानना आवश्यक बतलाकर अब अपनी प्रतिज्ञा के अनुसार भगवान् कर्म का तत्त्व समझाते हैं—

कर्मण्यकर्म यः पश्येदकर्मणि च कर्म यः।
स बुद्धिमान्मनुष्येषु स युक्तः कृत्स्नकर्मकृत्।।18।।

karmaṇyakarma yaḥ paśyedakarmaṇi ca karma yaḥ
sa buddhimānmanuṣyeṣu sa yuktaḥ kṛtsnakarmakṛt

जो मनुष्य कर्म में अकर्म देखता है और जो अकर्म में कर्म देखता है, वह मनुष्यों में बुद्धिमान् है और वह योगी समस्त कर्मों को करने वाला है।। 18 ।।

He who sees inaction in action, and action in inaction, is wise among men; he is a yogi, who has performed all action. (18)

प्रसंग—इस प्रकार कर्म में अकर्म और अकर्म में कर्म दर्शन का महत्त्व बतलाकर अब पाँच श्लोक में भिन्न-भिन्न शैली से उपर्युक्त कर्म में अकर्म और अकर्म में कर्म दर्शनपूर्वक कर्म करने वाले सिद्ध और साधक पुरुषों की असंगता का वर्णन करने उस विषय को स्पष्ट करते हैं—

यस्य सर्वे समारम्भाः कामसङ्कल्पवर्जिताः।
ज्ञानाग्निदग्धकर्माणं तमाहुः पण्डितं बुधाः।।19।।

yasya sarve samārambhāḥ kāmasaṅkalpavarjitāḥ
jñānāgnidagdhakarmāṇam tamāhuḥ paṇḍitam budhāḥ

जिसके सम्पूर्ण शास्त्रसम्मत कर्म बिना कामना और संकल्प के होते हैं तथा जिसके समस्त कर्म ज्ञानरूपी अग्नि के द्वारा भस्म हो गये हैं, उस महापुरुष को ज्ञानीजन भी पण्डित कहते हैं।। 19 ।।

Even the wise call him a sage, whose undertaking are all free from desire and thoughts of the world, and whose actions are burnt up by the fire of wisdom. (19)

त्यक्त्वा कर्मफलासङ्गं नित्यतृप्तो निराश्रयः।
कर्मण्यभिप्रवृत्तोऽपि नैव किंचित्करोति सः।।20।।

tyaktvā karmaphalāsangaṁ nityatṛpto nirāśrayaḥ
karmaṇyabhipravṛtto'pi naiva kiñcitkaroti saḥ

जो पुरुष समस्त कर्मों में और उनके फल में आसक्ति का सर्वथा त्याग करके संसार के आश्रय से रहित हो गया है और परमात्मा में नित्यतृप्त है, वह कर्मों में भलीभाँति बर्तता हुआ भी वास्तव में कुछ भी नहीं करता।। 20 ।।

He who, having totally given up attachment to actions and their fruit, no longer depends on the world, and is ever satisfied, does nothing at all, though fully engaged in action. (20)

प्रसंग—उपर्युक्त श्लोकों में यह बात कही गयी कि ममता, आसक्ति, फलेच्छा और अहंकार के बिना केवल लोकसंग्रह के लिये शास्त्रसम्मत यज्ञ, दान और तप आदि समस्त कर्म करता हुआ भी ज्ञानी पुरुष वास्तव में कुछ भी नहीं करता। इसलिये वह कर्मबन्धन में नहीं पड़ता। इस पर यह प्रश्न उठता है कि ज्ञानी को आदर्श मानकर उपर्युक्त प्रकार के कर्म

करनेवाले साधक तो नित्य-नैमित्तिक आदि कर्मों का त्याग नहीं करते, निष्कामभाव से सब प्रकार के शास्त्रविहित कर्तव्य कर्मों का अनुष्ठान करते रहते हैं—इस कारण वे किसी पाप के भागी नहीं बनते; किंतु जो साधक शास्त्रविहित यज्ञ-दानादि कर्मों का अनुष्ठान न करके केवल शरीर निर्वाह मात्र के लिये आवश्यक शौच-स्नान और खान-पान आदि कर्म ही करता है, वह तो पाप का भागी होगा। ऐसी शंका की निवृति के लिये भगवान् कहते हैं—

निराशीर्यतचित्तात्मा त्यक्तसर्वपरिग्रहः।
शरीरं केवलं कर्म कुर्वन्नाप्नोति किल्बिषम्।।21।।

nirāśīryatacittātmā tyaktasarvaparigrahaḥ
śārīraṁ kevalaṁ karma kurvannāpnoti kilbiṣam

जिसका अन्तःकरण और इन्द्रियों के सहित शरीर जीता हुआ है और जिसेन समस्त भोगों की सामग्री का परित्याग कर दिया है, ऐसा आशारहित पुरुष केवल शरीर-सम्बन्धी कर्म करता हुआ भी पाप को नहीं प्राप्त होता।। 21 ।।

Having subdued his mind and body, and given up all objects of enjoyment, and free from craving; he who performs sheer bodily actions, does not incur sin. (21)

प्रसंग—उपर्युक्त श्लोकों में यह बात सिद्ध की गयी कि परमात्मा को प्राप्त सिद्ध महापुरुषों का तो कर्म करने या न करने से कोई प्रयोजन नहीं रहता तथा ज्ञानयोग के साधक का ग्रहण और त्याग शास्त्रसम्मत, आसक्तिरहित और ममतारहित होता है; अतः वे कर्म करते हुए या उनका त्याग करते हुए—सभी अवस्थाओं में कर्मबन्धन से सर्वथा मुक्त हैं। अब भगवान् यह बात बतलाते हैं कि कर्म में अकर्मदर्शन पूर्वक कर्म करने वाला कर्मयोगी भी कर्मबन्धन में नहीं पड़ता—

यदृच्छालाभसंतुष्टो द्वन्द्वातीतो विमत्सरः।
समः सिद्धावसिद्धौ च कृत्वापि न निबध्यते।।22।।

yadṛcchālābhasaṁtuṣṭo dvandvātīto vimatsaraḥ
samaḥ siddhāvasiddhau ca kṛtvāpi na nibadhyate

जिसमें ईर्ष्या का सर्वथा अभाव हो गया है, जो हर्ष-शोक आदि द्वन्द्वों से सर्वथा अतीत हो गया है—ऐसा सिद्धि और असिद्धि में सम रहने वाला कर्मयोगी कर्म करता हुआ भी उनसे नहीं बँधता।। 22 ।।

The Karmayogi, who is contented with whatever is got unsought, is free from jealousy and has transcended all pairs of opposites (like joy and grief), and is balanced in success and failure, is not bound by his action. (22)

प्रसंग—यहाँ यह प्रश्न उठता है कि उपर्युक्त प्रकार से किये हुए कर्म बन्धन के हेतु नहीं बनते, इतनी ही बात है या उनका और भी कुछ महत्व है। इस पर कहते हैं—

गतसङ्गस्य मुक्तस्य ज्ञानावस्थितचेतसः।
यज्ञायाचरतः कर्म समग्रं प्रविलीयते।। 23।।

gatasangasya muktasya jñānāvasthitacetasaḥ
yajñāyācarataḥ karma samagraṁ pravilīyate

जिसकी आसक्ति सर्वथा नष्ट हो गयी है, जो देहाभिमान और ममता से रहित हो गया है, जिसका चित्त निरन्तर परमात्मा के ज्ञान में स्थित रहता है—ऐसे केवल यज्ञ सम्पादन के लिये कर्म करने वाले मनुष्य के सम्पूर्ण कर्म भलीभाँति विलीन हो जाते हैं।। 23 ।।

All his actions melt away, who is free from attachment, who has no identification with the body and does not claim it as his own, whose mind is established in the

Knowledge of Self and who works merely for the sake of sacrifice. (23)

प्रसंग—पूर्व श्लोक में यह बात कही गयी कि यज्ञ के लिये कर्म करने वाले पुरुष के समस्त कर्म विलीन हो जाते हैं। वहाँ केवल अग्नि में हविका हवन करना ही यज्ञ है और उसके सम्पादन करने के लिये की जाने वाली क्रिया ही यज्ञ के लिये कर्म करना है, इतनीं ही बात नहीं है; वर्ण, आश्रम, स्वभाव और परिस्थिति के अनुसार जिसका जो कर्तव्य है; वहीं उसके लिये यज्ञ है और उसका पालन करने के लिये आवश्यक क्रियाओं का निःस्वार्थ बुद्धि से लोकसंग्रहार्थ करना ही उस यज्ञ के लिये कर्म करना है—इसी भाव को सुस्पष्ट करने के लिये अब भगवान् सात श्लोकों में भिन्न-भिन्न योगियों द्वारा किये जाने वाले परमात्मा की प्राप्ति के साधन रूप शास्त्रविहित कर्तव्य-कर्मों का विभिन्न यज्ञों के नाम से वर्णन करते हैं—

ब्रह्मार्पणं ब्रह्म हविर्ब्रह्माग्नौ ब्रह्मणा हुतम्।
ब्रह्मैव तेन गन्तव्यं ब्रह्मकर्मसमाधिना।।24।।

brahmārpaṇaṁ brahma havirbrahmāgnau brahmaṇā hutam
brahmaiva tena gantavyaṁ bramakarmasamādhinā

जिस यज्ञ में अर्पण अर्थात् स्रुवा आदि भी ब्रह्म है और हवन किये जाने योग्य द्रव्य भी ब्रह्म हैं तथा ब्रह्मरूप कर्ता के द्वारा ब्रह्मरूप अग्नि में आहुति देना रूप क्रिया भी ब्रह्म है—उस ब्रह्म कर्म में स्थित रहने वाले योगी द्वारा प्राप्त किये जाने योग्य फल भी ब्रह्म ही हैं।।24।।

In the practice of seeing Brahma everywhere as a form of sacrifice Brahma is the ladle (with which the oblation is poured into the fire, etc.,); Brahma, again, is the oblation; Brahma is the fire, Brahma itself the sacrificer, and so Brahma itself constitutes the act of pouring the oblation into the fire. And finally Brahma is the goal to be reached by him who is absorbed in Brahma as the act of such sacrifice. (24)

प्रसंग—इस प्रकार ब्रह्म कर्मरूप यज्ञ का वर्णन करके अब अगले श्लोक में देव पूजन रूप यज्ञ का और आत्मा-परमात्मा के अभेददर्शन रूप यज्ञ का वर्णन करते हैं—

दैवमेवापरे यज्ञं योगिनः पर्युपासते।
ब्रह्माग्नावपरे यज्ञं यज्ञेनैवोपजुह्वति।।25।।

daivamevāpare yajñaṁ yoginaḥ paryupāsate
brahmāgnāvapare yajñaṁ yajñenaivopajuhvati

दूसरे योगीजन देवताओं के पूजनरूप यज्ञ का ही भलीभाँति अनुष्ठान किया करते हैं और अन्य योगीजन परब्रह्म परमात्मा रूप अग्नि में अभेद दर्शन रूप यज्ञ के द्वारा ही आत्म रूप यज्ञ का हवन किया करते हैं।। 25 ।।

Other yogis duly offer sacrifice only in the shape of worship to gods. Others pour into the fire of Brahma the very sacrifice in the shpae of the self through the sacrifice known as the perception of identity. (25)

प्रसंग—इस प्रकार दैवयज्ञ और अभेददर्शन रूप यज्ञ का वर्णन करने के अनन्तर अब इन्द्रिय संयम रूप यज्ञ का और विषय हवन रूप का वर्णन करते हैं—

श्रोत्रादीनीन्द्रियाण्यन्ये संयमाग्निषु जुह्वति।
शब्दादीन्विषयानन्य इन्द्रियाग्निषु जुह्वति।।26।।

śrotrādīnīndriyāṇyanye saṁyamāgniṣu juhvati
śabdādīnviṣayānanya indriyāgniṣu juhvati

अन्य योगीजन श्रोत्र आदि समस्त इन्द्रियों को संयम रूप

अग्नियों में हवन किया करते हैं और दूसरे योगी लोग शब्दादि समस्त विषयों को इन्द्रिय रूप अग्नियों में हवन किया करते हैं।। 26 ।।

Others offer as sacrifice their senses of hearing etc., into the fires of self-discipline. Other yogis, again, offer sound and other objects of perception into the fires of the senses. (26)

प्रसंग—अब आत्मसंयमयोग रूप यज्ञ का वर्णन करते हैं—

सर्वाणीन्द्रियकर्माणि प्राणकर्माणि चापरे।
आत्मसंयमयोगाग्नौ जुह्वति ज्ञानदीपिते।।27।।

sarvāṇīndriyakarmāṇi prāṇakarmāṇi cāpare
ātmasaṁyamayogāgnau juhvati jñānadīpite

दूसरे योगीजन इन्द्रियों की सम्पूर्ण क्रियाओं को और प्राणों की समस्त क्रियाओं को ज्ञान से प्रकाशित आत्म संयम योग रूप अग्नि में हवन किया करते हैं।। 26 ।।

Others sacrifice all the functions of their senses and the functions of the vital airs into the fire of Yoga in the shape of self-control, kindled by wisdom.(27)

प्रसंग—इस प्रकार समाधियोग के साधन को यज्ञ का रूप देकर अब अगले श्लोक में द्रव्य यज्ञ, तपोयज्ञ, योग यज्ञ और स्वाध्याय रूप ज्ञान यज्ञ का संक्षेप में वर्णन करते हैं—

द्रव्ययज्ञास्तपोयज्ञा योगयज्ञास्तथापरे।
स्वाध्यायज्ञानयज्ञाश्च यतयः संशितव्रताः।।28।।

dravyayajñāstapoyajñā yogayajñāstathāpare
svādhyāyajñānayajñāśca yatayaḥ saṁśitavratāḥ

कई पुरुष द्रव्य सम्बन्धी यज्ञ करने वाले हैं, कितने ही तपस्यारूप यज्ञ करने वाले हैं तथा दूसरे कितने ही योग रूप यज्ञ करने वाले हैं और कितने ही अहिंसादि तीक्ष्ण व्रतों से युक्त यत्नशील पुरुष स्वाध्याय रूप ज्ञान यज्ञ करने वाले हैं।। 28 ।।

Some perform sacrifice with material possessions; some offer sacrifice in the shape of austerities; others sacrifice through the practice of Yoga; while some striving souls, observing austere vows, perform sacrifice in the shape of wisdom through the study of sacred texts. (28)

प्रसंग—द्रव्ययज्ञादि चार प्रकार के यज्ञों का संक्षेप में वर्णन करके अब दो श्लोकों में प्राणायाम रूप यज्ञों का वर्णन करते हुए सब प्रकार के यज्ञ करने वाले साधकों की प्रशंसा करते हैं—

अपाने जुह्वति प्राणं प्राणेऽपानं तथापरे।
प्राणापानगती रुद्ध्वा प्राणायामपरायणाः।। 29।।
अपरे नियताहाराः प्राणान्प्राणेषु जुह्वति।
सर्वेऽप्येते यज्ञविदो यज्ञक्षपितकल्मषाः।। 30।।

apāne juhvati prāṇaṁ prāṇe'pānaṁ tathāpare
prāṇāpānagatī ruddhvā prāṇāyāmaparāyaṇāḥ
apare niyatāhārāḥ prāṇānprāṇeṣu juhvati
sarve'pyete yajñavido yajñakṣapitakalmaṣāḥ

दूसरे कितने ही योगी जन अपानवायु में प्राणवायु को हवन करते हैं, वैसे ही अन्य योगीजन प्राण वायु में अपान वायु को हवन करते हैं तथा अन्य कितने ही नियमित आहार करने वाले प्राणायाम परायण पुरुष प्राण और अपान की गति को रोककर प्राणों को प्राणों में ही हवन किया करते हैं। ये सभी साधक यज्ञों द्वारा पापों का नाश कर देने वाले और यज्ञों को जानने वाले हैं।। 29-30 ।।

Other yogis offer the act of exhalation into that of inhalation even; so others, the act of inhalation into that of exhalation. There are still others given to the practice of Pranayama (breath-control), who having regulated their diet and controlled the processes of exhalation and inhalation both pour their vital airs into the vital airs into the vital airs themselves. All these have their sins consumed away by sacrifice and understand the meaning of sacrificial worship. (29,30)

प्रसंग—इस प्रकार यज्ञ करने वाले साधकों की प्रशंसा करके अब उन यज्ञों के करने से होने वाले लाभ और न करने से होने वाली हानि दिखलाकर भगवान् उपर्युक्त प्रकार से यज्ञ करने की आवश्यकता का प्रतिपादन करते हैं—

यज्ञशिष्टामृतभुजो यान्ति ब्रह्म सनातनम्।
नायं लोकोऽस्त्ययज्ञस्य कुतोऽन्यः कुरुसत्तम।। 31 ।।

yajñaśiṣṭāmṛtabhujo yānti brahma sanātanam
nāyaṁ loko'styayajñasya kuto'nyaḥ kurusattama

हे कुरुश्रेष्ठ अर्जुन! यज्ञ से बचे हुए अमृत का अनुभव करने वाले योगी जन सनातन परब्रह्म परमात्मा को प्राप्त होते हैं। और यज्ञ न करने वाले पुरुष के लिये तो यह मनुष्य लोक भी सुखदायक नहीं है, फिर परलोक कैसे सुखदायक हो सकता है ? ।। 31 ।।

Arjuna, Yogis who enjoy the nectar that has been left over after the performance of a scrifice attain the eternal Brahma. To the man who does not offer sacrifice, even this world is not happy; how, then, can the other world be happy? (31)

प्रसंग—सोलहवें श्लोक में भगवान् ने यह बात कही थी कि मैं तुम्हें वह कर्मतत्त्व बतलाऊँगा, जिसे जानकर तुम अशुभ से मुक्त हो जाओगे। उस प्रतिज्ञा के अनुसार अठारहवें श्लोक से यहां तक उस कर्मतत्त्व का वर्णन करके अब उसका उपसंहार करते हैं—

एवं बहुविधा यज्ञा वितता ब्रह्मणो मुखे।
कर्मजान्विद्धि तान्सर्वानेवं ज्ञात्वा विमोक्ष्यसे।।32।।

evaṁ bahuvidhā yajñā vitatā brahmaṇo mukhe
karmajānviddhi tānsarvānevaṁ jñātvā vimokṣyase

इसी प्रकार और भी बहुत तरह के यज्ञ वेद की वाणी में विस्तार से कहे गये हैं। उन सब को तू मन, इन्द्रिय और शरीर की क्रिया द्वारा सम्पन्न होने वाले जान, इस प्रकार तत्त्व से

जानकर उनके अनुष्ठान द्वारा तू कर्मबन्धन से सर्वथा मुक्त हो जायेगा।। 32 ।।

Many such forms of sacrifice have been set forth in detail through the mouth of the Vedas; know them all as involving the action of mind, senses and body. Thus knowing the truth about them you shall be freed from the bondage of action (through their performance) (32)

प्रसंग—उपर्युक्त प्रकरण में भगवान् ने कई प्रकार के यज्ञों का वर्णन किया और यह बात भी कही कि इनके सिवा और भी बहुत-से यज्ञ वेद-शास्त्रों में बतलाये गये हैं; इसलिये यहाँ यह जिज्ञासा होती है कि उन यज्ञों में से कौन-सा यज्ञ श्रेष्ठ है। इस पर भगवान् कहते हैं—

श्रेयान्द्रव्यमयाद्यज्ञाज्ज्ञानयज्ञः परन्तप।
सर्वं कर्माखिलं पार्थ ज्ञाने परिसमाप्यते।।33।।

śreyāndravyamayādyajñājjñānayajñaḥ paraṁtapa
sarvaṁ karmākhilaṁ pārtha jñāne parisamāpyate

हे परन्तप अर्जुन! द्रव्यमय यज्ञ की अपेक्षा ज्ञान यज्ञ अत्यन्त श्रेष्ठ है, तथा यावन्मात्र सम्पूर्ण कर्म ज्ञान में समाप्त हो जाते हैं।। 33 ।।

Arjuna, sacrifice through Knwoledge is superior to sacrifice performed with material things. For all actions without exception culminate in Knowledge, O son of Kunti. (33)

प्रसंग—इस प्रकार ज्ञान यज्ञ की और उसके फलरूप ज्ञान की प्रशंसा करके अब भगवान् दो श्लोकों में ज्ञान को प्राप्त करने के लिये अर्जुन को आज्ञा देते हुए उसकी प्राप्ति का मार्ग और उसका फल बतलाते हैं—

तद्विद्धि प्रणिपातेन परिप्रश्नेन सेवया।
उपदेक्ष्यन्ति ते ज्ञानं ज्ञानिनस्तत्त्वदर्शिनः।।34।।

tadviddhi praṇipātena paripraśnena sevayā
upadekṣyanti te jñānaṁ jñāninastattvadarśinaḥ

उस ज्ञान को तू तत्त्वदर्शी ज्ञानियों के पास जाकर समझ, उनको भलीभाँति दण्डवत् प्रणाम करने से, उनकी सेवा करने से और कपट छोड़कर सरलतापूर्वक प्रश्न करने से वे परमात्मतत्त्व को भलीभाँति जानने वाले ज्ञानी महात्मा तुझे उस तत्त्व ज्ञान का उपदेश करेंगे।। 34 ।।

Understand the true nature of that Knowledge by approaching illumined soul. If you prostrate at their feet, render them service, and question them with an open and guileless heart, those wise seers of Truth will instruct you in the Knowledge. (34)

यज्ज्ञात्वा न पुनर्मोहमेवं यास्यसि पाण्डव।
येन भूतान्यशेषेण द्रक्ष्यस्यात्मन्यथो मयि।।35।।

yajjñātvā na punarmohamevaṁ yāsyasi pāṇḍava
yena bhūtānyaśeṣeṇa drakṣyasyātmanyatho mayi

जिसको जानकर फिर तू इस प्रकार मोह को नहीं प्राप्त होगा तथा हे अर्जुन! जिस ज्ञान के द्वारा तू सम्पूर्ण भूतों को निःशेष भाव से पहले अपने में और पीछे मुझ सच्चिदानन्दघन परमात्मा में देखेगा।। 35 ।।

Arjuna, when you have reached enlightenment, ignorance will delude you no more. In the light of that Knowledge you will see the entire creation first within your own self, and then in Me (the Oversoul). (35)

प्रसंग—इस प्रकार गुरुजनों से तत्त्वज्ञान सीखने की विधि और उसका फल बतलाकर अब उसका महात्म्य बतलाते हैं—

अपि चेदसि पापेभ्यः सर्वेभ्यः पापकृत्तमः।
सर्वं ज्ञानप्लवेनैव वृजिनं सन्तरिष्यसि।।36।।

api cedasi pāpebhyaḥ sarvebhyaḥ pāpakṛttamaḥ
sarvaṁ jñānaplavenaiva vṛjinaṁ saṁtariṣyasi

यदि तू अन्य सब पापियों से भी अधिक पाप करने वाला है; तो भी तू ज्ञान रूपी नौका द्वारा निःसंदेह सम्पूर्ण पाप-समुद्र से भलीभाँति तर जायेगा।। 36 ।।

Even though you were the foulest of all sinners, this Knowledge alone would carry you, like a raft, across all your sin. (36)

प्रसंग—कोई भी दृष्टान्त परमार्थ विषय को पूर्ण रूप में नहीं समझा सकता, उसके एक अंश को ही समझाने के लिये उपयोगी होता है; अतएव पूर्व श्लोक में बतलाये हुए ज्ञान के महत्त्व को अग्नि के दृष्टान्त से पुनः स्पष्ट करते हैं—

यथैधांसि समिद्धोऽग्निर्भस्मसात्कुरुतेऽर्जुन।
ज्ञानाग्निः सर्वकर्माणि भस्मसात्कुरुते तथा।।37।।

yathaidhāṁsi samiddho'gnirbhasmasātkurute'rjuna
jñānāgniḥ sarvakarmāṇi bhasmasātkurute tathā

क्योंकि हे अर्जुन! जैसे प्रज्वलित अग्नि ईंधनों को भस्ममय कर देता है, वैसे ही ज्ञानरूप अग्नि सम्पूर्ण कर्मों को भस्ममय कर देता है।। 37 ।।

For as the blazing fire turns the fuel to ashes, Arjuna, even so the fire of Knwoledge turns all actions to ashes. (37)

प्रसंग—इस प्रकार चौंतीसवें श्लोक से यहाँ तक तत्त्वज्ञानी महापुरुषों की सेवा आदि करके तत्त्वज्ञान को प्राप्त करने के लिये कह कर भगवान् ने उसके फल का वर्णन करते हुए उसका माहात्म्य बतलाया। इस पर यह जिज्ञासा होती है कि यह तत्त्वज्ञान ज्ञानी महापुरुषों से श्रवण करके विधि पूर्वक मनन और निदिध्यासनादि ज्ञान योग के साधनों द्वारा ही प्राप्त किया जा सकता है या इसकी प्राप्ति का कोई दूसरा मार्ग भी है; इस पर अगले श्लोक में पुनः उस ज्ञान की महिमा प्रकट करते हुए भगवान् कर्मयोग के द्वारा भी वही ज्ञान अपने-आप प्राप्त होने की बात कहते हैं—

न हि ज्ञानेन सदृशं पवित्रमिह विद्यते।
तत्स्वयं योगसंसिद्धः कालेनात्मनि विन्दति।। 38 ।।

na hi jñānena sadṛśaṁ pavitramiha vidyate
tatsvayaṁ yogasaṁsiddhaḥ kālenātmani vindati

इस संसार में ज्ञान के समान पवित्र करने वाला निःसंदेह कुछ भी नहीं है। उस ज्ञान को कितने ही काल से कर्मयोग के द्वारा शुद्धान्तःकरण हुआ मनुष्य अपने-आप ही आत्मा में पा लेता है।। 38 ।।

On earth there is no purifier as great as Knowledge, he who has attained purity of heart through a prolonged practice of Karmayoga automatically sees the light of Truth in the self in course of time. (38)

प्रसंग—इस प्रकार तत्त्व ज्ञान की महिमा कहते हुए उसकी प्राप्ति के सांख्ययोग और कर्मयोग—दो उपाय बतलाकर, अब भगवान् उस ज्ञान की प्राप्ति के पात्र का निरूपण करते हुए उस ज्ञान का फल परम शान्ति की प्राप्ति बतलाते हैं—

श्रद्धावाँल्लभते ज्ञानं तत्परः संयतेन्द्रियः।
ज्ञानं लब्ध्वा परां शान्तिमचिरेणाधिगच्छति।।39।।

śraddhāvāllabhate jñānaṁ tatparaḥ saṁyatendṛiyaḥ
jñāṇaṁ labdhvā parāṁ śāntimacireṇādhigacchati

जितेन्द्रिय, साधनपरायण और श्रद्धावान् मनुष्य ज्ञान को प्राप्त होता है तथा ज्ञान को प्राप्त होकर वह बिना विलम्ब के—तत्काल ही भगवत्प्राप्ति रूप परम शान्ति को प्राप्त हो जाता है।। 39 ।।

He who has mastered his senses, is exclusively devoted to his practice and is full of faith, attains Knowledge; having had the revelation to Truth, he immediately attains supreme peace (in the form of God-Realization). (39)

प्रसंग—इस प्रकार श्रद्धावान् को ज्ञान की प्राप्ति और उस ज्ञान से परम शान्ति की प्राप्ति बतलाकर अब श्रद्धा और विवेकहीन संशयात्मा की निन्दा करते हैं—

अज्ञश्चाश्रद्दधानश्च संशयात्मा विनश्यति।
नायं लोकोऽस्ति न परो न सुखं संशयात्मनः।।40।।

ajñaścāśraddadhānaśca saṁśayātmā vinaśyati
nāyaṁ loko'sti na paro na sukhaṁ saṁśayātmanaḥ

विवेकहीन और श्रद्धारहित संशययुक्त मनुष्य परमार्थ से अवश्य भ्रष्ट हो जाता है। ऐसे संशययुक्त मनुष्य के लिये न यह लोक है, न परलोक है और न सुख ही है।। 40 ।।

He who lacks discrimination, is devoid of faith, and is at the same time possessed by doubt is lost to the spiritual path. For the doubting soul there is neither this world nor the world beyond, nor even happiness. (40)

प्रसंग—इस प्रकार अविवेक और अश्रद्धा के सहित संशय को ज्ञान प्राप्ति में बाधक बतलाकर, अब विवेक द्वारा संशय का नाश करके कर्मयोग का अनुष्ठान करने में अर्जुन का उत्साह उत्पन्न करने के लिये संशयरहित तथा वश में किये हुए अन्तःकरण वाले कर्मयोगी की प्रशंसा करते हैं—

योगसन्न्यस्तकर्माणं ज्ञानसञ्छिन्नसंशयम्।
आत्मवन्तं न कर्माणि निबन्धन्ति धनञ्जय।।41।।

yogasaṁnyastakarmāṇaṁ jñānasaṁchinnasaṁśayam
ātmavantaṁ na karmāṇi nibadhnanti dhanañjaya

हे धनंजय! जिसने कर्मयोग की विधि से समस्त कर्मों का परमात्मा में अर्पण कर दिया है और जिसने विवेक द्वारा समस्त संशयों का नाश कर दिया है, ऐसे वश में किये हुए अन्तःकरण वाले पुरुष को कर्म नहीं बाँधते।। 41 ।।

Arjuna, actions do not bind hims who has dedicated all his actions to God according to the spirit of Karmayoga, whose doubts have been torn to shreds by wisdom, and who is self-possessed. (41)

प्रसंग—इस प्रकार कर्मयोगी की प्रशंसा करके अब अर्जुन को कर्मयोग में स्थित होकर युद्ध करने की आज्ञा देकर भगवान् इस अध्याय का उपसंहार करते हैं—

तस्मादज्ञानसम्भूतं हृत्स्थं ज्ञानासिनात्मनः।
छित्त्वैनं संशयं योगमातिष्ठोत्तिष्ठ भारत।।42।।

tasmādajñānasaṁbhūtaṁ hṛtsthaṁ jñānāsinātmanaḥ
chittvainaṁ saṁśayaṁ yogamātiṣṭhottiṣṭha bhārata

इसलिये हे भरतवंशी अर्जुन! तू हृदय में स्थित इस अज्ञानजनित अपने संशय का विवेक ज्ञान रूपी तलवार द्वारा छेदन करके समत्वरूप कर्मयोग में स्थित हो जा और युद्ध के लिये खड़ा हो जा।। 42 ।।

Therefore, Arjuna, slashing to pieces, with the sword of wisdom, this doubt in your heart, born of ignorance; establish yourself in karmayoga in the shape of even-temperedness, and stand up for the fight. (42)

ॐ तत्सदिति श्रीमद्भगवद्गीतासूपनिषत्सु ब्रह्मविद्यायां योगशास्त्रे श्रीकृष्णार्जुनसंवादे
ज्ञानकर्मसंन्यासयोगो नाम चतुर्थोऽध्याय:।। 4 ।।

ॐ श्रीपरमात्मने नमः

पञ्चमोऽध्यायः

इस पञ्चम अध्याय में कर्मयोग-निष्ठा और सांख्ययोग-निष्ठा का वर्णन है, सांख्ययोग का ही पर्यायवाची शब्द 'सन्न्यास' है। इसलिये इस अध्याय का नाम 'कर्म-सन्न्यासयोग' रखा गया है।

प्रसंग—भगवान् के श्रीमुख से ही 'ब्रह्मार्पणं ब्रह्म हविः', 'ब्रह्माग्नावपरे यज्ञं यज्ञेनैवोपजुह्वति', 'तद्विद्धि प्राणिपातेन' आदि वचनों द्वारा ज्ञानयोग अर्थात् कर्मसन्न्यास की भी प्रंशसा अर्जुन ने सुनी। इससे अर्जुन यह निर्णय नहीं कर सके कि इन दोनों में से मेरे लिये कौन-सा साधन श्रेष्ठ है। अतएव अब भगवान् के श्रीमुख से ही उसका निर्णय कराने के उद्देश्य से अर्जुन उनसे प्रश्न करते हैं—

अर्जुन उवाच

सन्न्यासं कर्मणां कृष्णा पुनर्योगं च शंससि।
यच्छ्रेय एतयोरेकं तन्मे ब्रूहि सुनिश्चितम्।।1।।

arjuna uvāca
samnyāsam karmaṇām kṛṣṇa punaryogam ca śamsasi
yacchreya etayorekam tanme brūhi suniścitam

अर्जुन बोले—हे कृष्ण! आप कर्मों के संन्यास की और फिर कर्मयोग की प्रशंसा करते हैं। इसलिये इन दोनों में से जो एक मेरे लिये भलीभाँति निश्चित क्लयाणकारक साधन हो, उसको कहिये।। 1 ।।

Arjuna said Krisna, you extol sankhyayoga (the Yoga of knowledge) and then the yoga of Action. Pray tell me which of the two is decidedly conducive to my good. (1)

प्रसंग—अब भगवान् अर्जुन के इस प्रश्न का उत्तर द्रेते हैं—

श्रीभगवानुवाच

सन्न्यासः कर्मयोगश्च निःश्रेयसकरावुभौ ।
तयोस्तु कर्मसन्न्यासात्कर्मयोगो विशिष्यते ।। 2 ।।

śrībhagavānuvāca
saṁnyāsaḥ karmayogaśca niḥśreyasakarāvubhau
tayostu karmasaṁnyāsātkarmayogo viśiṣyate

श्रीभगवान् बोले—कर्म संन्यास और कर्मयोग—ये दोनों ही परम कल्याण के करने वाले हैं, परंतु उन दोनों में भी कर्म संन्यास से कर्मयोग साधन में सुगम होने से श्रेष्ठ है ।। 2 ।।

Sri Bhagavan said : The Yoga of Knowledge and the Yoga of Action both lead to supreme Bliss. Of the two, however, the Yoga of Action (being easier of practice) is superior to the Yoga of Knowledge. (2)

प्रसंग—सांख्ययोग की अपेक्षा कर्मयोग को श्रेष्ठ बतलाया। अब उसी बात को सिद्ध करने के लिये अगले श्लोक में कर्मयोगी की प्रशंसा करते हैं—

ज्ञेयः स नित्यसन्न्यासी यो न द्वेष्टि न काङ्क्षति ।
निर्द्वन्द्वो हि महाबाहो सुखं बन्धात्प्रमुच्यते ।। 3 ।।

jñeyaḥ sa nityasaṁnyāsī yo na dveṣṭi na kāṅkṣati
nirdvandvo hi mahābāho sukhaṁ bandhātpramucyate

हे अर्जुन! जो पुरुष न किसी से द्वेष करता है और न किसी की आकांक्षा करता है, वह कर्मयोगी सदा संन्यासी ही समझने योग्य है, क्योंकि राग-द्वेषादि द्वन्द्वों से रहित पुरुष सुखपूर्वक संसार बन्धन से मुक्त हो जाता है ।। 3 ।।

The Karmayogi who neither hates nor desires should be ever considered a renouncer. For, Arjuna, he who is free from the pairs of opposites is easily freed from bondage. (3)

प्रसंग—साधन में सुगम होने के कारण सांख्ययोग की अपेक्षा कर्मयोग को श्रेष्ठ सिद्ध करके अब भगवान् दूसरे श्लोक में दोनों निष्ठाओं को जो एक ही फल निःश्रेयस—परम कल्याण बतला चुके हैं, उसी के अनुसार दो श्लोकों में दोनों निष्ठाओं की फल में एकता का प्रतिपादन करते हैं—

साङ्ख्ययोगौ पृथग्बालाः प्रवदन्ति न पण्डिताः।
एकमप्यास्थितः सम्यगुभयोर्विन्दते फलम्।।4।।

sāṅkhyayogau pṛthagbālāḥ pravadanti na paṇḍitāḥ
ekamapyāsthitaḥ samyagubhayorvindate phalam

उपर्युक्त संन्यास और कर्मयोग को मूर्ख लोग पृथक्-पृथक् फल देने वाले कहते हैं न कि पण्डित जन, क्योंकि दोनों में से एक में भी सम्यक् प्रकार से स्थित पुरुष दोनों के फलरूप परमात्मा को प्राप्त होता है।। 4 ।।

It is the ignorant, not the wise, who say that Sankhya-yoga and Karmayoga lead to divergent results. For one who is firmly established in either gets the fruit of both (which is the same, viz., God-Realization) (4)

यत्साङ्ख्यैः प्राप्यते स्थानं तद्योगैरपि गम्यते।
एकं साङ्ख्यं च योगं च यः पश्यति स पश्यति।।5।।

yatsāṅkhyaiḥ prāpyate sthānaṁ tadyogairapi gamyate
ekaṁ sāṅkhyaṁ ca yogaṁ ca yaḥ paśyati sa paśyati

ज्ञानयोगियों द्वारा जो परमधाम प्राप्त किया जाता है, कर्मयोगियों द्वारा भी वहीं प्राप्त किया जाता है। इसलिये जो पुरुष ज्ञान योग और कर्मयोग को फलरूप में एक देखता है, वही यथार्थ देखता है।। 5 ।।

The (supreme) state which is reached by the Sankhyayogi is attained also by the Karmayogi. Therefore, he alone who sees Sankhyayoga and Karmayoga as one (so far as their result goes) really sees. (5)

प्रसंग—सांख्ययोग और कर्मयोग के फल की एकता बतलाकर अब कर्मयोग की साधनविषयक विशेषता को स्पष्ट करते हैं—

सन्न्यासस्तु महाबाहो दुःखमाप्तुमयोगतः।
योगयुक्तो मुनिर्ब्रह्म नचरेणाधिगच्छति।।6।।

saṁnyāsastu mahābāho duḥkhamāptumayogataḥ
yogayukto munirbrahma nacireṇādhigacchati

परंतु हे अर्जुन ! कर्मयोग के बिना संन्यास अर्थात् मन, इन्द्रिय और शरीर द्वारा होने वाले सम्पूर्ण कर्मों में कर्तापन का त्याग, प्राप्त होना कठिन है और भगवत्स्वरूप को मनन करने वाला कर्मयोगी परब्रह्म परमात्मा को शीघ्र ही प्राप्त हो जाता है।। 6 ।।

Without Karmayoga, however, Sankhyayoga (or renunciation of doership in realtion to all activities of the mind, senses and body) is difficualt to accomplish; whereas the Karmayogi, who keeps his mind fixed on God, reaches Brahma in no time, Arjuna. (6)

प्रसंग—अब उपर्युक्त कर्मयोगी के लक्षणों का वर्णन करते हुए उसके कर्मों में लिप्त न होने की बात कहते हैं—

योगयुक्तो विशुद्धात्मा विजितात्मा जितेन्द्रियः।
सर्वभूतात्मभूतात्मा कुर्वन्नपि न लिप्यते।। 7।।

yogayukto viśuddhātmā vijitātmā jitendriyaḥ
sarvabhūtātmabhūtātmā kurvannapi na lipyate

जिसका मन अपने वश में है, जो जितेन्द्रिय एवं विशद्ध अन्तःकरण वाला है और सम्पूर्ण प्राणियों का आत्मरूप परमात्मा ही जिसकी आत्मा है, ऐसा कर्मयोगी कर्म क़रता हुआ भी लिप्त नहीं होता।। 7 ।।

The Karamayogi, who has fully conquered his mind and mastered his senses, whose heart is pure, and who has identified himself with the self of all beings (viz, God), remains untainted, even though performing action. (7)

प्रसंग—दूसरे श्लोक में कर्मयोग और सांख्ययोग की सूत्र रूप से फल में एकता बतलाकर सांख्ययोग की अपेक्षा सुगमता के कारण कर्मयोग श्रेष्ठ बतलाया। फिर तीसरे श्लोक में कर्मयोगी की प्रशंसा करके, चौथे और पाँचवें श्लोकों में दोनों के फल की एकता का और स्वतन्त्रता का भलीभाँति प्रतिपादन किया। तदनन्तर छठे श्लोक में पूवार्द्ध में कर्मयोग के बिना सांख्ययोग का सम्पादन कठिन बतलाकर उत्तरार्द्ध में कर्मयोग की सुगमता का प्रतिपादन करते हुए सातवें श्लोक में कर्मयोगी के लक्षण बतलाये। इससे यह बात सिद्ध हुई कि दोनों साधनों का फल एक होने पर भी दोनों साधन परस्पर भिन्न हैं। अतः दोनों का स्वरूप जानने की इच्छा होने पर भगवान् पहले, आठवें और नवें श्लोकों में सांख्ययोगी के व्यवहार काल के साधन का स्वरूप बतलाते हैं—

नैव किञ्चित्करोमीति युक्तो मन्येत तत्त्ववित्।
पश्यञ्शृण्वन्स्पृशञ्जिघ्रन्नश्नन्गाच्छन्स्वपञ्श्वसन्।। 8।।
प्रलपन्विसृजन्गृह्णन्नुन्मिषन्निमिषन्नपि।
इन्द्रियाणीन्द्रियार्थेषु वर्तन्त इति धारयन्।। 9।।

naiva kiñcitkaromīti yukto manyeta tattvavit
paśyañśṛṇvanspṛśañjighrannaśnangacchansvapañśvasan
pralapanvisṛjangṛhṇannunmiṣannimiṣannapi
indriyāṇīndriyārtheṣu vartanta iti dhārayan

तत्त्व को जाने व ला सांख्य योगी तो देखता हुआ, सुनता हुआ, स्पर्श करता हुआ, सूँघता हुआ, भोजन करता हुआ, गमन करता हुआ, सोता हुआ, श्वास लेता हुआ, बोलता हुआ, त्यागता हुआ, ग्रहण करता हुआ तथा आँखों को खोलता और मूँदता हुआ भी सब इन्द्रियाँ अपने-अपने अर्थों में बरत रही हैं—इस प्रकार समझकर निःसन्देह ऐसा माने कि मैं कुछ भी नहीं करता हूँ।। 8-9 ।।

The Sankhyayogi, however, who knows the reality of things, must believe, even though seeing, hearing, touching, smelling, eating or drinking, walking, sleeping, breathing, speaking, answering the calls of nature, grasping and opening or closing the eyes, that he does nothing, holding that it is the senses that are moving among their objects. (8,9)

प्रसंग—इस प्रकार सांख्ययोगी के साधन का स्वरूप बतलाकर अब दसवें और ग्यारहवें श्लोकों में कर्मयोगियों के साधन का फलसहित स्वरूप बतलाते हैं—

ब्रह्मण्याधाय कर्माणि सङ्गं त्यक्त्वा करोति यः।
लिप्यंते न स पापेन पद्मपत्रमिवाम्भसा।।10।।

brahmaṇyādhāya karmāṇi saṅgaṁ tyaktvā karoti yaḥ
lipyate na sa pāpena padmapatramivāmbhasā

जो पुरुष सब कर्मों को परमात्मा में अर्पण करके और आसक्ति को त्याग कर कर्म करता है, वह पुरुष जल से कमल के पत्ते की भाँति पाप से लिप्त नहीं होता।। 10 ।।

He who acts offering all actions to God, and shaking off attachment, remains untouched by sin, as the lotus leaf by water. (10)

कायेन मनसा बुद्ध्या केवलैरिन्द्रियैरपि।
योगिनः कर्म कुर्वन्ति संगं त्यक्त्वात्मशुद्धये।। 11 ।।

kāyena manasā buddhyā kevalairindriyairapi
yoginaḥ karma kurvanti saṅgaṁ tyaktvātmaśuddhaye

कर्मयोगी ममत्वबुद्धिरहित केवल इन्द्रिय, मन, बुद्धि और शरीर द्वारा भी आसक्ति को त्यागकर अन्तःकरण की शुद्धि के लिये कर्म करते हैं।। 11 ।।

The Karmayogis perform action only with their senses, mind, intellect and body as well, withdrawing the feeling of mine in respect of them and shaking of attachment simply for the sake of self-purification. (11)

प्रसंग—इस प्रकार से कर्म करने वाला भक्ति प्रधान कर्मयोगी पापों से लिप्त नहीं होता और कर्म प्रधान कर्मयोगी

का अन्तःकरण-शुद्ध हो जाता है, यह सुनने पर इस बात की जिज्ञासा होती है कि कर्मयोग का यह अन्तःकरण शुद्धि रूप इतना ही फल है, या इसके अतिरिक्त कुछ विशेष फल भी है ? एवं इस प्रकार कर्म न करके सकामभाव से शुभ कर्म करने में क्या हानि है ? अतएव अब इसी बात को स्पष्टरूप से समझाने के लिये भगवान् कहते हैं–

युक्तः कर्मफलं त्यक्त्वा शान्तिमानप्नोति नैष्ठिकीम्।
अयुक्तः काम कामकारेण फले सक्तो निबध्यते ॥ 12 ॥

yuktaḥ karmaphalaṁ tyaktvā śāntimāpnoti naiṣṭhikīm
ayuktaḥ kāmakāreṇa phale sakto nibadhyate

कर्मयोगी कर्मों के फल का त्याग करके भगवत्प्राप्ति रूपी शान्ति को प्राप्त होता है और सकामपुरुष कामना की प्रेरणा से फल में आसक्त होकर बँधता है।। 12 ।।

Offering the fruit of actions to God, the Karmayogi attains everlasting peace in the shape of God-Realization; whereas he who works with a se fish motive, being attached to the fruit of action through desire, gets tied down. (12)

प्रसंग–यहाँ यह बात कही गयी कि 'कर्मयोगी' कर्म फल से न बँधकर परमात्मा की प्राप्ति रूपी शान्ति को प्राप्त होता है और 'सकाम पुरुष' फल में आसक्त होकर जन्म-मरण रूपी बन्धन में पड़ता है, किंतु यह नहीं बतलाया कि सांख्ययोगी का क्या होता है ? अतएव अब सांख्ययोगी की स्थिति बतलाते हैं–

सर्वकर्माणि मनसा सन्न्यस्यास्ते सुखं वशी।
नवद्वारे पुरे देही नैव कुर्वन्न कारयन्।। 13।।

sarvakarmāṇi manasā saṁnyasyāste sukhaṁ vaśī
navadvāre pure dehī naiva kurvanna kārayan

अन्तःकरण जिसके वश में है, ऐसा सांख्ययोग का आचरण

करने वाला पुरुष न करता हुआ और न करवाता हुआ ही नवद्वारों वाले शरीर रूपी घर में सब कर्मों को मन से त्यागकर आनन्दपूर्वक सच्चिदानन्दघन परमात्मा के स्वरूप में स्थित रहता है।। 13 ।।

The self-controlled Sankhyayoga, doing nothing himself and getting nothing done by others, rests happily in God, the embodiment of Truth, Knowledge and Bliss, mentally relegating all actions to the mansion of nine gates (the body with nine openings). (13)

प्रसंग—जबकि आत्मा वास्तव में कर्म करने वाला भी नहीं है और इन्द्रियादि से करवाने वाला भी नहीं है, तो फिर सब मनुष्य अपने को कर्मों का कर्ता क्यों मानते हैं और वे कर्म फल के भागी क्यों होते हैं—

न कर्तृत्वं न कर्माणि लोकस्य सृजति प्रभुः।
न कर्मफलसंयोगं स्वभावस्तु प्रवर्तते।। 14।।

na kartṛtvaṁ na karmāṇi lokasya sṛjati prabhuḥ
na karmaphalasaṁyogaṁ svabhāvastu pravartate

परमेश्वर मनुष्यों के न तो कर्तापन की, न कर्मों की और न कर्म फल के संयोग की ही रचना करते हैं; किंतु स्वभाव ही बरत रहा है।। 14 ।।

God determines not the doership nor the doings of men, nor even their contact with the fruit of actions; but it is Nature alone that functions. (14)

प्रसंग—जो साधक समस्त कर्मों को और कर्म फलों को भगवान् के अर्पण करके कर्म फल से अपना सम्बन्ध-विच्छेद कर लेते हैं, उनके शुभाशुभ कर्मों के फल के भागी क्या भगवान् होते हैं ? इस जिज्ञासा पर कहते हैं—

नादत्ते कस्यचित्पापं न चैव सुकृतं विभुः।
अज्ञानेनावृतं ज्ञानं तेन मुह्यन्ति जन्तवः।।15।।

nādatte kasyacitpāpaṁ na caiva sukṛtaṁ vibhuḥ
ajñānenāvṛtaṁ jñānaṁ tena muhyanti jantavaḥ

सर्वव्यापी परमेश्वर भी न किसी के पाप कर्म को और न किसी के शुभ कर्म को ही ग्रहण करता है; किंतु अज्ञान के द्वारा ज्ञान ढका हुआ है, उसी से सब अज्ञानी मनुष्य मोहित हो रहे हैं।। 15 ।।

The omnipresent God does not receive the virtue or sin of anyone. Knowledge is enveloped in ignorance; hence it is that beings are constantly falling a prey to delusion. (15)

ज्ञानेन तु तदज्ञानं येषां नाशितमात्मनः।
तेषामादित्यवज्ज्ञानं प्रकाशयति तत्परम्।।16।।

jñānena tu tadajñānaṁ yeṣāṁ nāśitamātmanaḥ
teṣāmādityavajjñānaṁ prakāśayati tatparam

परन्तु जिसका वह अज्ञान परमात्मा के तत्त्व ज्ञान द्वारा नष्ट कर दिया गया है, उसका वह ज्ञान सूर्य के सदृश उस सच्चिदानन्दघन परमात्मा को प्रकाशित कर देता है।। 16 ।।

In the case, however, to those whose said ignorance has been set aside by true Knowledge of god, that

wisdom shining like the sun reveals the supreme. (16)

प्रसंग—यथार्थ ज्ञान से परमात्मा की प्राप्ति होती है, यह बात संक्षेप में कहकर अब छब्बीसवें श्लोक तक ज्ञानयोग द्वारा परमात्मा को प्राप्त होने के साधन तथा परमात्मा को प्राप्त सिद्ध पुरुषों के लक्षण, आचरण, महत्त्व और स्थिति का वर्णन करने के उद्देश्य से पहले यहाँ ज्ञानयोग के एकान्त साधन द्वारा परमात्मा की प्राप्ति बतलाते हैं—

तद्‍बुद्धयस्तदात्मानस्तन्निष्ठास्तत्परायणाः ।
गच्छन्त्यपुनरावृत्तिं ज्ञाननिर्धूतकल्मषाः ।। 17 ।।

tadbuddhayastadātmānastanniṣṭhāstatparāyaṇāḥ
gacchantyapunarāvṛttiṁ jñānanirdhūtakalmaṣāḥ

जिनका मन तद्रूप हो रहा है, जिनकी बुद्धि तद्रूप हो रही है और सच्चिदानन्दघन परमात्मा में ही जिनकी निरन्तर एकीभाव से स्थिति है, ऐसे तत्परायण पुरुष ज्ञान के द्वारा पापरहित होकर अपुनरावृत्ति को अर्थात् परमगति को प्राप्त होते हैं ।। 17 ।।

Those whose mind and intellect are wholly merged in Him, who remain constantly established in identity with Him, and have finally become one with Him, their sins being wiped out by wisdom, reach the state whence there is no return. (17)

प्रसंग—परमात्मा की प्राप्ति का साधन बतलाकर अब परमात्मा को प्राप्त सिद्ध पुरुषों के 'समभाव' का वर्णन करते हैं—

विद्याविनयसम्पन्ने ब्राह्मणे गवि हस्तिनि ।
शुनि चैव श्वपाके च पण्डिताः समदर्शिनः ।। 18 ।।

vidyāvinayasampanne brāhmaṇe gavi hastini
śuni caiva śvapāke ca paṇḍitāḥ samadarśinaḥ

वे ज्ञानीजन विद्या और विनययुक्त ब्राह्मण में तथा गौ, हाथी, कुत्ते और चाण्डाल में भी समदर्शी ही होते हैं।। 18 ।।

The wise look with the same eye on a Brahmana endowed with learning and culture, a cow, an elephant, a dog, and a pariah too. (18)

प्रसंग—इस प्रकार तत्त्वज्ञानी के समभाव का वर्णन करके अब समभाव को ब्रह्म का स्वरूप बतलाते हुए उसमें स्थित महापुरुषों की महिमा का वर्णन करते हैं—

इहैव तैर्जितः सर्गो येषां साम्ये स्थितं मनः।
निर्दोषं हि समं ब्रह्म तस्माद् ब्रह्मणि ते स्थिताः।। 19।।

ihaiva tairjitaḥ sargo yeṣāṁ sāmye sthitaṁ manaḥ
nirdoṣaṁ hi samaṁ brahma tasmādbrahmaṇi te sthitāḥ

जिनका मन समभाव में स्थित है, उनके द्वारा इस जीवित अवस्था में ही सम्पूर्ण संसार जीत लिया गया है, क्योंकि सच्चिदानन्दघन परमात्मा निर्दोष और सम है, इससे वे सच्चिदानन्दघन परमात्मा में ही स्थित हैं।। 19 ।।

Even here is the mortal plane conquered by those whose mind is established in unity; since the Absolute is untouched by evil and knows no distinction, hence they are established in the Eternal. (19)

प्रसंग—अब निर्गुण निराकार सच्चिदानन्दघन ब्रह्म को प्राप्त समदर्शी सिद्ध पुरुष के लक्षण बतलाते हैं—

न प्रहृष्येत्प्रियं प्राप्य नोद्विजेत्प्राप्य चाप्रियम्।
स्थिरबुद्धिरसम्मूढो ब्रह्मविद्ब्रह्मणि स्थितः।। 20।।

na prahṛṣyetpriyaṁ prāpya nodvijetprāpya cāpriyam
sthirabuddhirasammūḍho brahmavid brahmaṇi sthitaḥ

जो पुरुष प्रिय को प्राप्त होकर हर्षित नहीं हो और अप्रिय को प्राप्त होकर उद्विग्न न हो, वह स्थिर बुद्धि संशयरहित ब्रह्मवेत्ता पुरुष सच्चिदानन्दघन परब्रह्म परमात्मा में एकीभाव से नित्य स्थित है।। 20 ।।

He who, with reason firm and free from doubt, rejoices not on obtaining what is pleasant and does not feel perturbed on meeting with the unpleasant, that knower of Brahma lives eternally in identity with Brahma. (20)

प्रसंग—इस प्रकार ब्रह्म में स्थित पुरुष के लक्षण बतलाये गये; अब ऐसी स्थिति प्राप्त करने के साधन और उसके फल की जिज्ञासा होने पर कहते हैं—

बाह्यस्पर्शेष्वसक्तात्मा विन्दत्यात्मनि यत्सुखम्।
स ब्रह्मयोगयुक्तात्मा सुखमक्षयमश्नुते।।21।।

bāhyasparśeṣvasaktātmā vindatyātmani yatsukham
sa brahmayogayuktātmā sukhamakṣayamaśnute

बाहर के विषयों में आसक्ति रहित अन्तःकरण वाला साधक, आत्मा में स्थित जो ध्यानजनित सात्त्विक आनन्द है, उसको प्राप्त होता है; तदनन्तर वह सच्चिदानन्दघन परब्रह्म परमात्मा के ध्यान रूपी योग में अभिन्नभाव से स्थित पुरुष अक्षय आनन्द का अनुभव करता है।। 21 ।।

He whose mind remains unattached to sense-objects, derives through meditation the Sattvika joy which dwells in the mind; then that Yogi, having completed identified himself through meditation with Brahma enjoys eternal Bliss. (21)

प्रसंग—इस प्रकार इन्द्रियों के विषयों में आसक्ति के त्याग को परमात्मा की प्राप्ति में हेतु बतलाकर अब इस श्लोक में इन्द्रियों के भोगों को दुःख का कारण और अनित्य बतलाते हुए भगवान् उनमें आसक्तिरहित होने के लिये संकेत करते हैं—

ये हि संस्पर्शजा भोगा दुःखयोनय एव ते।
आद्यन्तवन्तः कौन्तेय न तेषु रमते बुधः।।22।।

ye hi saṁsparśajā bhogā duḥkhayonaya eva te
ādyantavantaḥ kaunteya na teṣu ramate budhaḥ

जो ये इन्द्रिय तथा विषयों के संयोग से उत्पन्न होने वाले सब भोग हैं, वे यद्यपि विषयी पुरुषों को सुख रूप भासते हैं तो भी दुःख के ही हेतु हैं और आदि अन्त वाले अर्थात् अन्तिय हैं। इसलिये के अर्जुन ! बुद्धिमान् विवेकी पुरुष उनमें नहीं रमता।। 22 ।।

The pleasures which are born of sense-contacts are verily a source of suffering only (though appearing as enjoyable to worldly-minded people). They have a beginning and and an end (they come and go). Arjuna, it is for this reason that a wise man does not indulge in them. (22)

प्रसंग—विषय भोगों को काम-क्रोधादि के निमित्त से दुःख के हेतु बतलाकर अब मनुष्य शरीर का महत्त्व दिखलाते हुए भगवान् 'काम-क्रोधादि दुर्जय शत्रुओं पर विजय प्राप्त कर लेने वाले पुरुष की प्रशंसा करते हैं—

शक्नोतीहैव यः सोढुं प्राक्शरीरविमोक्षणात्।
कामक्रोधोद्भवं वेगं स युक्तः स सुखी नरः।।23।।

śaknotīhaiva yaḥ soḍhuṁ prākśarīravimokṣaṇāt
kāmakrodhodbhavaṁ vegaṁ sa yuktaḥ sa sukhī naraḥ

जो साधक इस मनुष्य शरीर में, शरीर का नाश होने से पहले-पहले ही काम-क्रोध से उत्पन्न होने वाले वेग को सहन करने में समर्थ हो जाता है, वही पुरुष योगी है और वही सुखी है।। 23 ।।

He alone who is able to stand, in this very life before-casting off this body, the urges of lust and anger is Yogi; and he alone is a happya man. (23)

प्रसंग—उंपर्युक्त प्रकार से बाह्य विषय भोगों को क्षणिक और दुःखों का कारण समझकर तथा आसक्ति का त्याग करके जो काम-क्रोध पर विजय प्राप्त कर चुका है, अब ऐसे सांख्ययोगी की अन्तिम स्थिति का फल सहित वर्णन किया जाता है—

योऽन्तःसुखोऽन्तरारामस्तथान्तर्ज्योतिरेव यः।
स यागी ब्रह्मनिर्वाणं ब्रह्मभूतोऽधिगच्छति।।24।।

yo'ntaḥsukho'ntarārāmastathāntarjyotireva yaḥ
sa yogī brahmanirvāṇaṁ brahmabhūto'dhigacchati

जो पुरुष अन्तरात्मा में ही सुखवाला है, आत्मा में ही रमण करने वाला है तथा जो आत्मा में ही ज्ञान वाला है, वह सच्चिदानन्दघन परब्रह्म परमात्मा के साथ एकीभाव को प्राप्त सांख्ययोगी शान्त ब्रह्म को प्राप्त होता है।। 24 ।।

He who is happy within himself, enjoys within himself the delight of the soul, and even so is illumined by the inner light (light of the soul), such a Yogi (Sankhyayogi) identified with Brahma attains Brahma, who is all Peace. (24)

प्रसंग—इस प्रकार जो परब्रह्म परमात्मा को प्राप्त हो गये हैं, उन पुरुषों के लक्षण दो श्लोकों में बतलाते हैं—

लभन्ते ब्रह्मनिर्वाणमृषयः क्षीणकल्मषाः।
छिन्नद्वैधा यतात्मानः सर्वभूतहिते रताः।।25।।

labhante brahmanirvāṇamṛṣayaḥ kṣīṇakalmaṣāḥ
chinnadvaidhā yatātmānaḥ sarvabhūtahite ratāḥ

जिनके सब पाप नष्ट हो गये हैं, जिनके सब संशय ज्ञान के द्वारा निवृत्त हो गये हैं, जो सम्पूर्ण प्राणियों के हित में रत हैं और जिनका जीता हुआ मन निश्चल भाव से परमात्मा में स्थित है, वे ब्रह्मवेत्ता पुरुष शान्त ब्रह्म को प्राप्त होते हैं।। 25 ।।

The seers whose sins have been wiped out, whose doubts have been dispelled by Knwoledge, whose disciplined mind is firmly established in God and who are actively engaged in the service of all beings, attain Brahma, who is all peace. (25)

कामक्रोधवियुक्तानां यतीनां यतचेतसाम्।
अभितो ब्रह्मनिर्वाणं वर्तते विदितात्मनाम्।।26।।

kāmakrodhaviyuktānām yatīnām yatacetasām
abhito brahmanirvāṇam vartate viditātmanām

काम-क्रोध से रहित, जीते हुए चित्तवाले, परब्रह्म परमात्मा का साक्षात्कार किये हुए ज्ञानी पुरुषों के लिये सब ओर से शान्त परब्रह्म परमात्मा ही परिपूर्ण हैं।। 26 ।।

To those wise men who are free from lust and anger, who have subdued their mind and have realized God, Brahma, the abode of eternal peace, is present all round. (26)

प्रसंग—कर्मयोग और सांख्ययोग—दोनों साधनों द्वारा परमात्मा की प्राप्ति और परमात्मा को प्राप्त महापुरुषों के लक्षण कहे गये। उक्त दोनों ही प्रकार के साधकों के लिये वैराग्यपूर्वक मन-इन्द्रियों को वश में करके ध्यान योग का साधन करना उपयोगी है; अतः अब संक्षेप में फलसहित ध्यान योग का वर्णन करते हैं—

स्पर्शान्कृत्वा बहिर्बाह्यांश्चक्षुश्चैवान्तरे भ्रुवोः।
प्राणापानौ समौ कृत्वा नासाभ्यन्तरचारिणौ।।27।।
यतेन्द्रियमनोबुद्धिर्मुनिर्मोक्षपरायणः।
विगतेच्छाभयक्रोधो यः सदा मुक्त एव सः।।28।।

sparśānkṛtvā bahirbāhyāṁścakṣuścaivāntare bhruvoḥ
prāṇāpānau samau kṛtvā nāsābhyantaracāriṇau
yatendriyamanobuddhirmunirmokṣaparāyaṇah
vigatecchābhayakrodho yaḥ sadā mukta eva saḥ

बाहर के विषय-भोगों को न चिन्तन करता हुआ बाहर ही त्यागकर और नेत्रों की दृष्टि को भृकुटी के बीच में स्थित करके तथा नासिका में विचरनेवाले प्राण और अपानवायु को सम करके, जिसकी इन्द्रियाँ, मन और बुद्धि जीती हुई हैं—ऐसा जो मोक्षपरायण मुनि इच्छा, भय और क्रोध से रहित हो गया है, वह सदा मुक्त ही है।। 27-28 ।।

Shutting out all thoughts of external enjoyments, with the gaze fixed on the space between the eye-brows, having regulated the Prana (outgoing) and the Apana (ingoing) breaths flowing within the nostrils; he who has brought his senses, mind and intellect under control,—such a contemplative soul intent on liberation and free from desire, fear and anger, is ever liberated. (27,28)

प्रसंग—अर्जुन के प्रश्न का उत्तर देते हुए भगवान् ने कर्मयोग और सांख्ययोग के स्वरूप का प्रतिपादन करके दोनों साधनों द्वारा परमात्मा की प्राप्ति और सिद्ध पुरुषों के लक्षण बतलाये। फिर दोनों निष्ठाओं के लिये उपयोगी होने से ध्यान योग भी संक्षेप में वर्णन किया। अब जो मनुष्य इस प्रकार मन, इन्द्रियों पर विजय प्राप्त करके कर्मयोग, सांख्ययोग पर ध्यानयोग का साधन करने में अपने को समर्थ नहीं समझता हो, ऐसे साधक के लिये सुगमता से परम पद की प्राप्ति कराने वाले भक्ति योग का संक्षेप में वर्णन करते हैं—

भोक्तारं यज्ञतपसां सर्वलोकमहेश्वरम्।
सुहृदं सर्वभूतानां ज्ञात्वा मां शान्तिमृच्छति।।29।।

bhoktāraṁ yajñatapasāṁ sarvalokamaheśvaram
suhṛdaṁ sarvabhūtānāṁ jñātvā māṁ śāntimṛcchati

मेरा भक्त मुझको सब यज्ञ और तपों का भोगने वाला, सम्पूर्ण लोकों के ईश्वरों का भी ईश्वर तथा सम्पूर्ण भूत-प्राणियों

का सुहृद् अर्थात् स्वार्थरहित दयालु और प्रेमी, ऐसा तत्त्व से जानकर शान्ति को प्राप्त होता है।। 29 ।।

Having Known Me in reality as the enjoyer of all sacrifices and austerities, the supreme Lord of all the worlds, and the disinterested friend of all beings, My devotee attains peace. (29)

ॐ तत्सदिति श्रीमद्भगवद्गीतासूपनिषत्सु ब्रह्मविद्यायां योगशास्त्रे श्रीकृष्णार्जुनसंवादे
कर्मसंन्यासयोगो नाम पञ्चमोऽध्यायः।। 5 ।।

ॐ श्रीपरमात्मने नमः

षष्ठोऽध्यायः

'कर्मयोग' और 'सांख्ययोग'—इन दोनों ही साधनों में उपयोगी होने के कारण इस छठे अध्याय में ध्यान योग का भलीभाँति वर्णन किया गया है। ध्यान योग में शरीर, इन्द्रिय, मन और बुद्धि का संयम करना परम आवश्यक है तथा शरीर, इन्द्रिय, मन और बुद्धि—इन सबको 'आत्मा' के नाम से कहा जाता है और इस अध्याय में इन्हीं के संयम का विशेष वर्णन है, इसलिये इस अध्याय का नाम 'आत्म संयम योग' रखा गया है।

प्रसंग—अब ध्यान योग का अंगों सहित विस्तृत वर्णन करने के लिये छठे अध्याय का आरम्भ करते हैं और सबसे पहले अर्जुन को भक्ति युक्त कर्मयोग में प्रवृत करने के उद्देश्य से कर्मयोग की प्रशंसा करते हुए ही प्रकरण का आरम्भ करते हैं—

श्रीभगवानुवाच

अनाश्रितः कर्मफलं कार्यं कर्म करोति यः।
स सन्न्यासी च योगी च न निरग्निर्न चाक्रियः।। 1 ।।

śrībhagavānuvāca
anāśritaḥ karmaphalaṁ kāryaṁ karma karoti yaḥ
sa saṁnyāsī ca yogī ca na niragnirna cākriyaḥ

श्रीभगवान् बोले—जो पुरुष कर्म फल का आश्रय न लेकर करने योग्य कर्म करता है, वह संन्यासी तथा योगी है; और केवल अग्नि का त्याग करने वाला संन्यासी नहीं है तथा केवल क्रियाओं का त्याग करने वाला योगी नहीं है।।·1 ।।

Sri Bhagavan sadi : he who does his duty without expecting the fruit of actions is a Samnyasi (Sankhyayogi) and a Yogi (Karmayogi) both. He is no Samnyasi (renouncer) who has merely renounced the sacred fire; even so he is no Yogi, who has merely given up all activity. (1)

प्रसंग—पहले श्लोक में भगवान् ने कर्म फल का आश्रय न लेकर कर्म करने वाले को संन्यासी और योगी बतलाया। उस पर यह शंका हो सकती है कि यदि 'संन्यास' और 'योग' दोनों भिन्न-भिन्न स्थिति हैं तो उपर्युक्त साधक दोनों से सम्पन्न कैसे हो सकता है? अतः इस शंका का निराकरण करने के लिये दूसरे श्लोक में 'संन्यास' और 'योग' की एकता का प्रतिपादन करते हैं—

यं सन्न्यासमिति प्राहुर्योगं तं विद्धि पाण्डव।
न ह्यसन्न्यस्तसङ्कल्पो योगी भवति कश्चन।।2।।

yaṁ saṁnyāsamiti prāhuryogaṁ taṁ viddhi pāṇḍava
na hyasaṁnyastasaṅkalpo yogī bhavati kaścana

हे अर्जुन ! जिसको संन्यास ऐसा कहते हैं, उसी को तू योग जान। क्योंकि संकल्पों का त्याग न करने वाला कोई भी पुरुष योगी नहीं होता।। 2 ।।

Arjuna, you must know that what they call Samnyasa is no other than Yoga; for none becomes a Yogi, who has not given up thoughts of the world. (2)

प्रसंग—कर्मयोग की प्रशंसा करके अब उसका साधन कतलाते हैं—

आरुरुक्षोर्मुनेर्योगं कर्म कारणमुच्यते।
योगारूढस्य तस्यैव शमः कारणमुच्यते।।3।।

ārurukṣormuneryogaṁ karma kāraṇamucyate
yogārūḍhasya tasyaiva śamaḥ kāraṇamucyate

योग में आरूढ होने की इच्छा वाले मननशील पुरुष के लिये योग की प्राप्ति में निष्काम भाव से कर्म करना ही हेतु कहा जाता है और योगारूढ हो जाने पर उस योगारूढ पुरुष

का जो सर्वसंकल्पों का अभाव है वही कल्याण में हेतु कहा जाता है।। 3 ।।

To the contemplative soul who desires to climb to the heights of Karmayoga, disinterested action is sopken of as the stepping-stone; for the same man when he is established in Yoga, absence of all thoughts of the world is said to be the way to blessedness.(3)

प्रसंग—पूर्व श्लोक में 'योगारूढ' शब्द आया। उसका लक्षण जानने की आकांक्षा होने पर योगारूढ़ पुरुष के लक्षण बतलाते हैं—

यदा हि नेन्द्रियार्थेषु न कर्मस्वनुषज्जते।
सर्वसङ्कल्पसन्न्यासी योगारूढस्तदोच्यते।। 4।।

yadā hi nendriyārtheṣu na karmasvanuṣajjate
sarvasaṅkalpasaṁnyāsī yogārūḍhastadocyate

जिस काल में न तो इन्द्रियों के भोगों में और न कर्मों में ही आसक्त होता है, उस काल में सर्वसंकल्पों का त्यागी पुरुष योगारूढ कहा जाता है।। 4 ।।

When a man ceases to have any attachment either for the obejcts of senses or for actions, and has renounced all thoughts of the world, he is said to have climbed to the heights of Yoga. (4)

प्रसंग—परमपद की प्राप्ति के हेतु रूप योगारूढ-अवस्था का वर्णन करके अब उसे प्राप्त करने के लिये उत्साहित करते हुए भगवान् मनुष्य का कर्तव्य बतलाते हैं—

उद्धरेदात्मनात्मानं नात्मानमवसादयेत्।
आत्मैव ह्यात्मनो बन्धुरात्मैव रिपुरात्मनः।। 5।।

uddharedātmanātmānaṁ nātmānamavasādayet
ātmaiva hyātmano bandhurātmaiva ripurātmanaḥ

अपने द्वारा अपना संसार-समुद्र से उद्धार करे और अपने को अधोगति में न डाले, क्योंकि यह मनुष्य आप ही तो अपना मित्र है और आप ही अपना शत्रु है।। 5 ।।

One should lift oneself by one's own efforts and should not degrade oneself; for one's own self is one's frined, and ones own self is one's enemy. (5)

प्रसंग—यह बात कही गयी कि मनुष्य आप ही अपना मित्र है और आप ही अपना शत्रु है। अब उसी को स्पष्ट करने के लिये यह बतलाते हैं कि किन लक्षणों से युक्त मनुष्य आप ही अपना मित्र है और किन लक्षणों से युक्त आप ही अपना शत्रु है—

बन्धुरात्मात्मनस्तस्य येनात्मैवात्मना जितः।
अनात्मनस्तु शत्रुत्वे वर्तेतात्मैव शत्रुवत्।।6।।

bandhurātmātmanastasya yenātmaivātmanā jitaḥ
anātmanastu śatrutve vartetātmaiva śatruvat

जिस जीवात्मा द्वारा मन और इन्द्रियों सहित शरीर जीता हुआ है, उस जीवात्मा का तो वह आप ही मित्र है और जिसके द्वारा मन तथा इन्द्रियों सहित शरीर नहीं जीता गया है, उसके लिये वह आप ही शत्रु के सदृश शत्रुता में बर्तता है।। 6 ।।

One's own self is the friend of the soul by whom the lower self (consisting of the mind, senses and body) has been conquered; even so the very self of him who has not conquered his lower self behaves antagonistically like an enemy. (6)

प्रसंग—जिसने मन और इन्द्रियों सहित शरीर को जीत लिया है, वह आप ही अपना मित्र क्यों है, इस बात को स्पष्ट करने के लिये अब शरीर, इन्द्रिय और मनरूपी आत्मा को वश में करने का फल बतलाते हैं—

जितात्मनः प्रशान्तस्य परमात्मा समाहितः।
शीतोष्णसुखदुःखेषु तथा मानापमानयोः।।7।।

Jitātmanaḥ praśāntasya paramātmā samāhitaḥ
śītoṣṇasukhaduḥkheṣu tathā mānāpamānayoḥ

सर्दी-गर्मी और सुख-दुःखादि में तथा मान और अपमान में जिसके अन्तःकरण की वृत्तियाँ भलीभाँति शान्त हैं, ऐसे स्वाधीन आत्मावाले पुरुष के ज्ञान में सच्चिदानन्दघन परमात्मा सम्यक् प्रकार से स्थित हैं अर्थात् उसके ज्ञान में परमात्मा के सिवा अन्य कुछ है ही नहीं।। 7 ।।

The Supreme Spirit is rooted in the knowledge of the self-controlled man whose mind is perfectly serene in the midst of pairs of opposites, such as cold and heat, joy and sorrow, and honour and ignominy. (7)

प्रसंग—मन-इन्द्रियों के सहित शरीर को वश में करने का फल परमात्मा की प्राप्ति बतलाया गया। अतः परमात्मा को प्राप्त हुए पुरुष के लक्षण जानने की इच्छा होने पर अब, दो श्लोकों द्वारा उसके लक्षणों का वर्णन करते हुए उसकी प्रशंसा करते हैं—

ज्ञानविज्ञानतृप्तात्मा कूटस्थो विजितेन्द्रियः।
युक्त इत्युच्यते योगी समलोष्टाश्मकाञ्चनः।।8।।

jñānavijñānatṛptātmā kūṭastho vijitendriyaḥ
yukta ityucyate yogī samaloṣṭāśmakāñcanaḥ

जिसका अन्तःकरण ज्ञान-विज्ञान से तृप्त है, जिसकी स्थिति विकाररहित है, जिसकी इन्द्रियाँ भलीभाँति जीती हुई

हैं और जिसके लिये मिट्टी, पत्थर और स्वर्ण समान हैं, वह योगी युक्त अर्थात् भगवत्-प्राप्त है, ऐसा कहा जाता है।। 8 ।।

The Yogi whose mind is sated with Jñana (Knowledge of Nirguna Brahm) and Vijñana (Knowledge of Manifest Divinity), who is unmoved under all circumstances, whose senses are completely mastered, and to whom earth, stone and gold are all alike, is spoken of as a God-realized soul. (8)

सुहृन्मित्रार्युदासीनमध्यस्थद्वेष्यबन्धुषु ।
साधुष्वपि च पापेषु समबुद्धिर्विशिष्यते।। 9।।

suhṛnmitrāryudāsīnamadhyasthadveṣyabandhuṣu
sādhuṣvapi ca pāpeṣu samabuddhirviśiṣyate

सुहृद्, मित्र, वैरी, उदासीन, मध्यस्थ, द्वेष्य और बन्धुगणों में, धर्मात्माओं में और पापियों में भी समान भाव रखने वाला अत्यत श्रेष्ठ है।। 9 ।।

He who looks upon well-wishers and neutrals as well as mediators, friends and foes, relatives and objects of hatred, the virtuous and the sinful with the same eye, stand supreme. (9)

प्रसंग—छठे श्लोक में यह बात कही गयी कि जिसने शरीर, इन्द्रिय और मनरूपी आत्मा को जीत लिया है, वह आप ही अपना मित्र है। फिर सातवें श्लोक में उस 'जितात्मा' पुरुष के लिये परमात्मा को प्राप्त होना तथा आठवें और नवें श्लोकों में परमात्मा को प्राप्त पुरुष के लक्षण बतलाकर उसकी प्रशंसा की गयी। इस पर यह जिज्ञासा होती है कि जितात्मा पुरुष को परमात्मा की प्राप्ति के लिये क्या करना चाहिये, वह किस साधन से परमात्मा को शीघ्र प्राप्त कर सकता है, इसलिये ध्यान योग का प्रकरण आरम्भ करते हैं—

योगी युञ्जीत सततमात्मानं रहसि स्थितः।
एकाकी यतचित्तात्मा निराशीरपरिग्रहः।। 10।।

yogī yuñjīta satatamātmānaṁ rahasi sthitaḥ
ekākī yatacittātmā nirāśīraparigrahaḥ

मन और इन्द्रियों सहित शरीर को वश में रखने वाला, आशारहित और संग्रहरहित योगी अकेला ही एकान्त स्थान में स्थित होकर आत्मा को निरन्तर परमात्मा में लगावे।। 10 ।।

Living in seclusion all by himself, the Yogi who has controlled his mind and body, and is free from desires and void of possessions, should constantly engage his mind in meditation. (10)

प्रसंग—जितात्मा पुरुष को ध्यान योग का साधन करने के लिये कहा गया। अब उस ध्यान योग का विस्तार-पूर्वक वर्णन करते हुए पहले स्थान और आसन का वर्णन करते हैं—

शुचौ देशे प्रतिष्ठाप्य स्थिरमासनमात्मनः।
नात्युच्छ्रितं नातिनीचं चैलाजिनकुशोत्तरम्।। 11।।

śucau deśe pratiṣṭhāpya sthiramāsanamātmanaḥ
nātyucchritaṁ nātinīcaṁ cailājinakuśottaram

शुद्ध भूमि में, जिसके ऊपर क्रमशः कुशा, मृगछाला और वस्त्र बिछे हैं, जो न बहुत ऊँचा है और न बहुत नीचा, ऐसे अपने आसन को स्थिर स्थापन करके— ।। 11 ।।

Having firmly placed his seat in a spot which is

free from dirt and other impurities with the sacred Kusa grass, a deerskin an a cloth spread thereon one below another (Kusa below, deerskin in the middle and clothe uppermost), neither very high nor very low. (11)

प्रसंग—पवित्र स्थान में आसन स्थापन करने के बाद ध्यान योग के साधक को क्या करना चाहिये, उसे बतलाते हैं—

तत्रैकाग्रं मनः कृत्वा यतचित्तेन्द्रियक्रियः।
उपविश्यासने युञ्ज्याद्योगमात्मविशुद्धये।।12।।

tatraikāgraṁ manaḥ kṛtvā yatacittendriyakriyaḥ
upaviśyāsane yuñjyādyogamātmaviśuddhaye

उस आसन पर बैठकर चित्त और इन्द्रियों की क्रियाओं को वश में रखते हुए मन को एकाग्र करके अन्तःकरण की शुद्धि के लिये योग का अभ्यास करे।। 12 ।।

And occupying that seat, concentrating the mind and controlling the functions of the mind and senses, he should practise Yoga for self-purification. (12)

प्रसंग—ऊपर के श्लोक में आसन पर बैठकर ध्यान योग का साधन करने के लिये कहा गया। अब उसी का स्पष्टीकरण करने के लिये आसन पर कैसे बैठना चाहिये, साधक का भाव कैसा होना चाहिये, उसे किन-किन नियमों का पालन करना चाहिये और किस प्रकार किस का ध्यान करना चाहिये, इत्यादि बातें दो श्लोकों में बतलायी जाती हैं—

समं कायशिरोग्रीवं धारयन्नचलं स्थिरः।
सम्प्रेक्ष्य नासिकाग्रं स्वं दिशश्चानवलोकयन्।।13।।

samaṁ kāyaśirogrīvaṁ dhārayannacalaṁ sthiraḥ
saṁprekṣya nāsikāgraṁ svaṁ diśaścānavalokayan

काया, सिर और गले को समान एवं अचल धारण करके और स्थिर होकर, अपनी नासिका के अग्रभाग पर दृष्टि जमा कर, अन्य दिशाओं को न देखता हुआ— ।। 13 ।।

Holding the trunk, head and neck straight and steady, remaining firm and fixing the gaze on the tip of his nose, without looking in other direction. (13)

प्रशान्तात्मा विगतभीर्ब्रह्मचारिव्रते स्थितः।
मनः संयम्य मच्चित्तो युक्त आसीत मत्परः।। 14।।

praśāntātma vigatabhīrbrahmacārivrate sthitaḥ
manaḥ saṁyamya maccitto yukta āsīta matparaḥ

ब्रह्मचारी के व्रत में स्थित, भयरहित तथा भलीभाँति शान्त अन्तःकरण वाला सावधान योगी मन को रोककर मुझ में चित्तवाला और मेरे परायण होकर स्थित होवे।। 14 ।।

Firm in the vow of complete chastity and fearless, keeping himself perfectly calm and with the mind held in restraint and fixed on Me, the vigilant Yogi should sit absorbed in Me. (14)

प्रसंग—उपर्युक्त प्रकार से किये हुए ध्यान योग के साधन का फल बतलाते हैं—

युञ्जन्नेवं सदात्मानं योगी नियतमानसः।
शान्तिं निर्वाणपरमां मत्संस्थामधिगच्छति।। 15।।

yuñjannevaṁ sadātmānaṁ yogī niyatamānasaḥ
śāntiṁ nirvāṇaparamāṁ matsaṁsthāmadhigacchati

वश में किये हुए मन वाला योगी इस प्रकार आत्मा को निरन्तर मुझ परमेश्वर के स्वरूप में लगाता हुआ मुझ में रहने वाली परमानन्द की पराकाष्ठारूपी शान्ति को प्राप्त होता है।। 15 ।।

Thus constantly applying his mind to Me, the Yogi of disciplined mind attains the everlasting peace, sonsisting of supreme bliss, which abides in Me. (15)

प्रसंग—ध्यान योग का प्रकार और फल बतलाया गया; अब ध्यान योग के लिये उपयोगी आहार, विहार और शयनादि नियम किस प्रकार के होने चाहिये यह जानने की आकांक्षा पर भगवान् उसे दो श्लोकों में कहते हैं—

नात्यश्नतस्तु योगोऽस्ति न चैकान्तमनश्नतः।
न चाति स्वप्नशीलस्य जाग्रतो नैव चार्जुन।। 16।।

nātyaśnatastu yogo'sti na caikāntamanaśnataḥ
na cāti svapnaśīlasya jāgrato naiva cārjuna

हे अर्जुन ! यह योग न तो बहुत खाने वाले का, न बिलकुल न खाने वाले का, न बहुत शयन करने के स्वभाव वाले का और न सदा जागने वाले का ही सिद्ध होता है।। 16 ।।

Arjuna, this Yoga is neither for him who overeats, nor for him who observes a complete fast; it is neither for him who is given to too much sleep; nor even for him who is ceaselessly awake. (16)

युक्ताहारविहारस्य युक्तचेष्टस्य कर्मसु।
युक्तस्वप्नावबोधस्य योगो भवति दुःखहा।। 17।।

yuktāhāravihārasya yuktaceṣṭasya karmasu
yuktasvapnāvabodhasya yogo bhavati duḥkhahā

दुःखों का नाश करने वाला योग तो यथा योग्य आहार-विहार करने वाले का, कर्मों में यथा योग्य चेष्टा करने वाले का और यथा योग्य सोने तथा जागने वाले का ही सिद्ध होता है।। 17 ।।

Yoga, which rids one of woe, is accomplished only by him who is regulated in diet and recreation, regulated in performing actions, and regulated in sleep and wakefulness. (17)

प्रसंग—ध्यान योग में उपयोगी आहार-विहार आदि नियमों का वर्णन करने के बाद, अब निर्गुण निराकार के ध्यान योगी की अन्तिम स्थिति का लक्षण बतलाते हैं—

यदा विनियतं चित्तमात्मन्येवावतिष्ठते।
निःस्पृहः सर्वकामेभ्यो युक्त इत्युच्यते तदा।।18।।

yadā viniyatam̐ cittamātmanyevāvatiṣṭhte
niḥspṛhaḥ sarvakāmebhyo yukta ityucyate tadā

अत्यन्त वश में किया हुआ चित्त जिस काल में परमात्मा में ही भलीभाँति स्थित हो जाता है, उस काल में सम्पूर्ण भोगों से स्पृहारहित पुरुष योग युक्त है, ऐसा कहा जाता है।। 18 ।।

When the mind which is thoroughly disciplined gets riveted on God alone, then the person who is

free from yearning for all enjoyments is said to be established in Yoga. (18)

प्रसंग—वश में किया हुआ चित्त ध्यानकाल में जब एकमात्र परमात्मा में ही अचल स्थित हो जाता है, उस समय उस चित्त की कैसी अवस्था हो जाती है, यह जानने की आकांक्षा होने पर कहते हैं—

यथा दीपो निवातस्थो नेङ्गते सोपमा स्मृता।
योगिनो यतचित्तस्य युञ्जतो योगमात्मनः।।19।।

yathā dīpo nivātastho neṅgate sopamā smṛtā
yogino yatacittasya yuñjato yogamātmanaḥ

जिस प्रकार वायुरहित स्थान में स्थित दीपक चलायमान नहीं होता, वैसी ही उपमा परमात्मा के ध्यान में लगे हुए योगी के जीते हुए चित्त की कही गयी है।। 19 ।।

As a light does not flicker in a windless place, such is stated to be the picture of the disciplined mind of the Yogi practising meditation of God. (19)

प्रसंग—इस प्रकार ध्यान योग की अन्तिम स्थिति को प्राप्त हुए पुरुष के और उसके जीते हुए चित्त के लक्षण बतला देने के बाद, अब तीन श्लोक में ध्यान योग द्वारा सच्चिदानन्द परमात्मा को प्राप्त पुरुष की स्थिति का वर्णन करते हैं—

यत्रोपरमते चित्तं निरुद्धं योगसेवया।
यत्र चैवात्मनात्मानं पश्यन्नात्मनि तुष्यति।।20।।

yatroparamate cittaṁ niruddhaṁ yogasevayā
yatra caivātmanātmānaṁ paśyannātmani tuṣyati

योग के अभ्यास से निरुद्ध चित्त जिस अवस्था में उपराम

हो जाता है, और जिस अवस्था में परमात्मा के ध्यान से शुद्ध हुई सूक्ष्म बुद्धि द्वारा परमात्मा को साक्षात् करता हुआ सच्चिदानन्दघन परमात्मा में ही सन्तुष्ट रहता है।। 20 ।।

The state in which, curbed through the practice of Yoga, the mind becomes still, and in which, realizing God through subtle reason (purified by meditation on God) the soul rejoices only in God. (20)

सुखमात्यन्तिकं यत्तद्बुद्धिग्राह्यमतीन्द्रियम्।
वेत्ति यत्र न चैवायं स्थितश्चलति तत्त्वतः।।21।।

sukhamātyantikaṁ yattadbuddhigrāhyamatīndriyam
vetti yatra na caivāyaṁ sthitaścalati tattvataḥ

इन्द्रियों से अतीत, केवल शुद्ध हुई सूक्ष्म बुद्धि द्वारा ग्रहण करने योग्य जो अनन्त आनन्द है, उसको जिस अवस्था में अनुभव करता है और जिस अवस्था में स्थित यह योगी परमात्मा के स्वरूप से विचलित होता ही नहीं।। 21 ।।

Nay, in which the soul experience the eternal and supersensuous job which can be apprehended only through the subtle and purified intellect, and wherein established the said Yogi moves not from Truth on any account. (21)

यं लब्ध्वा चापरं लाभं मन्यते नाधिकं ततः।
यस्मिन्स्थितो न दुःखेन गुरुणापि विचाल्यते।।22।।

yaṁ labdhvā cāparaṁ lābhaṁ manyate nādhikaṁ tataḥ
yasminsthito na duḥkhena guruṇāpi vicālyate

परमात्मा की प्राप्तिरूप जिस लाभ को प्राप्त होकर उससे अधिक दूसरा कुछ भी लाभ नहीं मानता और परमात्मा प्राप्ति रूप जिस अवस्था में स्थित योगी बड़े भारी दुःख से भी चलायमान नहीं होता; ।। 22 ।।

And having obtained which he does not reckon any other gain as greater than that, and established in which he is not shaken even by the heaviest of sorrows. (22)

प्रसंग—बीसवें, इक्कीसवें और बाईसवें श्लोकों में परमात्मा की प्राप्ति रूप जिस स्थिति के महत्त्व और लक्षणों का वर्णन किया गया, अब उस स्थिति का नाम बतलाते हुए उसे प्राप्त करने के लिये प्रेरित करते हैं—

तं विद्याद्दुःखसंयोगवियोगं योगसञ्ज्ञितम् ।
स निश्चयेन योक्तव्यो योगोऽनिर्विण्णचेतसा ।। 23 ।।

taṁ vidyād duḥkhasaṁyogaviyogaṁ yogasaṁjñitam
sa niścayena yoktavyo yogo'nirviṇṇacetasā

जो दुःख रूपी संसार के संयोग से रहित है तथा जिसका नाम योग है, उसको जानना चाहिये। वह योग न उकताये हुए अर्थात् धैर्य और उत्साहयुक्त चित्त से निश्चयपूर्वक करना कर्तव्य है ।। 23 ।।

That state, called Yoga, which is free from the

contact of sorrow (in the form of transmigration) should be known. Nay, this Yoga should be resolutely practised with and unwearied mind. (23)

प्रसंग—परमात्मा को प्राप्त पुरुष की स्थिति का नाम 'योग' है, यह कहकर उसे प्राप्त करना निश्चित कर्तव्य बतलाया गया; अब दो श्लोकों में उसी स्थिति की प्राप्ति के लिये अभेदरूप से परमात्मा के ध्यान योग का साधन करने की रीति बतलाते हैं—

सङ्कल्पप्रभवान्कामांस्त्यक्त्वा सर्वानशेषतः।
मनसैवेन्द्रियग्रामं विनियम्य समन्ततः।।24।।

saṅkalpaprabhavānkāmāṁstyaktvā sarvānaśeṣataḥ
manasaivendriyagrāmaṁ viniyamya samantataḥ

संकल्प से उत्पन्न होने वाली सम्पूर्ण कामनाओं को निःशेष रूप से त्याग कर और मन के द्वारा इन्द्रियों के समुदाय को सभी ओर से भलीभाँति रोककर—।।24।।

Completely renouncing all desires arising from thoughts of the world, and fully restraining the whole pack of the senses from all sides by the time. (24)

शनैः शनैरुपरमेद्बुद्ध्या धृतिगृहीतया।
आत्मसंस्थं मनः कृत्वा न किञ्चिदपि चिन्तयेत्।।25।।

śanaiḥ śanairuparamedbuddhyā dhṛtigṛhītayā
ātmasaṁsthaṁ manaḥ kṛtvā na kiñcidapi cintayet

क्रम-क्रम से अभ्यास करता हुआ उपरति को प्राप्त हो तथा धैर्ययुक्त बुद्धि के द्वारा मन को परमात्मा में स्थित करके

परमात्मा के सिवा और कुछ भी चिन्तन न करे।। 25 ।।

He should through gradual practice attain tranquillity; and fixing the mind on God through reason controlled by steadfastness, he should not think of anything else. (25)

प्रसंग—मन को परमात्मा में स्थिर करके परमात्मा के सिवा अन्य कुछ भी चिन्तन न करने की बात कही गयी; परन्तु यदि किसी साधक का चित्त पूर्वाभ्यासवश अन्य विषयों की ओर चला जाये तो उसे क्या करना चाहिये, इस जिज्ञासा पर कहते हैं—

यतो यतो निश्चलति मनश्चञ्चलमस्थिरम्।
ततस्ततो नियम्यैतदात्मन्येव वशं नयेत्।।26।।

yato yato niścarati manaścañcalamasthiram
tatastato niyamyaitadātmanyeva *vaśaṁ nayet*

यह स्थिर न रहने वाला और चञ्चल मन जिस-जिस शब्दादि विषय के निमित्त से संसार में विचरता है, उस विषय से रोककर यानी हटाकर इसे बार-बार परमात्मा में निरुद्ध करे।। 26 ।।

Drawing back the restless and fidgety mind from all those objects after which it runs, he should repeatedly fix it on God. (26)

प्रसंग—चित्त को सब ओर हटाकर एक परमात्मा में ही स्थिर करने से क्या होगा, इस पर कहते हैं—

प्रशान्तमनसं ह्येनं योगिनं सुखमुत्तमम्।
उपैति शान्तरजसं ब्रह्मभूतमकल्मषम्।।27।।

praśāntamanasaṁ hyenaṁ yoginaṁ sukhamuttamam
upaiti śāntarajasaṁ brahmabhūtamakalmaṣam

क्योंकि जिसका मन भली प्रकार शान्त है, जो पाप से रहित है और जिसका रजोगुण शान्त हो गया है, ऐसे इस सच्चिदानन्दघन ब्रह्म के साथ एकीभाव हुए योगी को उत्तम आनन्द प्राप्त होता है।। 27 ।।

For the Yogi whose mind is perfectly serene who is sinless, whose passion is subdued, and whos is identified with Brahma, the embodiment of Truth, Knowledge and Bliss, supreme happiness comes as a matter of course. (27)

प्रसंग—परमात्मा का अभेद रूप से ध्यान करने वाले ब्रह्म भूत योगी की स्थिति बतलाकर, अब उसका फल बतलाते हैं—

युञ्जन्नेवं सदाऽऽत्मानं योगी विगतकल्मषः।
सुखेन ब्रह्मसंस्पर्शमत्यन्तं सुखमश्नुते।।28।।

yuñjannevaṁ sadātmānaṁ yogī vigatakalmaṣaḥ
sukhena brahmasaṁsparśamatyantaṁ sukhamaśnute

वह पाप रहित योगी इस प्रकार निरन्तर आत्मा को परमात्मा में लगता हुआ सुखपूर्वक परब्रह्म परमात्मा की प्राप्ति रूपी अनन्त आनन्द का अनुभव करता है।। 28 ।।

The sinless Yogi, thus uniting his self constantly with God, easily enjoys the eternal Bliss of oneness with Brahma. (28)

प्रसंग—इस प्रकार अभेद भाव से साधना करने वाले सांख्ययोगी के ध्यान का और उसके फल का वर्णन करके अब उस साधक के व्यवहार काल की स्थिति का वर्णन करते हैं—

सर्वभूतस्थमात्मानं सर्वभूतानि चात्मनि।
ईक्षते योगयुक्तात्मा सर्वत्र समदर्शनः।। 29।।

sarvabhūtasthamātmānaṁ sarvabhūtāni cātmani
īkṣate yogayuktātmā sarvatra samadarśanaḥ

सर्वव्यापी अनन्त चेतन में एकी भाव से स्थिति रूप योग से युक्त आत्मा वाला तथा सबमें समभाव से देखने वाला योगी आत्मा को सम्पूर्ण भूतों में स्थित और सम्पूर्ण भूतों को आत्मा में कल्पित देखता है।। 29 ।।

The Yogi who is united in identity with the all-pervading, infinite Consciousness; and sees unity everywhere, beholds the Self present in all beings, and all beings as assumed in the Self. (29)

प्रसंग—इस प्रकार सांख्ययोग का साधन करने वाले योगी का और उसकी सर्वत्र समदर्शन रूपी अन्तिम स्थिति का वर्णन करने के बाद, अब भक्ति योग का साधन करने वाले योगी की अन्तिम स्थिति का और उसके सर्वत्र भगवद्दर्शन का वर्णन करते हैं—

यो मां पश्यति सर्वत्र सर्वं च मयि पश्यति।
तस्याहं न प्रणश्यामि स च मे न प्रणश्यति।। 30।।

yo māṁ paśyati sarvatra sarvaṁ ca mayi paśyati
tasyāhaṁ na praṇaśyāmi sa ca me na praṇaśyati

जो पुरुष सम्पूर्ण भूतों में सबके आत्म रूप मुझ वासुदेव को ही व्यापक देखता है और सम्पूर्ण भूतों को मुझ वासुदेव

के अन्तर्गत देखता है, उसके लिये मैं अदृश्य नहीं होता और वह मेरे लिये अदृश्य नहीं होता।। 30 ।।

He who sees Me (the Universal Self) present in all beings, and all beings existing within Me, never loses sight of Me, and I never lose sight of him. (30)

प्रसंग—सर्वत्र भगवद्दर्शन से भगवान् के साक्षात्कार की बात कहकर उस भगवत्-प्राप्त पुरुष के लक्षण और महत्त्व का निरूपण करते हैं—

सर्वभूतस्थितं यो मां भजत्येकत्वमास्थितः।
सर्वथा वर्तमानोऽपि स योगी मयि वर्तते।।31।।

sarvabhūtasthitaṁ yo māṁ bhajatyekatvamāsthitaḥ
sarvathā vartamāno'pi sa yogī mayi vartate

जो पुरुष एकीभाव से स्थित होकर सम्पूर्ण भूतों में आत्मरूप से स्थित मुझ सच्चिदानन्दघन वासुदेव को भजता है, वह योगी सब प्रकार से बरतता हुआ भी मुझ में ही बरतता है।। 31 ।।

The Yogi who is established in union with Me, and worships Me as residing in all beings (as their very Self); abides in Me; no matter what he does. (31)

प्रसंग—इस प्रकार भक्तियोग द्वारा भगवान् को प्राप्त हुए पुरुष के महत्त्व का प्रतिपादन करके अब सांख्ययोग द्वारा परमात्मा को प्राप्त हुए पुरुष के समदर्शन का और महत्त्व का प्रतिपादन करते हैं—

आत्मौपम्येन सर्वत्र समं पश्यति योऽर्जुन।
सुखं वा यदि वा दुःखं स योगी परमो मतः।।32।।

ātmaupamyena sarvatra samaṁ paśyati yo'rjuna
sukhaṁ vā yadi vā duḥkhaṁ sa yogī paramo mataḥ

हे अर्जुन ! जो योगी अपनी भाँति सम्पूर्ण भूतों में सम देखता है और सुख अथवा दुःख को भी सबमें सम देखता है, वह योगी परम श्रेष्ठ माना गया है।। 32 ।।

Arjuna, he who looks on all as one, on the analogy of his own self, and looks upon the joy and sorrow of all with a similar eye,—such a Yogi is deemed the highest of all. (32)

प्रसंग—भगवान् के समता सम्बन्धी उपदेश को सुनकर अर्जुन मन की चञ्चलता के कारण उसमें अपनी अचल स्थिति होना बहुत कठिन समझकर कह रहे हैं—

अर्जुन उवाच

योऽयं योगस्त्वया प्रोक्तः साम्येन मधुसूदन।
एतस्याहं न पश्यामि चञ्चलत्वात्स्थितिं स्थिराम्।। 33 ।।

arjuna uvāca
yo'yaṁ yogastvayā proktaḥ sāmyena madhusūdana
etasyāhaṁ na paśyāmi cañcalatvātsthitiṁ sthirām

अर्जुन बोले—हे मधुसूदन ! जो यह योग आपने समभाव से कहा है, मन के चञ्चल होने से मैं इसकी नित्य स्थिति को नहीं देखता हूँ।। 33 ।।

Arjuna said : Krsna, owing to restlessness of mind I do not perceive the stability of this Yoga in the form of equability, which You have just spoken of. (33)

प्रसंग—समत्वयोग में मन की चञ्चलता को बाधक बतलाकर अब अर्जुन मन के निग्रह को अत्यन्त कठिन बतलाते हैं—

चञ्चलं हि मनः कृष्ण प्रमाथि बलवद्दृढम्।
तस्याहं निग्रहं मन्ये वायोरिव सुदुष्करम्।।34।।

cañcalaṁ hi manaḥ kṛṣṇa pramāthi balavaddṛḍham
tasyā'haṁ nigrahaṁ manye vāyoriva suduṣkaram

क्योंकि हे श्रीकृष्ण ! यह मन बड़ा चञ्चल, प्रमथन स्वभाव वाला, बड़ा दृढ़ और बलवान् है। इसलिये उसको वश में करना मैं वायु के रोकने की भाँति अत्यन्त दुष्कर मानता हूँ।। 34 ।।

For Krsna, the mind is very unsteady, turbulent, tenacious and powerful therefore, I consider it as difficult to control as the wind. (34)

प्रसंग—मनोनिग्रह के सम्बन्ध में अर्जुन की उक्ति को स्वीकार करते हुए भगवान् मन को वश में करने के उपाय बतलाते हैं—

श्रीभगवानुवाच

असंशयं महाबाहो मनो दुर्निग्रहं चलम्।
अभ्यासेन तु कौन्तेय वैराग्येण च गृह्यते।।35।।

śrībhagavānuvāca
asaṁśayaṁ mahābāho mano durnigrahaṁ calam
abhyāsena tu kaunteya vairāgyeṇa ca gṛhyate

श्रीभगवान् बोले—हे महाबाहो ! निःसन्देह मन चञ्चल और कठिनता से वश में होने वाला है; परंतु हे कुन्ती पुत्र अर्जुन ! यह अभ्यास और वैराग्य से वश में होता है।। 35 ।।

Sri Bhagavan said : The mind is restless no

doubt; and difficult to curb, Arjuna; but it can be brought under control by repeated practice (of meditation) and by the exercise of dispassion, O son of Kunti. (35)

प्रसंग—भगवान् ने मन को वश में करने के उपाय बतलाये। यहाँ यह जिज्ञासा होती है कि मन को वश में न किया जाय तो क्या हानि है ? इस पर भगवान् कहते हैं—

असंयतात्मना योगो दुष्प्राप इति मे मतिः।
वश्यात्मना तु यतता शक्योऽवाप्तुमुपायतः।।36।।

asaṁyatātmanā yogo duṣprāpa iti me matiḥ
vaśyātmanā tu yatatā śakyo'vāptumupāyataḥ

जिसका मन वश में किया हुआ नहीं है, ऐसे पुरुष द्वारा योग दुष्प्राप्य है और वश में किये हुए मनवाले प्रयत्यशील पुरुष द्वारा साधना से उसको प्राप्त करना सहज है—यह मेरा मत है।। 36 ।।

Yoga is difficult of achievement for one whose mind is not subdued; by him; however who has the mind under control, and is ceaselessly striving, it can be easily attained through practice. Such is My conviction. (36)

प्रसंग—योगसिद्धि के लिये मन को वश में करना परम आवश्यक बतलाया गया। इस पर यह जिज्ञासा होती है कि जिसका मन वश में नहीं है, किंतु योग में श्रद्धा होने के कारण जो भगवत्प्राप्ति के लिये साधना करता है, उसकी मरने के बाद क्या गति होती है ? इसी के लिये अर्जुन पूछते हैं—

अर्जुन उवाच

अयतिः श्रद्धयोपेतो योगाच्चलितमानसः।
अप्राप्य योगसंसिद्धिं कां गतिं कृष्ण गच्छति।।37।।

arjuna uvāca
ayatiḥ śraddhayopeto yogāccalitamānasaḥ
aprāpya yogasaṁsiddhiṁ kāṁ gatiṁ kṛṣṇa gacchati

अर्जुन बोले—हे श्रीकृष्ण ! जो योग में श्रद्धा रखने वाला है, किंतु संयमी नहीं है, इस कारण जिसका मन अन्तकाल में योग से विचलित हो गया है, ऐसा साधक योग की सिद्धि को अर्थात् भगवत्साक्षात्कार को न प्राप्त होकर किस गति को प्राप्त होता है ? ।। 37 ।।

Arjuna said : Krsna, what becomes of the soul who, though endowed with faith, has not been able to subdue his passions, and whose mind is therefore diverted from Yoga (at the time of death), and who thus fails to reach perfection in Yoga (God-Realization)? (37)

कच्चिन्नोभयविभ्रष्टश्छिन्नाभ्रमिव नश्यति।
अप्रतिष्ठो महाबाहो विमूढो ब्रह्मणः पथि।।38।।

kaccinnobhayavibhraṣṭaśchinnābhramiva naśyati
apratiṣṭho mahābāho vimūḍho brahmaṇaḥ pathi

हे महाबाहो ! क्या वह भगवत्प्राप्ति के मार्ग में मोहित और आश्रयरहित पुरुष छिन्न-भिन्न बादल की भाँति दोनों ओर से भ्रष्ट होकर नष्ट तो नहीं हो जाता ? ।। 38 ।।

Krsna, strayed from the path leading to God-

Realization and without anything to stand upon, is he not lost like the torn cloud, deprived of both God-Realization and heavenly enjoyment? (38)

प्रसंग–इस प्रकार शक उपस्थित करके, अब अर्जुन उसकी निवृत्ति के लिये भगवान् से प्रार्थना करते हैं–

एतन्मे संशयं कृष्ण छेत्तुमर्हस्यशेषतः।
त्वदन्यः संशयस्यास्य छेत्ता न ह्युपपद्यते।।39।।

etanme saṁśayaṁ kṛṣṇa chettumarhasyaśeṣataḥ
tvadanyaḥ saṁśayasyāsya chettā na hyupapadyate

हे श्रीकृष्ण ! मेरे इस संशय का सम्पूर्ण रूप से छेदन करने के लिये आप ही योग्य हैं, क्योंकि आपके सिवा दूसरा इस संशय का छेदन करनेवाला मिलना सम्भव नहीं है।। 39 ।।

Krsna, it behoves You to slash this doubt of mine completely; for none other than You can be found, who can tear this doubt. (39)

प्रसंग–अर्जुन ने यह बात पूछी थी कि वह योग से विचलित हुआ साधक उभयभ्रष्ट होकर नष्ट तो नहीं हो जाता ? भगवान अब उसका उत्तर देते हैं–

श्रीभगवानुवाच

पार्थ नैवेह नामुत्र विनाशस्तस्य विद्यते।
न हि कल्याणकृत्कश्चिद्दुर्गतिं तात गच्छति।।40।।

śrībhagavānuvāca
pārtha naiveha nāmutra vināśastasya vidyate
na hi kalyāṇakṛtkaściddurgatiṁ tāta gacchati

श्रीभगवान् बोले—हे पार्थ ! उस पुरुष का न तो इस लोक में नाश होता है और न परलोक में ही। क्योंकि हे प्यारे! आत्मोद्धार के लिये अर्थात् भगवत्प्राप्ति के लिये कर्म करने वाला कोई भी मनुष्य दुर्गति को प्राप्त नहीं होता।। 40 ।।

Sri Bhagavan said : Dear Arjuna, there is no fall for him either here or herafter. For none who strives for self-redemption (i.e., God-Realization) ever meets with evil destiny. (40)

प्रसंग—योगभ्रष्ट पुरुष की दुर्गति तो नहीं होती, फिर उसकी क्या गति होती है। यह जानने की इच्छा होने पर भगवान् कहते हैं—

प्राप्य पुण्यकृतां लोकानुषित्वा शाश्वतीः समाः।
शुचीनां श्रीमतां गेहे योगभ्रष्टोऽभिजायते।। 41 ।।

prāpya puṇyakṛtāṁ lokānuṣitvā śāśvatīḥ samāḥ
śucīnāṁ śrīmatāṁ gehe yogabhraṣṭo'bhijāyate

योगभ्रष्ट पुरुष पुण्यवानों के लोकों को अर्थात् स्वर्गादि उत्तम लोकों को प्राप्त होकर, उनमें बहुत वर्षों तक निवास करके फिर शुद्ध आचरण वाले श्रीमान् पुरुषों के घर में जन्म लेता है।। 41 ।।

He who has fallen from Yoga, obtains the higher worlds (heaven etc.) to which men of meritorious deeds alone are entitled, and having resided there for countless years, takes birth in the house of pious and wealthy men. (41)

प्रसंग—साधारण योगभ्रष्ट पुरुषों की गति बतलाकर अब आसक्तिरहित उच्च श्रेणी के योगभ्रष्ट पुरुषों की विशेष गति का वर्णन करते हैं—

अथवा योगिनामेव कुले भवति धीमताम्।
एतद्धि दुर्लभतरं लोके जनम यदीदृशम्।।42।।

athavā yogināmeva kule bhavati dhīmatām
etaddhi durlabhataraṁ loke janma yadīdṛśam

अथवा वैराग्यवान् पुरुष उन लोकों में न जाकर ज्ञानवान् योगियों के ही कुल में जन्म लेता है। परन्तु इस प्रकार का जो यह जन्म है सो संसार में निःसन्देह अत्यन्त दुर्लभ है।। 42 ।।

Or (if he is possessed of dispassion) he is born in the family of enlightened Yogis; but such a birth in this world is very difficult to obtain. (42)

प्रसंग—योगिकुल में जन्म लेने वाले योगभ्रष्ट पुरुष की उस जन्म में जैसी परिस्थिति होती है, अब उसे बतलाते हैं—

तत्र तं बुद्धिसंयोगं लभते पौर्वदेहिकम्।
यतते च ततो भूयः संसद्धिौ कुरुनन्दन।।43।।

tatra taṁ buddhisaṁyogaṁ labhate paurvadehikam
yatate ca tato bhūyaḥ saṁsiddhau kurunandana

वहाँ उस पहले शरीर में संग्रह किये हुए बुद्धि-संयोग को अर्थात् समबुद्धि रूपी योग के संस्कारों को अनायास ही प्राप्त हो जाता है और हे कुरुनन्दन! उसके प्रभाव से वह फिर परमात्मा की प्राप्ति रूपी सिद्धि के लिये पहले से भी बढ़कर प्रयत्न करता है।। 43 ।।

Arjuna, he automatically regains in that birth the spiritual insight of his previous birth; and through that he strives, harder than ever, for perfection (in the form of God-Realization) (43)

प्रसंग—अब पवित्र श्रीमानों के घर में जन्म लेने वाले योगभ्रष्ट पुरुष की परिस्थिति का वर्णन करते हुए योग को जानने की इच्छा का महत्त्व बतलाते हैं—

पूर्वाभ्यासेन तेनैव ह्रियते ह्यवशोऽपि सः।
जिज्ञासुरपि योगस्य शब्दब्रह्मातिवर्तते।।44।।

pūrvābhyāsena tenaiva hriyate hyavaśo'pi saḥ
jijñāsurapi yogasya śabdabrahmātivartate

वह श्रीमानों के घर में जन्म लेने वाला योगभ्रष्ट पराधीन हुआ भी उस पहले के अभ्यास से ही निस्सन्देह भगवान् की ओर आकर्षित किया जाता है, तथा समबुद्धि रूपी योग का जिज्ञासु भी वेद में कहे हुए सकामकर्मों के फल का उल्लंघन कर जाता है।। 44 ।।

The other one (who takes birth in a rich family), though under the sway of his senses, feels drawn towards God by force of the habit acquired in his previous birht; nay, even the seeker of enlightenment on Yoga (in the form of even-mindedness) transcends the fruit of actions performed with some interested motive as laid down in the Vedas. (44)

प्रसंग—इस प्रकार श्रीमानों के घर में जन्म लेने वाले योग भ्रष्ट की गति का वर्णन करके तथा योग के जिज्ञासु की महिमा बतलाकर अब योगियों के कुल में जन्म लेने वाले योग भ्रष्ट की गति का पुनः प्रतिपादन करते हैं—

प्रयत्नाद्यतमानस्तु योगी संशुद्धकिल्बिषः।
अनेकजन्मसंसिद्धस्ततो याति परां गतिम्।।45।।

prayatnādyatamānastu yogī saṁśuddhakilbiṣaḥ
anekajanmasaṁsiddhastato yāti parāṁ gatim

परन्तु प्रयत्नपूर्वक अभ्यास करने वाला योगी तो पिछले अनेक जन्मों के संस्कार बल से इसी जन्म में संसिद्ध होकर सम्पूर्ण पापों से रहित हो फिर तत्काल ही परमगति को प्राप्त हो जाता है।। 45 ।।

The Yogi, however, who dilligently takes up the practice attains perfection in this very life with the help of latencies of many births, and being thoroughly purged of sin, forthwith reaches the supreme state. (45)

प्रसंग—योग भ्रष्ट की गति का विषय समाप्त करके, अब भगवान् योगी की महिमा कहते हुए अर्जुन को योगी बनने के लिये आज्ञा देते हैं—

तपस्विभ्योऽधिको योगी ज्ञानिभ्योऽपि मतोऽधिकः।
कर्मिभ्यश्चाधिको योगी तस्माद्योगी भवार्जुन।।46।।

tapasvibhyo'dhiko yogī jñānibhyo'pi mato'dhikaḥ
karmibhyaścādhiko yogī tasmādyogī bhavārjuna

योगी तपस्वियों से श्रेष्ठ है, शास्त्रज्ञानियों से भी श्रेष्ठ माना गया है और सकामकर्म करने वालों से भी योगी श्रेष्ठ है; इससे हे अर्जुन ! तू योगी हो।। 46 ।।

The yogi is superior to the ascetics; he is regarded as superior even to those versed in sacred lore. The Yogi is also superior to those whos perform action with some interested motive. Therefore, Arjuna, do you become a Yogi. (46)

प्रसंग—पूर्व श्लोक में योगी को सर्वश्रेष्ठ बतलाकर भगवान् ने अर्जुन को योगी बनने के लिये कहा। किंतु ज्ञानयोग, ध्यानयोग, भक्तियोग और कर्मयोग आदि साधनों में से अर्जुन को कौन-सा साधन करना चाहिये ? इस बात का स्पष्टीकरण नहीं किया। अतः अब भगवान् अपने में अनन्य प्रेम करने वाले भक्त योगी की प्रशंसा करते हुए अर्जुन को अपनी ओर आकर्षित करते हैं—

योगिनामपि सर्वेषां मद्गतेनान्तरात्मना।
श्रद्धावान्भजते यो मां से मे युक्ततमो मतः।।47।।

yōgināmapi sarvēṣāṃ madgatēnāntarātmanā
śraddhāvānbhajatē yō māṃ sē mē yuktatamō mat

सम्पूर्ण योगियों में भी जो श्रद्धावान् योगी मुझ में लगे हुए अन्तरात्मा से मुझ को निरन्तर भजता है, वह योगी मुझे परम श्रेष्ठ मान्य है।। 47 ।।

O f all Yogis, again, he who devoutly worship Me with his mind focussed on Me is considered by Me to be the best Yogi. (47)

ॐ तत्सदिति श्रीमद्भगवद्गीतासूपनिषत्सु ब्रह्मविद्यायां योगशास्त्रे श्रीकृष्णार्जुनसंवादे
आत्मसंयमयोगो नाम षष्ठोऽध्यायः।। 6 ।।

ॐ श्रीपरमात्मने नमः

सप्तमोऽध्यायः

परमात्मा के निर्गुण निराकार तत्त्व के प्रभाव, माहात्म्य आदि के रहस्यसहित पूर्णरूप से जान लेने का नाम 'ज्ञान' और सगुण निराकार एवं साकार तत्त्व के लीला, रहस्य महत्त्व, गुण और प्रभाव आदि के पूर्ण ज्ञान का नाम 'विज्ञान' है। इस ज्ञान और विज्ञान के सहित भगवान् के स्वरूप को जानना ही समग्र भगवान् को जानना है। इस अध्याय में इसी समग्र भगवान् के स्वरूप का, उसके जानने वाले अधिकारियों का और साधनों का वर्णन है—इसीलिये इस अध्याय का नाम 'ज्ञान विज्ञान योग' रखा गया है।

प्रसंग—अब भगवान् अपने गुण, प्रभाव के सहित समग्र स्वरूप का तथा विविध प्रकारों से युक्त भक्तियोग का वर्णन करने के लिये सातवें अध्याय का आरम्भ करते हैं और सबसे पहले दो श्लोकों में अर्जुन को उसे सावधानी के साथ सुनने के लिये प्रेरणा करके ज्ञान-विज्ञान के कहने की प्रतिज्ञा करते हैं—

श्री भगवानुवाच

मय्यासक्तमनाः पार्थ योगं युञ्जन्मदाश्रयः।
असंशयं समग्रं मां यथा ज्ञास्यसि तच्छृणु।।1।।

śrībhagavānuvāca
mayyāsaktamanāḥ pārtha yogaṁ yuñjanmadāśrayaḥ
asaṁśayaṁ samagraṁ māṁ yathā jñāsyasi tacchṛṇu

श्रीभगवान् बोले—हे पार्थ ! अनन्य प्रेम से मुझ में आसक्त चित्त तथा अनन्य भाव से मेरे परायण होकर योग में लगा हुआ तू जिस प्रकार से सम्पूर्ण विभूति, बल, ऐश्वर्यादि गुणों से युक्त, सबके आत्मरूप मुझको संशयरहित जानेगा, उसको सुन।। 1 ।।

Sri Bhagavan sadi : Arjuna, now listen how with the mind attached to Me (through exclusive love) and practising Yoga with absolute dependence on Me, you will know Me (the Repository of all power, strength and glory and other attributes, the Universal Soul) in entirety without any shadow of doubt. (1)

ज्ञानं तेऽहं सविज्ञानमिदं वक्ष्याम्यशेषतः।
यज्ज्ञात्वा नेह भूयोऽन्यज्ज्ञातव्यमवशिष्यते।।2।।

jñānaṁ te'haṁ savijñānamidaṁ vakṣyāmyaśeṣataḥ
yajjñātvā neha bhūyo'nyajjñātavyamavaśiṣyate

मैं तेरे लिये इस विज्ञान सहित तत्त्व ज्ञान को सम्पूर्णतया कहूँगा, जिसको जानकर संसार में फिर और कुछ भी जानने योग्य शेष नहीं रह जाता।। 2 ।।

I shall unfold to you in its entirety this wisdom (Knowledge of God in His absolute formless aspect) along with the Knowledge of the qualified aspect of God (both with form and without form), having known which nothing else remains yet to be known in this world. (2)

प्रसंग—अपने समग्र रूप के ज्ञान-विज्ञान के कहने की प्रतिज्ञा करके अब भगवान् अपने उस स्वरूप का तत्त्व जानने की दुर्लभता का प्रतिपादन करते हैं—

मनुष्याणां सहस्रेषु कश्चिद्यतति सिद्धये।
यततामपि सिद्धानां कश्चिन्मां वेत्ति तत्त्वतः।।3।।

manuṣyāṇāṁ sahasreṣu kaścidyatati siddhaye
yatatāmapi siddhānāṁ kaścinmāṁ vetti tattvataḥ

हजारों मनुष्यों में कोई एक मेरी प्राप्ति के लिये यत्न करता है और उन यत्न करने वाले योगियों में भी कोई एक मेरे परायण होकर मुझको तत्त्व से अर्थात् यथार्थ रूप से जानता है।। 3 ।।

Hardly one among thousands of men strives to ralize Me; of those striving Yogis, again, some rare one (devoting hemself exclusively to Me) knows Me in reality. (3)

प्रसंग—यहाँ तक भगवान् ने अपने समग्र स्वरूप के ज्ञान-विज्ञान कहने की प्रतिज्ञा और उसकी प्रशंसा की, अब ज्ञान-विज्ञान के प्रकरण का आरम्भ करते हुए पहले अपनी 'अपरा' और 'परा' प्रकृतियों का स्वरूप बतलाते हैं—

भूमिरापोऽनलो वायुः खं मनो बुद्धिरेव च।
अहंकार इतीयं मे भिन्ना प्रकृतिरष्टधा।। 4।।
अपरेयमितस्त्वन्यां प्रकृतिं विद्धि मे पराम्।
जीवभूतां महाबाहो ययेदं धार्यते जगत्।। 5।।

bhūmirāpo'nalo vāyuḥ khaṁ mano buddhireva ca
ahaṅkāra itīyaṁ me bhinnā prakṛtiraṣṭadhā
apareyamitastvanyāṁ prakṛtiṁ viddhi me parām
jīvabhūtāṁ mahābāho yayedaṁ dhāryate jagat

पृथ्वी, जल, अग्नि, वायु, आकाश, मन, बुद्धि और अहंकार भी—इस प्रकार यह आठ प्रकार से विभाजित मेरी प्रकृति है। यह आठ प्रकार के भेदोंवाली तो अपरा अर्थात् मेरी जड़ प्रकृति है और हे महाबाहो ! इससे दूसरी को, जिससे यह सम्पूर्ण जगत् धारण किया जाता है, मेरी जीवरूपा परा अर्थात् चेतन प्रकृति जान।। 4-5 ।।

Earth, water, fire, air, ether, mind, reason and also ego; these constitute My nature eightfold divided. This indeed is My lower (material) nature; the other than this, by which the whole universe is sustained,

know it to be My higher (or spiritual) nature in the form of Jiva (the life- principle), O Arjun. (4,5)

प्रसंग—परा और अपरा प्रकृतियों का स्वरूप बतलाकर अब भगवान् यह बतलाते हैं कि ये दोनों प्रकृतियाँ ही चराचर सम्पूर्ण भूतों का कारण हैं और मैं इन दोनों प्रकृतियों सहित समस्त जगत् का महाकारण हूँ—

एतद्योनीनि भूतानि सर्वाणीत्युपधारय।
अहं कृत्स्नस्य जगतः प्रलयस्तथा।।6।।

etadyonīni bhūtāni sarvāṇītyupadhāraya
ahaṁ kṛtsnasya jagataḥ prabhavaḥ pralayastathā

हे अर्जुन ! तू ऐसा समझ कि सम्पूर्ण भूत इन दोनों प्रकृतियों से ही उत्पन्न होने वाले हैं और मैं सम्पूर्ण जगत् का प्रभाव तथा प्रलय हूँ अर्थात् सम्पूर्ण जगत् का मूल कारण हूँ।।6।।

Arjuna, know that all beings have evolved from this twofold Prakrti, and that I am the source of the entire creation, and into Me again it disappears. (6)

प्रसंग—इस प्रकार भगवान् ही समस्त विश्व के परमकारण और परमाधार हैं, तब स्वभावतः ही यह भगवान् स्वरूप है और उन्हीं से व्याप्त है। अब इसी बात को स्पष्ट करने के लिये भगवान् कहते हैं—

मत्तः परतरं नान्यत्किञ्चिदस्ति धनञ्जय।
मयि सर्वमिदं प्रोतं सूत्रे मणिगणा इव।।7।।

mattaḥ parataraṁ nānyatkiñcidasti dhanañjaya
mayi sarvamidaṁ protaṁ sūtre maṇigaṇā iva

हे धनञ्जय ! मुझसे भिन्न दूसरा कोई भी परम कारण नहीं है। यह सम्पूर्ण जगत् सूत्र में सूत्र के मणियों के सदृश मेरे

में गुँथा हुआ है।। 7 ।।

There is nothing else besides Me, Arjuna. Like clusters of yarn-beads formed by knots on a thread, all this is threaded on Me. (7)

प्रसंग—सूत और सूत के मणियों के दृष्टान्त से भगवान् ने अपनी सर्वरूपता और सर्वव्यापकता सिद्ध की। अब भगवान् अगले चार श्लोकों द्वारा इसी को भलीभाँति स्पष्ट करने के लिये उन प्रधान-प्रधान सभी वस्तुओं के नाम लेते हैं, जिनसे इस विश्व की स्थिति है; और साररूप से उन सभी को अपने से ही ओतप्रोत बतलाते हैं—

रसोऽहमप्सु कौन्तेय प्रभास्मि शशिसूर्ययोः।
प्रणवः सर्ववेदेषु शब्दः खे पौरुषं नृषु।।8।।

raso'hamapsu kaunteya prabhāsmi śaśisūryayoḥ
praṇavaḥ sarvavedeṣu śabdaḥ khe pauruṣaṁ nṛṣu

हे अर्जुन ! मैं जल में रस हूँ, चन्द्रमा और सूर्य में प्रकाश हूँ, सम्पूर्ण वेदों में ओंकार हूं तथा आकाश में शब्द और पुरुषों में पुरुषत्व हूँ।। 8 ।।

Arjuna, I am the sapidity in water and the light of the moon and the sun; I am the sacred syllable OM in all the Vedas, the sound in ether; and the manlinss in men. (8)

पुण्यो गन्धः पृथिव्यां च तेजश्चास्मि विभावसौ।
जीवनं सर्वभूतेषु तपश्चास्मि तपस्विषु।।9।।

puṇyo gandhaḥ pṛthivyāṁ ca tejaścāsmi vibhāvasau
jīvanaṁ sarvabhūteṣu tapaścāsmi tapaśviṣu

मैं पृथ्वी में पवित्र गन्ध और अग्नि में तेज हूँ तथा सम्पूर्ण भूतों में उनका जीवन हूँ और तपस्वियों में तप हूँ।। 9 ।।

I am the pure odour (the subtle principle of odour) in the earth and the brilliance in fire; nay, I am the life in all beings and the austerity in men of askesis. (9)

बीजं मां सर्वभूतानां विद्धि पार्थ सनातनम्।
बुद्धिर्बुद्धिमतामस्मि तेजस्तेजस्विनामहम्।। 10।।

bījaṁ māṁ sarvabhutānāṁ viddhi pārtha sanātanam
buddhirbuddhimatāmasmi tejastejasvināmaham

हे अर्जुन ! तू सम्पूर्ण भूतों का सनातन बीज मुझ को ही जान। मैं बुद्धिमानों की बुद्धि और तेजस्वियों का तेज हूँ।। 10 ।।

Arjuna, know Me the eternal seed of all beings. I am the intelligence of the intelligent; the glory of the glorious am I. (10)

बलं बलवतां चाहं कामरागविवर्जितम्।
धर्माविरुद्धो भूतेषु कामोऽस्मि भरतंर्षभ।। 11।।

balaṁ balavatāṁ cāhaṁ kāmarāgavivarjitam
dharmāviruddho bhūteṣu kāmo'smi bharatarṣabha

हे भरतश्रेष्ठ ! मैं बलवानों का आसक्ति और कामनाओं से रहित बल अर्थात् सामर्थ्य हूँ और सब भूतों में धर्म के अनुकूल अर्थात् शास्त्र के अनुकूल काम हूँ।। 11 ।।

Arjuna, of the mightly I am the might, free from passion and desire; in beings I am the sexual desire not conflicting with virtue or scriptural injunctions. (11)

प्रसंग—इस प्रकार प्रधान-प्रधान वस्तुओं में सारूप से अपनी व्यापकता बतलाते हुए भगवान् ने प्रकारान्तर से समस्त जगत् में अपनी सर्वव्यापकता और सर्वस्वरूपता सिद्ध कर दी, अब अपने को ही त्रिगुणमय जगत् का मूल कारण बतलाकर इस प्रसंग का उपसंहार करते हैं—

ये चैव सात्त्विका भावा राजसास्तामसाश्च ये।
मत्त एवेति तान्विद्धि न त्वहं तेषु ते मयि।। 12।।

ye caiva sāttvikā bhāvā rājasāstāmasāśca ye
matta eveti tānviddhi na tvahaṁ teṣu te mayi

और भी जो सत्त्वगुण से उत्पन्न होने वाले भाव हैं और जो रजोगुण से तथा तमोगुण से होने वाले भाव हैं, उन सबको तू 'मुझसे ही होने वाले हैं' ऐसा जान। परंतु वास्तव में उनमें मैं और वे मुझमें नहीं हैं।। 12 ।।

Whatever other entities there are, born of Sattva (the quality of goodness), and those that are born of Rajas (the principal of activity) and Tamas (the principal of intertia), know them all as evolved from Me alone. In reality, however, neither do I exist in them, nor they in Me. (12)

प्रसंग—भगवान् ने यह दिखलाया कि समस्त जगत् मेरा ही स्वरूप है और मुझसे ही व्याप्त है। यहाँ यह जिज्ञासा होती है कि इस प्रकार सर्वत्र परिपूर्ण और अत्यन्त समीप होने पर भी लोग भगवान् को क्यों नहीं पहचानते ?— इस पर भगवान् कहते हैं—

त्रिभिर्गुणमयैर्भावैरभिः सर्वमिद्र जगत् ।
मोहितं नाभिजानाति मामेभ्यः परमव्ययम् ।। 13 ।।

tribhirguṇamayairbhāvairebhiḥ sarvamidaṁ jagat
mohitaṁ nābhijānāti māmebhyaḥ paramavyayam

गुणों के कार्यरूप सात्त्विक, राजस और तामस—इन तीनों प्रकार के भावों से यह सब संसार—प्राणि-समुदाय मोहित हो रहा है, इसलिये इन तीनों गुणों से परे मुझ अविनाशी को नहीं जानता ।। 13 ।।

The whole of this creation is deluded by these objects evolved from the three modes of Prakrti-Sattva, Rajas and Tamas; that is why the world fails to recognize Me, standing apart from these and impersihable. (13)

प्रसंग—भगवान् ने सारे जगत् को त्रिगुणमय भावों से मोहित बतलाया। इस बात को सुनकर अर्जुन को यह जानने की इच्छा हुई कि फिर इससे छूटने का कोई उपाय है या नहीं ? अन्तर्यामी दयामय भगवान् इस बात को समझकर अब अपनी माया को दुस्तर बतलाते हुए उससे तरने का उपाय सूचित कर रहे हैं—

दैवी ह्येषा गुणमयी मम माया दुरत्यया।
मामेव ये प्रपद्यन्ते मायामेतां तरन्ति ते ।। 14 ।।

daivī hyeṣā guṇamayī mama māyā duratyayā
māmeva ye prapadyante māyāmetāṁ taranti te

क्योंकि यह अलौकिक अर्थात् अति अद्भुत त्रिगुणमयी मेरी माया बड़ी दुस्तर है; परंतु जो पुरुष केवल मुझको ही निरन्तर भजते हैं वे इस माया का उल्लंघन कर जाते हैं अर्थात् संसार से तर जाते हैं।। 14 ।।

For this most wonderful Maya (veil) of Mine, consisting of the three Gunas (modes of Nature), is extremely difficult to break through; those, however, who constantly adore Me alone are able to cross it. (14)

प्रसंग—भगवान् ने माया की दुस्तरता दिखलाकर अपने भजन को उससे तरने का उपाय बतलाया। इस पर यह प्रश्न उठता है कि जब ऐसी बात है तब सब लोग निन्तर आपका भजन क्यों नहीं करते? इस पर भगवान् कहते हैं—

न मां दुष्कृतिनो मूढाः प्रपद्यन्ते नराधमाः।
माययापहृतज्ञाना आसुरं भावमाश्रिताः।। 15।।

na māṁ duṣkṛtino mūḍhāḥ prapadyante narādhamāḥ
māyayāpahṛtajñānā āsuraṁ bhāvamāśritāḥ

माया के द्वारा जिनका ज्ञान हरा जा चुका है ऐसे आसुर-स्वभाव को धारण किये हुए, मनुष्यों में नीच, दूषित कर्म करने वाले मूढ़ लोग मुझको नहीं भजते।। 15 ।।

Those whose wisdom has been carried away by Maya, and who have embraced the demoniac nature, such foolish and vile men of evil deeds do not adore Me. (15)

प्रसंग—पूर्व श्लोक में भगवान् ने यह बतलाया कि पापात्मा आसुरी प्रकृति वाले मूढ लोग मेरा भजन नहीं करते। इससे यह जिज्ञासा होती है कि फिर कैसे मनुष्य आपका भजन करते हैं, इस पर भगवान् कहते हैं—

चतुर्विधा भजन्ते मां जनाः सुकृतिनोऽर्जुन।
आर्तो जिज्ञासुरर्थार्थी ज्ञानी च भतरर्षभ।।16।।

caturvidhā bhajante māṁ janāḥ sukṛtino'rjuna
ārto jijñāsurarthārthī jñānī ca bharatarṣabh

हे भतरवंशियों में श्रेष्ठ अर्जुन ! उत्तम कर्म करने वाले अर्थार्थी, आर्त्त, जिज्ञासु और ज्ञानी—ऐसे चार प्रकार के भक्तजन मुझ को भजते हैं।। 16 ।।

Four types of devotees of noble deeds worship Me, Arjuna, the seeker after worldly psssessions, the afflicted, the seeker for knowledge, and man of wisdom, O best of Bharatas. (16)

प्रसंग—चार प्रकार के भक्तों की बात कहकर अब उनमें ज्ञानी भक्त के प्रेम की प्रशंसा और अन्यान्य भक्तों की अपेक्षा उसकी श्रेष्ठता का निरूपण करते हैं—

तेषां ज्ञानी नित्ययुक्त एकभक्तिर्विशिष्यते।
प्रियो हि ज्ञानिनोऽत्यर्थमह स च मम प्रियः।।17।।

teṣāṁ jñānī nityayukta ekabhaktirviśiṣyate
priyo hi jñānino'tyarthamahaṁ sa ca mama priyaḥ

उनमें नित्य मुझ में एकीभाव से स्थित अनन्य प्रेम भक्ति वाला ज्ञानी भक्त अति उत्तम है, क्योंकि मुझको तत्त्व से जानने वाले ज्ञानी को मैं अत्यन्त प्रिय हूँ और वह ज्ञानी मुझे अत्यन्त प्रिय है।। 17 ।।

Of these best is the man of wisdom, ever established in indentity with Me and possessed of exclusive devotion. For I am extermely dear to the wise man (who knows Me in reality), and he is extremely dear to me. (17)

प्रसंग—भगवान् ने ज्ञानी भक्त को सबसे श्रेष्ठ और अत्यन्त प्रिय बतलाया। इस पर यह शंका हो सकती है कि क्या दूसरे भक्त श्रेष्ठ और प्रिय नहीं हैं? इस पर भगवान् कहते हैं—

उदाराः सर्व एवैते ज्ञानी त्वात्मैव मे मतम्।
आस्थितः स हि युक्तात्मा मामेवनुत्तमां गतिम्।। 18।।

udārāḥ sarva evaite jñānī tvātmaiva me matam
āsthitaḥ sa hi yuktātmā māmevānuttamāṁ gatim

ये सभी उदार हैं, परंतु ज्ञानी तो साक्षात् मेरा स्वरूप ही है, ऐसा मेरा मत है, क्योंकि वह मद्गत मन-बुद्धिवाला ज्ञानी भक्त अति उत्तम गतिस्वरूप मुझ में ही अच्छी प्रकार स्थित है।। 18 ।।

Indeed all these are noble, but the man of wisdom is My very self; such is My view. For such a devotee, who has his mind and intellect merged in Me, is firmly established in Me alone, the highest goal. (18)

प्रसंग—अब उस ज्ञानी भक्त की दुर्लभता बतलाने के लिये भगवान् कहते हैं—

बहूनां जन्मनामन्ते ज्ञानवान्मां प्रपद्यते।
वासुदेवः सर्वमिति स महात्मा सुदुर्लभः।। 19।।

bahūnāṁ janmanāmante jñānavānmāṁ prapadyate
vāsudevaḥ sarvamiti sa mahātmā sudurlabhaḥ

बहुत जन्मों के अन्त के जन्म में तत्त्व ज्ञान को प्राप्त पुरुष, सब कुछ वासुदेव ही है—इस प्रकार मुझ को भजता है, वह महात्मा अत्यन्त दुर्लभ है।। 19 ।।

In the very last of all births the enlightened soul worships Me, realizing that all this is God. Such a great soul is very rare. (19)

प्रसंग—पंद्रहवें श्लोक में आसुरी प्रकृति के दुष्कृति लोगों के भगवान् को न भजने की और सोलहवें से उन्नीसवें तक सुकृति पुरुषों के द्वारा भगवान् को भजने की बात कही गयी। अब भगवान् उनकी बात कहते हैं जो सुकृती होने पर भी कामना के वश अपनी-अपनी प्रकृति के अनुसार अन्यान्य देवताओं की उपासना करते हैं—

कामैस्तैस्तैर्हृतज्ञानाः प्रपद्यन्तेऽन्यदेवताः।
तं तं नियममास्थाय प्रकृत्या नियताः स्वया।।20।।

kāmaistaistairhṛtajñānāḥ prapadyante'nyadevatāḥ
taṁ taṁ niyamamāsthāya prakṛtyā niyatāḥ svayā

उन-उन भोगों की कामना द्वारा जिनका ज्ञान हरा जा चुका है, वे लोग अपने स्वभाव से प्रेरित होकर उस-उस नियम को धारण करके अन्य देवताओं को भजते हैं अर्थात् पूजते हैं।। 20 ।।

Those whose wisdom has been carried away by various desires, being prompted by their own nature, worship other deities adopting rules relating to each. (20)

प्रसंग—अब दो श्लोकों में देवोपासकों को उनकी उपासना का कैसे और क्या फल मिलता है, इसका वर्णन करते हैं—

योयो यां यां तनुं भक्तः श्रद्धयार्चितुमिच्छति।
तस्य तस्याचलां श्रद्धां तामेव विदधाम्यहम्।। 21।।

yo yo yāṁ yāṁ tanuṁ bhaktaḥ śraddhayārcitumicchati
tasya tasyācalāṁ śraddhāṁ tāmeva vidadhāmyaham

जो-जो सकाम भक्त जिस-जिस देवता के स्वरूप को श्रद्धा से पूजना चाहता है, उस-उस भक्त की श्रद्धा को मैं उसी देवता के प्रति स्थिर करता हूँ।। 21 ।।

Whatever celestial form devotee (craving for some worldly object) chooses to worship with reverence, I stabilize the fiath of that particular devotee in that very form. (21)

स तया श्रद्धया युक्तस्तस्याराधनमीहते।
लभते च ततः कामान्मयैव विहितान्हि तान्।। 22।।

sa tayā śraddhayā yuktastasyārādhanamīhate
labhate ca tataḥ kāmānmayaiva vihitānhi tān

वह पुरुष उस श्रद्धा से युक्त होकर उस देवता का पूजन करता है और उस देवता से मेरे द्वारा ही विधान किये हुए उन इच्छित भोगों को निःसन्देह प्राप्त करता है।। 22 ।।

Endowed with such fiath he worship that particular deity and obtains through him without doubt his desired enjoyments as ordained by Myself. (22)

प्रसंग—अब उपर्युक्त अन्य देवताओं की उपासना के फल को विनाशी बतलाकर भगवदुपासना के फल की महत्ता का प्रतिपादन करते हैं—

अन्ववत्तु फलं तेषां तद्भवत्यल्पमेधसाम्।
देवान्देवयजो यान्ति मद्भक्ता यान्ति मामपि।।23।।

antavattu phalaṁ teṣāṁ tadbhavatyalpamedhasām
devāndevayajo yānti madbhaktā yānti māmapi

परंतु उन अल्प बुद्धिवालों का वह फल नाशवान् है तथा वे देवताओं को पूजने वाले देवताओं को प्राप्त होते हैं और मेरे भक्त चाहे जैसे ही भजें, अन्त में वे मुझ को ही प्राप्त होते हैं।। 23 ।।

The fruit gained by these people of small understanding, however, is perishable. The worshippers of gods attain the gods; whereas My devotees, howsoever they worship Me, eventually come to Me and me alone. (23)

प्रसंग—जब भगवान् इतने प्रेमी और दयासागर हैं कि जिस-किसी प्रकार से भी भजने वाले को अपने स्वरूप की प्राप्ति करा ही देते हैं तो फिर सभी लोग उनको क्यों नहीं भजते, इस जिज्ञासा पर कहते हैं—

अव्यक्तं व्यक्तिमापन्नं मन्यन्ते मामबुद्धयः।
परं भावमजानन्तो ममाव्ययमनुत्तमम्।।24।।

avyaktaṁ vyaktimāpannaṁ manyante māmabuddhayaḥ
paraṁ bhāvamajānanto mamāvyayamanuttamam

बुद्धिहीन पुरुष मेरे अनुत्तम अविनाशी परम भाव को न

जानते हुए मन-इन्द्रियों से परे मुझ सच्चिदानन्दघन परमात्मा को मनुष्य की भाँति जन्म कर व्यक्ति भाव को प्राप्त हुआ मानते हैं।। 24 ।।

Not knowing My unsurpassable and undecaying supreme nature, the ignorant believe Me, the supreme Spirit beyon the reach of mind and senses, the embodiment of Truth, Knowledge and Bliss, to have assumed a finite form through birth (as an ordinary human being).

प्रसंग—इस प्रकार मनुष्य के रूप में प्रकट सर्वशक्तिमान् परमेश्वर को लोग साधारण मनुष्य क्यों समझते हैं ? इस पर कहते हैं—

नाहं प्रकाशः सर्वस्य योगमायासमावृतः।
मूढोऽयं नाभिजानाति लोको मामजमव्ययम्।। 25।।

nāhaṁ prakāśaḥ sarvasya yogamāyāsamāvṛtaḥ
mūḍho'yaṁ nābhijānāti loko māmajamavyayam

अपनी योगमाया से छिपा हुआ मैं सबके प्रत्यक्ष नहीं होता, इसलिये यह अज्ञानी जनसमुदाय मुझ जन्मरहित अविनाशी परमेश्वर को नहीं जानता अर्थात् मुझको जन्मने-मरनेवाला समझता है।। 25 ।।

Veiled by My Yogamaya (divine potency); I am not manifest to all. Hence these ignorant folk fail to recognize Me, the unborn and imperishable Supreme Deity (i.e., consider Me as subject to birth and death). (25)

प्रसंग—भगवान् ने अपने योगमाया से आवृत बतलाया। इससे कोई यह न समझ ले कि जैसे मोटे परदे के अन्दर रहने वाले को बाहरवाले नहीं देख सकते और वह बाहरवालों को नहीं देख सकता, इसी प्रकार यदि लोग भगवान् को नहीं जानते तो भगवान् भी लोगों को नहीं जानते होंगे—इसलिये और साथ ही यह दिखलाने के लिये कि योगमाया मेरे ही अधीन और मेरी शक्ति विशेष है, वह मेरे दिव्य ज्ञान को आवृत नहीं कर सकती, भगवान् कहते हैं—

वेदाहं समातीतानि वर्तमानानि चार्जुन।
भविष्याणि च भूतानि मां तु वेद न कश्चन।।26।।

vedāhaṁ samatītāni vartamānāni cārjuna
bhaviṣyāṇi ca bhūtāni māṁ tu veda na kaścana

हे अर्जुन ! पूर्व में व्यतीत हुए और वर्तमान में स्थित तथा आगे होने वाले सब भूतों को मैं जानता हूँ, परंतु मुझको कोई भी श्रद्धा-भक्तिरहित पुरुष नहीं जानता।। 26 ।।

Arjuna, I know all beings, past as well as present, nay, even those that are yet to come; but none (devoid of faith and reverence) knows Me.

प्रसंग—श्रद्धा-भक्तिरहित मूढ मनुष्यों में से कोई भी भगवान् को नहीं जानता, इसमें क्या कारण है ? यही बतलाने के लिये भगवान् कहते हैं—

इच्छाद्वेषसमुत्थेन द्वन्द्वमोहेन भारत।
सर्वभूतानि संमोहं सर्गे यान्ति परन्तपः।।27।।

icchādveṣasamutthena dvandvamohena bhārata
sarvabhūtāni saṁmohaṁ sarge yānti paraṁtapa

हे भारतवंशी अर्जुन ! संसार में इच्छा और द्वेष से उत्पन्न सुख-दुःखादि द्वन्द्वरूपी मोह से सम्पूर्ण प्राणी अत्यन्त अज्ञता को प्राप्त हो रहे हैं।। 27 ।।

O valiant Arjuna, through delusion in the shape of pairs of opposites (such as pleasure and paint etc.), born of desire and hatred, all living creatures in this world are falling a prey to infatuation. (27)

प्रसंग—'भूतानि' के साथ 'सर्व' शब्द का प्रयोग होने से ऐसा भ्रम हो सकता है कि सभी प्राणी द्वन्द्वमोह से मोहित हो रहे हैं, कोई भी उससे बचा नहीं है, अतएव ऐसे भ्रम की निवृत्ति के लिये भगवान् कहते हैं—

येषां त्वन्तगतं थापं जनानां पुष्पकर्मणाम्।
ते द्वन्द्वयोहनिर्मुक्ता भजन्ते मां दृढ़व्रताः।।28।।

yeṣāṁ tvantagataṁ pāpaṁ janānāṁ puṇyakarmaṇām
te dvandvamohanirmuktā bhajante māṁ dṛḍhavratāḥ

लपरंतु निष्काम भाव से श्रेष्ठ कर्मों का आचरण करने वाले जिन पुरुषों का पाप नष्ट हो गया है, वे राग-द्वेषजनित द्वन्द्वरूपी मोह से मुक्त दृढनिश्चयी भक्त मुझ को सब प्रकार से भजते हैं।। 28 ।।

But those men of virtuous deeds whose sins have come to an end, being freed from delusion in the shape of pairs of opposites (born of attraction and repulsion), worshop Me with firm resolve in every way. (28)

प्रसंग—अब भगवान् का भजन करने वालों के भजन का प्रकार और फल बतलाते हैं—

जरामरणमोक्षाय मामाश्रित्य यतन्ति ये।
ते ब्रह्म तद्विदुः कृत्स्नमध्यात्मं कर्म चाखिलम्।।29।।
साधिभूताधिदैवं मां साधियज्ञं च ये विदुः।
प्रयाणकालेऽपि च मां ते विदुर्युक्तचेतसः।।30।।

jarāmaraṇamokṣāya māmāśritya yatanti ye
te brahma tadviduḥ kṛtsnamadhyātmaṁ karma cākhilam

sādhibhūtādhidaivaṁ māṁ sādhiyajñaṁ ca ye viduḥ
prayāṇakāle'pi ca māṁ te viduryuktacetasaḥ

जो मेरे शरण होकर जरा और मरण से छूटने के लिये यत्न करते हैं, वे पुरुष उस ब्रह्म को, सम्पूर्ण अध्यात्म को, सम्पूर्ण कर्म को जानते हैं। जो पुरुष अधिभूत और अधिदैव के सहित तथा अधियज्ञ के सहित (सबका आत्मरूप) मुझे अन्तकाल में भी जानते हैं वे युक्तचित्त वाले पुरुष मुझे जानते हैं अर्थात् प्राप्त हो जाते हैं।। 29-30 ।।

They who, having taken refuge in Me, strive for deliverance from old age and death know Brahma (the Absolute), the whole Adhyatma (th totality of Jivas or embodies souls), and the entire field of Karma (action) as well as My integral being, comprising Adhibhuta (th field of matter), Adhidaiva (Brahma) and Adhiyajñ (the unmanifest Divinity dwelling in the heart of all beings as their witness). And they who, possessed of a steadfast mind, know thus even at the hour of death, they too know Me alone. (29-30).

ॐ तत्सदिति श्रीमद्भगवद्गीता सूपनिषत्सु ब्रह्मविद्यायां योगशास्त्रे श्रीकृष्णार्जुनसंवादे
ज्ञानविज्ञानयोगो नाम सप्तमोऽध्यायः ।। 7 ।।

ॐ श्रीपरमात्मने नमः

अष्टमोऽध्यायः

'अक्षर' और 'ब्रह्म' दोनों शब्द भगवान् के सगुण और निर्गुण दोनों ही स्वरूपों के वाचक हैं (8।3,11,21,24) तथा भगवान् का नाम 'ॐ' है उसे भी 'अक्षर' और 'ब्रह्म' कहते हैं (8।13) इस अध्याय में भगवान् से सगुण-निर्गुण रूप का और ओंकार का वर्णन है, इसलिये इस अध्याय का नाम 'अक्षर ब्रह्मयोग' रखा गया है।

प्रसंग—भगवान् को जानने की बात का रहस्य भलीभाँति न समझने के कारण इस आठवें अध्याय के आरम्भ में पहले दो श्लोकों में अर्जुन उपर्युक्त सातों विषयों को समझने के लिये भगवान् से सात प्रश्न करते हैं—

अर्जुन उवाच

किं तद्ब्रह्म किमध्यात्मं किं कर्म पुरुषोत्तम।
अधिभूतं च किं प्रोक्तमधिदैवं किमुच्यते।।1।।

arjuna uvāca
kiṁ tadbrahma kimadhyātmaṁ kiṁ karma puruṣottama
adhibhūtaṁ ca kiṁ proktamadhidaivaṁ kimucyate

अर्जुन ने कहा—हे पुरुषोत्तम ! वह ब्रह्म क्या है ? अध्यात्म क्या है ? कर्म क्या है ? अधिभूत नाम से क्या कहा गया है और अधिदैव किसको कहते हैं।। 1 ।।

Arjuna said : Krsna, what is tha Brahma (Absolute), what is Adhyatma (Spirit), and what is Karma (Action) What is caleed Adhibhuta (Matter) and what is termed as Adhiḍaiva (divine intelligence)? (1)

अधियज्ञः कथं कोऽत्र देहेऽस्मिन्मधुसूदन।
प्रयाणकाले च कथं ज्ञेयोऽसि नियतात्मभिः।।2।।

adhiyajñaḥ kathaṁ ko'tra dehe'sminmadhusūdana
prayāṇakāle ca kathaṁ jñeyo'si niyatātmabhiḥ

हे मधुसूदन ! यहाँ अधियज्ञ कौन है ? और वह इस शरीर में कैसे है ? तथा युक्तचित्त वाले पुरुषों द्वारा अन्त समय में आप किस प्रकार जानने में आते हैं।। 2 ।।

Krsna, who is Adhiyajña here and how does he dwell in the body? And how are You to be realized at the time of death by those of steadfast mind. (2)

प्रसंग—अर्जुन के सात प्रश्नों में से भगवान् अब पहले ब्रह्म, अध्यात्म और कर्मविषयक तीन प्रश्नों का उत्तर अगले श्लोक में क्रमशः संक्षेप से देते हैं—

श्रीभगवानुवाच

अक्षरं ब्रह्म परमं स्वभावोऽध्यात्ममुच्यते।
भूतभावोद्भवकरो विसर्गः कर्मसञ्ज्ञितः।। 3 ।।

śrībhagavānuvāca
akṣaraṁ brahma paramaṁ svabhāvo'dhyātmamucyate
bhūtabhāvodbhavakaro visargaḥ karmasaṁjñitaḥ

श्रीभगवान् ने कहा—परम अक्षर 'ब्रह्म' है, अपना स्वरूप अर्थात् जीवात्मा 'अध्यात्म' नाम से कहा जाता है तथा भूतों के भाव को उत्पन्न करने वाला जो त्याग है, वह 'कर्म' नाम से कहा गया हैं।। 3 ।।

Sri Bhagavan said : The supreme Indestructible is Brahma; one's own self (the individual soul) is

called Ahdyatma; and the discharge of spirits (Visarga), which brings forth the existence of beings, is called Karma (Action). (3)

प्रसंग—अब भगवान् अधिभूत, अधिदैव और अधियज्ञविषयक प्रश्नों का उत्तर क्रमशः देते हैं—

अधिभूतं क्षरो भावः पुरुषश्चाधिदैवतम्।
अधियज्ञोऽहमेवात्र देहे देहभृतां वर।।4।।

adhibhūtaṁ kṣaro bhāvaḥ puruṣaścādhidaivatam
adhiyajño'hamevātra dehe dehabhṛtāṁ vara

उत्पत्ति-विनाश धर्म वाले सब पदार्थ अधिभूत हैं, हिरण्यमय पुरुष अधिदैव है और हे देहधारियों में श्रेष्ठ अर्जुन ! इस शरीर में मैं वासुदेव ही अन्तर्यामी रूप से अधियज्ञ हूँ।। 4 ।।

All perishable objects are Adhibhuta; the shining Purusa (Brahma) is Adhidaiva; and in this body I Myself, dwelling as the ineer witness, am Adhiyajña, O Arjuna! (4)

प्रसंग—इस प्रकार अर्जुन के छः प्रश्नों का उत्तर देकर अब भगवान् अन्तकाल संबंधी सातवें प्रश्न का उत्तर आरम्भ करते हैं—

अन्तकाले च मामेव स्मरन्मुक्त्वा कलेवरम्।
यः प्रयाति स मद्भावं याति नास्त्यत्र संशयः।।5।।

antakāle ca māmeva smaranmuktvā kalevaram
yaḥ prayāti sa madbhāvaṁ yāti nāstyatra saṁśayaḥ

जो पुरुष अन्तकाल में भी मुझको ही स्मरण करता हुआ

शरीर को त्याग कर जाता है, वह मेरे साक्षात् स्वरूप को प्राप्त होता है—इसमें कुछ भी संशय नहीं है।। 5 ।।

He who departs from the body, thingking of Me alone even at the time of death, attains My state; there is no doubt about it. (5)

प्रसंग—यहाँ यह बात कही गयी है कि भगवान् का स्मरण करते हुए मरने वाला भगवान् को ही प्राप्त होता है। इस पर यह जिज्ञासा होती है कि केवल भगवान् के स्मरण के संबंध में ही यह विशेष नियम है यह सभी के संबंध में है? इस पर कहते हैं—

यं यं वापि स्मरन्भावं त्यजत्यन्ते कलेवरम्।
तं तमेवैति कौन्तेय सदा तद्भावभावितः।।6।।

yaṁ yaṁ vāpi smaranbhāvaṁ tyajatyante kalevaram
taṁ tamevaiti kaunteya sadā tadbhāvabhāvitaḥ

हे कुन्ती पुत्र अर्जुन ! यह मनुष्य अन्तकाल में जिस-जिस भी भावको स्मरण करता हुआ शरीर को त्याग करता है, उस-उसको ही प्राप्त होता है; क्योंकि वह सदा उसी भाव से भावित रहा है।। 6 ।।

Arjuna, thinking of whatever entity one leaves the body at the time of death, that and that alone one attains, being ever absorbed in its throught. (6)

प्रसंग—अन्तकाल में जिसका स्मरण करते हुए मनुष्य मरता है, उसी को प्राप्त होता है; और अन्तकाल में प्रायः उसी भाव का स्मरण होता है, जिसका जीवन में अधिक स्मरण किया जाता है। यह निर्णय हो जाने पर भगवत्प्राप्ति चाहने वाले के लिये अन्तकाल में भगवान् का स्मरण रखना अत्यन्त आवश्यक हो जाता है और अन्तकाल अचानक ही कब आ जाय, इसका कुछ पता नहीं है; अतएव अब भगवान् निरन्तर भजन करते हुए ही युद्ध करने के लिये अर्जुन को आदेश करते हैं—

तस्मात्सर्वेषु कालेषु मामनुस्मर युध्य च।
मय्यर्पितमनोबुद्धिर्मामेवैष्यस्यसंशयम् ।।7।।

tasmātsarveṣu kāleṣu māmanusmara yudhya ca
mayyarpitamanobuddhirmāmevaiṣyasyasaṁśayam

इसलिये हे अर्जुन ! तू सब समय में निरन्तर मेरा स्मरण कर और युद्ध भी कर। इस प्रकार मुझ में अर्पण किये हुए मन-बुद्धि से युक्त होकर तू निःसन्देह मुझ को ही प्राप्त होगा।। 7 ।।

Therefore, Arjuna, think of Me at all times and fight. With mind and reason thus set on Me, You will doubtless come to Me. (7)

प्रसंग—पाचवें श्लोक में भगवान् का चिन्तन करते-करते मरने वाले मनुष्यों की गति का वर्णन करके अर्जुन के सातवें प्रश्न का संक्षेप में उत्तर दिया गया, अब उसी प्रश्न का विस्तारपूर्वक उत्तर देने के लिये अभ्यास योग के द्वारा मन को वश में करके भगवान् के 'अधियज्ञ' रूप का अर्थात् सगुण निराकार दिव्य अव्यक्त रूप का चिन्तन करने वाले योगियों की अन्तकालीन गति का तीन श्लोकों द्वारा वर्णन करते हैं—

अभ्यासयोगयुक्तेन चेतसा नान्यगामिना।
परमं पुरुषं दिव्यं याति पार्थानुचिन्तयन्।।8।।

abhyāsayogayuktena cetasā nānyagāminā
paramaṁ puruṣaṁ divyaṁ yāti pārthānucintayan

हे पार्थ ! यह नियम है कि परमेश्वर के ध्यान के अभ्यास रूपी योग से युक्त, दूसरी ओर न जाने वाले चित्त से निरन्तर चिन्तन करता हुआ मनुष्य परम प्रकाश स्वरूप दिव्य पुरुष को

अर्थात परमेश्वर को ही प्राप्त होता है।। 8 ।।

Arjuna, he who with his mind disciplined through Yoga in the form of practice of meditation and thinking of nothing else, is constantly engaged in contemplation of God attains the supremely effulgent divine Purusa (God). (8)

प्रसंग—दिव्य पुरुष की प्राप्ति बतलाकर अब उसका स्वरूप बतलाते हैं—

कविं पुराणमनुशासितारमणोरणीयांसमनुस्मरेद्यः।
सर्वस्य धातारमचिन्त्यरूपमादित्यवर्णं तमसः परस्तात्।। 9।।

kaviṁ purāṇamanuśāsitāra
maṇoraṇīyāṁsamanusmaredyaḥ
sarvasya dhātāramacintyarūpa-
mādityavarṇaṁ tamasaḥ parastāt

जो पुरुष सर्वज्ञ, अनादि, सबके नियन्ता, सूक्ष्म से भी अति सूक्ष्म, सबके धारण-पोषण करने वाले अचिन्त्य स्वरूप, सूर्य के सदृश नित्य चेतन प्रकाश रूप और अविद्या से अति परे, शुद्ध सच्चिदानन्दघन परमेश्वर का स्मरण करता है।। 9 ।।

He who contemplates on the all-wise, ageless Being, the Ruler of all, subtler than the subtle, the universal sustainer, possessing a Form beyond human conception, refulgent like the sun and far beyond the darkness of ignorance. (9)

प्रसंग—परम दिव्य पुरुष का स्वरूप बतलाकर अब साधन की विधि और फल बतलाते हैं—

प्रयाणकाले मनसाचलेन भक्त्या युक्तो योगबलेन चैव।
भ्रुवोर्मध्ये प्राणमावेश्य सम्यक् स तं परं पुरुषमुपैति दिव्यम्।। 10।।

prayāṇakāle manasācalena
bhaktyā yukto yogabalena caiva
bhruvormadhye prāṇamāveśya samyak
sa taṁ paraṁ puruṣamupaiti divyam

वह भक्तियुक्त पुरुष अन्तकाल में भी योगबल से भृकुटी के मध्य में प्राण को अच्छी प्रकार स्थापित करके, फिर निश्चल मन से स्मरण करता हुआ उस दिव्य स्वरूप परम पुरुष परमात्मा को ही प्राप्त होता है।। 10 ।।

Having by the power of Yoga firmly held the life-breath in the space between the two eyebrows even at the time of death, and the contemplating on God with a steadfast mind, full of devotion, he reaches verily that supreme divine Purusa (God). (10)

प्रसंग—पाँचवें श्लोक में भगवान् का चिन्तन करते-करते मरने वाले साधारण मनुष्य की गति का संक्षेप में वर्णन किया गया, फिर आठवें से दसवें श्लोक तक भगवान् के 'अधियज्ञ' नामक सगुण निराकार दिव्य अव्यक्त स्वरूप का चिन्तन करने वाले योगियों की अन्तकालीन गति के संबंध में बतलाया, अब ग्यारहवें श्लोक से तेरहवें तक परम अक्षर निर्गुण निराकार परब्रह्म की उपासना करने वाले योगियों की अन्तकालीन गति का वर्णन करने के लिये पहले उस अक्षर ब्रह्म की प्रशंसा करके उसे बतलाने की प्रतिज्ञा करते हैं—

यदक्षरं वेदविदो वदन्ति विशन्ति यद्यतयो वीतरागाः।
यदिच्छन्तो ब्रह्मचर्यं चरन्ति तत्ते पदं संग्रहेण प्रवक्ष्ये।। 11 ।।

yadakṣaraṁ vedavido vadanti
viśanti yadyatayo vītarāgāḥ
yadicchanto brahmacaryaṁ caranti
tatte padaṁ saṅgraheṇa pravakṣye

वेद के जानने वाले विद्वान् जिस सच्चिदानन्दघन रूप परमपद को अविनाशी कहते हैं, आसक्ति रहित यत्नशील संन्यासी महात्माजन जिसमें प्रवेश करते हैं और जिस परमपद

को चाहने वाले ब्रह्मचारी लोग ब्रह्मचर्य का आचरण करते हैं, उस परम पद को मैं तेरे लिये संक्षेप से कहूँगा।। 11 ।।

I shall tell you briefly about that supreme goal (viz., God who is an embodiment of Truth, Knowledge and Bliss), which the knowers of the Veda terms as the Indestructible; which striving recluses free from passion enter, and desiring which the celibates practise Brahmacarya. (11)

प्रसंग—पूर्व श्लोक में जिस विषय का वर्णन करने की प्रतिज्ञा की थी, अब दो श्लोक में उसी का वर्णन करते हैं—

सर्वद्वाराणि संयम्य मनो हृदि निरुध्य च।
मूर्ध्न्याधायात्मनः प्राणमास्थितो योगधारणाम्।। 12।।
ओमित्येकाक्षरं ब्रह्म व्याहरन्मामनुस्मरन्।
यः प्रयाति त्यजन्देहं स याति परमां गतिम्।। 13।।

sarvadvārāṇi saṁyamya mano hṛdi nirudhya ca
mūrdhnyādhāyātmanaḥ prāṇamāsthito yogadhāraṇām
omityekākṣaraṁ brahma vyāharanmāmanusmaran
yaḥ prayāti tyajandehaṁ sa yāti paramāṁ gatim

सब इन्द्रियों के द्वारों को रोककर तथा मन को हृद्देश में स्थिर करके, फिर उस जीते हुए मन के द्वारा प्राण को मस्तक में स्थापित करके, परमात्म संबंधी योगधारणा में स्थित होकर जो पुरुष 'ॐ' इस एक अक्षररूपी ब्रह्म का चिन्तन करता हुआ शरीर को त्याग कर जाता है, वह पुरुष परमगति को प्राप्त होता है।। 12-13 ।।

Having closed all the doors of the senses, and firmly holding the mind in the cavity of the heart, and then fixing the life-breath in the head, and thus remaining steadfast in Yogic concentration on God, he who leaves the body and departs uttering the one indestructible Brahma, Om, and dwelling on Me in My absolute aspect, reaches the supreme goal. (12-13)

प्रसंग—इस प्रकार निराकार-सगुण परमेश्वर के और निर्गुण-निराकार ब्रह्म के उपासक योगियों की अन्तकालीन गति का प्रकार और फल बतलाया गया; किंतु अन्तकाल में इस प्रकार का साधन वे ही पुरुष कर सकते हैं, जिन्होंने पहले से योग का अभ्यास करके मन को अपने आधीन कर लिया है। साधारण मनुष्य के द्वारा अन्तकाल में इस प्रकार सगुण-निराकार का और निर्गुण-निराकार का साधन किया जाना बहुत कठिन है, अतएव सुगमता से परमेश्वर की प्राप्ति का उपाय जानने की इच्छा होने पर भगवान् अपने नित्य-निरन्तर स्मरण को अपनी प्राप्ति का सुगम उपाय बतलाते हैं—

अनन्यचेता सततं यो मां स्मरति नित्यशः।
तस्याहं सुलभः पार्थ नित्ययुक्तस्य योगिनः।।14।।

ananyacetāḥ satataṁ yo māṁ smarati nityaśaḥ
tasyāhaṁ sulabhaḥ pārtha nityayuktasya yoginaḥ

हे अर्जुन ! जो पुरुष मुझ में अनन्यचित्त होकर सदा ही निरन्तर मुझ पुरुषोत्तम का स्मरण करता है, उस नित्य-निरन्तर मुझमें युक्त हुए योगी के लिये मैं सुलभ हूँ, अर्थात् उसे सहज ही प्राप्त हो जाता हूँ।। 14 ।।

Arjuna, whosoever always and constantly thinks of Me with undivided mind, to that Yogi ever absorbed in Me I am easily attainable. (14)

प्रसंग—भगवान् के नित्य-निरन्तर चिन्तन से भगवत्प्राप्ति की सुलभता का प्रतिपादन किया, अब उनके पुनर्जन्म न होने की बात कहकर यह दिखलाते हैं कि भगवत्प्राप्त महापुरुषों का भगवान् से फिर कभी वियोग नहीं होता—

मांमुपेत्य पुनर्जन्म दुःखालयमशाश्वतम्।
नाप्नुवन्ति महात्मानः संसिद्धिं परमां गताः।।15।।

māmupetya punarjanma duḥkhālayamaśāśvatam
nāpnuvanti mahātmānaḥ saṁsiddhiṁ paramāṁ gatāḥ

परम सिद्धि को प्राप्त महात्माजन मुझ को प्राप्त होकर दुःखों के घर एवं क्षणभंगुर पुनर्जन्म को नहीं प्राप्त होते।। 15 ।।

Great souls, who have attained the highest perfection, having come to Me, are no more subjected to rebirth, which is the abode of sorrow, and transient by nature. (15)

प्रसंग—भगवत्प्राप्त महात्मा पुरुषों का पुनर्जन्म नहीं होता, इस कथन से यह प्रकट होता है कि दूसरे जीवों का पुनर्जन्म होता है। अतः यहाँ यह जानने की इच्छा होती है कि किस लोक तक पहुँचे हुए जीवों को वापस लौटना पड़ता है। इस पर भगवान् कहते हैं—

आब्रह्मभुवनाल्लोकाः पुनरावर्तिनोऽर्जुन।
मामुपेत्य तु कौन्तेय पुनर्जन्म न विद्यते।।16।।

ābrahmabhuvanāllokāḥ punarāvartino'rjuna
māmupetya tu kaunteya punarjanma na vidyate

हे अर्जुन ! ब्रह्मलोकपर्यन्त सब लोक पुनरावर्ती हैं, परंतु हे कुन्ती पुत्र ! मुझ को प्राप्त होकर पुनर्जन्म नहीं होता; क्योंकि मैं कालातीत हूँ और यह सब ब्रह्मादि के लोक काल के द्वारा सीमित होने से अनित्य हैं।। 16 ।।

Great souls, whos have attained the highest

perfection, having come to Me, are no more subjected to rebirth, which is the abode of sorrow, and transient by nature. (16)

प्रसंग—ब्रह्मलोक पर्यन्त सब लोकों को पुनरावर्ती बतलाया, परंतु वे पुनरावर्ती कैसे हैं—इस जिज्ञासा पर अब भगवान् ब्रह्मा के दिन-रात की अवधि का वर्णन करके सब लोकों की अनित्यता सिद्ध करते हैं—

सहस्रयुगपर्यन्तमहर्यद्ब्रह्मणो विदुः।
रात्रिं युगसहस्रान्तां तेऽहोरात्रविदो जनाः।।17।।

sahasrayugaparyantamaharyadbrahmaṇo viduḥ
rātriṁ yugasahasrāntāṁ te'horātravido janāḥ

ब्रह्म का जो एक दिन है, उसको एक हजार चतुर्युगी तक की अवधि वाला और रात्रि को भी एक हजार चतुर्युगी तक की अवधि वाली जो पुरुष तत्त्व से जानते हैं, वे योगीजन काल के तत्त्व को जानने वाले हैं।। 17 ।।

Those Yogis whos know from realization Brahma's day as covering a thousand Mahayugas, know the reality about time. (17)

प्रसंग—ब्रह्मा के दिन-रात्रि का परिमाण बतलाकर अब उस दिन और रात के आरम्भ में बार-बार होने वाली समस्त भूतों की उत्पत्ति और प्रलय का वर्णन करते हुए उन सबकी अनित्यता का कथन करते हैं—

अव्यक्ताद्व्यक्तयः सर्वाः प्रभवन्त्यहरागमे।
रात्र्यागमे प्रलीयन्ते तत्रैवाव्यक्तसञ्ज्ञके।।18।।

avyaktādvyaktayaḥ sarvāḥ prabhavantyaharāgame
rātryāgame pralīyante tatraivāvyaktasaṁjñake

सम्पूर्ण चराचर भूतगण ब्रह्मा के दिन के प्रवेशकाल में अव्यक्त से अर्थात् ब्रह्मा के सूक्ष्म शरीर से उत्पन्न होते हैं और ब्रह्मा की रात्रि के प्रवेशकाल में उस अव्यक्त नामक ब्रह्मा के सूक्ष्म शरीर में ही लीन हो जाते हैं।। 18 ।।

All embodies beings emanate from the Unmanifest (i.e., Brahma's subtle body) at the coming of the cosmic day; at the cosmic nightfall they merge into the same subtle body of Brahma, known as the Unmanifest. (18)

प्रसंग—यद्यपि ब्रह्मा की रात्रि के आरम्भ में समस्त भूत अव्यक्त में लीन हो जाते हैं, तथापि जब तक वे परम पुरुष परमेश्वर को प्राप्त नहीं होते, तब तक उनका पुनर्जन्म पिंड नहीं छूटता, वे आवागमन के चक्कर में घूमते ही रहते हैं। इसी भाव को दिखलाने के लिये भगवान् कहते हैं—

भूतग्रामः स एवायं भूत्वा भूत्वा प्रलीयते।
रात्र्यागमेऽवशः पार्थ प्रभवत्यहरागमे।। 19।।

bhūtagrāmaḥ sa evāyaṁ bhūtvā bhūtvā pralīyate
rātryāgame'vaśaḥ pārtha prabhavatyaharāgame

हे पार्थ ! वहीं यह भूत समुदाय उत्पन्न हो-होकर प्रकृति के वश में हुआ रात्रि के प्रवेश काल में लीन होता है और दिन के प्रवेश काल में फिर उत्पन्न होता है।। 19 ।।

Arjuna, this multitude of beings, being born again and again, is dissolved under compulsion of its nature at the coming of the cosmic night, and rises again at the commencement of the cosmic day. (19)

प्रसंग—ब्रह्मा की रात्रि के आरम्भ में जिस अव्यक्त में समस्त भूत लीन होते हैं और दिन का आरम्भ होते ही जिससे उत्पन्न होते हैं, वही अव्यक्त सर्वश्रेष्ठ है ? या उससे बढ़कर कोई दूसरा और है ? इस जिज्ञासा पर कहते हैं—

परस्तस्मात्तु भावोऽन्योऽव्यक्तोऽव्यक्तात्सनातनः।
यः स सर्वेषु भूतेषु नश्यत्सु न विनश्यति।। 20।।

parastasmāttu bhāvo'nyo'vyakto'vyaktātsanātanaḥ
yaḥ sa sarveṣu bhūteṣu naśyatsu na vinaśyati

उस अव्यक्त से भी अति परे दूसरा अर्थात् विलक्षण जो सनातन अव्यक्त भाव है, वह परम दिव्य पुरुष सब भूतों के नष्ट होने पर भी नष्ट नहीं होता।। 20 ।।

Far beyond even this Unmanifest, there is yet another unmanifest Existence, that Supreme Divine Person, who does not perish even though all beings perish. (20)

प्रसंग—आठवें और दसवें श्लोकों में अधियज्ञ की उपासना का फल परम दिव्य पुरुष की प्राप्ति. तेरहवें श्लोक में परम अक्षर निर्गुण ब्रह्म की उपासना का फल परमगति की प्राप्ति और चौदहवें श्लोक में सगुण-साकार भगवान् श्रीकृष्ण की उपासना का फल भगवान् की प्राप्ति बतलाया गया है। इससे तीनों में किसी प्रकार के भेद का भ्रम न हो जाये, इस उद्देश्य से अब सबकी एकता का प्रतिपादन करते हुए उनकी प्राप्ति के बाद पुनर्जन्म का अभाव दिखलाते हैं—

अव्यक्तोऽक्षर इत्युक्तस्तमाहुः परमां गतिम्।
यं प्राप्य न निवर्तन्ते तद्धाम परमं मम।। 21।।

avyakto'kṣara ityuktastamāhuḥ paramāṁ gatim
yaṁ prāpya na nivartante taddhāma paramaṁ mama

जो अव्यक्त 'अक्षर' इस नाम से कहा गया है, उसी अक्षर नामक अव्यक्त भाव को परमगति कहते हैं तथा जिस सनातन

अव्यक्त भाव को प्राप्त होकर मनुष्य वापस नहीं आते, वह मेरा परम धाम है।। 21 ।।

The same Unmanifest which has been spoken of as the Indestructible is also called the supreme Goal; that again is My supreme Abode, attaining which they return not to this mortal world. (21)

प्रसंग—इस प्रकार सनातन अव्यक्त पुरुष की परमगति और परम धाम के साथ एकता दिखलाकर अब उस सनातन अव्यक्त परम पुरुष की प्राप्ति का उपाय बतलाते हैं—

पुरुषः स परः पार्थ भक्त्या लभ्यस्त्वनन्यया।
यस्यान्तःस्थानि भूतानि येन सर्वमिदं ततम्।। 22।।

puruṣaḥ sa paraḥ pārtha bhaktyā labhyastvananyayā
yaṣyāntaḥsthāni bhūtāni yena sarvamidaṁ tatam

हे पार्थ ! जिस परमात्मा के अन्तर्गत सर्वभूत हैं और जिस सच्चिदानन्दघन परमात्मा से यह सब जगत् परिपूर्ण है, वह सनातन अव्यक्त परम पुरुष तो अनन्य भक्ति से ही प्राप्त होने योग्य है।। 22 ।।

Arjuna, that eternal unmanifest supreme Purusa in whom all beings reside, and by whom all this is pervaded, is attainable only through exclusive Devotion. (22)

प्रसंग—अर्जुन के प्रश्न का उत्तर देते हुए भगवान् ने अन्तकाल में किस प्रकार मनुष्य परमात्मा को प्राप्त होता है, यह बात भलीभाँति समझायीं। प्रसंग वश यह बात भी कही कि भगवत्प्राप्ति न होने पर ब्रह्मलोक तक पहुँचकर भी जीव आवागमन के चक्कर से नहीं छूटता। परंतु वहाँ यह बात नहीं कही गयी कि जो वापस न लौटने वाले स्थान को प्राप्त होते हैं, वे किस रास्ते से और कैसे जाते हैं तथा इस प्रकार जो वापस लौटने वाले स्थानों को प्राप्त होते हैं, वे किस रास्ते से जाते हैं। अतः उन दोनों मार्गों का वर्णन करने के लिये भगवान् प्रस्तावना करते हैं—

यत्र काले त्वनावृत्तिमावृत्तिं चैव योगिनः।
प्रयाता यान्ति तं कालं वक्ष्यामि भतरर्षभ।।23।।

yatra kāle tvanāvṛttimāvṛttiṁ caiva yoginaḥ
prayātā yānti taṁ kālaṁ vakṣyāmi bharatarṣabha

हे अर्जुन ! जिस काल में शरीर त्यागकर गये हुए योगीजन तो वापस न लौटनेवाली गति को और जिस काल में गये हुए वापस लौटनेवाली गति को ही प्राप्त होते हैं, उस काल को अर्थात् दोनों मार्गों को कहूँगा।। 23 ।।

Arjuna, I shall now tell you the time (path) departing when Yogis do not return, and also the time (path) departing when they do returen. (23)

प्रसंग—पूर्व श्लोक में जिन दो मार्गों का वर्णन करने की प्रतिज्ञा की गयी, उनमें से जिस मार्ग से गये हुए साधक वापस नहीं लौटते, उनका वर्णन पहले किया जाता है—

अग्निर्ज्योतिरहः शुक्लः षण्मासा उत्तरायणम्।
तत्र प्रयाता गच्छन्ति ब्रह्म ब्रह्मविदो जनाः।।24।।

agnirjyotirahaḥ śuklaḥ ṣaṇmāsā uttarāyaṇam
tatra prayātā gacchanti brahma brahmavido janāḥ

जिस मार्ग में ज्योतिर्मय अग्नि अभिमानी देवता है, दिन का अभिमानी देवता है, शुक्ल पक्ष का अभिमानी देवता है और उत्तरायण के छः महीनों का अभिमानी देवता है, उस मार्ग में मरकर गये हुए ब्रह्मवेत्ता योगीजन उपर्युक्त देवताओं द्वारा

क्रम से ले जाये जाकर ब्रह्म को प्राप्त होते हैं।। 24 ।।

(Of the two paths) the one is that which are stationed the all-effulgent fire-god and the deities presiding over daylight, the bright fortnight, and the six months of the northward course of the sun respectively; proceeding along it after death Yogis, who have known Brahma, being successively led by the above gods, finally reach Brahma. (24)

प्रसंग—इस प्रकार वापस न लौटने वालों के मार्ग का वर्णन करके अब जिस मार्ग से गये हुए साधक वापस लौटते हैं, उसका वर्णन किया जाता है—

धूमो रात्रिस्तथा कृष्णः षण्मासा दक्षिणायनम्।
तत्र चान्द्रमसं ज्योतिर्योगी प्राप्य निवर्तते।। 25।।

dhūmo rātristathā kṛṣṇaḥ ṣaṇmāsā dakṣiṇāyanam
tatra cāndramasaṁ jyotiryogī prāpya nivartate

जिस मार्ग में धूमाभिमानी देवता है, रात्रि-अभिमानी देवता है तथा कृष्ण पक्ष का अभिमानी देवता है और दक्षिणायन के छः महीनों का अभिमानी देवता है, उस मार्ग में मरकर गया हुआ सकाम कर्म करने वाला योगी उपर्युक्त देवताओं द्वारा क्रम से ले गया हुआ चन्द्रमा की ज्योति को प्राप्त होकर स्वर्ग में अपने शुभ कर्मों का फल भोगकर वापस आता है।। 25 ।।

The other path is that wherein are stationed the gods presiding over smoke, night, the dark fortnight, and the six months of the southward course of the sun; the Yogi (devoted to action with an interested

motive) taking to this path after death is led by the above gods, one after another, and attaining the lustre of the moon (and enjoying the fruit of this meritorious deeds in heaven) returns to this mortal world. (25)

प्रसग—इस प्रकार उत्तरायण और दक्षिणायन—दोनों मार्गों का वर्णन करके अब उन दोनों को सनातन मार्ग बतलाकर इस विषय का उपसंहार करते हैं—

शुक्लकृष्णे गती ह्येते जगतः शाश्वते मते।
एकया यात्यनावृत्तिमन्ययावर्तते पुनः।।26।।

śuklakṛṣṇe gatī hyete jagataḥ śāśvate mate
ekayā yātyanāvṛttimanyayāvartate punaḥ

क्योंकि जगत् के ये दो प्रकार के—शुक्ल और कृष्ण अर्थात् देवयान और पितृयान मार्ग सनातन माने गये हैं। इनमें एक के द्वारा गया हुआ—जिससे वापस नहीं लौटना पड़ता, उस परम गति को प्राप्त होता है और दूसरे के द्वारा गया हुआ फिर वापस आता है अर्थात् जन्म-मृत्यु को प्राप्त होता है।। 26 ।।

For these two paths of the world, the bright and the dark, are considered to be eternal. Proceeding by one of them, one reaches the supreme state from which there is no return; and proceeding by the other, one returns to the mortal world, i.e., becomes subject to birth and death once more. (26)

प्रसंग—अब उन दोनों मार्गों को जानने वाले योगी की प्रशंसा करके अर्जुन को योगी बनने के लिये कहते हैं—

नैते सृती पार्थ जानन्योगी मुह्यति कश्चन।
तस्मात्सर्वेषु कालेषु योगयुक्तो भवार्जुन।।27।।

naite sṛtī pārtha jānanyogī muhyati kaścana
tasmātsarveṣu kāleṣu yogayukto bhavārjuna

हे पार्थ ! इस प्रकार् इन दोनों मार्गों को तत्त्व से जानकर कोई भी योगी मोहित नहीं होता। इस कारण हे अर्जुन ! तू सब काल में समबुद्धि रूपी योग से युक्त हो अर्थात् निरन्तर मेरी प्राप्ति के लिये साधन करने वाला हो।। 27 ।।

Knowing thus the secret of these two paths, O son of Kunti, no Yogi gets deluded. Therefore, Arjuna, at all times be steadfast in Yoga in the form of equanimity (i.e., strive constantly for My realization) (27)

प्रसंग—भगवान् ने अर्जुन को योग युक्त होने के लिये कहा। अव योग युक्त पुरुप की महिमा और इस अध्याय में वर्णित रहस्य को समझकर उसके अनुसार साधना करने का फल वतलाते हुए इस अध्याय का उपसंहार करते हैं—

वेदेषु यज्ञेष तपंःसु चैव दानेषु यत्पुण्यफलं प्रदिष्टम्।
अत्येति तत्सर्वमिद्र विदित्वा योगी परं स्थानमुपैति चाद्यम्।।28।।

vedeṣu yajñeṣu tapaḥsu caiva
dāneṣu yatpuṇyaphalaṁ pradiṣṭam
atyeti tatsarvamidaṁ viditvā
yogī paraṁ sthānamupaiti cādyam

योगी पुरुष इस रहस्य को तत्त्वं से जानकर वेदों के पढ़ने में तथा यज्ञ, तप और दानादि के करने में जो पुण्यफल कहा है, उस सबका निःसन्देह उल्लंघन कर जाता है और सनातन

परमपद को प्राप्त होता है।। 28 ।।

The Yogi, realizing this profound truth, doubtless transcends all the rewards, ascribed in the scriptures to he study of the Vedas, as well as to the performance of sacrifices, austerities and charities, and attains the beginningless supreme state. (28)

ॐ तत्सदिति श्रीमद्भगवद्गीतासूपनिषत्सु ब्रह्मविद्यायां योगशास्त्रे श्रीकृष्णार्जुनसंवादे
अक्षरब्रह्मयोगो नामाष्टमोऽध्यायः।। 8 ।।

ॐ श्रीपरमात्मने नमः

नवमोऽध्यायः

इस अध्याय में भगवान् ने जो उपदेश दिया है, उसको उन्होंने सब विद्याओं का और समस्त गुप्त रखने योग्य भावों का राजा बतलाया है इसलिये इस अध्याय का नाम 'राजविद्याराजगुह्ययोग' रखा गया है।

प्रसंग—सातवें अध्याय में आरम्भ किये हुए विज्ञान सहित ज्ञान का सांगोपांग वर्णन न होने के कारण उसी विषय को भलीभाँति समझाने के उद्देश्य से भगवान् इस नवम अध्याय का आरम्भ करते हैं। तथा सातवें अध्याय में वर्णित उपदेश के साथ इसका घनिष्ठ संबंध दिखलाने के लिये पहले श्लोक में पुनः उसी विज्ञान सहित ज्ञान का वर्णन करने की प्रतिज्ञा करते हैं—

श्रीभगवानुवाच

इदं तु ते गुह्यतमं प्रवक्ष्याम्यनसूयवे।
ज्ञानं विज्ञानसंहितं यज्ज्ञात्वा मोक्ष्यसेऽशुभात्।।1।।

śrībhagavānuvāca
idaṁ tu te guhyatamaṁ pravakṣyāmyanasūyave
jñānaṁ vijñānasahitaṁ yajjñātvā mokṣyase'śubhāt

श्रीभगवान् बोलें—तुझ दोष दृष्टि रहित भक्त के लिये इस परम गोपनीय विज्ञान सहित ज्ञान को पुनः भलीभाँति कहूँगा, जिसको जानकर तू दुःख रूपी संसार से मुक्त हो जायेगा।।1।।

Sri Bhagavan said : To you, who are devoid of the carping spirit, I shall now unfold the most secret knowledge of Nirguna Brahma along with the knowledge of manifest Divinity, knowing which you shall be free from the evil of worldly existence. (1)

प्रसंग—भगवान् ने जिस विज्ञान सहित ज्ञान के उपदेश की प्रतिज्ञा की, उसके प्रति श्रद्धा, प्रेम, सुनने की उत्कण्ठा और उस उपदेश के अनुसार आचरण करने में अत्यधिक उत्साह उत्पन्न करने के लिये भगवान् अब उसका यथार्थ माहात्म्य सुनाते हैं—

राजविद्या राजगुह्यं पवित्रमिदमुत्तमम् ।
प्रत्यक्षावगमं धर्म्यं सुसुखं कर्तुमव्ययम् ।। 2 ।।

rājavidyā rājaguhyaṁ pavitramidamuttamam
pratyakṣāvagamaṁ dharmyaṁ susukhaṁ kartumavyayam

यह विज्ञान सहित ज्ञान सब विद्याओं का राजा, सब गोपनीयों को राजा, अति पवित्र, अति उत्तम, प्रत्यक्ष फलवाला, धर्मयुक्त, साधन करने में बड़ा सुगम और अविनाशी है ।। 2 ।।

This knowledge of both the Nirguna and Saguna aspects of Divinity is a sovereign science, a soveregin secret, supremely holy, most excellent, directly enjoyable, attended with virtue, very esasy to preactise and imperishable. (2)

प्रसंग—जब विज्ञान सहित ज्ञान की महिमा है और इसका साधन भी इतना सुगम है तो फिर सभी मनुष्य इसे धारण क्यों नहीं करते: इस जिज्ञासा पर अश्रद्धा को ही इसमें प्रधान कारण दिखलाने के लिये भगवान् अब इस पर श्रद्धा न करने वाले मनुष्यों की निन्दा करते हैं—

अश्रद्दधानाः पुरुषा धर्मस्यास्य परन्तप ।
अप्राप्य मां निवर्तन्ते मृत्युसंसारवर्त्मनि ।। 3 ।।

aśraddadhānāḥ puruṣā dharmasyāsya paraṁtapa
aprāpya māṁ nivartante mṛtyusaṁsāravartmani

हे परन्तप ! इस उपर्युक्त धर्म में श्रद्धा रहित पुरुष मुझको न प्राप्त होकर मृत्यु रूपी संसार चक्र में भ्रमण करते रहते हैं ।। 3 ।।

Arjuna, people having no faith in this Dharma, failing to reach Me, revolve in the path of the world of death. (3)

प्रसंग—पूर्वश्लोक में भगवान् ने जिस विज्ञान सहित ज्ञान का उपदेश करने की प्रतिज्ञा की थी तथा जिसका माहात्म्य वर्णन किया था, अब उसका आरम्भ करते हुए वे सबसे पहले दो श्लोकों में प्रभाव के साथ अपने अव्यक्तस्वरूप का वर्णन करते हैं—

मया ततमिदं सर्वं जगदव्यक्तमूर्तिना।
मत्स्थानि सर्वभूतानि न चाहं तेष्ववस्थितः।।4।।

mayā tatamidaṁ sarvaṁ jagadavyaktamūrtinā
matsthāni sarvabhūtāni na cāhaṁ teṣvavasthitaḥ

मुझे निराकार परमात्मा से यह सब जगत् जल से बरफ के सदृश परिपूर्ण है और सब भूत मेरे अन्तर्गत संकल्प के आधार स्थित हैं, किंतु वास्तव में मैं उनमें स्थित नहीं हूँ।।4।।

The whole of this universe is permeated by Me as unmanifest Divinity, and all beings rest on the idea within Me. Therefore, really speaking I am not present in them. (4)

न च मत्स्थानि भूतानि पश्य मे योगमैश्वरम्।
भूतभृन्न च भूतस्थो ममात्मा भूतभावनः।।5।।

na ca matsthāni bhūtāni paśya me yogamaiśvaram
bhūtabhṛnna ca bhūtastho mamātmā bhūtabhāvanaḥ

वे सब भूत मुझ में स्थित नहीं हैं; किंतु मेरी ईश्वरीय योगशक्ति को देख कि भूतों का धारण-पोषण करने वाला और भूतों को उत्पन्न करने वाला भर मेरा आत्मा वास्तव में भूतों में स्थित नहीं है।। 5 ।।

Nay, all those beings abide not in Me; but behold the wonderful power of My divine Yoga; though the Sustainer and Creator of beings, My self in reality dwells not in those beings. (5)

प्रसंग—पूर्वश्लोकों में भगवान् समस्त भूतों को अपने अव्यक्तरूप से व्याप्त और उसी में स्थित बतलाया। अतः इस विषय को स्पष्ट जानने की इच्छा होने पर दृष्टान्त द्वारा भगवान् उसका स्पष्टीकरण करते हैं—

यथाकाशस्थितो नित्यं वायुः सर्वत्रगो महान्।
तथा सर्वाणि भूतानि मत्स्थानीत्युपधारय।। 6।।

yathākāśasthito nityaṁ vāyuḥ sarvatrago mahān
tathā sarvāṇi bhūtāni matsthānītyupadhāraya

जैसे आकाश से उत्पन्न सर्वत्र विचरने वाली महान् वायु सदा आकाश में ही स्थित है, वैसे ही मेरे संकल्प द्वारा उत्पन्न होने से सम्पूर्ण भूत मुझ में स्थित हैं, ऐसा जान।। 6 ।।

Just as the extensive air, which is moving everywhere, (being born of ether) ever remains in ether, likewise know that all beings (who have originated from My thought) abide in Me. (6)

प्रसंग—विज्ञान सहित ज्ञान का वर्णन करते हुए भगवान् ने यहाँ तक प्रभाव सहित अपने निराकार स्वरूप का तत्त्व समझाने के लिये उसकी व्यापकता, असंगता और निर्विकारता का प्रतिपादन किया। अब अपने भूतभावन स्वरूप का स्पष्टीकरण

करते हुए सृष्टिरचनादि कर्मों का तत्त्व समझाने के लिये पहले दो श्लोकों द्वारा कल्पों के अन्त में सब भूतों का प्रलय और कल्पों के आदि में उनकी उत्पत्ति का प्रकार बतलाते हैं–

सर्वभूतानि कौन्तेय प्रकृतिं यान्ति मामिकाम्।
कल्पक्षये पुनस्तानि कल्पादौ विसृजाम्यहम्।।7।।

sarvabhūtāni kaunteya prakṛtiṁ yānti māmikām
kalpakṣaye punastāni kalpādau visṛjāmyaham

हे अर्जुन ! कल्पों के अन्त में सब भूत मेरी प्रकृति को प्राप्त होते हैं अर्थात् प्रकृति में लीन होते हैं और कल्पों के आदि में उनको मैं फिर रचता हूँ।। 7 ।।

Arjuna, during the Final Dissolution all beings enter My Prakrti (the prime Cause), and at the beginning of creation, I send them forth again. (7)

प्रकृतिं स्वामवष्टभ्य विसृजामि पुनः पुनः।
भूतग्राममिमं कृत्स्नमवशं प्रकृतेर्वशात्।।8।।

prakṛtiṁ svāmavṣṭabhya visṛjāmi pūnaḥ punaḥ
bhūtagrāmamimaṁ kṛtsnamavaśaṁ prakṛtervaśāt

अपनी प्रकृति को अंगीकार करके स्वभाव के बल से परतन्त्र हुए इस सम्पूर्ण भूत समुदाय को बार-बार उनके कर्मों के अनुसार रचता हूँ।। 8 ।।

Wielding My Nature I release, again and again, (according to their respective Karmas) all this

multitude of beings subject to the influence of their own nature. (8)

प्रसंग—इस प्रकार जगत्-रचनादि समस्त कर्म करते हुए भी भगवान् उन कर्मों के बन्धन में क्यों नहीं पड़ते, अब यही तत्त्व समझाने के लिये भगवान् कहते हैं—

न च मां तानि कर्माणि निबध्नन्ति धनञ्जय।
उदासीनवदासीनमसक्तं तेषु कर्मसु।।9।।

na ca māṁ tāni karmāṇi nibadhnanti dhanañjaya
udāsīnavadāsīnamasaktaṁ teṣu karmasu

हे अर्जुन ! उन कर्मों में आसक्ति रहित और उदासीन के सदृश स्थित मुझ परमात्मा को वे कर्म नहीं बाँधते।। 9 ।।

Arjuna, those actions, however, do not bind Me, unattached as I am to such actions and standing apart as it were. (9)

प्रसंग—'उदासीनवदासीनम्' इस पद से भगवान् में जो कर्तापन का अभाव दिखलाया गया, अब उस को स्पष्ट करने के लिये कहते हैं—

मयाध्यक्षेण प्रकृतिः सूयते सचराचरम्।
हेतुनानेन कौन्तेय जगद्विपरिवर्तते।।10।।

mayādhyakṣeṇa prakṛtiḥ sūyate sacarācaram
hetunānena kaunteya jagadviparivartate

हे अर्जुन ! मुझ अधिष्ठाता के सकाश से प्रकृति चराचरसहित सर्व जगत् को रचती है और इस हेतु से ही यह संसार चक्र घूम रहा है।। 10 ।।

Arjuna; with Me as the supervisor, Nature brings forth the whole creation, consisting of both sentient and insentient beings; it is due to this cause that the wheel of Samsara is going round. (10)

प्रसंग—अपनी प्रतिज्ञा के अनुसार विज्ञान सहित ज्ञान का वर्णन करते हुए भगवान् ने चौथे से छठे श्लोक तक प्रभाव सहित सगुण-निराकार स्वरूप का तत्त्व समझाया। फिर सातवें से दसवें श्लोक तक सृष्टि-रचनादि समस्त कर्मों में अपनी असंगता और निर्विकारता दिखलाकर उन कर्मों की दिव्यता का तत्त्व बतलाया। अब अपने सगुण-साकार रूप का महत्त्व, उसकी भक्ति का प्रकार और उसके गुण और प्रभाव का तत्त्व समझाने के लिये पहले दो श्लोकों में उसके प्रभाव को न जानने वाले असुर-प्रकृति के मनुष्यों की निन्दा करते हैं—

अवजानन्ति मां मूढा मानुषीं तनुमाश्रितम्।
परं भावमजानन्तो मम भूतमहेश्वरम्।।11।।

avajānanti māṁ mūḍhā mānuṣīṁ tanumāśritam
paraṁ bhāvamajānanto mama bhūtamaheśvaram

मेरे परमभाव को न जानने वाले मूढ लोग मनुष्य का शरीर धारण करने वाले मुझ सम्पूर्ण भूतों के महान् ईश्वर को तुच्छ समझते हैं अर्थात् अपनी योग माया से संसार के उद्धार के लिये मनुष्य रूप में विचरते हुए मुझ परमेश्वर को साधारण मनुष्य मानते हैं।। 11 ।।

Fools, not knowing My supreme nature, think low of Me, the Overlord of the entire creation, who have put on the human semblance. (that is to say, they take Me, who have appeared in human garb through My Yogamaya for the deliverance of the world, for an oridnary mortal). (11)

मोघाशा मोघकर्माणो मोघज्ञाना विचेतसः।
राक्षसीमासुरीं चैव प्रकृतिं मोहिनीं श्रिताः।।12।।

moghāśā moghakarmāṇo moghajñānā vicetasaḥ
rākṣasīmāsurīṁ caiva prakṛtim mohinīṁ śritāḥ

वे व्यर्थ आशा, व्यर्थ कर्म और व्यर्थ ज्ञान वाले विक्षिप्त चित्त अज्ञानीजन राक्षसी, आसुरी और मोहिनी प्रकृति को ही धारण किये रहते हैं।। 12 ।।

Those be wildered persons with vain hopes, futile actions and fruitless knowledge have embraced a fiendish, demoniacal and delusive nature. (12)

प्रसंग—भगवान् प्रभाव न जानने वाले आसुरी प्रकृति के मुनष्यों की निन्दा करके अब सगुण रूप की भक्ति का तत्त्व समझाने के लिये भगवान् के प्रभाव को जानने वाले, दैवी प्रकृति के आश्रित, उच्च श्रेणी के अनन्य भक्तों के लक्षण बतलाते हैं—

महात्मानस्तु मां पार्थ दैवीं प्रकृतिमाश्रिताः।
भजन्त्यनन्यमनसो ज्ञात्वा भूतादिमव्ययम्।। 13।।

mahātmānastu māṁ pārtha daivīṁ prakṛtimāśritāḥ
bhajantyananyamanaso jñātvā bhūtādimavyayam

परंतु हे कुन्ती पुत्र ! दैवी प्रकृति के आश्रित महात्मा जन मुझ को सब भूतों का सनातन कारण और नाशरहित अक्षर स्वरूप जानकर अनन्य मन से युक्त होकर निरन्तर भजते हैं।। 13 ।।

On the other hand, Arjuna, great souls who have embraced the divine nature, knowing Me as the prime

source of all lives and the imperishable eternal, worship Me constantly with none else in mind. (13)

प्रसंग—अब पूर्व श्लोक में वर्णित भगवत्प्रेमी भक्तों के भजन का प्रकार बतलाते हैं—

सततं कीर्तयन्तो मां यतन्तश्च दृढव्रताः।
नमस्यन्तश्च मां भक्त्या नित्ययुक्ता उपासते।। 14।।

satataṁ kīrtayanto māṁ yatantaśca dṛḍhavratāḥ
namasyantaśca māṁ bhaktyā nityayuktā upāsate

वे दृढ़ निश्चय वाले भक्त जन निरन्तर मेरे नाम और गुणों का कीर्तन करते हुए तथा मेरी प्राप्ति के लिये यत्न करते हुए और मुझ को बार-बार प्रमाण करते हुए सदा मेरे ध्यान में युक्त होकर अनन्य प्रेम से मेरी उपासना करते हैं।। 14 ।।

Constantly chanting My names and glories and striving for My realization, and bowing again and again to Me, those devotees of firm resolve, ever united with Me through meditation, worship Me with single-minded devotion. (14)

प्रसंग—भगवान् के गुण, प्रभाव आदि को जानने वाले अनन्य प्रेमी भक्तों को भजन का प्रकार बतलाकर अब भगवान् उनसे भिन्न श्रेणी के उपासकों की उपासना का प्रकार बतलाते हैं—

ज्ञानयज्ञेन चाप्यन्ये यजन्तो मामुपासते।
एकत्वेन पृथक्त्वेन बहुधा विश्वतोमुखम्।। 15।।

jñānayajñena cāpyanye yajanto māmupāsate
ekatvena pṛthaktvena bahudhā viśvatomukham

दूसरे ज्ञानयोगी मुझ निर्गुण-निराकार ब्रह्म का ज्ञान यज्ञ के द्वारा अभिन्न भाव से पूजन करते हुए भी मेरी उपासना करते हैं, और दूसरे मनुष्य बहुत प्रकार से स्थित विराट् स्वरूप परमेश्वर की पृथक् भाव से उपासना करते हैं।। 15 ।।

Other (who follow the path of Knowledge, betake themselves to Me through their offering of Knowledge, worshipping Me (in My absolute, formless aspect) as one with themselves; while still others worship Me in My Universal Form in many ways, taking Me to be diverse in diverse clelestial forms. (15)

प्रसंग—समस्त विश्व की उपासना भगवान् की ही उपासना कैसे है—यह स्पष्ट समझाने के लिये अब चार श्लोकों द्वारा भगवान् इस बात का प्रतिपादन करते हैं कि समस्त जगत् मेरा ही स्वरूप है—

अहं क्रतुरहं यज्ञः स्वधाहमहमौषधम्।
मन्त्रोऽहमहमेवाज्यमहमग्निरहं हुतम्।। 16।।

ahaṁ kraturahaṁ yajñaḥ svadhāhamahamauṣadham
mantro'hamahamevājyamahamagniraham hutam

क्रतु मैं हूँ, यज्ञ मैं हूँ, स्वधा मैं हूँ, औषधि मैं हूँ, मन्त्र मैं हूँ, घृत मैं हूँ, अग्नि में हूँ, और हवन रूप क्रिया भी मैं ही हूँ।। 16 ।।

I am the Vedic ritual, I am the sacrifice, I am the offering to the departed; I am the herbage and foodgrains; I am the sacred formula, I am the clarified butter, I am the sacred fire, and I am verily the act of offering oblations into the fire. (16)

पिताहमस्य जगतो माता धाता पितामहः।
वेद्यं पवित्रमोङ्कार ऋक्साम यजुरेव च।।17।।

pitāhamasya jagato mātā dhātā pitāmahaḥ
vedyaṁ pavitramoṁkāra ṛksāma yajureva ca

इस सम्पूर्ण जगत् का धाता अर्थात् धारण करने वाला एवं कर्मों के फल को देने वाला, पिता, माता, पितामह, जानने योग्य, पवित्र ओंकार तथा ऋग्वेद, सामवेद यजुर्वेद भी मैं ही हूँ।। 17 ।।

I am the sustainer and ruler of this universe, its father, mother and grandfather, the one worth knowing, the purifier, the sacred syllable OM and the three Vedas-RK, Yajus and Sama. (17)

गतिर्भर्ता प्रभुः साक्षी निवासः शरणं सुहृत्।
प्रभवः प्रलयः स्थानं निधानं बीजमव्ययम्।।18।।

gatirbhartā prabhuḥ sākṣī nivāsaḥ śaraṇaṁ suhṛt
prabhavaḥ pralayaḥ sthānaṁ nidhānaṁ bījamavyayam

प्राप्त होने योग्य परम धाम, भरण-पोषण करने वाला, सबका स्वामी, शुभाशुभ को देखने वाला, सबका वासस्थान,शरण लेने योग्य, प्रत्युपकार न चाहकर हित करने वाला, सबकी उत्पत्ति-प्रलय का हेतु, स्थिति का आधार, निधान और अविनाशी कारण भी मैं ही हूँ।। 18 ।।

I am the supreme goal, supporter, lord, witness, abode, refuge, wellwisher seeking no returen, origin and end, resting-place, storehouse (to which all beings return at the time of universal destruction), and imperishable seed. (18)

तपाम्यहमहं वर्षं निगृह्णाम्युत्सृजामि च।
अमृतं चैव मृत्युश्च सदसच्चाहमर्जुन।। 19।।

tapāmyahamahaṁ varṣaṁ nigṛhṇāmyutsṛjāmi ca
amṛtaṁ caiva mṛtyuśca sadasaccāhamarjuna

मैं ही सूर्य रूप से तपता हूँ, वर्षा का आकर्षण करता हूँ और उसे बरसाता हूँ। हे अर्जुन ! मैं ही अमृत और मृत्यु हूँ और सत्-असत् भी मैं ही हूँ।। 19 ।।

I radiate heat as the sun, and hold back as well as send forth showers, Arjuna. I am immortality as well as death; even so I am being and non-being both. (19)

प्रसंग—तेरहवें से पंद्रहवें श्लोक तक अपने सगुण-निर्गुण और विराट् रूप की उपासनाओं का वर्णन करके भगवान् ने उन्नीसवें श्लोक तक समस्त विश्व को अपना स्वरूप बतलाया। समस्त विश्व मेरा ही स्वरूप होने के कारण इन्द्रादि अन्य देवों की उपासना भी प्रकारान्तर से मेरी ही उपासना है, परंतु ऐसा न जानकर फलासक्ति पूर्वक-पृथक् भाव से उपासना करने वालों को मेरी प्राप्ति न होकर विनाशी फल ही मिलता है। इसी बात को दिखलाने के लिये अब दो श्लोकों में भगवान् उस उपासना का फल सहित वर्णन करते हैं—

त्रैविद्या मां सोमपाः पूतपापा यज्ञैरिष्ट्वा स्वर्गतिं प्रार्थयन्ते।
ते पुण्यमासाद्य सुरेन्द्रलोकमश्नन्ति दिव्यान्दिवि देवभोगान्।। 20।।

traividyā māṁ somapāḥ pūtapāpā
yajñairiṣṭvā svargatiṁ prārthayante
te puṇyamāsādya surendraloka-
maśnanti divyāndivi devabhogān

तीनों वेदों में विधान किये हुए सकाम कर्मों को करने वाले, सोमरस को पीने वाले, पाप रहित पुरुष मुझको यज्ञों के द्वारा पूजकर स्वर्ग की प्राप्ति चाहते हैं; वे पुरुष अपने पुण्यों के फलरूप स्वर्गलोक को प्राप्त होकर स्वर्ग में दिव्य देवताओं के भोगों को भोगते हैं।। 20 ।।

Those who perform action with some interested motive as laid down in these three Vedas and drink the sap of the Soma plant, and have thus been purged of sin, worshipping Me through sacrifices, seek access to heaven; attaining Indira's paradise as the result of their virtuous deeds, they enjoy the celestial pleasures of gods in heaven. (20)

ते तं भुक्त्वा स्वर्गलोकं विशालं क्षीणे पुण्ये मर्त्यलोकं विशन्ति।
एवं त्रयीधर्ममनुप्रपन्ना गतागतं कामकामा लभन्ते।।21।।

te taṁ bhuktvā svargalokaṁ viśālaṁ
kṣīṇe puṇye martyalokaṁ viśanti
evaṁ trayīdharmamanuprapannā
gatāgataṁ kāmakāmā labhante

वे उस विशाल स्वर्ग लोक को भोग कर पुण्य क्षीण होने पर मृत्यु लोक को प्राप्त होते हैं। इस प्रकार स्वर्ग के साधन रूप तीनों वेदों में कहे हुए सकाम कर्म का आश्रय लेने वाले और भोगों की कामना वाले पुरुष बार-बार आवागमन को प्राप्त होते हैं, अर्थात् पुण्य के प्रभाव से स्वर्ग में जाते हैं और पुण्य क्षीण होने पर मृत्यु लोक में आते हैं।। 21 ।।

Having enjoyed the extensive heaven-world, they return to this world of mortals on the stock of their merits being exhausted. Thus devoted to the ritual with interested motive recommended by th three Vedas (as the means of attaining heavenly bliss), and seeking worldly enjoyments, they repeatedly come and go (i.,e., ascend to heaven by virtue of their merits and return to earth when their fruit has been enjoyed). (21)

प्रसंग—पहले दो श्लोकों में यज्ञ द्वारा देवताओं का पूजन करने वाले सकामी मनुष्यों के देवपूजन का फल आवागमन बतलाकर अब भगवान् उनसे भिन्न अपने अनन्य प्रेमी निष्काम भक्तों की उपासना का फल उनका योग क्षेम वहन करना बतलाते हैं—

अनन्याश्चिन्तयन्तो मां ये जनाः पर्युपासते।
तेषां नित्याभियुक्तानां योगक्षेमं वहाम्यहम्।। 22।।

ananyāścintayanto māṁ ye janāḥ paryupāsate
teṣāṁ nityābhiyuktānāṁ yogakṣemaṁ vahāmyaham

जो अनन्य प्रेमी भक्त जन मुझ परमेश्वर को निरन्तर चिन्तन करते हुए निष्काम भाव से भजते हैं, उन नित्य-निरन्तर मेरा चिन्तन करने वाले पुरुषों का योग क्षेम में स्वयं प्राप्त कर देता हूँ।। 22 ।।

The devotees, however, who loving no one else constantly think of Me, and worship Me in a disinterested spirit, to those ever united in thoght with Me I bring full security and personally attend to their needs. (22)

प्रसंग—पूर्वश्लोकों में भगवान् ने समस्त विश्व को अपना स्वरूप बताया कि यज्ञों द्वारा की जाने वाली देव पूजा को प्रकारान्तर से अपनी ही पूजा बताकर उसका फल आवागमन के चक्र में पड़ना और अपने अनन्य भक्त को उपासना का फल उसे अपनी प्राप्ति करा देना कैसे बताया ? इस पर कहते हैं—

येऽप्यन्यदेवता भक्ता यजन्ते श्रद्धयान्विताः।
तेऽपि मामेव कौन्तेय यजन्त्यविधिपूर्वकम्।। 23।।

ye'pyanyadevatā bhaktā yajante śraddhayānvitāḥ
te'pi māmeva kaunteya yajantyavidhipūrvakam

हे अर्जुन ! यद्यपि श्रद्धा से युक्त जो सकाम भक्त दूसरे देवताओं को पूजते हैं, वे भी मुझको ही पूजते हैं; किंतु उनका वह पूजन अविधिपूर्वक अर्थात् अज्ञानपूर्वक है।। 23 ।।

Arjuna, even those devotees who, endowed with faith, worship other gods (with some interested motive) worship Me alone, though with amistaken approach. (23)

प्रसंग—अन्य देवताओं के पूजन करने वालों की पूजा भगवान् की विधिपूर्वक पूजा नहीं है, यह कहकर अब वैसी पूजा करने वाले मनुष्य भगवत्प्राप्ति रूप फल से वञ्चित क्यों रहते हैं, इसका स्पष्ट रूप से निरूपण करते हैं—

अहं हि सर्वयज्ञानां भोक्ता च प्रभुरेव च।
न तु मामभिजानन्ति तत्त्वेनातश्च्यवन्ति ते।। 24।।

ahaṁ hi sarvayajñānāṁ bhoktā ca prabhureva ca
na tu māmabhijānanti tattvenātaścyavanti te

क्यों सम्पूर्ण यज्ञों का भोक्ता और स्वामी भी मैं ही हूँ; परंतु वे मुझ परमेश्वर को तत्त्व से नहीं जानते, इसी से गिरते हैं अर्थात् पुनर्जन्म को प्राप्त करते हैं।। 24 ।।

For I am the enjoyer and also the lord of all sacrifices; but they know Me not in reality (as the supreme Deity), hence they fall (*i.e.*, return to life on earth). (24)

प्रसंग—भगवान् के भक्त आवागमन को प्राप्त नहीं होते और अन्य देवताओं के उपासक आवागमन को प्राप्त होते हैं, इसका क्या कारण है ? इस जिज्ञासा पर उपास्य के स्वरूप और उपासक के भाव से उपासना के फल में भेद होने का नियम बतलाते हैं—

यान्ति देवव्रता देवान्पितृन्यान्ति पितृव्रताः।
भूतानि यान्ति भूतेज्या यान्ति मद्याजिनोऽपि माम्।।25।।

yānti devavratā devānpitrīnyānti pitṛvratāḥ
bhūtāni yānti bhūtejyā yānti madyājino'pi mām

देवताओं को पूजने वाले देवताओं को प्राप्त होते हैं, पितरों को पूजने वाले पितरों को प्राप्त होते हैं, भूतों को पूजने वाले भूतों को प्राप्त होते हैं और मेरा पूजन करने वाले भक्त मुझ को ही प्राप्त होते हैं। इसीलिये मेरे भक्तों का पुनर्जन्म नहीं होता।। 25 ।।

Those who are vowed to gods go to the gods; those who are vowed to the manes reach the manes; those who adore the spirits reach the spirits and those who worship Me come to Me alone. (That is why My devotees are no longer subject to birth and death). (25)

प्रसंग—भगवान् की भक्ति का भगवत्प्राप्ति रूपी महान् फल होने पर भी उसके साधन में कोई कठिनता नहीं है, बल्कि उसका साधन बहुत ही सुगम है—यही बात दिखलाने के लिये भगवान् कहते हैं—

पत्रं पुष्पं फलं तोयं यो मे भक्त्या प्रयच्छति।
तदहं भक्त्युपहृतमश्नामि प्रयतात्मनः।।26।।

patraṁ puṣpaṁ phalaṁ toyaṁ yo me bhaktyā prayacchati
tadahaṁ bhaktyupahṛtamaśnāmi prayatātmanaḥ

जो कोई भक्त मेरे लिये प्रेम से पत्र, पुष्प, फल, जल आदि अर्पण करता है, उस शुद्ध बुद्धि निष्काम प्रेमी भक्त का प्रेमपूर्वक अर्पण किया हुआ वह पत्र-पुष्पादि मैं सगुण रूप से प्रकट होकर प्रीतिसहित खाता हूँ।। 26 ।।

Whosoever offers to Me with love a leaf, a flower, a fruit or even water, I appear in person before that disinterested devotee of sinless mind, and delightfully partake of that article offered by him with love. (26)

प्रसंग—यदि ऐसी ही बात है तो मुझे क्या करना चाहिये, इस जिज्ञासा पर भगवान् अर्जुन को उसका कर्तव्य बतलाते हैं—

यत्करोषि यदश्नासि यज्जुहोषि ददासि यत्।
यत्तपस्यसि कौन्तेय तत्कुरुष्व मदर्पणम्।।27।।

yatkaroṣi yadaśnāsi yajjuhoṣi dadāsi yat
yattapasyasi kaunteya tatkuruṣva madarpaṇam

हे अर्जुन ! तू जो कर्म करता है, जो खाता है, जो हवन करता है, जो दान देता है और जो तप करता है, वह सब मेरे अर्पण कर।। 27 ।।

Arjuna, whatever you do, whatever you eat, whatever you offer as oblation to the sacred fire, whatever you bestow as a gift, whatever you do by way of penance, offer it all to Me. (27)

प्रसंग—इस प्रकार समस्त कर्मों को आपके अर्पण करने से क्या होगा, इस जिज्ञासा पर कहते हैं—

शुभाशुभफलैरेवं मोक्ष्यसे कर्मबन्धनैः।
सन्न्यासयोगयुक्तात्मा विमुक्तो मामुपैष्यसि।। 28।।

śubhāśubhaphalairevaṁ mokṣyase karmabandhanaiḥ
saṁnyāsayogayuktātmā vimukto māmupaiṣyasi

इस प्रकार, जिसमें समस्त कर्म मुझ भगवान् के अर्पणं होते हैं—ऐसे संन्यास योग से मुक्त होकर मुझको ही प्राप्त होगा।। 28 ।।

With your mind thus established in the Yoga of renuciation (offering of all actions to Me), you will be freed from the bonds of Karma in the shape of good and evil consequences; and freed from them, you will attain Me. (28)

प्रसंग—उपर्युक्त प्रकार से भगवान् की भक्ति करने वाले को भगवान् की प्राप्ति होती है, दूसरों को नहीं होती—इस कथन से भगवान् में विषमता के दोष की आशंका हो सकती है। अतएव उसका निवारण करते हुए भगवान् कहते हैं—

समोऽहं सर्वभूतेषु न मे द्वेष्योऽस्ति न प्रियः।
ये भजन्ति तु मां भक्त्या मयि ते तेषु चाप्यहम्।। 29।।

samo'haṁ sarvabhūteṣu na me dveṣyo'sti na priyaḥ
ye bhajanti tu māṁ bhaktyā mayi te teṣu cāpyaham

मैं सब भूतों में समभाव से व्यापक हूँ, न कोई मेरा अप्रिय है और न प्रिय है; परन्तु जो भक्त मुझको प्रेम से भजते हैं, वे मुझमें हैं और मैं भी उनमें प्रत्यक्ष प्रकट हूँ।। 29 ।।

I am equally present in all beings; there is none hateful or dear to Me. They, however, who devoutly worship Me abide in Me; and I too stand revealed in them. (29)

प्रसंग—भगवान् भजन करने वालों में अनासक्तभाव प्रदर्शित करते हुए अब अगले दो श्लोकों में दुराचारी को भी शाश्वत शान्ति प्राप्त होने की घोषणा करके अपनी भक्ति की विशेष महिमा दिखलाते हैं—

अपि चेत्सुदुराचारो भजते मामनन्यभाक्।
साधुरेव स मन्तव्यः सम्यग्व्यवसितो हि सः।।30।।

api cetsudurācāro bhajate māmananyabhāk
sādhureva sa mantavyaḥ samyagvyavasito hi saḥ

यदि कोई अतिशय दुराचारी भी अनन्य भाव से मेरा भक्त होकर मुझको भजता है तो वह साधु ही मानने योग्य है; क्योंकि वह यथार्थ निश्चय वाला है। अर्थात् उसने भलीभाँति निश्चय कर लिया है कि परमेश्वर भजन के समान अन्य कुछ भी नहीं है।। 30 ।।

Even if the vilest sinner worship Me with exclusive devotion, he should be accounted a saint; for he has rightly resolved. (He is positive in his belief that there is nothing like devoted worship of God). (30)

क्षिप्रं भवति धर्मात्मा शश्वच्छान्तिं निगच्छति।
कौन्तेय प्रतिजानीहि न मे भक्तः प्रणश्यति।।31।।

kṣipraṁ bhavati dharmātmā śaśvacchāntiṁ nigacchati
kaunteya pratijānīhi na me bhaktaḥ praṇaśyati

वह शीघ्र ही धर्मात्मा हो जाता है और सदा रहने वाली परम शान्ति को प्राप्त होता है। हे अर्जुन ! तू निश्चयपूर्वक सत्य जान कि मेरा भक्त नष्ट नहीं होता।। 31 ।।

Speedily he becomes virtuous and secures lasting peace. Know it for certain, Arjuna, that My devotee never falls. (31)

प्रसंग—इस प्रकार सदाचारिता और दुराचारिता के कारण होने वाली विषमता का अपने में अभाव दिखलाकर अब दो श्लोकों में भगवान् अच्छी-बुरी जाति के कारण होने वाली विषमता का अपने में अभाव दिखलाते हुए शरणागति रूप भक्ति का महत्त्व प्रतिपादन करके अर्जुन को भजन करने की आज्ञा देते हैं—

मां हि पार्थ व्यपाश्रित्य येऽपि स्युः पापयोनयः।
स्त्रियो वैश्यास्तथा शूद्रास्तेऽपि यान्ति परां गतिम्।।32।।

māṁ hi pārtha vyapāśritya ye'pi syuḥ pāpayonayaḥ
striyo vaiśyāstathā śūdrāste'pi yānti parāṁ gatim

हे अर्जुन ! स्त्री, वैश्य, शूद्र तथा पापयोनि—चाण्डालादि जो कोई भी हों, वे भी मेरी शरण होकर परमगति को ही प्राप्त होते हैं।। 32 ।।

Arjuna, women, Vaisyas (members of the trading and agricultuist classes) Sudras (those belonging

to the labouring and artisan classes), as well as those of vile birth (such as the pariah), whoever they may be, taking refuge in Me they too attain the supreme goal. (32)

किं पुनर्ब्राह्मणाः पुण्या भक्ता राजर्षयस्तथा।
अनित्यमसुखं लोकमिमं प्राप्य भजस्व माम्।। 33।।

kiṁ punarbrāhmaṇāḥ puṇyā bhaktā rājarṣayastathā
anityamasukhaṁ lokamimaṁ prāpya bhajasva mām

फिर इसमें तो कहना ही क्या है, जो पुण्यशील ब्राह्मण तथा राजर्षि भक्तजन मेरी शरण होकर परम गति को प्राप्त होते हैं। इसलिये तू सुखरहित और क्षणभंगुर इस मनुष्य शरीर को प्राप्त होकर निरन्तर मेरा ही भजन कर।। 33 ।।

How much more, then, holy Brahmanas and royal sages devoted to Me! Therefore, having obtained this joyless and transient human life, constantly worship Me. (33)

प्रसंग—पिछले श्लोकों में भगवान् ने अपने भजन का महत्त्व दिखलाया और अन्त में अर्जुन को भजन करने के लिये कहा। अतएव अब भगवान् अपने भजन का अर्थात् शरणागति का प्रकार बतलाते हुए अध्याय की समाप्ति करते हैं—

मन्मना भव मद्भक्तो मद्याजी मां नमस्कुरु।
मामेवैष्यसि युक्त्वैवमात्मानं मत्परायणः।। 34।।

manmanā bhava madbhakto madyājī māṁ namaskuru
māmevaiṣyasi yuktvaivamātmānaṁ matparāyaṇah

मुझमें मनवाला हो, मेरा भक्त बन, मेरा पूजन करने वाला हो, मुझको प्रणाम कर। इस प्रकार आत्मा को मुझ में नियुक्त करके मेरे परायण होकर तू मुझको ही प्राप्त होगा।। 34 ।।

Fix your mind on Me, be devoted to Me, worship Me and make obeisance to Me; thus linking your self with Me and entirely depending on Me, you shall come to Me. (34)

ॐ तत्सदिति श्रीमद्भगवद्गीतासूपनिषत्सु ब्रह्मविद्यायां योगशास्त्र श्रीकृष्णार्जुनसंवादे
राजविद्याराजगुह्ययोगो नाम नवमोऽध्यायः।। 9 ।।

ॐ श्रीपरमात्मने नमः

दशमोऽध्यायः

इस अध्याय में प्रधान रूप से भगवान् की विभूतियों का ही वर्णन है, इसलिये इस अध्याय का नाम 'विभूति योग' रखा गया है।

प्रसंग — सातवें अध्याय से लेकर नवें अध्याय तक विज्ञान सहित ज्ञान का जो वर्णन किया गया उसके बहुत गंभीर हो जाने के कारण अब पुनः उसी विषय को दूसरे प्रकार से भलीभाँति समझाने के लिये दसवें अध्याय का आरम्भ किया जाता है। यहाँ पहले श्लोक में भगवान् पूर्वोक्त विषय का ही पुनः वर्णन करने की प्रतिज्ञा करते हैं—

श्रीभगवानुवाच

भूय एव महाबाहो श्रृणु मे परमं वचः।
यत्तेऽहं प्रीयमाणाय वक्ष्यामि हितकाम्यया।।1।।

śrībhagavānuvāca
bhūya eva mahābāho śṛṇu me paramaṁ vacaḥ
yatte'haṁ prīyamāṇāya vakṣyāmi hitakāmyayā

श्रीभगवान् बोले—हे महाबाहो ! फिर भी मेरे परम रहस्य और प्रभावयुक्त वचन को सुन, जिसे मैं तुझ अतिशय प्रेम रखने वाले के लिये हित की इच्छा से कहूँगा ।।1 ।।

Sri Bhagavan said : Arjuna, hear once again My supreme word, which I shall speak to you, who are so loving, out of solicitude for your welfare. (1)

प्रसंग — पहले श्लोक में भगवान् ने जिस विषय पर कहने की प्रतिज्ञा की है; उसका वर्णन आरम्भ करते हुए वे पहले पांच श्लोकों में योग शब्द वाच्य प्रभाव का और अपनी विभूति का संक्षिप्त वर्णन करते हैं—

न मे विदुः सुरगणाः प्रभवं न महर्षयः।
अहमादिर्हि देवानां महर्षीणां च सर्वशः।।2।।

na me viduḥ suragaṇāḥ prabhavaṁ na maharṣayaḥ
ahamādirhi devānāṁ maharṣīṇāṁ ca sarvaśaḥ

मेरी उत्पत्ति को अर्थात् लीला से प्रकट होने को न देवता लोग जानते हैं और न महर्षिजन ही जानते हैं, क्योंकि मैं सब प्रकार से देवताओं का और महर्षियों का भी आदि कारण हूँ ।। 2 ।।

Neither gods nor the great sages know the secret of My birth (i.e., My appearance in human or other garb out of mere sport); for I am the prime cause in all respects of gods as well as of the great seers.(2)

योो मामजमनादिं च वेत्ति लोकमहेश्वरम् ।
असंमूढः स मर्त्येषु सर्वपापैः प्रमुच्यते ।। 3 ।।

yo māmajamanādiṁ ca vetti lokamaheśvaram
asaṁmūḍhaḥ sa martyeṣu sarvapāpaiḥ pramucyate

जो मुझको अजन्मा अर्थात् वास्तव में जन्मरहित, अनादि और लोकों का महान् ईश्वर तत्त्व से जानता है, वह मनुष्यों में ज्ञानवान् पुरुष सम्पूर्ण पापों से मुक्त हो जाता है ।। 3 ।।

He who knows Me in reality as birthless and without beginning, and as the supreme Lord of the Universe, he, undeluded among men, is purged of all sins. (3)

बुद्धिर्ज्ञानमसंमोहः क्षमा सत्यं दमः शमः।
सुखं दुःखं भवोऽभावो भयं चाभयमेव च।।4।।
अहिंसा समता तुष्टिस्तपो दानं यशोऽयशः।
भवन्ति भावा भूतानां मत्त एव पृथग्विधाः।।5।।

buddhirjñānamasaṁmohaḥ kṣamā satyaṁ damaḥ śamaḥ
sukhaṁ duḥkhaṁ bhavo'bhāvo bhayaṁ cābhayameva ca
ahiṁsā samatā tuṣṭistapo dānaṁ yaśo'yaśaḥ
bhavanti bhāvā bhūtānāṁ matta eva pṛthagvidhāḥ

निश्चय करने की शक्ति, यथार्थ ज्ञान, असम्मूढता, क्षमा, सत्य, इन्द्रियों का वश में करना, मन का निग्रह तथा सुख-दुःख, उत्पत्ति-प्रलय और भय-अभय तथा नाना प्रकार के भाव मुझसे से होते हैं ।। 4-5 ।।

Reason, right knowledge, unclouded understanding, forbearance, veracity, control over the senses and mind, joy and sorrow, evolution and dissolution, fear and fearlessness, non-violence, equanimity, contentment, austerity, charity fame and obloquy,—these diverse traits of creatures emanate from me alone. (4,5)

महर्षयः सप्त पूर्वे चत्वारो मनवस्तथा।
मद्भावा मानसा जाता येषां लोक इमाः प्रजाः।।6।।

maharṣayaḥ sapta pūrve catvāro manavastathā
madbhāvā mānasā jātā yeṣāṁ loka imāḥ prajāḥ

सात महर्षिजन, चार उनसे भी पूर्व में होने वाले सनकादि तथा स्वायम्भुव आदि चौदह मनु—ये मुझमें भाव वाले सब-के-सब मेरे संकल्प से उत्पन्न हुए हैं, जिनकी संसार में यह सम्पूर्ण प्रजा है ।। 6 ।।

The seven great seers, their four elders (Sanaka and others), and the fourteen Manus or progenitors of mankind (such as Svayambhuva and his successors), who are all devoted to Me, were born of My will; from them all these creatures in the world have descended. (6)

एतां विभूतिं योगं च मम यो वेत्ति तत्त्वतः।
सोऽविकम्पेन योगेन युज्यते नात्र संशयः।। 7।।

etāṁ vibhūtiṁ yogaṁ ca mama yo vetti tattvataḥ
so'vikampena yogena yujyate nātra saṁśayaḥ

जो पुरुष मेरी इस परमैश्वर्य रूप विभूति को और योग शक्ति को तत्त्व से जानता है, वह निश्चल भक्ति योग से युक्त हो जाता है—इसमें कुछ भी संशय नहीं है ।। 7 ।।

He who knows in reality this supreme divine glory and supernatural power of Mine gets established

in Me through unfaltering Devotion; of this there is no doubt. (7)

प्रसंग – भगवान् के प्रभाव और विभूतियों के ज्ञान का फल अविचल भक्ति योग की प्राप्ति बतलायी गयी, अब दो श्लोकों में उस भक्ति योग की प्राप्ति का क्रम बतलाते हैं–

अहं सर्वस्य प्रभवो मत्तः सर्वं प्रवर्तते।
इति मत्वा भजन्ते मां बुधा भावसमन्विताः।।8।।

ahaṁ sarvasya prabhavo mattaḥ sarvaṁ pravartate
iti matvā bhajante māṁ budhā bhāvasamanvitāḥ

मैं वासुदेव ही सम्पूर्ण जगत् की उत्पत्ति का क़ारण हूँ और मुझसे ही सब जगत् चेष्टा करता है—इस प्रकार समझकर श्रद्धा और भक्ति से युक्त बुद्धिमान् भक्तजन मुझ परमेश्वर को ही निरन्तर भजते हैं ।।8 ।।

I am the source of all creation and everything in the world moves because of Me; knowing thus the wise, full of devotion, constantly worship Me. (8)

मच्चित्ता मद्गतप्राणा बोधयन्तः परस्परम्।
कथयन्तश्च मां नित्यं तुष्यन्ति च रमन्ति च।।9।।

maccittā madgataprāṇā bodhayantaḥ parasparam
kathayantaśca māṁ nityaṁ tuṣyanti ca ramanti ca

निरन्तर मुझमें मन लगाने वाले और मुझ में ही प्राणों को अर्पण करने वाले भक्तजन मेरी भक्ति की चर्चा के द्वारा आपस

में मेरे प्रभाव को जानते हुए तथा गुण और प्रभाव सहित मेरा कथन करते हुए ही निरन्तर सन्तुष्ट होते हैं और मुझ वासुदेव में ही निरन्तर रमण करते हैं ।। 9 ।।

With their mind fixed on Me, and their lives surrendered to Me, enlightening one another about My greatness and speaking of Me, My devotees ever remain contented and take delight in Me. (9)

प्रसंग – उपर्युक्त प्रकार से भजन करने वाले भक्तों के प्रति भगवान् क्या करते हैं, अगले दो श्लोकों में यह बतलाते हैं–

तेषां सततयुक्तानां भजतां प्रीतिपूर्वकम्।
ददामि बुद्धियोगं तं येन मामुपयान्ति ते।। 10।।

teṣāṁ satatayuktānāṁ bhajatāṁ prītipūrvakam
dadāmi buddhiyogaṁ taṁ yena māmupayānti te

उन निरन्तर मेरे ध्यान आदि में लगे हुए और प्रेमपूर्वक भजने वाले भक्तों को मैं वह तत्त्व ज्ञान रूप योग देता हूँ, जिससे वे मुझको ही प्राप्त होते हैं ।। 10 ।।

On those ever united through meditation, with Me and worshipping Me with love, I confer that Yoga of wisdom through which they come to Me. (10)

तेषामेवानुकम्पार्थमहमज्ञानजं तमः।
नाशयाम्यात्मभावस्थो ज्ञानदीपेन भास्वता।। 11।।

teṣāmevānukampārthamahamajñānajaṁ tamah
nāśayāmyātmabhāvastho jñānadīpena bhāsvatā

हे अर्जुन ! उनके ऊपर अनुग्रह करने के लिये उनके अन्तःकरण में स्थित हुआ मैं स्वयं ही उनके अज्ञानजनित अन्धकार को प्रकाशमय तत्त्वज्ञान रूप दीपक के द्वारा नष्ट कर देता हूँ ।। 11 ।।

In order to shower My grace on them I, dwelling in their heart, dispel the darkness born of ignorance by the shining light of wisdom. (11)

प्रसंग – भगवान् की विभूति और योग को तत्त्व से जानना भगवत्प्राप्ति में परम सहायक है, यह बात समझकर अब सात श्लोकों में अर्जुन पहले भगवान् की स्तुति करके भगवान् से उनकी योग शक्ति और विभूतियों का विस्तार सहित वर्णन करने के लिये प्रार्थना करते हैं–

अर्जुन उवाच

परं ब्रह्म परं धाम पवित्रं परमं भवान् ।
पुरुषं शाश्वतं दिव्यमादिदेवमजं विभुम् ।। 12 ।।
आहुस्त्वामृषयः सर्वे देवर्षिर्नारदस्तथा ।
असितो देवलो व्यासः स्वयं चैव ब्रवीषि मे ।। 13 ।।

arjuna uvāca
paraṁ brahma paraṁ dhāma pavitraṁ paramaṁ bhavān
puruṣaṁ śāśvataṁ divyamādidevamajaṁ vibhum
āhustvāmṛṣayaḥ sarve devarṣirnāradastathā
asito devalo vyāsaḥ svayaṁ caiva bravīṣi me

अर्जुन बोले—आप परम ब्रह्म, परम धाम और परम पवित्र हैं, क्योंकि आपको सब ऋषिगण सनातन, दिव्य पुरुष एवं

देवों का भी आदि देव, अजन्मा और सर्वव्यापी कहते हैं। वैसे ही देवर्षि नारद तथा असित और देवल ऋषि तथा महर्षि व्यास भी कहते हैं और स्वयं आप भी मेरे प्रति कहते हैं ।। 12-13 ।।

Arjuna said : You are the transcendent Eternal, the supreme Abode and the greatest purifier; all the seers speak of You as the eternal divine Purusa, the primal Deity, unborn and all-pervading. Likewise speak the celestial sage Narada, the sages Asita and Devala and the great sage Vyasa; and Yourself too proclaim this to me. (12,13)

सर्वमेतदृतं मन्ये यन्मां वदसि केशव।
न हि ते भगवन्व्यक्तिं विदुर्देवा न दानवाः।। 14।।

sarvametadṛtaṁ manye yanmāṁ vadasi keśava
na hi te bhagavanvyaktiṁ vidurdevā na dānavāḥ

हे केशव ! जो कुछ भी मेरे प्रति आप कहते हैं, इस सबको मैं सत्य मानता हूँ। हे भगवान् ! आपके लीलामय स्वरूप को न तो दानव ज़ानते हैं और न देवता ही जानते हैं ।। 14 ।।

Krsna, I believe as true all that You tell me, Lord, neither demons nor gods are aware of Your manifestation through sport. (14)

स्वयमेवात्मनात्मानं वेत्थ त्वं पुरुषोत्तम।
भूतभावन भूतेश देवदेव जगत्पते ।। 15 ।।

svayamevātmanātmānaṁ vettha tvaṁ puruṣottama
bhūtabhāvana bhūteśa devadeva jagatpate

हे भूतों को उत्पन्न करने वाले ! हे भूतों के ईश्वर ! हे देवों के देव ! हे जगत् के स्वामी ! हे पुरुषोत्तम ! आप स्वयं ही अपने से अपने को जानते हैं ।। 15 ।।

O creator of beings, O Ruler of creatures, O God of gods, the Lord of the universe, O supreme Purusa, You alone know what You are by Yourself. (15)

वक्तुमर्हस्यशेषेण दिव्या ह्यात्मविभूतयः।
याभिर्विभूतिभिर्लोकानिमांस्त्वं व्याप्य तिष्ठसि ।। 16 ।।

vaktumarhasyaśeṣeṇa divyā hyātmavibhūtayaḥ
yābhirvibhūtibhirlokānimāṁstvaṁ vyāpya tiṣṭhasi

इसलिये आप ही उन अपनी दिव्य विभूतियों को सम्पूर्णता से कहने में समर्थ हैं, जिन विभूतियों के द्वारा आप इन सब लोकों को व्याप्त करके स्थित हैं ।। 16 ।।

Therefore, You alone can describe in full Your divine glories, whereby You stand pervading all these worlds. (16)

कथं विद्यामहं योगिंस्त्वां सदा परिचिन्तयन्।
केषु केषु च भावेषु चिन्त्योऽसि भगवन्मया।। 17।।

kathaṁ vidyāmahaṁ yogiṁstvāṁ sadā paricintayan
keṣu keṣu ca bhāveṣu cintyo'si bhagavanmayā

हे योगेश्वर ! मैं किस प्रकार निरन्तर चिन्तन करता हुआ आपको जानूँ और हे भगवान् ! आप किन-किन भावों में मेरे द्वारा चिन्तन करने योग्य हैं ? ।। 17 ।।

O Master of Yoga, through what process of continuous meditation shall I know You? And in what particular forms, O Lord, are You to be meditated upon by me? (17)

विस्तरेणात्मनो योगं विभूतिं च जनार्दन।
भूयः कथय तृप्तिर्हि श्रृण्वतो नास्ति मेऽमृतम्।। 18।।

vistareṇātmano yogaṁ vibhūtiṁ ca janārdana
bhūyaḥ kathaya tṛptirhi śṛṇvato nāsti me'mṛtam

हे जनार्दन ! अपनी योग शक्ति को और विभूति को फिर भी विस्तारपूर्वक कहिये, क्योंकि आपके अमृतमय वचनों को सुनते हुए मेरी तृप्ति नहीं होती अर्थात् सुनने की उत्कण्ठा बनी ही रहती है ।। 18 ।।

Krsna, tell me once more in detail Your power of Yoga and Your glory; for I know no satiety in hearing Your nectar-like words. (18)

प्रसंग – अर्जुन के द्वारा योग और विभूतियों का विस्तारपूर्वक पूर्ण रूप से वर्णन करने के लिये प्रार्थना की जाने पर भगवान् पहले अपने विस्तार की अनन्तता बतलाकर प्रधानता से अपनी विभूतियों का वर्णन करने की प्रतिज्ञा करते हैं–

श्रीभगवानुवाच

हन्त ते कथयिष्यामि दिव्या ह्यात्मविभूतयः।
प्राधान्यतः कुरुश्रेष्ठ नास्त्यन्तो विस्तरस्य मे।। 19।।

śrībhagavānuvāca
hanta te kathayiṣyāmi divyā hyātmavibhūtayaḥ
prādhānyataḥ kuruśreṣṭha nāstyanto vistarasya me

श्रीभगवान् बोले–हे कुरुश्रेष्ठ ! अब मैं जो मेरी दिव्य विभूतियाँ हैं, उनको तेरे लिये प्रधानता से कहूँगा; क्योंकि मेरे विस्तार का अन्त नहीं है ।। 19 ।।

Sri Bhagavan said : Arjuna, now I shall tell you My conspicuous divine glories; for there is no limit to My magnitude. (19)

प्रसंग – अब अपनी प्रतिज्ञा के अनुसार भगवान् बीसवें से उनतालीसवें श्लोक तक अपनी विभूतियों का वर्णन करते हैं–

अहमात्मा गुडाकेश सर्वभूताशयस्थितः।
अहमादिश्च मध्यं च भूतानामन्त एव च।।20।।

ahạmātamā guḍākeśa sarvabhūtāśayasthitaḥ
ahamādiśca madhyaṁ ca bhūtānāmanta eva ca

हे अर्जुन ! मैं सब भूतों के हृदय में स्थित सबका आत्मा हूँ तथा सम्पूर्ण भूतों का आदि, मध्य और अन्त भी मैं ही हूँ ।। 20 ।।

Arjuna I am the universal Self seated in the heart of all beings; so I alone am the beginning and middle and also the end of all beings. (20)

आदित्यानामहं विष्णुर्ज्योतिषां रविरंशुमान् ।
मरीचिर्मरुतामस्मि नक्षत्राणामहं शशी ।। 21 ।।

ādityānāmahaṁ viṣṇurjyotiṣāṁ raviraṁśumān
marīcirmarutāmasmi nakṣatrāṇāmahaṁ śaśī

मैं अदिति के बारह पुत्रों में विष्णु और ज्योतियों में किरणों वाला सूर्य हूँ तथा मैं उनचास वायुदेवताओं में मरीचि नामक वायुदेवता और नक्षत्रों का अधिपति चन्द्रमा हूँ ।। 21 ।।

I am Visnu among the twelve sons of Aditi, and the radiant sun among the luminaries; I am the glow of the Maruts (the fortynine wind-gods), and the moon among the stars. (21)

वेदानां सामवेदोऽस्मि देवानामस्मि वासवः ।
इन्द्रियाणां मनश्चास्मि भूतानामस्मि चेतना ।। 22 ।।

vedānāṁ sāmavedo'smi devānāmasmi vāsavaḥ
indriyāṇāṁ manaścāsmi bhūtānāmasmi cetanā

मैं वेदों में सामवेद हूँ, देवों में इन्द्र हूँ, इन्द्रियों में मन हूँ और भूत प्राणियों की चेतना अर्थात् जीवनी शक्ति हूँ ।। 22 ।।

Among the Vedas, I am the Samaveda; among the gods, I am Indra. Among the organs of perception etc., I am the mind; and I am the consciousness (life-energy) in living beings. (22)

रुद्राणां शंकरश्चास्मि वित्तेशो यक्षरक्षसाम् ।
वसूनां पावकश्चास्मि मेरुः शिखरिणामहम् ।। 23 ।।

rudrāṇāṁ śaṅkaraścāsmi vitteśo yakṣarakṣasām
vasūnāṁ pāvakaścāsmi meruḥ śikhariṇāmaham

मैं एकादश रुद्रों में शंकर हूँ और यक्ष तथा राक्षसों में धन का स्वामी कुबेर हूँ। मैं आठ वसुओं में अग्नि हूँ और शिखर वाले पर्वतों में सुमेरु पर्वत हूँ ।। 23 ।।

Among the eleven Rudras (gods of destruction); I am Siva; and among the Yaksas and Raksasas; I am the Lord of riches (Kubera). Among the eight Vasus, I am the god of fire: and among the mountains, I am the Meru. (23)

पुरोधसां च मुख्यं मां विद्धि पार्थ बृहस्पतिम् ।
सेनानीनामहं स्कन्दः सरसामस्मि सागरः ।। 24 ।।

purodhasāṁ ca mukhyaṁ māṁ viddhi pārtha bṛhaspatim
senānīnāmahaṁ skandaḥ sarasāmasmi sāgaraḥ

पुरोहितों में मुखिया बृहस्पति मुझको जान। हे पार्थ! मैं सेनापतियों में स्कन्द और जलाशयों में समुद्र हूँ ।। 24 ।।

Among the priests, Arjuna, know Me to be their chief, Brhaspati. Among warrior-chiefs, I am Skanda (the generalissimo of the gods); and among the waters; I am the ocean. (24)

महर्षीणां भृगुरहं गिरामस्म्येकमक्षरम्।
यज्ञानां जपयज्ञोऽस्मि स्थावराणां हिमालय।।25।।

maharṣīṇāṁ bhṛguraham girāmasmyekamakṣaram
yajñānāṁ japayajño'smi sthāvarāṇāṁ himālayaḥ

मैं महर्षियों में भृगु और शब्दों में एक अक्षर अर्थात् ओंकार हूँ। सब प्रकार के यज्ञों में जपयज्ञ और स्थिर रहने वालों में हिमालय पहाड़ हूँ ।। 25 ।।

Among the great seers, I am Bhrgu; among words, I am the sacred syllable OM. Among offerings, I am the offering of Japa (muttering of sacred formulas); and among the immovables, the Himalaya. (25)

अश्वत्थः सर्ववृक्षाणां देवर्षीणां च नारदः।
गन्धर्वाणां चित्ररथः सिद्धानां कपिलो मुनिः।। 26।।

aśvatthaḥ sarvavṛkṣāṇāṁ devarṣīṇāṁ ca nāradaḥ
gandharvāṇāṁ citrarathaḥ siddhānāṁ kapilo muniḥ

मैं सब वृक्षों में पीपल का वृक्ष, देवर्षियों में नारद मुनि, गन्धर्वों में चित्ररथ और सिद्धों में कपिल मुनि हूँ ।। 26 ।।

Among all trees, I am the Asvattha (the holy fig tree); among the celestial sages, Narada; among the Gandharvas (celestial musicians), Citraratha; and among the Siddhas, I am the sage Kapila. (26)

उच्चैःश्रवसमश्वानां विद्धि माममृतोद्भवम्।
ऐरावतं गजेन्द्राणां नराणां च नराधिपम्।।27।।

uccaiḥśravasamaśvānāṁ viddhi māmamṛtodbhavam
airāvataṁ gajendrāṇāṁ narāṇāṁ ca narādhipam

घोड़ों में अमृत के साथ उत्पन्न होने वाला उच्चैःश्रवा नामक घोड़ा, श्रेष्ठ हाथियों में ऐरावत नामक हाथी और मनुष्यों में राजा मुझको जान ।। 27 ।।

Among horses, know Me to be the celestial horse Uccaihsrava, begotten of the churning of the ocean

along with nectar; among mighty elephants Airavata (Indra's elephant); and among men, the king. (27)

आयुधानामहं वज्रं धेनूनामस्मि कामधुक्।
प्रजनश्चास्मि कन्दर्पः सर्पाणामस्मि वासुकिः।। 28।।

āyudhānāmahaṁ vajraṁ dhenūnāmasmi kāmadhuk
prajanaścāsmi kandarpaḥ sarpāṇāmasmi vāsukiḥ

मैं शस्त्रों में वज्र और गौओं में कामधेनु हूँ। शास्त्रोक्त रीति से सन्तान की उत्पत्ति का हेतु कामदेव हूँ, और सर्पों में सर्पराज वासुकि हूँ ।। 28 ।।

Among weapons, I am the thunderbolt; among cows, I am the celestial cow Kamadhenu (the cow of plenty). I am the sexual desire which leads to procreation (as enjoined by the scriptures); among serpents, I am Vasuki. (28)

अनन्तश्चास्मि नागानां वरुणो यादसामहम्।
पितॄणामर्यमा चास्मि यमः संयमतामहम्।। 29।।

anantaścāsmi nāgānāṁ varuṇo yādasāmaham
pitṝṇāmaryamā cāsmi yamaḥ saṁyamatāmaham

मैं नागों में शेष नाग और जलचरों का अधिपति वरुण देवता हूँ और पितरों में अर्यमा नामक पितर तथा शासन करने वालों में यमराज मैं हूँ ।। 29 ।।

Among Nagas (a special class of serpents), I am the serpent-god Ananta; and I am Varuna, the lord of aquatic creatures. Among the manes, I am Aryama (the head of the Pitars), and among rulers, I am Yama (the God of death). (29)

प्रह्लादश्चास्मि दैत्यानां कालः कलयतामहम्।
मृगाणां च मृगेन्द्रोऽहं वैनतेयश्च पक्षिणाम्।।30।।

prahlādaścāsmi daityānāṁ kālaḥ kalayatāmaham
mṛgāṇāṁ ca mṛgendro'haṁ vainateyaśca pakṣiṇām

मैं दैत्यों में प्रह्लाद और गणना करने वालों का समय हूँ तथा पशुओं में मृगराज सिंह और पक्षियों में गरुड हूँ ।।30।।

Among the Daityas, I am the great devotee Prahlada; and among reckoners, I am Time. So among quadrupeds, I am the lion; and among birds, I am Garuda. (30)

पवनः पवतामस्मि रामः शस्त्रभृतामहम्।
झषाणां मकरश्चास्मि स्रोतसामस्मि जाह्नवी।।31।।

pavanaḥ pavatāmasmi rāmaḥ śastrabhṛtāmaham
jhaṣāṇāṁ makaraścāsmi srotasāmasmi jāhnavī

मैं पवित्र करने वालों में वायु और शस्त्रधारियों में श्रीराम हूँ तथा मछलियों में मगर हूँ और नदियों में श्रीभागीरथी गंगाजी हूँ ।।31।।

Among purifiers, I am the wind; among warriors, I am Sri Rama. Among fishes, I am the shark; and among streams, I am the Ganges. (31)

सर्गाणामादिरन्तश्च मध्यं चैवाहमर्जुन।
अध्यात्मविद्या विद्यानां वादः प्रवदतामहम्।।32।।

sargāṇāmādirantaśca madhyaṁ caivāhamarjuna
adhyātmavidyā vidyānāṁ vādaḥ pravadatāmaham

हे अर्जुन ! सृष्टियों का आदि और अन्त तथा मध्य भी मैं ही हूँ। मैं विद्याओं में अध्यात्मविद्या अर्थात् ब्रह्म विद्या और परस्पर विवाद करने वालों का तत्त्वनिर्णय के लिये किया जाने वाला वाद हूँ ।। 32 ।।

Arjuna, I am the beginning and the middle and the end of all creations. Of sciences, I am the science of the soul, or metaphysics; in disputants, I am the right type of reasoning. (32)

अक्षराणामकारोऽस्मि द्वन्द्वः सामासिकस्य च।
अहमेवाक्षयः कालो धाताहं विश्वतोमुखः।।33।।

akṣarāṇāmakāro'smi dvandvaḥ sāmāsikasya ca
ahamevākṣayaḥ kālo dhātāhaṁ viśvatomukhaḥ

मैं अक्षरों में अकार हूँ और समासों में द्वन्द्वनामक समास हूँ। अक्षय काल अर्थात् काल का भी महाकाल तथा सब ओर

मुखवाला, विराट् स्वरूप, सबका धारण-पोषण करने वाला भी मैं ही हूँ ।। 33 ।।

Among the sounds represented by the various letters, I am 'A' (the sound represented by the first letter of the alphabet); of the different kinds of compounds in grammar, I am the copulative compound. I am verily the endless Time (the devourer of Time, God); I am the sustainer of all, having My face on all sides. (33)

मृत्युः सर्वहरश्चाहमुद्भवश्च भविष्यताम् ।
कीर्तिः श्रीर्वाक्च नारीणां स्मृतिर्मेधा धृतिः क्षमा ।। 34 ।।

mṛtyuḥ sarvaharaścāhamudbhavaśca bhaviṣyatām
kīrtiḥ śrīrvākca nārīṇāṁ smṛtirmedhā dhṛtiḥ kṣamā

मैं सबका नाश करने वाला मृत्यु और उत्पन्न होने वालों का उत्पत्ति हेतु हूँ तथा स्त्रियों में कीर्ति, श्री, वाक्, स्मृति, मेधा, धृति और क्षमा हूँ ।। 34 ।।

I am the all-destroying Death that snatches all, and the origin of all that shall be born. Among women, I am Kirti, Sri, Vak, Smrti, Medha, Dhrti and Ksama (the goddesses presiding over glory, prosperity, speech, memory, intelligence, steadfastness and forbearance respectively). (34)

बृहत्साम तथा साम्नां गायत्री छन्दसामहम् ।
मासानां मार्गशीर्षोऽहमृतूनां कुसुमाकरः ।। 35 ।।

bṛhatsāma tathā sāmnāṁ gāyatrī chandasāmaham
māsānāṁ mārgaśīrṣo'hamṛtūnāṁ kusumākaraḥ

तथा गायन करने योग्य श्रुतियों में मैं बृहत्साम और छन्दों में गायत्री छन्द हूँ तथा महीनों में मार्गशीर्ष और ऋतुओं में वसन्त मैं हूँ ।। 35 ।।

Likewise among the Srutis that can be sung, I am the variety known as Brhatsama; while among the Vedic hymns, I am the hymn known as Gayatri. Again, among the twelve months of the Hindu calendar; I am the month known as 'Margasirsa' (corresponding approximately to November); (and) among the six seasons (successively appearing in India in course of a year) I am the vernal season. (35)

द्यूतं छलयतामस्मि तेजस्तेजस्विनामहम् ।
जयोऽस्मि व्यवसायोऽस्मि सत्त्वं सत्त्ववतामहम् ।। 36 ।।

dyūtaṁ chalayatāmasmi tejastejasvināmaham
jayo'smi vyavasāyo'smi sattvaṁ sattvavatāmaham

मैं छल करने वालों में जूआ और प्रभावशाली पुरुषों का प्रभाव हूँ। मैं जीतने वालों का विजय हूँ, निश्चय करने वालों का निश्चय और सात्त्विक पुरुषों का सात्त्विक भाव हूँ ।। 36 ।।

I am gambling among deceitful practices, and the glory of the glorious. I am the victory of the victorious, the resolve of the resolute, the goodness of the good. (36)

वृष्णीनां वासुदेवोऽस्मि पाण्डवानां धनजयः।
मुनीनामप्यहं व्यासः कवीनामुशना कविः।। 37 ।।

vṛṣṇīnāṁ vāsudevo'smi pāṇḍavānāṁ dhanañjayaḥ
munīnāmapyahaṁ vyāsaḥ kavīnāmuśanā kaviḥ

वृष्णिवंशियों में वासुदेव अर्थात् मैं स्वयं तेरा सखा, पाण्डवों में धनञ्जय अर्थात् तू, मुनियों में वेदव्यास और कवियों में शुक्राचार्य कवि भी मैं ही हूँ ।। 37 ।।

I am Krsna among the Vrsnis, Arjuna among the sons of Pandu, Vyasa among the sages, and the sage Sukracarya among the wise. (37)

दण्डो दमयतामस्मि नीतिरस्मि जिगीषताम्।
मौनं चैवास्मि गुह्यानां ज्ञानं ज्ञानवतामहम्।। 38 ।।

daṇḍo damayatāmasmi nītirasmi jigīṣatām
maunaṁ caivāsmi guhyānāṁ jñānaṁ jñānavatāmaham

मैं दमन करने वालों का दण्ड अर्थात् दमन करने की शक्ति हूँ, जीतने की इच्छा वालों की नीति हूँ, गुप्त रखने योग्य भावों

का रक्षक मौन हूँ और ज्ञानवानों का तत्त्व ज्ञान मैं ही हूँ ।। 38 ।।

I am the subduing power in rulers; I am righteousness in those who seek to conquer. Of things to be kept secret, I am the custodian in the shape of reticence; and I am the wisdom of the wise. (38)

यच्चापि सर्वभूतानां बीजं तदहमर्जुन।
न तदस्ति विना यत्स्यान्मया भूतं चराचरम्।। 39।।

yaccāpi sarvabhūtānāṁ bījaṁ tadahamarjuna
na tadasti vinā yatsyānmayā bhūtaṁ carācaram

और हे अर्जुन ! जो सब भूतों की उत्पत्ति का कारण है, वह भी मैं ही हूँ; क्योंकि ऐसा चर और अचर कोई भी भूत नहीं है, जो मुझसे रहित हो ।। 39 ।।

Arjuna, I am even that which is the seed of all life. For there is no creature, moving or inert, which exists without Me. (39)

प्रसंग – उन्नीसवें श्लोक में भगवान् ने अपनी दिव्य विभूतियों को अनन्त बतलाकर प्रधानता से उनका वर्णन करने की प्रतिज्ञा की थी, उसके अनुसार बीसवें से उनतालीसवें श्लोक तक उनका वर्णन किया। अब पुनः अपनी दिव्य विभूतियों की अनन्तता दिखलाते हुए उनका उपसंहार करते हैं–

नान्तोऽस्ति मम दिव्यानां विभूतीनां परंतप।
एष तूद्देशतः प्रोक्तो विभूतेर्विस्तरो मया।। 40।।

nānto'sti mama divyānāṁ vibhūtīnāṁ paraṁtapa
eṣa tūddeśataḥ prokto vibhūtervistaro mayā

हे परंतप ! मेरी दिव्य विभूतियों का अन्त नहीं है, मैंने अपनी विभूतियों का यह विस्तार तो तेरे लिये एकदेश से अर्थात् संक्षेप से कहा है ।। 40 ।।

Arjuna, there is no limit to My divine manifestation. This is only a brief description by Me of the extent of My glory. (40)

प्रसंग – अठारहवें श्लोक में अर्जुन ने भगवान् से उनकी विभूति और योग शक्ति का वर्णन करने की प्रार्थना की थी, उसके अनुसार भगवान् अपनी दिव्य विभूतियों का वर्णन समाप्त करके अब संक्षेप में अपनी योग शक्ति का वर्णन करते हैं–

यद्यद्विभूतिमत्सत्त्वं श्रीमदूर्जितमेव वा ।
तत्तदेवावगच्छ त्वं मम तेजोंऽशसंभवम् ।। 41 ।।

yadyadvibhūtimatsattvaṁ śrīmadūrjitameva vā
tattadevāvagaccha tvaṁ mama tejoṁ'śasaṁbhavam

जो-जो भी विभूति युक्त अर्थात् ऐश्वर्य युक्त, कान्ति युक्त और शक्ति युक्त वस्तु है, उस-उसको तू मेरे तेज के अंश की ही अभिव्यक्ति जान ।। 41 ।।

Every such being as is glorious, brilliant and powerful, know that to be a part manifestation of My glory. (41)

प्रसंग – इस प्रकार मुख्य-मुख्य वस्तुओं में अपनी योग शक्ति रूपी तेज के अंश की अभिव्यक्ति का वर्णन करके अब भगवान् यह बतला रहे हैं कि समस्त जगत् मेरी योग शक्ति के एक अंश से ही धारण किया हुआ है–

अथवा बहुनैतेन किं ज्ञातेन तवार्जुन।
विष्टभ्याहमिदं कृत्स्नमेकांशेन स्थितो जगत्।।42।।

athavā bahunaitena kiṁ jñātena tavārjuna
viṣṭabhyāhamidaṁ kṛtsnamekāṁśena sthito jagat

अथवा हे अर्जुन ! इस बहुत जानने से तेरा क्या प्रयोजन है। मैं इस सम्पूर्ण जगत् को अपनी योग शक्ति के एक अंशमात्र से धारण करके स्थित हूँ ।। 42 ।।

Or, what will you gain by knowing all this in detail, Arjuna? Suffice it to say that I stand holding this entire universe by a fraction of My Yogic power. (42)

ॐ तत्सदिति श्रीमद्भगवद्गीतासूपनिषत्सु ब्रह्मविद्यायां योगशास्त्रे श्रीकृष्णार्जुनसंवादे
विभूतियोगो नाम दशमोऽध्यायः ।। 10 ।।

ॐ श्रीपरमात्मने नमः

एकादशोऽध्यायः

इस अध्याय में अर्जुन के प्रार्थना करने पर भगवान् ने उनको अपने विश्व रूप के दर्शन करवाये हैं। अध्याय के अधिकांश में केवल विश्व रूप का और उनके स्तवन का ही प्रकरण है, इसलिये इस अध्याय का नाम 'विश्व रूप दर्शन योग' रखा गया है।

प्रसंग – ग्यारहवें अध्याय में आरम्भ में पहले चार श्लोकों में भगवान् की और उनके उपदेश की प्रशंसा करते हुए अर्जुन उनसे विश्व रूप का दर्शन कराने के लिय प्रार्थना करते हैं–

अर्जुन उवाच

मदनुग्रहाय परमं गुह्यमध्यात्मसंज्ञितम्।
यत्त्वयोक्तं वचस्तेन मोहोऽयं विगतो मम॥1॥

arjuna uvāca
madanugrahāya paramaṁ guhyamadhyātmasaṁjñitam
yattvayoktaṁ vacastena moho'yaṁ vigato mama

अर्जुन बोले—मुझ पर अनुग्रह करने के लिये आपने जो परम गोपनीय अध्यात्मविषयक वचन अर्थात् उपदेश कहा, उससे मेरा यह अज्ञान नष्ट हो गया है ॥1॥

Arjuna said : Thanks to the most profound words of spiritual wisdom that You have spoken out of kindness to me, this delusion of mine has entirely disappeared. (1)

भवाप्ययौ हि भूतानां श्रुतौ विस्तरशो मया।
त्वत्तः कमलपत्राक्ष माहात्म्यमपि चाव्ययम्॥2॥

bhavāpyayau hi bhūtānāṁ śrutau vistaraśo mayā
tvattaḥ kamalapatrākṣa māhātmyamapi cāvyayam

क्योंकि हे कमलनेत्र ! मैंने आपसे भूतों की उत्पत्ति और प्रलय विस्तारपूर्वक सुने हैं तथा आपकी अविनाशी महिमा भी सुनी है ।। 2 ।।

For, Krsna, I have heard from You in detail an account of the evolution and dissolution of beings, and also Your immortal glory. (2)

एवमेतद्यथात्थ त्वमात्मानं परमेश्वर।
द्रष्टुमिच्छामि ते रूपमैश्वरं पुरुषोत्तम।। 3।।

evametadyathāttha tvamātmānaṁ parameśvara
draṣṭumicchāmi te rūpamaiśvaraṁ puruṣottama

हे परमेश्वर ! आप अपने को जैसा कहते हैं, यह ठीक ऐसा ही है; परंतु हे पुरुषोत्तम ! आपके ज्ञान, ऐश्वर्य, शक्ति, बल, वीर्य और तेजसे युक्त ऐश्वर-रूप को मैं प्रत्यक्ष देखना चाहता हूँ ।। 3 ।।

Your divine form possessed of wisdom, glory, energy, strength, valour and effulgence, O best of persons ! (3)

मन्यसे यदि तच्छक्यं मया द्रष्टुमिति प्रभो।
योगेश्वर ततो मे त्वं दर्शयात्मानमव्ययम्।।4।।

manyase yadi tacchakyaṁ mayā draṣṭumiti prabho
yogeśvara tato me tvaṁ darśayātmānamavyayam

हे प्रभो ! यदि मेरे द्वारा आपका वह रूप देखा जाना शक्य है—ऐसा आप मानते हैं, तो हे योगेश्वर ! उस अविनाशी स्वरूप का मुझे दर्शन कराइये ।। 4 ।।

Krsna, if You think that it can be seen by me, then, O Lord of Yoga, reveal to me Your imperishable form. (4)

प्रसंग – परम श्रद्धालु और परम प्रेमी अर्जुन के इस प्रकार प्रार्थना करने पर तीन श्लोकों में भगवान् अपने विश्व रूप का वर्णन करते हुए उसे देखने के लिये अर्जुन को आज्ञा देते हैं–

श्रीभगवानुवाच

पश्य मे पार्थ रूपाणि शतशोऽथ सहस्रशः।
नानाविधानि दिव्यानि नानावर्णाकृतीनि च।।5।।

śrībhagavānuvāca
paśya me pārtha rūpāṇi śataśo'tha sahasraśaḥ
nānāvidhāni divyāni nānāvarṇākṛtīni ca

श्रीभगवान् बोले—हे पार्थ ! अब तू मेरे सैकड़ों-हजारों नाना प्रकार के और नाना वर्ण तथा नाना आकृति वाले अलौकिक रूपों को देख ।। 5 ।।

Sri Bhagavan said : Arjuna, behold presently in hundreds and thousands, My multifarious divine forms, of various colours and shapes. (5)

पश्यादित्यान्वसून्रुद्रानश्विनौ मरुतस्तथा।
बहून्यदृष्टपूर्वाणि पश्याश्चर्याणि भारत॥6॥

paśyādityānvasūnrudrānaśvinau marutastathā
bahūnyadṛṣṭapūrvāṇi paśyāścaryāṇi bhārata

हे भरतवंशी अर्जुन ! मुझमें आदित्यों को अर्थात् अदिति के द्वादश पुत्रों को, आठ वसुओं को, एकादश रुद्रों को, दोनों अश्विनी कुमारों को और उनचास मरुद्गणों को देख तथा और भी बहुत-से पहले न देखे हुए आश्चर्यमय रूपों को देख ॥6॥

Behold in Me, Arjuna, the twelve sons of Aditi, the eight Vasus, the eleven Rudras (gods of destruction), the two Asvinikumaras (the twin-born physicians of gods) and the fortynine Maruts (winds-gods), and witness many more wonderful forms never seen before. (6)

इहैकस्थं जगत्कृत्स्नं पश्याद्य सचराचरम्।
मम देहे गुडाकेश यच्चान्यद्द्रष्टुमिच्छसि॥7॥

ihaikasthaṁ jagatkṛtsnaṁ paśyādya sacarācaram
mama dehe guḍākeśa yaccānyaddraṣṭumicchasi

हे अर्जुन ! अब इस मेरे शरीर में एक जगह स्थित चराचरसहित सम्पूर्ण जगत् को देख तथा और भी जो कुछ देखना चाहता हो सो देख ।। 7 ।।

Arjuna, behold as concentrated within this body of Mine the entire creation consisting of both animate and inanimate beings, and whatever else you desire to see. (7)

प्रसंग – इस प्रकार तीन श्लोकों में बार-बार अपना अद्भुत रूप देखने के लिये आज्ञा देने पर भी जब अर्जुन भगवान् के रूप को नहीं देख सके तब उसके न देख सकने के कारण को जानने वाले अन्तर्यामी भगवान् अर्जुन को दिव्यदृष्टि देने की इच्छा करके कहने लगे–

न तु मां शक्यसे द्रष्टुमनेनैव स्वचक्षुषा।
दिव्यं ददामि ते चक्षुः पश्य मे योगमैश्वरम् ।। 8 ।।

na tu māṁ śakyase draṣṭumanenaiva svacakṣuṣā
divyaṁ dadāmi te cakṣuḥ paśya me yogamaiśvaram

परन्तु मुझको तू इन अपने प्राकृत नेत्रों द्वारा देखने में निःसंदेह समर्थ नहीं है; इसी से मैं तुझे दिव्य अर्थात् अलौकिक चक्षु देता हूँ; उससे तू मेरी ईश्वरीय योग शक्ति को देख ।। 8 ।।

But surely you cannot see Me with these human eyes of yours; therefore; I vouchsafe to you the divine eye. With this you behold My divine power of Yoga. (8)

प्रसंग – अर्जुन को दिव्य दृष्टि देकर भगवान् ने जिस प्रकार का अपना दिव्य विराट् स्वरूप दिखलाया था, अब पाँच श्लोकों द्वारा सञ्जय उसका वर्णन करते हैं–

सञ्जय उवाच

एवमुक्त्वा ततो राजन्महायोगेश्वरो हरिः।
दर्शयामास पार्थाय परमं रूपमैश्वरम्।।9।।

sañjaya uvāca
evamuktvā tato rājanmahāyogeśvaro hariḥ
darśayāmāsa pārthāya paramaṁ rūpamaiśvaram

सञ्जय बोले—हे राजन् ! महायोगेश्वर और सब पापों के नाश करने वाले भगवान् ने इस प्रकार कहकर उसके पश्चात् अर्जुन को परम ऐश्वर्य युक्त दिव्य स्वरूप दिखलाया ।।9 ।।

Sañjaya said : My lord! having spoken thus, Sri Krsna, the supreme Master of Yoga, forthwith revealed to Arjuna His supremely glorious divine Form. (9)

अनेकवक्त्रनयनमनेकाद्भुतदर्शनम् ।
अनेकदिव्याभरणं दिव्यानेकोद्यतायुधम्।।10।।
दिव्यमाल्याम्बरधरं दिव्यगन्धानुलेपनम्।
सर्वाश्चर्यमयं देवमनन्तं विश्वतोमुखम्।।11।।

anekavaktranayanamanekādbhutadarśanam
anekadivyābharaṇaṁ divyānekodyatāyudham
divyamālyāmbaradharaṁ divyagandhānulepanam
sarvāścaryamayaṁ devamanantaṁ viśvatomukham

अनेक मुख और नेत्रों से युक्त, अनेक अद्भुत दर्शनों वाले, बहुत-से दिव्य भूषणों से युक्त और बहुत-से दिव्य शस्त्रों को हाथों में उठाये हुए, दिव्य माला और वस्त्रों को धारण किये हुए और दिव्य गन्ध का सारे शरीर में लेप किये हुए, सब प्रकार के आश्चर्यों से युक्त, सीमा रहित और सब ओर मुख किये हुए विराट् स्वरूप परमदेव परमेश्वर को अर्जुन ने देखा ।। 10-11 ।।

Arjuna saw the supreme Deity possessing many mouths and eyes, presenting many a wonderful sight, decked with many divine ornaments, wielding many uplifted divine weapons, wearing divine garlands and clothes, besmeared all over with divine sandal-pastes, full of all wonders, infinite and having faces on all sides. (10,11)

प्रसंग – उपर्युक्त विराट् स्वरूप परमदेव परमेश्वर का प्रकाश कैसा था, अब उसका वर्णन किया जाता है–

दिवि सूर्यसहस्रस्य भवेद्युगपदुत्थिता ।
यदि भाः सदृशी सा स्याद्भासस्तस्य महात्मनः ।। 12 ।।

divi sūryasahasrasya bhavedyugapadutthitā
yadi bhāḥ sadṛśī sā syādbhāsastasya mahātmanaḥ

आकाश में हजार सूर्यों के एक साथ उदय होने से उत्पन्न जो प्रकाश हो, वह भी उस विश्व रूप परमात्मा के प्रकाश के सदृश कदाचित् ही हो ।। 12 ।।

If there be the effulgence of a thousand suns bursting forth all at once in the heavens, even that would hardly approach the splendour of the mighty Lord. (12)

प्रसंग – भगवान् के उस प्रकाशमय अद्भुत स्वरूप में अर्जुन ने सारे विश्व को किस प्रकार देखा, अब यह बतलाया जाता है–

तत्रैकस्थं जगत्कृत्स्नं प्रविभक्तमनेकधा।
अपश्यद्देवदेवस्य शरीरे पाण्डवस्तदा।।13।।

tatraikastham̐ jagatkṛtsnam̐ pravibhaktamanekadhā
apaśyaddevadevaśya śarīre pāṇḍavastadā

पाण्डु पुत्र अर्जुन ने उस समय अनेक प्रकार से विभक्त अर्थात् पृथक्-पृथक् सम्पूर्ण जगत् को देवों के देव श्रीकृष्ण भगवान् के उस शरीर में एक जगह स्थित देखा ।। 13 ।।

Concentrated at one place in the person of that supreme Deity, Arjuna then beheld the whole universe with its manifold divisions. (13)

प्रसंग – इस प्रकार अर्जुन द्वारा भगवान् का विराट् रूप देखे जाने के पश्चात् क्या हुआ, इस जिज्ञासा पर कहते हैं–

ततः स विस्मयाविष्टो हृष्टरोमा धनञ्जयः।
प्रणम्य शिरसा देवं कृताञ्जलिरभाषत।।14।।

tataḥ sa vismayāviṣṭo hṛṣṭaromā dhanañjayaḥ
praṇamya śirasā devaṁ kṛtāñjalirabhāṣata

उसके अनन्तर वह आश्चर्य से चकित और पुलकित शरीर, अर्जुन प्रकाशमय विश्व रूप परमात्मा को श्रद्धा-भक्ति सहित सिर से प्रणाम करके हाथ जोड़कर बोला ।। 14 ।।

Then Arjuna, full of wonder and with the hair standing on end, reverentially bowed his head to the divine Lord, and with joined palms addressed Him thus. (14)

प्रसंग – उपर्युक्त प्रकार से हर्ष और आश्चर्य से चकित अर्जुन अब भगवान् के विश्व रूप में दीख पड़ने वाले दृश्यों का वर्णन करते हुए उस विश्व रूप का स्तवन करते हैं–

अर्जुन उवाच

पश्यामि देवांस्तव देव देहे सर्वांस्तथा भूतविशेषसंघान् ।
ब्रह्माणमीशं कमलासनस्थमृषींश्च सर्वानुरगांश्च दिव्यान् ।। 15 ।।

arjuna uvāca

paśyāmi devāṁstava deva dehe
sarvāṁstathā bhūtaviśeṣasaṅghān
brahmāṇamīśaṁ kamalāsasnastha-
mṛṣīṁśca sarvānuragāṁśca divyān

अर्जुन बोले—हे देव ! मैं आपके शरीर में सम्पूर्ण देवों को तथा अनेक भूतों के समुदायों को, कमल के आसन पर विराजित ब्रह्मा को, महादेव को और सम्पूर्ण ऋषियों को तथा दिव्य सर्पों को देखता हूँ ।। 15 ।।

Arjuna said : Lord, I behold within Your body all gods and hosts of different beings, Brahma throned on his lotus-seat, Siva and all Rsis and celestial serpents. (15)

अनेकबाहूदरवक्त्रनेत्रं पश्यामि त्वां सर्वतोऽनन्तरूपम्।
नान्तं न मध्यं न पुनस्तवादिं पश्यामि विश्वेश्वर विश्वरूप।। 16।।

anekabāhūdaravaktranetraṁ
paśyāmi tvāṁ sarvato'nantarūpam
nāntaṁ na madhyaṁ na punastavādiṁ
paśyāmi viśveśvara viśvarūpa

हे सम्पूर्ण विश्व के स्वामिन् ! आपको अनेक भुजा, पेट, मुख और नेत्रों से युक्त तथा सब ओर से अनन्त रूपों वाला देखता हूँ। हे विश्व रूप ! मैं आपके न अन्त को देखता हूँ, न मध्य को और न आदि को ही ।। 16 ।।

O lord of the universe, I see You endowed with numerous arms, bellies, mouths, and eyes and having innumerable forms extended on all sides. I see neither Your beginning nor middle, nor even Your end, manifested as You are in the form of the universe. (16)

किरीटिनं गदिनं चक्रिणं च तेजोराशिं सर्वतो दीप्तिमन्तम्।
पश्यामि त्वां दुर्निरीक्ष्यं समन्ताद्दीप्तानलार्कद्युतिमप्रमेयम्।। 17।।

kirīṭinaṁ gadinaṁ cakriṇaṁ ca
tejorāśiṁ sarvato dīptimantam
paśyāmi tvāṁ durnirīkṣyaṁ samantā-
ddīptānalārkadyutimaprameyam

आपको मैं मुकुट युक्त, गदायुक्त और चक्र युक्त तथा सब ओर से प्रकाशमान तेज के पुञ्ज, प्रज्वलित अग्नि और सूर्य के सदृश ज्योतियुक्त, कठिनता से देखे जाने योग्य और सब ओर से अप्रमेय स्वरूप देखता हूँ ।। 17 ।।

I see You endowed with diadems, clubs and discuses, a mass of splendour flaming all round, having the brilliance of a blazing fire and the sun, hard to gaze at and immeasurable on all sides. (17)

त्वमक्षरं परमं वेदितव्यं त्वमस्य विश्वस्य परं निधानम्।
त्वमव्ययः शाश्वतधर्मगोप्ता सनातनस्त्वं पुरुषो मतो मे।।18।।

tvamakṣaraṁ paramaṁ veditavyaṁ
tvamasya viśvasya paraṁ nidhānam
tvamavyayaḥ śāśvatadharmagoptā
sanātanastvaṁ puruṣo mato me

आप ही जानने योग्य परम अक्षर अर्थात् परब्रह्म परमात्मा हैं, आप ही इस जगत् के परम आश्रय हैं, आप ही अनादि धर्म के रक्षक हैं और आप ही अविनाशी सनातन पुरुष हैं। ऐसा मेरा मत है ।। 18 ।।

You are the supreme indestructible worthy of being known; You are the ultimate refuge of this universe. You are, again, the protector of the ageless Dharma; I consider You to be the eternal imperishable Being. (18)

अनादिमध्यान्तमनन्तवीर्यमनन्तबाहुं शशिसूर्यनेत्रम्।
पश्यामि त्वां दीप्तहुताशवक्त्रं स्वतेजसा विश्वमिदं तपन्तम्।। 19।।

anādimadhyāntamanantavirya-
manantabāhuṁ śaśīsūryanetram
paśyāmi tvāṁ dīptahutāśavaktraṁ
svatejasā viśvamidaṁ tapantam

आपको आदि, अन्त और मध्य से रहित, अनन्त सामर्थ्य से युक्त, अनन्त भुजावाले, चन्द्र-सूर्यरूप नेत्रों वाले, प्रज्वलित अग्नि रूप मुखवाले और अपने तेज से इस जगत् को संतप्त करते हुए देखता हूँ ।। 19 ।।

I see You without beginning, middle or end, possessing unlimited prowess and endowed with numberless arms, having the moon and the sun for Your eyes, and blazing fire for Your mouth, and scorching this universe by Your radiance. (19)

द्यावापृथिव्योरिदमन्तरं हि व्याप्तं त्वयैकेन दिशश्च सर्वाः।
दृष्ट्वाद्भुत रूपमुग्रं तवेदं लोकत्रयं प्रव्यथितं महात्मन्।।20।।

dyāvāpṛthivyoridamantaraṁ hi
vyāptaṁ tvayaikena diśaśca sarvāḥ
dṛṣṭvādbhutaṁ rūpamugraṁ tavedaṁ
lokatrayaṁ pravyathitaṁ mahātman

हे महात्मन् ! यह स्वर्ग और पृथ्वी के बीच का सम्पूर्ण आकाश तथा सब दिशाएँ एक आपसे ही परिपूर्ण हैं; तथा आपके इस अलौकिक और भयंकर रूप को देखकर तीनों लोक अति व्यथा को प्राप्त हो रहे हैं ।। 20 ।।

Yonder space between heaven and earth and all the quarters are entirely filled by You alone. Seeing this transcendent, dreadful form of Yours, O Soul of the universe, all the three worlds feel greatly alarmed. (20)

अमी हि त्वां सुरसंघा विशन्ति केचिद्भीताः प्राञ्जलयो गृणन्ति।
स्वस्तीत्युक्त्वा महर्षिसिद्धसंघाः स्तुवन्ति त्वां स्तुतिभिः पुष्कलाभिः।।21।।

amī hi tvāṁ surasaṅghā viśanti
kecidbhītāḥ prāñjalayo gṛṇanti
svastītyuktvā maharṣisiddhasaṅghāḥ
stuvanti tvāṁ stutibhiḥ puṣkalābhiḥ

वे ही देवताओं के समूह आप में प्रवेश करते हैं और कुछ भयभीत होकर हाथ जोड़ आपके नाम और गुणों का उच्चारण करते हैं तथा महर्षि और सिद्धों के समुदाय 'कल्याण हो' ऐसा कहकर उत्तम-उत्तम स्तोत्रों द्वारा आपकी स्तुति करते हैं ।। 21 ।।

Yonder hosts of gods are entering You; some with palms joined out of fear are uttering Your names and glories. Multitudes of Maharsis and Siddhas, saying 'Let there be peace', are extolling You by means of excellent hymns. (21)

रुद्रादित्या वसवो ये च साध्या विश्वेऽश्विनौ मरुतश्चोष्मपाश्च ।
गन्धर्वयक्षासुरसिद्धसंघा वीक्षन्ते त्वां विस्मिताश्चैव सर्वे ।। 22 ।।

rudrādityā vasavo ye ca sādhyā
viśve'śvinau marutaścoṣmapāśca
gandharvayakṣāsurasiddhasaṅghā
vīkṣante tvāṁ vismitāścaiva sarve

जो ग्यारह रुद्र और बारह आदित्य तथा आठ वायु, साध्यगण, विश्वेदेव, अश्विनीकुमार तथा मरुद्गण और पितरों का समुदाय तथा गन्धर्व, यक्ष, राक्षस और सिद्धों के समुदाय हैं—वे सब ही विस्मित होकर आपको देखते हैं ।। 22 ।।

रूपं महत्ते बहुवक्त्रनेत्रं महाबाहो बहुबाहूरुपादम्।
बहूदरं बहुदंष्ट्राकरालं दृष्ट्वा लोकाः प्रव्यथितास्तथाहम्।। 23।।

rūpaṁ mahatte bahuvaktranetraṁ mahābāho bahubāhūrupādam bahūdaraṁ bahudaṁṣṭrākarālaṁ dṛṣṭvā lokāḥ pravyathitāstathāham

हे महाबाहो ! आपके बहुत मुख और नेत्रों वाले, बहुत हाथ, जंघा और पैरोंवाले, बहुत उदरों वाले और बहुत-सी दाढ़ों के कारण अत्यन्त विकराल महान् रूप को देखकर सब लोग व्याकुल हो रहे हैं तथा मैं भी व्याकुल हो रहा हूँ ।। 23 ।।

Lord, seeing this stupendous and dreadful Form of Yours possessing numberous mouths and eyes, many arms, thighs and feet, many bellies and many teeth, the worlds are terror-struck; so am I. (23)

नभःस्पृशं दीप्तमनेकवर्णं व्यात्ताननं दीप्तविशालनेत्रम्।
दृष्ट्वा हि त्वां प्रव्यथितान्तरात्मा धृतिं न विन्दामि शमं च विष्णो।। 24।।

nabhaḥspṛśaṁ dīptamanekavarṇaṁ vyāttānanaṁ dīptaviśālanetram dṛṣṭvā hi tvāṁ pravyathitāntarātmā dhṛtiṁ na vindāmi śamaṁ ca viṣṇo

क्योंकि हे विष्णो ! आकाश को स्पर्श करने वाले, देदीप्यमान, अनेक वर्णों से युक्त तथा फैलाये हुए मुख और प्रकाशमान विशाल नेत्रों से युक्त आपको देखकर भयभीत अन्तःकरण वाला मैं धीरज और शान्ति नहीं पाता हूँ ।। 24 ।।

Lord, seeing Your Form reaching the heavens, effulgent, multi-coloured, having its mouth wide open and possessing large flaming eyes, I, with my inmost self frightened, have lost self-control and find no peace. (24)

दंष्ट्राकरालानि च ते मुखानि दृष्ट्वैव कालानलसन्निभानि ।
दिशो न जाने न लभे च शर्म प्रसीद देवेश जगन्निवास ।।25।।

daṁṣṭrākarālāni ca te mukhāni
dṛṣṭvaiva kālānalasannibhāni
diśo na jāne na labhe ca śarma
prasīda deveśa jagannivāsa

दाढ़ों के कारण विकराल और प्रलयकालकी अग्नि के समान प्रज्वलित आपके मुखों को देखकर मैं दिशाओं को नहीं जानता हूँ और सुख भी नहीं पाता हूँ। इसलिये हे देवेश ! हे जगन्निवास ! आप प्रसन्न हों ।। 25 ।।

Seeing Your faces frightful on account of their teeth, and flaring like the fire at the time of universal destruction, I am utterly bewildered and find no happiness; therefore, be kind to me, O Lord of celestials and Resting-place of the universe. (25)

अमी च त्वां धृतराष्ट्रस्य पुत्राः सर्वे सहैवावनिपालसंघैः ।
भीष्मो द्रोणः सूतपुत्रस्तथासौ सहास्मदीयैरपि योधमुख्यैः ।।26।।
वक्त्राणि ते त्वरमाणा विशन्ति दंष्ट्राकरालानि भयानकानि ।
केचिद्विलग्ना दशनान्तरेषु संदृश्यन्ते चूर्णितैरुत्तमांगैः ।।27।।

amī ca tvāṁ dhṛtarāṣṭrasya putrāḥ
sarve sahaivāvanipālasaṅghaiḥ
bhīṣmo droṇaḥ sūtaputrastathāsau
sahāsmadiyairapi yodhamukhyaiḥ
vaktrāṇi te tvaramāṇā viśanti
daṁṣṭrākarālāni bhayānakāni
kecidvilagnā daśanāntareṣu
saṁdṛśyante cūrṇitairuttamāṅgaiḥ

वे सभी धृतराष्ट्र के पुत्र राजाओं के समुदाय सहित आपमें प्रवेश कर रहे हैं और भीष्म पितामह, द्रोणाचार्य तथा वह कर्ण और हमारे पक्षके भी प्रधान योद्धाओं के सहित सब-के-सब आपके दाढ़ों के कारण विकराल भयानक मुखों में बड़े वेग से दौड़ते हुए प्रवेश कर रहे हैं और कई एक चूर्ण हुए सिरोंसहित आपके दाँतों के बीच में लगे हुए दीख रहे हैं ।। 26-27 ।।

All those sons of Dhrtarastra with hosts of kings are entering You. Bhisma, Drona and yonder Karna, with the principal warriors on our side as well, are rushing headlong into Your fearful mouths looking all the more terrible on account of their teeth; some are seen stuck up in the gaps between Your teeth with their heads crushed. (26,27)

प्रसंग – दोनों सेनाओं के योद्धाओं को अर्जुन किस प्रकार भगवान् के विकराल मुखों में प्रविष्ट होते देख रहे हैं, अब दो श्लोकों में उसका पहले नदियों के जल के दृष्टान्त से और तदनन्तर पतंगें के दृष्टंान्त से स्पष्टीकरण कर रहे हैं–

यथा नदीनां बहवोऽम्बुवेगाः समुद्रमेवाभिमुखा द्रवन्ति।
तथा तवामी नरलोकवीरा विशन्ति वक्त्राण्यभिविज्वलन्ति ।। 28 ।।

yathā nadīnāṁ bahavo'mbuvegāḥ
samudramevābhimukhā dravanti
tathā tavāmī naralokavīrā
viśanti vaktrāṇyabhivijvalanti

जैसे नदियों के बहुत-से जल के प्रवाह स्वाभाविक ही समुद्र के ही सम्मुख दौड़ते हैं अर्थात् समुद्र में प्रवेश करते हैं, वैसे ही वे नरलोक के वीर भी आपके प्रज्वलित मुखों में प्रवेश कर रहे हैं ।। 28 ।।

As the myriad streams of rivers rush towards the sea alone, so do those warriors of the mortal world enter Your flaming mouths. (28)

यथा प्रदीप्तं ज्वलनं पतंगा विशन्ति नाशाय समृद्धवेगाः ।
तथैव नाशाय विशन्ति लोकास्तवापि वक्त्राणि समृद्धवेगाः ।। 29 ।।

yathā pradīptaṁ jvalanaṁ pataṅgā
viśanti nāśāya samṛddhavegāḥ
tathaiva nāśāya viśanti lokā-
stavāpi vaktrāṇi samṛddhavegāḥ

जैसे पतंग मोहवश नष्ट होने के लिये प्रज्वलित अग्नि में अतिवेग से दौड़ते हुए प्रवेश करते हैं, वैसे ही ये सब लोग भी अपने नाश के लिये आपके मुखों में अतिवेग से दौड़ते हुए प्रवेश कर रहे हैं ।। 29 ।।

As moths rush with great speed into the blazing fire for extinction out of their folly, even so all these people are with great repidity entering Your mouths to meet their doom. (29)

प्रसंग – दोनों सेनाओं के लोगों के प्रवेश का दृष्टान्त द्वारा वर्णन करके अब उन लोगों को भगवान् किस प्रकार नष्ट कर रहे हैं, इसका वर्णन किया जाता है-

लेलिह्यसे ग्रसमानः समन्ताल्लोकान्समग्रान्वदनैर्ज्वलद्भिः।
तेजोभिरापूर्य जगत्समग्रं भासस्तवोग्राः प्रतपन्ति विष्णो।।30।।

lelihyase grasamānaḥ samantā-
llokānsamagrānvadanairjvaladbhiḥ
tejobhirāpūrya jagatsamagraṁ
bhāsastavogrāḥ pratapanti viṣṇo

आप उन सम्पूर्ण लोकों को प्रज्वलित मुखों द्वारा ग्रास करते हुए सब ओर से बार-बार चाट रहे हैं, हे विष्णो ! आपका उग्र प्रकाश सम्पूर्ण जगत् को तेज के द्वारा परिपूर्ण करके तपा रहा है ।।30 ।।

Swallowing through Your blazing mouths; You are licking all those people on all sides. Lord, Your terrible splendours are burning the entire universe, filling it with radiance. (30)

प्रसंग – अर्जुन ने तीसरे और चौथे श्लोकों में भगवान् से अपने ऐश्वर्यमय रूप का दर्शन कराने के लिये प्रार्थना की थी, उसी के अनुसार भगवान् ने अपना विश्व रूप अर्जुन को दिखलाया; उनके मन में इस बात के जानने की इच्छा उत्पन्न हो गयी कि ये श्रीकृष्ण वस्तुतः कौन हैं ? तथा इस महान् उग्र स्वरूप के द्वारा अब ये क्या करना चाहते हैं ? इसीलिये वे भगवान् से पूछ रहे हैं–

आख्याहि मे को भवानुग्ररूपो नमोऽस्तु ते देववर प्रसीद।
विज्ञातुमिच्छामि भवन्तमाद्यं न हि प्रजानामि तव प्रवृत्तिम्।।31।।

ākhyāhi me ko bhavānugrarūpo
namo'stu te devavara prasīda
vijñātumicchāmi bhavantamādyaṁ
na hi prajānāmi tava pravṛttim

मुझे बतलाइये कि आप उग्ररूप वाले कौन हैं ? हे देवों

में श्रेष्ठ ! आपको नमस्कार हो। आप प्रसन्न होइये। आदि पुरुष आपको मैं विशेष रूप से जानना चाहता हूँ, क्योंकि मैं आपकी प्रवृत्ति को नहीं जानता ।। 31 ।।

Tell me who You are with a form so terrible. My obeisance to You, O best of gods; be kind to me, I wish to know You, the Primal Being, in particular; for I know not Your purpose. (31)

प्रसंग – इस प्रकार अर्जुन के पूछने पर भगवान् अपने उग्ररूप धारण करने का कारण बतलाते हुए प्रश्नानुसार उत्तर देते हैं–

श्रीभगवानुवाच

कालोऽस्मि लोकक्षयकृत्प्रवृद्धो लोकान् समाहर्तुमिह प्रवृत्तः।
ऋतेऽपि त्वां न भविष्यन्ति सर्वे येऽवस्थिताः प्रत्यनीकेषु योधाः।। 32

śrībhagavānuvāca
kālo'smi lokakṣayakṛtpravṛddho
lokānsamāhartumiha pravṛttaḥ
ṛte'pi tvāṁ na bhaviṣyanti sarve
ye'vasthitāḥ pratyanīkeṣu yodhāḥ

श्रीभगवान् बोले–मैं लोकों का नाश करने वाला बढ़ा हुआ महाकाल हूँ। इस समय इन लोकों को नष्ट करने के लिये प्रवृत्त हुआ हूँ। इसलिये जो प्रतिपक्षियों की सेना में स्थित योद्धा लोग हैं वे सब तेरे बिना भी नहीं रहेंगे अर्थात् तेरे युद्ध न करने पर भी इन सबका नाश हो जायेगा ।। 32 ।।

Sri Bhagavan said : I am inflamed Kala (the eternal Time-Spirit), the destroyer of the worlds. I am out to exterminate these people. Even without you all those warriors arrayed in the enemy's camp must die. (32)

प्रसंग – इस प्रकार अर्जुन के प्रश्न का उत्तर देकर अब भगवान् दो श्लोकों द्वारा युद्ध करने में सब प्रकार से लाभ दिखलाकर अर्जुन को युद्ध के लिये उत्साहित करते हुए आज्ञा देते हैं–

तस्मात्त्वमुत्तिष्ठ यशो लभस्व जित्वा शत्रून् भुङ्क्ष्व राज्य समृद्धम्।
मयैवैते निहताः पूर्वमेव निमित्तमात्रं भव सव्यसाचिन्।।33।।

tasmāttvamuttiṣṭha yaśo labhasva
jitvā śatrūnbhuṅkṣva rājyaṁ samṛddham
mayaivaite nihatāḥ pūrvameva
nimittamātraṁ bhava savyasācin

अतएव तू उठ ! यश प्राप्त कर और शत्रुओं को जीतकर धन-धान्य से सम्पन्न राज्य को भोग। ये सब शूरवीर पहले ही से मेरे ही द्वारा मारे हुए हैं। हे सव्यसाचिन् ! तू तो केवल निमित्तमात्र बन जा ।। 33 ।।

There fore, do you arise and win glory; conquering foes, enjoy the affluent kingdom. These warriors stand already slain by Me; be you only an instrument, Arjuna. (33)

द्रोणं च भीष्मं च जयद्रथं च कर्णं तथान्यानपि योधवीरान्।
मया हतांस्त्वं जहि मा व्यथिष्ठा युध्यस्व जेतासि रणे सपत्नान्।।34।।

droṇaṁ ca bhīṣmaṁ ca jayadrathaṁ ca
karṇaṁ tathānyānapi yodhavīrān
mayā hatāṁstvaṁ jahi mā vyathiṣṭhā
yudhyasva jetāsi raṇe sapatnān

द्रोणाचार्य और भीष्म पितामह तथा जयद्रथ और कर्ण तथा और भी बहुत-से-मेरे द्वारा मारे हुए शूरवीर योद्धाओं को तू मार। भय मत कर। निस्सन्देह तू युद्ध में वैरियों को जीतेगा। इसलिये युद्ध कर ।। 34 ।।

Do you kill Drona and Bhisma and Jayadratha and Karna and even other brave warriors; who stand already killed by Me; fear not. You will surely conquer the enemies in this war; therefore, fight. (34

प्रसंग – इस प्रकार भगवान् के मुख से सब बातें सुनने के बाद अर्जुन की कैसी परिस्थिति हुई और उन्होंने क्या किया–इस जिज्ञासा पर संजय कहते हैं–

सञ्जय उवाच

एतच्छ्रुत्वा वचनं केशवस्य कृताञ्जलिर्वेपमानः किरीटी।
नमस्कृत्वा भूय एवाह कृष्णं सगद्गदं भीतभीतः प्रणम्य।। 35।।

śañjaya uvāca
etacchrutvā vacanaṁ keśavasya
kṛtāñjalirvepamānaḥ kirīṭī
namaskṛtvā bhūya evāha kṛṣṇaṁ
sagadgadaṁ bhītabhītaḥ praṇamya

संजय बोले–केशव भगवान् के इस वचन को सुनकर मुकुटधारी अर्जुन हाथ जोड़कर काँपता हुआ नमस्कार करके, फिर भी अत्यन्त भयभीत होकर प्रणाम करके भगवान् श्रीकृष्ण के प्रति गद्गद वाणी से बोला– ।। 35 ।।

Sañjaya said : Hearing these words of Bhagavan Kesava, Arjuna tremblingly bowed to Him with joined palms, and bowing again in extreme terror spoke to Sri Krsna in faltering accents. (35)

प्रसंग – अब छत्तीसवें से छियालीसवें श्लोक तक अर्जुन द्वारा किये हुए भगवान् के स्तवन, और क्षमा याचनासहित प्रार्थना का वर्णन है, उसमें प्रथम 'स्थाने' पद का प्रयोग करके जगत् के हर्षित होने आदि का औचित्य बतलाते हैं–

अर्जुन उवाच

स्थाने हृषीकेश तव प्रकीर्त्या जगत्प्रहृष्यत्यनुरज्यते च।
रक्षांसि भीतानि दिशो द्रवन्ति सर्वे नमस्यन्ति च सिद्धसंघाः।। 36।।

arjuna uvāca

sthāne hṛṣīkeśa tava prakīrtyā
jagatprahṛṣyatyanurajyate ca
rakṣāṁsi bhītāni diśo 'dravanti
sarve namasyanti ca siddhasaṅghāḥ

अर्जुन बोले—हे अन्तर्यामिन् ! यह योग्य ही है कि आपके नाम, गुण और प्रभाव के कीर्तन से जगत् अति हर्षित हो रहा है और अनुराग को भी प्राप्त हो रहा है तथा भयभीत राक्षस लोग दिशाओं में भाग रहे हैं और सब सिद्धगणों के समुदाय नमस्कार कर रहे हैं ।। 36 ।।

Arjuna said : Lord, well it is the universe exults and is filled with love by chanting Your names, virtues and glory; terrified Raksasas are fleeing in all directions, and all the hosts of Siddhas are bowing to You. (36)

प्रसंग – पूर्व श्लोक में जो 'स्थाने' पद का प्रयोग करके सिद्ध समुदायों का नमस्कार आदि करना उचित बतलाया गया था, अब चार श्लोकों में भगवान् के प्रभाव का वर्णन करके उसी बात को सिद्ध करते हुए अर्जुन के बार-बार नमस्कार करने का भाव दिखलाते हैं–

कस्माच्च ते न नमेरन्महात्मन् गरीयसे ब्रह्मणोऽप्यादिकर्त्रे ।
अनन्त देवेश जगन्निवास त्वमक्षरं सदसत्तत्परं यत् ।। 37 ।।

kasmācca te na nameranmahātman
garīyase brahmaṇo'pyādikartre
ananta deveśa jagannivāsa
tvamakṣaraṁ sadasattatparaṁ yat

हे महात्मन् ! ब्रह्मा के भी आदि कर्ता और सबसे बड़े आपके लिये ये कैसे नमस्कार न करें; क्योंकि हे अनन्त !

हे देवेश ! हे जगन्निवास : जो सत्, असत् और उनसे परे अक्षर अर्थात् सच्चिदानन्दघन ब्रह्म है, वह आप ही हैं ।। 37 ।।

O great soul, why should they not bow to You, who are the progenitor of Brahma himself and the greatest of the great? O infinite Lord of celestials, Abode of the universe, You are that which is existent (Sat), that which is non-existent (Asat) and also that which is beyond both, viz., the indestructible Brahma. (37)

त्वमादिदेवः पुरुषः पुराणस्त्वमस्य विश्वस्य परं निधानम् ।
वेत्तासि वेद्यं च परं च धाम त्वया ततं विश्वमनन्तरूप ।। 38 ।।

tavamādidevaḥ puruṣah purāṇa-
stvamasya viśvasya paraṁ nidhānam
vettāsi vedyaṁ ca paraṁ ca dhāma
tvayā tataṁ viśvamanantarūpa

आप आदि देव और सनातन पुरुष हैं, आप इस जगत् के परम आश्रय और जानने वाले तथा जानने योग्य और परम धाम हैं। हे अनन्त रूप ! आपसे यह सब जगत् व्याप्त अर्थात् परिपूर्ण है ।। 38 ।।

You are the primal Deity, the most ancient Person; You are the ultimate resort of this universe. You are both the knower and the knowable, and the highest abode. It is You who pervade the universe, assuming endless forms. (38)

वायुर्यमोऽग्निर्वरुणः शशांकः प्रजापतिस्त्वं प्रपितामहश्च।
नमो नमस्तेऽस्तु सहस्रकृत्वः पुनश्च भूयोऽपि नमो नमस्ते।।39।

vāyuryamo'gnirvaruṇaḥ śaśāṅkaḥ
prajāpatistvaṁ prapitāmahaśca
namo namaste'stu sahasrakṛtvaḥ
punaśca bhūyo'pi namo namaste

आप वायु, यमराज, अग्नि, वरुण, चन्द्रमा, प्रजा के स्वामी ब्रह्मा और ब्रह्मा के भी पिता हैं। आपके लिये हजारों बार नमस्कार ! नमस्कार हो !! आपके लिये फिर भी बार-बार नमस्कार ! नमस्कार !! ।।39।।

You are Vayu (the wind-god), Yama (the god of death), Agni (the god of fire), the moon-god, Brahma (the Lord of Creation), nay, the father of Brahma Himself. Hail, hail to You a thousand times; salutations, repeated salutations O You once again. (39)

नमः पुरस्तादथ पृष्ठतस्ते नमोऽस्तु ते सर्वत एव सर्व।
अनन्तवीर्यामितविक्रमस्त्वं सर्वं समाप्नोषि ततोऽसि सर्वः।।40।।

namaḥ purastādatha pṛṣṭhataste
namos'tu te sarvata eva sarva
anantavīryāmitavikramastvaṁ
sarvaṁ samāpnoṣi tato'si sarvaḥ

हे अनन्त सामर्थ्य वाले ! आपके लिये आगे से और पीछे से भी नमस्कार ! हे सर्वात्मन् ! आपके लिये सब ओर से ही नमस्कार हो। क्योंकि अनन्त पराक्रमशाली आप सब संसार को व्याप्त किये हुए हैं, इससे आप ही सर्वरूप हैं ।।40।।

O Lord of infinite prowess, my salutations to You from before and from behind. O soul of all, my obeisance to You from all sides indeed. You, who possess limitless might, pervade all; therefoe, You are all. (40)

प्रसंग – इस प्रकार भगवान् की स्तुति और प्रणाम करके अब भगवान् के गुण, रहस्य और माहात्म्य को यथार्थ न जानने के कारण वाणी और क्रिया द्वारा किये गये अपराधों को क्षमा करने के लिये दो श्लोकों में भगवान् से अर्जुन प्रार्थना करते हैं–

सखेति मत्वा प्रसभं यदुक्तं हे कृष्ण हे यादव हे सखेति।
अजानता महिमानं तवेदं मया प्रमादात्प्रणयेन वापि ।। 41 ।।
यच्चावहासार्थमसत्कृतोऽसि विहारशय्यासनभोजनेषु।
एकोऽथवाप्यच्युत तत्समक्षं तत्क्षामये त्वामहमप्रमेयम् ।। 42 ।।

sakheti matvā prasabhaṁ yaduktaṁ
he kṛṣṇa he yādava he sakheti
ajānatā mahimānaṁ tavedaṁ
mayā pramādātpraṇayena vāpi
yaccāvahāsārthamasatkṛto'si
vihāraśayyāsanabhojaneṣu
eko'thavāpyacyuta tatsamakṣaṁ
tatkṣāmaye tvāmahamaprameyam

आपके इस प्रभाव को न जानते हुए, आप मेरे सखा हैं ऐसा मानकर प्रेम से अथवा प्रमाद से भी मैंने 'हे कृष्ण !', 'हे यादव !', 'हे सखे !' इस प्रकार जो कुछ बिना सोचे-समझे हठात् कहा है; और हे अच्युत ! आप जो मेरे द्वारा विनोद के लिये विहार, शय्या, आसन और भोजनादि में अकेले अथवा उन सखाओं के सामने भी अपमानित किये गये हैं– वह सब अपराध अप्रमेय स्वरूप अर्थात् अचिन्त्य प्रभाव वाले

आपसे मैं क्षमा करवाता हूँ ।। 41-42 ।।

The way in which I have importunately called out, either through intimacy or even through want of thought, "Ho Krsna! Ho Yadava! Ho Comrade!" and so on, suspecting not this greatness of Yours, and thinking You only to be a friend, and the way in which You have been slighted by me in jest, O sinless one, while at play, reposing, sitting or at meals, either alone or even in the presence of other—for all that I crave forgiveness from You, who are infinite. (41,42)

पितासि लोकस्य चराचरस्य त्वमस्य पूज्यश्च गुरुर्गरीयान् ।
न त्वत्समोऽस्त्यभ्यधिकः कुतोऽन्यो लोकत्रयेऽप्यप्रतिमप्रभाव ।। 43 ।

pitāsi lokasya carācarasya
tvamasya pūjyaśca gururgarīyān
na tvatsamo'styabhyadhikaḥ kuto'nyo
lokatraye'pyapratimaprabhāva

आप इस चराचर जगत् के पिता और सबसे बड़े गुरु एवं अति पूजनीय हैं, हे अनुपम प्रभाव वाले ! तीनों लोकों में आपके समान भी दूसरा कोई नहीं है, फिर अधिक तो कैसे हो सकता है ।। 43 ।।

You are the Father, nay the greatest teacher of this moving and unmoving creation, and worthy of adoration. O Lord of incomparable might, in all the three worlds there is none else even equal to You; how, then, any better? (43)

तस्मात्प्रणम्य प्रणिधाय कायं प्रसादये त्वामहमीशमीड्यम्।
पितेव पुत्रस्य सखेव सख्युः प्रियः प्रियायार्हसि देव सोढुम्।। 44।।

tasmātpraṇamya praṇidhāya kāyaṁ
prasādaye tvāmahamīśamīḍyam
piteva putrasya sakheva sakhyuḥ
priyaḥ priyāyārhasi deva soḍhum

अतएव हे प्रभो ! मैं शरीर को भलीभाँति चरणों में निवेदित कर, प्रणाम करके, स्तुति करने योग्य आप ईश्वर को प्रसन्न होने के लिये प्रार्थना करता हूँ। हे देव ! पिता जैसे पुत्र के, सखा जैसे सखा के और पति जैसे प्रियतमा पत्नी के अपराध सहन करते हैं—वैसे ही आप भी मेरे अपराध को सहन करने योग्य हैं ।। 44 ।।

Therefore, Lord, prostrating my body at Your feet and bowing low I seek to propitiate You, the ruler of all and worthy of all praise. It behoves You to bear with me even as father bears with his son, a friend with his friend and a husband with his beloved spouse, (44)

प्रसंग – इस प्रकार भगवान् से अपने अपराधों के लिये क्षमा-याचना करके अब अर्जुन दो श्लोकों में भगवान् से चतुर्भुज रूप का दर्शन कराने के लिये प्रार्थना करते हैं–

अदृष्टपूर्वं हृषितोऽस्मि दृष्ट्वा भयेन च प्रव्यथितं मनो मे।
तदेव मे दर्शय देवरूपं प्रसीद देवेश जगन्निवास।। 45।।

adṛṣṭapūrvaṁ hṛṣito'smi dṛṣṭvā
bhayena ca pravyathitaṁ mano me
tadeva me darśaya devarūpaṁ
prasīda deveśa jagannivāsa

मैं पहले न देखे हुए आपके इस आश्चर्यमय रूप को देखकर हर्षित हो रहा हूँ और मेरा मन भय से अति व्याकुल भी हो रहा है, इसलिये आप उस अपने चतुर्भुज विष्णु रूप को ही मुझे दिखलाइये ! हे देवेश ! हे जगन्निवास ! प्रसन्न होइये ।। 45 ।।

Having Seen Your wondrous form, which was never seen before, I feel transported with joy; at the same time my mind is tormented by fear. Pray reveal to me that divine form; the form of Visnu with four arms; O Lord of celestials Abode of the universe, be gracious. (45)

किरीटिनं गदिनं चक्रहस्तमिच्छामि त्वां द्रष्टुमहं तथैव।
तेनैव रूपेण चतुर्भुजेन सहस्रबाहो भव विश्वमूर्ते ।। 46 ।।

kirīṭinaṁ gadinaṁ cakrahasta-
micchāmi tvāṁ draṣṭumahaṁ tathaiva
tenaiva rūpeṇa caturbhujena*
sahasrabāho bhava viśvamūrte

मैं वैसे ही आपको मुकुट धारण किये हुए तथा गदा और चक्र हाथ में लिये हुए देखना चाहता हूँ, इसलिये हे विश्व स्वरूप ! हे सहस्रबाहो ! आप उसी चतुर्भुज रूप से प्रकट होइये। ।। 46 ।।

I wish to see You adorned in the same way with a diadem on the head, and holding a mace and a discus in two of Your hands. O Lord with a thousand arms,

O Universal Being, appear again in the same four-armed Form. (46)

प्रसंग – अर्जुन की प्रार्थना पर अब अगले दो श्लोकों में भगवान् अपने विश्वरूप की महिमा और दुर्लभता का वर्णन करते हुए उनचासवें श्लोक में अर्जुन को आश्वासन देकर चतुर्भुज रूप देखने के लिये कहते हैं–

श्रीभगवानुवाच

मया प्रसन्नेन तवार्जुनेदं रूपं परं दर्शितमात्मयोगात्।
तेजोमयं विश्वमनन्तमाद्यं यन्मे त्वदन्येन न दृष्टपूर्वम्।। 47।।

śrībhagavānuvāca
mayā prasannena tavārjunedaṁ
rūpaṁ paraṁ darśitamātmayogāt
tejomayaṁ viśvamanantamādyaṁ
yanme tvadanyena na dṛṣṭapūrvam

श्रीभगवान् बोले–हे अर्जुन ! अनुग्रहपूर्वक मैंने अपनी योगशक्ति के प्रभाव से यह मेरा परम तेजोमय, सबका आदि और सीमारहित विराट् रूप तुझ को दिखलाया है, जिसे तेरे अतिरिक्त दूसरे किसी ने पहले नहीं देखा था ।। 47 ।।

Sri Bhagavan said: Arjuna! pleased with you I have shown you, through My own power of Yoga, this supreme, effulgent, primal and infinite Cosmic Body, which was never seen before by any else than you. (47)

न वेदयज्ञाध्ययनैर्न दानैर्न च क्रियाभिर्न तपोभिरुग्रैः।
एवं रूपः शक्य अहं नृलोके द्रष्टुं त्वदन्येन कुरुप्रवीर।। 48।।

na vedayajñādhyayanairna dānai-
rna ca kriyābhirna tapobhirugraiḥ
evaṁrūpaḥ śakya ahaṁ nṛloke
draṣṭuṁ tvadanyena kurupravīra

हे अर्जुन ! मनुष्य लोक में इस प्रकार विश्व रूप वाला मैं न वेद और यज्ञों के अध्ययन से, न दान से, न क्रियाओं से और न उग्र तपों से ही तेरे अतिरिक्त दूसरे के द्वारा देखा जा सकता हूँ ।। 48 ।।

Arjuna, in this mortal world I cannot be seen in this Form by anyone else than you, either through study of the Vedas or of rituals, or a gain through gifts, actions or austere penances. (48)

मा ते व्यथा मा च विमूढभावो दृष्ट्वा रूपं घोरमीदृङ्ममेदम् ।
व्यपेतभीः प्रीतमनाः पुनस्त्वं तदेव मे रूपमिदं प्रपश्य ।। 49

mā te vyathā mā ca vimūḍhabhāvo
dṛṣṭvā rūpaṁ ghoramīdṛṁmamedam
vyapetabhīḥ prītamanāḥ punastvaṁ
tadeva me rūpamidaṁ prapaśya

मेरे इस प्रकार के इस विकराल रूप को देखकर तुझको व्याकुलता नहीं होनी चाहिये और मूढभाव भी नहीं होना चाहिये । तू भयरहित और प्रीतियुक्त मनवाला होकर उसी मेरे इस शंख-चक्र-गदा-पद्मयुक्त चतुर्भुज रूप को फिर देख ।। 49 ।।

Seeing such a dreadful Form of Mine as this, be not perturbed or perplexed; with a fearless and complacent mind, behold once again the same four-armed Form of Mine (bearing the conch, discus, mace and lotus). (49)

प्रसंग – इस प्रकार चतुर्भुज रूप का दर्शन करने के लिये अर्जुन को आज्ञा देकर भगवान् ने क्या किया, अब सञ्जय धृतराष्ट्र से वही कहते हैं–

संजय उवाच

इत्यर्जुनं वासुदेवस्तथोक्त्वा स्वकं रूपं दर्शयामास भूयः।
आश्वासयामास च भीतमेनं भूत्वा पुनः सौम्यवपुर्महात्मा।।50।

sañjaya uvāca

ityarjunaṁ vāsudevastathoktvā
svakaṁ rūpaṁ darśayāmāsa bhūyaḥ
āśvāsayāmāsa ca bhītamenaṁ
bhūtvā punaḥ saumyavapurmahātmā

सञ्जय बोले—वासुदेव भगवान् ने अर्जुन के प्रति इस प्रकार कहकर फिर वैसे ही अपने चतुर्भुज रूप को दिखलाया और फिर महात्मा श्रीकृष्ण ने सौम्यमूर्ति होकर इस भयभीत अर्जुन को धीरज दिया ।। 50 ।।

Sañjaya said: Having spoken thus to Arjuna, Bhagavan Vasudeva again showed to him in the same way His own four-armed form; and then, assuming a gentle form, the high-souled Sri Krsna consoled the frightened Arjuna. (50)

प्रसंग – इस प्रकार भगवान् श्रीकृष्ण ने अपने विश्व रूप को संवरण करके, चतुर्भुज रूप के दर्शन देने के पश्चात् जब स्वाभाविक मानुष रूप से युक्त होकर अर्जुन को आश्वासन दिया, तब अर्जुन सावधान होकर कहने लगे–

अर्जुन उवाच

दृष्ट्वेदं मानुषं रूपं तव सौम्यं जनार्दन।
इदानीमस्मि संवृत्तः सचेताः प्रकृतिं गतः।।51।।

arjuna uvāca
dṛṣṭvedaṁ mānuṣaṁ rūpaṁ tava saumyaṁ janārdana
idānīmasmi saṁvṛttaḥ sacetāḥ prakṛtiṁ gataḥ

अर्जुन बोले—हे जनार्दन ! आपके इस अति शान्त मनुष्य रूप को देखकर अब मैं स्थिरचित्त हो गया हूँ और अपनी स्वाभाविक स्थिति को प्राप्त हो गया हूँ ।।51 ।।

Arjuna said: Krsna, seeing this gentle human form of Yours I have regained my composure and am myself again. (51)

प्रसंग – इस प्रकार अर्जुन के वचन सुनकर अब भगवान् दो श्लोकों द्वारा अपने चतुर्भुज देवरूप के दर्शन की दुर्लभता और उसकी महिमा का वर्णन करते हैं–

श्रीभगवानुवाच

सुदुर्दर्शमिदं रूपं दृष्टवानसि यन्मम।
देवा अप्यस्य रूपस्य नित्यं दर्शनकाङ्क्षिणः।।52।।

śrībhagavānuvāca
sudurdarśamidaṁ rūpaṁ dṛṣṭavānasi yanmama
devā apyasya rūpasya nityaṁ darśanakāṅkṣiṇaḥ

श्रीभगवान् बोले—मेरा जो चतुर्भुज रूप तुमने देखा है, यह

सुदुर्दर्श है अर्थात् इसके दर्शन बड़े ही दुर्लभ हैं। देवता भी सदा इस रूप के दर्शन की आकाङ्क्षा करते रहते हैं ।। 52 ।।

Sri Bhagavan said : This form of Mine (with four arms) which you have just seen is exceedingly difficult to perceive. Even the gods are always eager to behold this form. (52)

नाहं वेदैर्न तपसा न दानेन न चेज्यया।
शक्य एवं विधो द्रष्टुं दृष्टवानसि मां यथा।।53।।

nāham vedairna tapasā na dānena na cejyayā
śakya evamvidho draṣṭum dṛṣṭavānasi mām yathā

जिस प्रकार तुमने मुझको देखा है—इस प्रकार चतुर्भुज रूप वाला मैं न वेदों से, न तपसे, न दानसे, और न यज्ञ से ही देखा जा सकता हूँ ।। 53 ।।

Neither by study of the Vedas nor by penance, nor again by charity, nor even by ritual can I be seen in this form (with four arms) as you have seen Me. (53)

प्रसंग – यदि उपर्युक्त उपायों से आपके दर्शन नहीं हो सकते तो किस उपाय से हो सकते हैं, ऐसी जिज्ञासा होने पर भगवान् कहते हैं–

भक्त्या त्वनन्यया शक्य अहमेवं विधोऽर्जुन।
ज्ञातु द्रष्टुं च तत्त्वेन प्रवेष्टुं च परंतप।।54।।

bhaktyā tvananyayā śakya ahamevaṁvidho'rjuna
jñātuṁ draṣṭuṁ ca tattvena praveṣṭuṁ ca paraṁtapa

परन्तु हे परंतप अर्जुन ! अनन्य भक्ति के द्वारा इस प्रकार चतुर्भुज रूप वाला मैं प्रत्यक्ष देखने के लिये, तत्त्व से जानने के लिये तथा प्रवेश करने के लिये अर्थात् एकीभाव से प्राप्त होने के लिये भी शक्य हूँ ।। 54 ।।

Through single-minded devotion, however, I can be seen in this form (with four arms); nay, known in essence and even entered into, O valiant Arjuna. (54)

प्रसंग – अनन्य भक्ति के द्वारा भगवान् को देखना, जानना और एकीभाव से प्राप्त करना सुलभ बतलाया जाने के कारण अनन्य भक्ति का स्वरूप जानने की आकांक्षा होने पर अब अनन्य भक्त के लक्षणों का वर्णन किया जाता है–

मत्कर्मकृन्मत्परमो मद्भक्तः संगवर्जितः ।
निर्वैरः सर्वभूतेषु यः स मामेति पाण्डव ।। 55 ।।

matkarmakṛnmatparamo madbhaktaḥ saṅgavarjitaḥ
nirvairaḥ sarvabhūteṣu yaḥ sa māmeti pāṇḍava

हे अर्जुन ! जो पुरुष केवल मेरे ही लिये सम्पूर्ण कर्तव्य कर्मों को करने वाला है, मेरे परायण है, मेरा भक्त है, आसक्तिरहित है और सम्पूर्ण भूतप्राणियों में वैरभाव से रहित है–वह अनन्य भक्ति युक्त पुरुष मुझको ही प्राप्त होता है ।। 55 ।।

Arjuna, he who performs all his duties for My sake, depends on Me, is devoted to Me; has no attachment, and is free from malice towards all beings, reaches Me. (55)

ॐ तत्सदिति श्रीमद्भगवद्गीतासूपनिषत्सु ब्रह्मविद्यायां योगशास्त्रे श्रीकृष्णार्जुनसंवादे विश्वरूपदर्शनयोगो नामैकादशोऽध्यायः ।। 11 ।।

ॐ श्रीपरमात्मने नमः

द्वादशोऽध्यायः

इस बारहवें अध्याय में अनेक प्रकार के साधनों सहित भगवान् की भक्ति का वर्णन करके भगवद्भक्तों के लक्षण बतलाये गये हैं इसका उपक्रम और उपसंहार भगवान् की भक्ति में ही हुआ है। केवल तीन श्लोकों में ज्ञान के-साधन का वर्णन है, वह भी भगवद्भक्ति और ज्ञानयोग की परस्पर तुलना करने के लिये ही है; अतएव इस अध्याय का नाम 'भक्तियोग' रखा गया है।

प्रसंग – निर्गुण-निराकार और सगुण-साकार की उपासना करने वाले दोनों प्रकार के उपासकों में उत्तम उपासक कौन है, इसी जिज्ञासा के अनुसार अर्जुन पूछ रहे हैं–

अर्जुन उवाच

एवं सततयुक्ता ये भक्तास्त्वां पर्युपासते।
ये चाप्यक्षरमव्यक्तं तेषां के योगवित्तमाः।। 1 ।।

arjuna uvāca
evaṁ satatayuktā ye bhaktāstvāṁ paryupāsate
ye cāpyakṣaramavyaktaṁ teṣāṁ ke yogavittamāḥ

अर्जुन बोले—जो अनन्य प्रेमी भक्तजन पूर्वोक्त प्रकार से निरन्तर आपके भजन-ध्यान में लगे रहकर आप सगुणरूप परमेश्वर को और दूसरे जो केवल अविनाशी सच्चिदानन्दघन निराकार ब्रह्मको ही अतिश्रेष्ठ भाव से भजते हैं—उन दोनों प्रकार के उपासकों में अति उत्तम योगवेत्ता कौन हैं? ।। 1 ।।

Arjuna said : The devotees who, with their minds constantly fixed on You as shown above, adore You as possessed of form and attributes, and those who adore as the supreme Reality only the indestructible

unmanifest Brahma (who is Truth, Knowledge and Bliss solidified)–of these two types of worshippers who are the best knowers of Yoga? (1)

प्रसंग – इस प्रकार अर्जुन के पूछने पर उसके उत्तर में भगवान् सगुण-साकार के उपासकों को उत्तम बतलाते हैं–

श्रीभगवानुवाच

मय्यावेश्य मनो ये मां नित्ययुक्ता उपासते।
श्रद्धया परयोपेतास्ते मे युक्ततमा मताः।।2।।

śrībhagavānuvāca
mayyāveśya mano ye māṁ nityayuktā upāsate
śraddhayā parayopetāste me yuktatamā matāḥ

श्रीभगवान् बोले—मुझमें मन को एकाग्र करके निरन्तर मेरे भजन-ध्यान में लगे हुए जो भक्तजन अतिशय श्रेष्ठ श्रद्धा से युक्त होकर मुझ सगुण रूप परमेश्वर को भजते हैं, वे मुझ को योगियों में अति उत्तम योगी मान्य हैं ।।2 ।।

Sri Bhagavan said : I consider them to be the best Yogis, who endowed with supreme faith, and ever united through meditation with Me, worship Me with the mind centred on Me. (2)

प्रसंग – पूर्व श्लोक में सगुण-साकार परमेश्वर के उपासकों को उत्तम योगवेत्ता बतलाया, इस पर यह जिज्ञासा हो सकती है कि तो क्या निर्गुण-निराकार ब्रह्म के उपासक उत्तम योगवेत्ता नहीं हैं ? इस पर कहते हैं–

ये त्वक्षरमनिर्देश्यमव्यक्तं पर्युपासते।
सर्वत्रगमचिन्त्यं च कूटस्थमचलं ध्रुवम्।।3।।
संनियम्येन्द्रियग्रामं सर्वत्र समबुद्धयः।
ते प्राप्नुवन्ति मामेव सर्वभूतहिते रताः।।4।।

ye tvakṣaramanirdeśyamavyaktaṁ paryupāsate
sarvatragamacintyaṁ ca kūṭasthamacalaṁ dhruvam
saṁniyamyendriyagrāmaṁ sarvatra samabuddhayaḥ
te prāpnuvanti māmeva sarvabhūtahite ratāḥ

परन्तु जो पुरुष इन्द्रियों के समुदाय को भली प्रकार वश में करके मन-बुद्धि से परे सर्वव्यापी, अकथनीय स्वरूप और सदा एकरस रहने वाले, नित्य, अचल, निराकार, अविनाशी सच्चिदानन्दघन ब्रह्म को निरन्तर एकीभाव से ध्यान करते हुए भजते हैं, वे सम्पूर्ण भूतों के हित में रत और सबमें समान भाव वाले योगी मुझको ही प्राप्त होते हैं ।। 3-4 ।।

Those, however, who fully controlling all their senses and even-minded towards all, and devoted to the welfare of all beings, constantly adore as their very self the unthinkable; omnipresent, indestructible indefinable, eternal, immovable, unmanifest and changeless Brahma, they too come to Me. (3,4)

प्रसंग – इस प्रकार निर्गुण-उपासना और उसके फल का प्रतिपादन करने के पश्चात् अब देहाभिमानियों के लिये अव्यक्त गति की प्राप्ति को कठिन बतलाते हैं–

क्लेशोऽधिकतरस्तेषामव्यक्तासक्तचेतसाम् ।
अव्यक्ता हि गतिर्दुःखं देहवद्भिरवाप्यते ।। 5 ।।

kleśo'dhikatarasteṣāmavyaktāsaktacetasām
avyaktā hi gatirduḥkhaṁ dehavadbhiravāpyate

उन सच्चिदानन्दघन निराकार ब्रह्म में आसक्त चित्तवाले पुरुषों के साधन में परिश्रम विशेष है, क्योंकि देहाभिमानियों के द्वारा अव्यक्त विषयक गति दुःखपूर्वक प्राप्त की जाती है ।। 5 ।।

Of course, the strain is greater for those who have their mind attached to the Unmanifest; for atonement with the Unmanifest is attained with difficulty by those who are centred in the body. (5)

प्रसंग – इस प्रकार निर्गुण-निराकार ब्रह्म की उपासना से देहाभिमानियों के लिये परमात्मा की प्राप्ति कठिन बतलाने के उपरान्त अब दो श्लोकों द्वारा सगुण परमेश्वर की उपासना से परमेश्वर की प्राप्ति शीघ्र और अनायास होने की बात कहते हैं–

ये तु सर्वाणि कर्माणि मयि संन्यस्य मत्पराः ।
अनन्येनैव योगेन मां ध्यायन्त उपासते ।। 6 ।।

ye tu sarvāṇi karmāṇi mayi saṁnyasya matparāḥ
ananyenaiva yogena māṁ dhyāyanta upāsate

परन्तु जो मेरे परायण रहने वाले भक्तजन सम्पूर्ण कर्मों को मुझ में अर्पण करके मुझ सगुण रूप परमेश्वर को ही अनन्य भक्ति योग से निरन्तर चिन्तन करते हुए भजते हैं ।। 6 ।।

On the other hand, those who depending exclusively on Me, and surrendering all actions to Me, worship Me (God with attributes), constantly meditating on Me with single-minded devotion. (6)

तेषामहं समुद्धर्ता मृत्युसंसारसागरात्।
भवामि नचिरात्पार्थ मय्यावेशितचेतसाम्।।7।।

teṣāmahaṁ samuddhartā mṛtyusaṁsārasāgarāt
bhavāmi nacirātpārtha mayyāveśitacetasām

हे अर्जुन ! उन मुझ में चित्त लगाने वाले प्रेमी भक्तों का मैं शीघ्र ही मृत्यु रूप संसार-समुद्र से उद्धार करने वाला होता हूँ ।।7 ।।

These, Arjuna, I speedily deliver from the ocean of birth and death, their mind being fixed on Me. (7)

प्रसंग – इस प्रकार पूर्व श्लोकों में निर्गुण-उपासना की अपेक्षा सगुण-उपासना की सुगमता का प्रतिपादन किया गया। इसलिये अब भगवान् अर्जुन को उसी प्रकार मन, बुद्धि लगाकर सगुण-उपासना करने की आज्ञा देते हैं–

मय्येव मन आधत्स्व मयि बुद्धिं निवेशय।
निवसिष्यसि मय्येव अत ऊर्ध्वं न संशयः।।8।।

mayyeva mana ādhatsva mayi buddhiṁ niveśaya
nivasiṣyasi mayyeva ata ūrdhvaṁ na saṁśayaḥ

मुझ में मन को लगा और मुझ में ही बुद्धि को लगा; इसके उपरान्त तू मुझ में ही निवास करेगा, इसमें कुछ भी संशय नहीं है ।।8 ।।

Therefore, fix yor mind on Me, and establish your intellect in Me alone; thereafter you will abide solely in Me. There is no doubt about it. (8)

प्रसंग – यहाँ यह जिज्ञासा हो सकती है कि यदि मैं उपर्युक्त प्रकार से आप में मन-बुद्धि न लगा सकूँ तो मुझे क्या करना चाहिये। इसपर कहते हैं–

अथ चित्तं समाधातुं न शक्नोषि मयि स्थिरम्।
अभ्यासयोगेन ततो मामिच्छाप्तुं धनंजय।।9।।

atha cittaṁ samādhātuṁ na śaknoṣi mayi sthiram
abhyāsayogena tato māmicchāptuṁ dhanañjaya

यदि तू मन को मुझमें अचल स्थापन करने के लिये समर्थ नहीं है तो हे अर्जुन ! अभ्यास रूप योग के द्वारा मुझको प्राप्त होने के लिये इच्छा कर ।।9 ।।

If you cannot steadily fix the mind on Me, Arjuna, then seek to attain Me through the Yoga of repeated practice. (9)

प्रसंग – यहाँ यह जिज्ञासा होती है कि यदि इस प्रकार अभ्यास योग भी मैं न कर सकूँ तो मुझे क्या करना चाहिये। इस पर कहते हैं–

अभ्यासेऽप्यसमर्थोऽसि मत्कर्मपरमो भव।
मदर्थमपि कर्माणि कुर्वन्सिद्धिमवाप्स्यसि।।10।।

abhyāse'pyasamartho'si matkarmaparamo bhava
madarthamapi karmāṇi kurvansiddhimavāpsyasi

यदि तू उपर्युक्त अभ्यास में भी असमर्थ है तो केवल मेरे लिये कर्म करने के ही परायण हो जा। इस प्रकार मेरे निमित्त कर्मों को करता हुआ भी मेरी प्राप्ति रूप सिद्धि को ही प्राप्त होगा ।।10 ।।

If You are unequal even to the pursuit of such practice, be intent to work for Me; you shall attain perfection (in the shape of My realization) even by performing actions for My sake. (10)

प्रसंग – यहाँ अर्जुन को जिज्ञासा हो सकती है कि यदि उपर्युक्त प्रकार से आपके लिये मैं कर्म भी न कर सकूँ तो मुझे क्या करना चाहिये। इस पर कहते हैं–

अथैतदप्यशक्तोऽसि कर्तुं मद्योगमाश्रितः।
सर्वकर्मफलत्यागं ततः कुरु यतात्मवान्।। 11।।

athaitadapyaśakto'si kartuṁ madyogamāśritaḥ
sarvakarmaphalatyāgaṁ tataḥ kuru yatātmavān

यदि मेरी प्राप्ति रूप योग के आश्रित होकर उपर्युक्त साधन को करने में भी तू असमर्थ है तो मन-बुद्धि आदि पर विजय प्राप्त करने वाला होकर सब कर्मों के फल का त्याग कर ।। 11 ।।

If, taking recourse to the Yoga of My realization, you are unable even to do this, then, subduing your mind and intellect etc., relinquish the fruit of all actions. (11)

प्रसंग – यहाँ पर यह शंका हो सकती है कि 'कर्मफल त्याग' रूप साधन पूर्वोक्त अन्य साधनों की अपेक्षा निम्न श्रेणी का होगा; अतः ऐसी शंका को हटाने के लिये कर्म फल के त्याग का महत्त्व अगले श्लोक में बतलाया जाता है–

श्रेयो हि ज्ञानमभ्यासाज्ज्ञानाद्ध्यानं विशिष्यते।
ध्यानात्कर्मफलत्यागस्त्यागाच्छान्तिरनन्तरम्।। 12।।

śreyo hi jñānamabhyāsājjñānāddhyānaṁ viśiṣyate
dhyānātkarmaphalatyāgastyāgācchāntiranantaram

मर्मको न जानकर किये हुए अभ्यास से ज्ञान श्रेष्ठ है, ज्ञान से मुझ परमेश्वर के स्वरूप का ध्यान श्रेष्ठ है और ध्यान से भी सब कर्मों के फल का त्याग श्रेष्ठ है; क्योंकि त्याग से तत्काल ही परम शान्ति होती है ।। 12 ।।

Knowledge is better than practice (without discernment), meditation on God is superior to knowledge, and renunciation of the fruit of actions is even superior to meditation; for peace immediately follows from renunciation. (12)

प्रसंग – उपर्युक्त श्लोकों में भगवान् की प्राप्ति के लिये भक्ति के अंगभूत अलग-अलग साधन बतलाकर उनका फल परमेश्वर की प्राप्ति बतलाया गया, अतएव भगवान् को प्राप्त हुए प्रेमी भक्तों के लक्षण जानने की इच्छा होने पर अब सात श्लोकों में भगवत्प्राप्त ज्ञानी भक्तों के लक्षण बतलाये जाते हैं–

अद्वेष्टा सर्वभूतानां मैत्रः करुण एव च।
निर्ममो निरहंकारः समदुःखसुखः क्षमी ।। 13 ।।
संतुष्टः सततं योगी यतात्मा दृढनिश्चयः।
मय्यर्पितमनोबुद्धिर्यो मद्भक्तः स मे प्रियः ।। 14 ।।

adveṣṭā sarvabhūtānāṁ maitraḥ karuṇa eva ca
nirmamo nirahaṅkāraḥ samaduḥkhasukhaḥ kṣamī
saṁtuṣṭaḥ satataṁ yogī yatātmā dṛḍhaniścayaḥ
mayyarpitamanobuddhiryo madbhaktaḥ sa me priyaḥ

जो पुरुष सब भूतों में द्वेषभाव से रहित, स्वार्थरहित, सबका प्रेमी और हेतु रहित दयालु है तथा ममता से रहित, अहंकार से रहित, सुख-दुःखों की प्राप्ति में सम और क्षमावान् है अर्थात् अपराध करने वाले को भी अभय देने वाला है; तथा जो योगी निरन्तर संतुष्ट है, मन-इन्द्रियों सहित शरीर को वश में किये हुए है और मुझमें दृढ़ निश्चय वाला है—वह मुझमें अर्पण किये हुए मन-बुद्धि वाला मेरा भक्त मुझको प्रिय है ।। 13-14 ।।

He who is free from malice towards all beings, friendly and compassionate, rid of 'I' and 'mine', balanced in joy and sorrow, forgiving by nature, ever-contented and mentally united with Me, nay, who has subdued his mind, senses and body, has a firm resolve, and has surrendered his mind and reason to Me, that devotee of Mine is dear to Me. (13,14)

यस्मान्नोद्विजते लोको लोकान्नोद्विजते च यः।
हर्षामर्षभयोद्वेगैर्मुक्तो यः स च मे प्रियः।। 15।।

yasmānnodvijate loko lokānnodvijate ca yaḥ
harṣāmarṣabhayodvegairmukto yaḥ sa ca me priyaḥ

जिससे कोई भी जीव उद्वेग को प्राप्त नहीं होता और जो स्वयं भी किसी जीव से उद्वेग को प्राप्त नहीं होता; तथा जो हर्ष, अमर्ष, भय और उद्वेगादि से रहित है—वह भक्त मुझको प्रिय है ।। 15 ।।

He who is not a source of annoyance to his fellow-creatures, and who in his turn does not feel vexed with fellow-creatures, and who is free from delight and envy perturbation and fear, is dear to Me. (15)

अनपेक्षः शुचिर्दक्ष उदासीनो गतव्यथः।
सर्वारम्भपरित्यागी यो मद्भक्तः स मे प्रियः।। 16।।

anapekṣaḥ śucirdakṣa udāsīno gatavyathaḥ
sarvārambhaparityāgī yo madbhaktaḥ sa me priyaḥ

जो पुरुष आकांक्षा से रहित, बाहर-भीतर से शुद्ध, चतुर, पक्षपात से रहित और दुःखों से छूटा हुआ है—वह सब आरम्भों का त्यागी मेरा भक्त मुझको प्रिय है ।। 16 ।।

He who wants nothing, who is both internally and externally pure, is clever and impartial, and has risen above all distractions, and who renounces the feeling of doership in all undertaking,—that devotee of Mine is dear. (16)

यो न हृष्यति न द्वेष्टि न शोचति न काङ्क्षति।
शुभाशुभपरित्यागी भक्तिमान्यः स मे प्रियः।। 17।।

yo na hṛṣyati na dveṣṭi na śocati na kāṅkṣati
śubhāśubhaparityāgī bhaktimānyaḥ sa me priyaḥ

जो न कभी हर्षित होता है, न द्वेष करता है, न शोक करता है, न कामना करता है तथा जो शुभ और अशुभ सम्पूर्ण

कर्मों का त्यागी है—वह भक्ति युक्त पुरुष मुझको प्रिय है ।। 17 ।।

He who neither rejoices nor hates, nor grieves, nor desires and who renounces both good and evil actions and is full of devotion, is dear to Me. (17)

समः शत्रौ च मित्रे च तथा मानापमानयोः।
शीतोष्णसुखदुःखेषु समः संगविवर्जितः ।। 18 ।।

samaḥ śatrau ca mitre ca tathā mānāpamānayoḥ
śītoṣṇasukhaduḥkheṣu samaḥ saṅgavivarjitaḥ

जो शत्रु-मित्र में और मान-अपमान में सम है तथा सरदी, गरमी और सुख-दुःखादि द्वन्द्वों में सम है और आसक्ति से रहित है ।। 18 ।।

He who is alike to friend and foe, as well as to honour and ignominy, who remains balanced in heat and cold, pleasure and pain and other contrary experiences, and is free from attachment. (18)

तुल्यनिन्दास्तुतिर्मौनी संतुष्टो येन केनचित्।
अनिकेतः स्थिरमतिर्भक्तिमान्मे प्रियो नरः ।। 19 ।।

tulyanindāstutirmauni samtuṣṭo yena kenacit
aniketaḥ sthiramatirbhaktimānme priyo naraḥ

जो निन्दा-स्तुति को समान समझने वाला, मननशील और जिस किसी प्रकार से भी शरीर का निर्वाह होने में सदा ही सन्तुष्ट है और रहने के स्थान में ममता और आसक्ति से रहित है—वह स्थिर बुद्धि भक्तिमान् पुरुष मुझको प्रिय है ।। 19 ।।

He who takes praise and reproach alike, and is given to contemplation and contented with any means of subsistence whatsoever, entertaining no sense of ownership and attachment in respect of his dwelling place and full of devotion to Me, that man is dear to Me. (19)

प्रसंग – परमात्मा को प्राप्त हुए सिद्ध भक्तों के लक्षण बतलाकर अब उन लक्षणों को आदर्श मानकर बड़े प्रयत्न के साथ उनका भलीभाँति सेवन करने वाले, परम श्रद्धालु, शरणागत भक्तों की प्रशंसा करने के लिये, उनको अपना अत्यन्त प्रिय बतलाकर भगवान् इस अध्याय का उपसंहार करते हैं–

ये तु धर्म्यामृतमिदं यथोक्तं पर्युपासते।
श्रद्दधाना मत्परमा भक्तास्तेऽतीव मे प्रियाः।। 20।।

ye tu dharmyāmṛtamidaṁ yathoktaṁ paryupāsate
śraddadhānā matparamā bhaktāste'tīva me priyāḥ

परन्तु जो श्रद्धायुक्त पुरुष मेरे परायण होकर इस ऊपर कहे हुए धर्ममय अमृत को निष्काम प्रेम भाव से सेवन करते हैं, वे भक्त मुझको अतिशय प्रिय हैं ।। 20 ।।

Those devotees, however, who partake in a disinterested way of this nectar of pious wisdom set

forth above, endowed with faith and solely devoted to Me, they are extremely dear to me. (20)

ॐ तत्सदिति श्रीमद्भगवद्गीतासूपनिषत्सु ब्रह्मविद्यायां योगशास्त्रे श्रीकृष्णार्जुनसंवादे
भक्तियोगो नाम द्वादशोऽध्यायः ।। 12 ।।

ॐ श्रीपरमात्मने नमः

त्रयोदशोऽध्यायः

'क्षेत्र' (शरीर) और 'क्षेत्रज्ञ' (आत्मा) परस्पर अत्यन्त विलक्षण हैं। केवल अज्ञान से ही इन दोनों की एकता-सी हो रही है। क्षेत्र जड़, विकारी, क्षणिक और नाशवान् है; एवं क्षेत्रज्ञ चेतन, ज्ञान स्वरूप, निर्विकार, नित्य और अविनाशी है। इस अध्याय में 'क्षेत्र' और 'क्षेत्रज्ञ' दोनों के स्वरूप का उपर्युक्त प्रकार से विभाग किया गया है। इसलिये इसका नाम 'क्षेत्रक्षेत्रज्ञविभागयोग' रखा गया है।

प्रसंग – निर्गुण-निराकार का तत्त्व अर्थात् ज्ञान योग का विषय भलीभाँति समझाने के लिये तेरहवें अध्याय का आरम्भ किया जाता है। इसमें पहले भगवान् क्षेत्र (शरीर) तथा क्षेत्रज्ञ (आत्मा) के लक्षण बतलाते हैं–

श्रीभगवानुवाच

इदं शरीरं कौन्तेय क्षेत्रमित्यभिधीयते।
एतद्यो वेत्ति तं प्राहुः क्षेत्रज्ञ इति तद्विदः॥1॥

śrībhagavānuvāca
idaṁ śarīraṁ kaunteya kṣetramityabhidhīyate
etadyo vetti taṁ prāhuḥ kṣetrajña iti tadvidaḥ

श्रीभगवान् बोले—हे अर्जुन ! यह शरीर 'क्षेत्र' इस नाम से कहा जाता है; और इसको जो जानता है, उसको 'क्षेत्रज्ञ' इस नाम से उनके तत्त्व को जानने वाले ज्ञानीजन कहते हैं॥1॥

Sri Bhagavan said : This body, Arjuna, is termed as the Field (Ksetra); and him who knows it, the sages discerning the truthabout both refer to as the knower of the Field (Ksetrajña). (1)

प्रसंग – इस प्रकार क्षेत्र और क्षेत्रज्ञ के लक्षण बतलाकर अब क्षेत्रज्ञ और परमात्मा की एकता करते हुए ज्ञान के लक्षण का निरूपण करते हैं–

क्षेत्रज्ञं चापि मां विद्धि सर्वक्षेत्रेषु भारत।
क्षेत्रक्षेत्रज्ञयोर्ज्ञानं यत्तज्ज्ञानं मतं मम।।2।।

kṣetrajñaṁ cāpi māṁ viddhi sarvakṣetreṣu bhārata
kṣetrakṣetrajñayorjñānaṁ yattajjñānaṁ mataṁ mama

हे अर्जुन ! तू सब क्षेत्रों में क्षेत्रज्ञ अर्थात् जीवात्मा भी मुझे ही जान। और क्षेत्र-क्षेत्रज्ञ का अर्थात् विकार सहित प्रकृति का और पुरुष का जो तत्त्व से जानना है, वह ज्ञान है—ऐसा मेरा मत है ।। 2 ।।

Know Myself to be the Ksetrajña (individual soul) also in all the Ksetras, Arjuna. And it is the knowledge of Ksetra and Ksetrajña (i.e., of Matter with its evolutes and the Spirit) which I consider as Wisdom. (2)

प्रसंग – क्षेत्र और क्षेत्रज्ञ का पूर्ण ज्ञान हो जाने पर संसार-चक्र का नाश हो जाता है और परमात्मा की प्राप्ति होती है, अतएव 'क्षेत्र' और 'क्षेत्रज्ञ' के स्वरूप आदि को भलीभाँति विभागपूर्वक समझाने के लिये भगवान् कहते हैं–

तत्क्षेत्रं यच्च यादृक्च यद्विकारि यतश्च यत्।
स च यो यत्प्रभावश्च तत्समासेन मे श्रृणु।।3।।

tatkṣetraṁ yacca yādṛkca yadvikāri yataśca yat
sa ca yo yatprabhāvaśca tatsamāsena me śṛṇu

वह क्षेत्र जो और जैसा है तथा जिन विकारों वाला है, और जिस कारण से जो हुआ है; तथा वह क्षेत्रज्ञ भी जो और जिस प्रभाव वाला है—वह सब संक्षेप में मुझसे सुन ।। 3 ।।

What that Ksetra is and what it is like; and also what are its evolutes, again, whence is what, and also finally who that Ksetrajña is and what is his glory—hear all this from Me in a nutshell. (3)

प्रसंग – तीसरे श्लोक में 'क्षेत्र' और 'क्षेत्रज्ञ' के जिस तत्त्व को संक्षेप में सुनने के लिये भगवान् ने अर्जुन से कहा है—अब उसके विषय में ऋषि, वेद और ब्रह्म सूत्र की उक्ति का प्रमाण देकर भगवान् ऋषि, वेद और ब्रह्म सूत्र को आदर देते हैं–

ऋषिभिर्बहुधा गीतं छन्दोभिर्विविधैः पृथक्।
ब्रह्मसूत्रपदैश्चैव हेतुमद्भिर्विनिश्चितैः ।।4।।

ṛṣibhirbahudhā gītaṁ chandobhirvividhaiḥ pṛthak
brahmasūtrapadaiścaiva hetumadbhirviniścitaiḥ

यह क्षेत्र और क्षेत्रज्ञ का तत्त्व ऋषियों द्वारा बहुत प्रकार से कहा गया है और विविध वेदमन्त्रों द्वारा भी विभागपूर्वक कहा गया है, तथा भलीभाँति निश्चय किये हुए युक्तियुक्त ब्रह्म सूत्र के पदों द्वारा भी कहा गया है ।।4।।

The truth about the Ksetra and the Ksetrajña has been expounded by the seers in manifold ways; again, it has been separately stated in different Vedic chants and also in the conclusive and reasoned texts of the *Brahmasutras*. (4)

प्रसंग – इस प्रकार ऋषि, वेद और ब्रह्मसूत्र का प्रमाण देकर अब भगवान् तीसरे श्लोक में 'यत्' पद से कहे हुए 'क्षेत्र' का और 'यद्विकारि' पद से कहे हुए उसके विकारों का अगले दो श्लोकों में वर्णन करते हैं–

महाभूतान्यहंकारो बुद्धिरव्यक्तमेव च।
इन्द्रियाणि दशैकं च पञ्च चेन्द्रियगोचराः।।5।।

mahābhūtānyahaṅkāro buddhiravyaktameva ca
indriyāṇi daśaikaṁ ca pañca cendriyagocarāḥ

पाँच महाभूत, अहंकार, बुद्धि और मूल प्रकृति भी; तथा दस इन्द्रियाँ, एक मन और पाँच इन्द्रियों के विषय अर्थात् शब्द, स्पर्श, रूप, रस और गन्ध— ।। 5 ।।

The five elements, the ego, the intellect, the Unmanifest (Primordial Matter), the ten organs (of perception and action), the mind, and the five objects of sense (sound, touch, colour, taste and smell);— (5)

इच्छा द्वेषः सुखं दुःखं संघातश्चेतना धृतिः।
एतत्क्षेत्रं समासेन सविकारमुदाहृतम् ।। 6 ।।

icchā dveṣaḥ sukhaṁ duḥkhaṁ saṅghātaścetanā dhṛtiḥ
etatkṣetraṁ samāsena savikāramudāhṛtam

तथा इच्छा, द्वेष, सुख, दुःख, स्थूल देह का पिण्ड, चेतना और धृति—इस प्रकार विकारों के सहित यह क्षेत्र संक्षेप में कहा गया है ।। 6 ।।

Also desire, aversion, pleasure, pain the physical body, consciousness, firmness: thus is the Ksetra, with its evolutes, briefly states. (6)

प्रसंग – इस प्रकार क्षेत्र के स्वरूप और उसके विकारों का वर्णन करने के बाद अब जो दूसरे श्लोक में यह बात

कही थी कि क्षेत्र और क्षेत्रज्ञ का जो ज्ञान है, वही मेरे मत से ज्ञान है—उस ज्ञान को प्राप्त करने के साधनों का 'ज्ञान' के ही नाम से पाँच श्लोकों द्वारा वर्णन करते हैं—

अमानित्वमदम्भित्वमहिंसा क्षान्तिरार्जवम्।
आचार्योपासनं शौचं स्थैर्यमात्मविनिग्रहः।।7।।

amānitvamadambhitvamahiṁsā kṣāntirārjavam
ācāryopāsanaṁ śaucaṁ sthairyamātmavinigrahaḥ

श्रेष्ठता के अभिमान का अभाव, दम्भाचरण का अभाव, किसी भी प्राणी को किसी प्रकार भी न सताना, क्षमाभाव, मन-वाणी आदि की सरलता, श्रद्धा-भक्ति सहित गुरु की सेवा, बाहर-भीतर की शुद्धि, अन्तःकरण की स्थिरता और मन-इन्द्रियों सहित शरीर का निग्रह ।। 7 ।।

Absence of pride, freedom from hypocrisy, non-vielence, forbearance, straightness of body, speech and mind, devout service of the preceptor, internal and external purity, steadfastness of mind and control of body, mind and the senses. (7)

इन्द्रियार्थेषु वैराग्यमनहंकार एव च।
जन्ममृत्युजराव्याधिदुःखदोषानुदर्शनम्।।8।।

indriyārtheṣu vairāgyamanahaṅkāra eva ca
janmamṛtyujarāvyādhiduḥkhadoṣānudarśanam

इस लोक और परलोक के सम्पूर्ण भोगों में आसक्ति का अभाव और अहंकार का भी अभाव; जन्म, मृत्यु, जरा और

रोग आदि में दुःख और दोषों का बार-बार विचार करना ।।8 ।।

Dispassion towards the objects of enjoyment of this world and the next, and also absence of egotism, pondering again and again on the pain and evils inherent in birth, death, old age and disease; (8)

असक्तिरनभिष्वंगः पुत्रदारगृहादिषु ।
नित्यं च समचित्तत्वमिष्टानिष्टोपपत्तिषु ।।9।।

asaktiranabhiṣvaṅgaḥ putradāragṛhādiṣu
nityaṁ ca samacittatvamiṣṭāniṣṭopapattiṣu

पुत्र, स्त्री, घर और धन आदि में आसक्ति का अभाव; ममता का न होना तथा प्रिय और अप्रिय की प्राप्ति में सदा ही चित्त का सम रहना ।।9 ।।

Absence of attachment and the feeling of mineness in respect of son, wife, home etc., and constant equipoise of mind both in favourable and unfavourable circumstances; (9)

मयि चानन्ययोगेन भक्तिरव्यभिचारिणी ।
विविक्तदेशसेवित्वमरतिर्जनसंसदि ।।10।।

mayi cānanyayogena bhaktiravyabhicāriṇī
viviktadeśasevitvamaratirjanasaṁsadi

मुझ परमेश्वर में अनन्य योग के द्वारा अव्यभिचारिणी भक्ति तथा एकान्त और शुद्ध देश में रहने का स्वभाव और विषयासक्त मनुष्यों के समुदाय में प्रेम का न होना ।। 10 ।।

Unflinching devotion to Me through exclusive attachment, living in secluded and holy places, and finding no enjoyment in the company of men; (10)

अध्यात्मज्ञाननित्यत्वं तत्त्वज्ञानार्थदर्शनम् ।
एतज्ज्ञानमिति प्रोक्तमज्ञानं यदतोऽन्यथा ।। 11 ।।

adhyātmajñānanityatvaṁ tattvajñānārthadarśanam
etajjñānamiti proktamajñānaṁ yadato'nyathā

अध्यात्मज्ञान में नित्य स्थिति और तत्त्वज्ञान के अर्थ रूप परमात्मा को ही देखना—यह सब ज्ञान है, और जो इससे विपरीत है, वह अज्ञान है—ऐसा कहा है ।। 11 ।।

Fixity in self-knowledge and seeing God as the object of true knowledge, all this is declared as knowledge; and what is other than this is called ignorance. (11)

प्रसंग – इस प्रकार ज्ञान के साधनों का 'ज्ञान' के नाम से वर्णन सुनने पर यह जिज्ञासा हो सकती है कि इन साधनों द्वारा प्राप्त 'ज्ञान' से जानने योग्य वस्तु क्या है और उसे जान लेने से क्या होता है ? उसका उत्तर देने के लिये भगवान् अब जानने के योग्य वस्तु के स्वरूप का वर्णन करने की प्रतिज्ञा करते हुए उसके जानने का फल 'अमृतत्व की प्राप्ति' बतलाकर छः श्लोकों में जानने के योग्य परमात्मा के स्वरूप का वर्णन करते हैं—

ज्ञेयं यत्तत्प्रवक्ष्यामि यज्ज्ञात्वामृतमश्नुते ।
अनादिमत्परं ब्रह्म न सत्तन्नासदुच्यते ।। 12 ।।

jñeyaṁ yattatpravakṣyāmi yajjñātvāmṛtamaśnute
anādimatparaṁ brahma na sattannāsaducyate

जो जानने योग्य है तथा जिसको जानकर मनुष्य परमानन्द को प्राप्त होता है, उसको भलीभाँति कहूँगा। वह अनादिवाला परमब्रह्म न सत् ही कहा जाता है, न असत् ही ।। 12 ।।

I shall speak to you at length about that which ought to be known, and knowing which one attains supreme Bliss. That supreme Brahma, who is the lord of beginning less entities, is said to be neither Sat (being) nor Asat (non-being). (12)

प्रसंग – इस प्रकार ज्ञेयतत्त्व के वर्णन की प्रतिज्ञा करके उस तत्त्व का संक्षेप में वर्णन किया गया; परन्तु वह ज्ञेय तत्त्व बड़ा गहन है। अतः साधकों को उसका ज्ञान कराने के लिये सर्वव्यापकत्वादि लक्षणों के द्वारा उसी का पुनः विस्तारपूर्वक वर्णन करते हैं–

सर्वतःपाणिपादं तत्सर्वतोऽक्षिशिरोमुखम्।
सर्वतःश्रुतिमल्लोके सर्वमावृत्य तिष्ठति।। 13।।

sarvatahpāṇipādaṁ tatsarvato'kṣiśiromukham
sarvatahśrutimalloke sarvamāvṛtya tiṣṭhati

वह सब ओर हाथ-पैरवाला, सब ओर नेत्र, सिर और मुखवाला तथा सब ओर कानवाला है। क्योंकि वह संसार में सबको व्याप्त करके स्थित है ।। 13 ।।

It has hands and feet on all sides, eyes, head and mouth in all directions, and ears all round; for it stands pervading all in the universe. (13)

प्रसंग – ज्ञेयस्वरूप परमात्मा को सब ओर से हाथ, पैर आदि समस्त इन्द्रियों की शक्तिवाला बतलाने के बाद अब उसके स्वरूप की अलौकिकता का निरूपण करते हैं–

सर्वेन्द्रियगुणाभासं सर्वेन्द्रियविवर्जितम्।
असक्तं सर्वभृच्चैव निर्गुणं गुणभोक्तृ च।।14।।

sarvendriyaguṇābhāsaṁ sarvendriyavivarjitam
asaktaṁ sarvabhṛccaiva nirguṇaṁ guṇabhoktṛ ca

वह सम्पूर्ण इन्द्रियों के विषयों को जानने वाला है, परन्तु वास्तव में सब इन्द्रियों से रहित है, तथा आसक्ति रहित होने पर भी सबका धारण-पोषण करने वाला और निर्गुण होने पर भी गुणों को भोगने वाला है ।। 14 ।।

Though perceiving all sense-objects it is, really speaking, devoid of all senses. Nay, though unattached, it is the sustainer of all nonetheless; and though attributeless, it is the enjoyer of qualities (the three modes of Prakrti). (14)

बहिरन्तश्च भूतानामचरं चरमेव च।
सूक्ष्मत्वात्तदविज्ञेयं दूरस्थं चान्तिके च तत्।।15।।

bahirantaśca bhūtānāmacaraṁ carameva ca
sūkṣmatvāttadavijñeyaṁ dūrasthaṁ cāntike ca tat

वह चराचर सब भूतों के बाहर-भीतर परिपूर्ण है, और चर-अचररूप भी वही है और वह सूक्ष्म होने से अविज्ञेय है तथा अति समीप में और दूर में भी स्थित वही है ।। 15 ।।

It exists without and within all beings, and constitutes the animate and inanimate creation as well. And by reason of Its subttelty. It is incomprehensible; it is close at hand stand afar too. (15)

अविभक्तं च भूतेषु विभक्तमिव च स्थितम्।
भूतभर्तृ च तज्ज्ञेयं ग्रसिष्णु प्रभविष्णु च।। 16।।

avibhaktaṁ ca bhūteṣu vibhaktamiva ca sthitam
bhūtabhartṛ ca tajjñeyaṁ grasiṣṇu prabhaviṣṇu ca

वह परमात्मा विभाग रहित एक रूप से आकाश के सदृश परिपूर्ण होने पर भी चराचर सम्पूर्ण भूतों में विभक्त-सा स्थित प्रतीत होता है। तथा वह जानने योग्य परमात्मा विष्णु रूप से भूतों को धारण-पोषण करने वाला और रुद्ररूप से संहार करने वाला तथा ब्रह्म रूप से सबको उत्पन्न करने वाला है ।। 16 ।।

Though integral like sapce in its undivided aspect. It appears divided as it were in all animate and inanimate beings. And that godhead, which is the only object worth knowing, is the sustainer of beings (as Visnu), the destroyer (as Rudra) and the creator of all (as Brahma). (16)

ज्योतिषामपि तज्ज्योतिस्तमसः परमुच्यते।
ज्ञानं ज्ञेयं ज्ञानगम्यं हृदि सर्वस्य विष्ठितम्।। 17।।

jyotiṣāmapi tajjyotistamasaḥ paramucyate
jñānaṁ jñeyaṁ jñānagamyaṁ hṛdi sarvasya viṣṭhitam

वह परब्रह्म ज्योतियों का भी ज्योति एवं माया से अत्यन्त परे कहा जाता है। वह परमात्मा बोधस्वरूप, जानने के योग्य एवं तत्त्व ज्ञान से प्राप्त करने योग्य है और सबके हृदय विशेष रूप स्थित है ।। 17 ।।

That supreme Brahma is said to be the light of all lights, and entirely beyond Maya. that godhead is Knowledge itself, worth knowing, and worth attaining through real wisdom, and is particularly seated in the heart of all. (17)

प्रसंग – इस प्रकार क्षेत्र, ज्ञान और ज्ञेय के स्वरूप का संक्षेप में वर्णन करके अब इस प्रकरण को जानने का फल बतलाते हैं–

इति क्षेत्रं तथा ज्ञानं ज्ञेयं चोक्तं समासतः।
मद्भक्त एतद्विज्ञाय मद्भावायोपपद्यते ।। 18 ।।

iti kṣetraṁ tathā jñānaṁ jñeyaṁ coktaṁ samāsataḥ
madbhakta etadvijñāya madbhāvāyopapadyate

इस प्रकार क्षेत्र तथा ज्ञान और जानने योग्य परमात्मा का स्वरूप संक्षेप से कहा गया। मेरा भक्त इसको तत्त्व से जानकर मेरे स्वरूप को प्राप्त होता है ।। 18 ।।

Thus the truth of the Ksetra and knowledge, as

well as of the object worth knowing, God has been briefly discussed; knowing this in reality, My devotee enters into My Being. (18)

प्रसंग – अब उन सबका वर्णन करने के लिये भगवान् पुनः प्रकृति और पुरुष के नाम से प्रकरण आरम्भ करते हैं। इसमें पहले प्रकृति-पुरुष की अनादिता का प्रतिपादन करते हुए समस्त गुण और विकारों को प्रकृति जन्य बतलाते हैं–

प्रकृतिं पुरुषं चैव विद्ध्यनादी उभावपि।
विकारांश्च गुणांश्चैव विद्धि प्रकृतिसंभवान्।।19।।

prakṛtiṁ puruṣaṁ caiva viddhyanādī ubhāvapi
vikārāṁśca guṇāṁścaiva viddhi prakṛtisambhavān

प्रकृति और पुरुष, इन दोनों को ही तू अनादि जान। और राग-द्वेषादि विकारों को तथा त्रिगुणात्मक सम्पूर्ण पदार्थों को भी प्रकृति से ही उत्पन्न जान ।। 19 ।।

Prakrti and Purusa, know both these as beginningless, and know all modifications such as likes and dislikes etc. and all objects constituted of the three Gunas as born of Prakrti. (19)

प्रसंग – तीसरे श्लोक में, जिससे जो उत्पन्न हुआ है, यह बात सुनने के लिये कहा गया था, उसका वर्णन पूर्व श्लोक के उत्तरार्द्ध में कुछ किया गया। अब उसी की कुछ बात इस श्लोक के पूर्वार्द्ध में कहते हुए इसके उत्तरार्द्ध में और इक्कीसवें श्लोक में प्रकृति में स्थित पुरुष के स्वरूप का वर्णन किया जाता है–

कार्यकरणकर्तृत्वे हेतुः प्रकृतिरुच्यते।
पुरुषः सुखदुःखानां भोक्तृत्वे हेतुरुच्यते।।20।।

kāryakaraṇakartṛtve hetuḥ prakṛtirucyate
puruṣaḥ sukhaduḥkhānāṁ bhoktṛtve heturucyate

कार्य और करण को उत्पन्न करने में हेतु प्रकृति कही जाती है और जीवात्मा सुख-दुःखों के भोक्तापन में अर्थात् भोगने में हेतु कहा जाता है ।। 20 ।।

Prakrti is said to be responsible for bringing forth the evolutes and the instruments; while the individual soul is declared to be the cause of experience of joys and sorrows. (20)

पुरुषः प्रकृतिस्थो हि भुङ्क्ते प्रकृतिजान्गुणान् ।
कारणं गुणसंगोऽस्य सदसद्योनिजन्मसु ।। 21 ।।

puruṣaḥ prakṛtistho hi bhuṅkte prakṛtijānguṇān
kāraṇaṁ guṇasaṅgo'sya sadasadyonijanmasu

प्रकृति में स्थित ही पुरुष प्रकृति से उत्पन्न त्रिगुणात्मक पदार्थों को भोगता है और इन गुणों का संग ही इस जीवात्मा के अच्छी-बुरी योनियों में जन्म लेने का कारण है ।। 21 ।।

Only the Purusa seated in Prakrti senses objects of the nature of the three Gunas evolved from Prakrti. And it is contact with these Gunas that is responsible for the birth of this soul in good and evil wombs. (21)

प्रसंग – इस प्रकार प्रकृतिस्थ पुरुष के स्वरूप का वर्णन करने के बाद अब जीवात्मा और परमात्मा की एकता करते हुए आत्मा के गुणातीत स्वरूप का वर्णन करते हैं–

उपद्रष्टानुमन्ता च भर्ता भोक्ता महेश्वरः ।
परमात्मेति चाप्युक्तो देहेऽस्मिन्पुरुषः परः ।। 22 ।।

upadraṣṭānumantā ca bhartā bhoktā maheśvaraḥ
paramātmeti cāpyukto dehe'sminpuruṣaḥ paraḥ

इस देह में स्थित यह आत्मा वास्तव में परमात्मा ही है। वही साक्षी होने से उपद्रष्टा और यथार्थ सम्मति देने वाला होने से अनुमन्ता, सबका धारण-पोषण करने वाला होने से भर्ता, जीवरूप से भोक्ता, ब्रह्मा आदि का भी स्वामी होने से महेश्वर और शुद्ध सच्चिदानन्दघन होने से परमात्मा—ऐसा कहा गया है ।। 22 ।।

The Spirit dwelling in this body, is really the same as the Supreme. He has been spoken of as the Witness, the true Guide, the Sustainer of all, the Experiencer (as the embodies soul), the Overlord and the Absolute as well. (22)

प्रसंग – इस प्रकार गुणों के सहित प्रकृति और पुरुष का वर्णन करने के बाद अब उनको यथार्थ जानने का फल वतलाते हैं–

य एवं वेत्ति पुरुषं प्रकृतिं च गुणैः सह।
सर्वथा वर्तमानोऽपि न स भूयोऽभिजायते।।23।।

ya evaṁ vetti puruṣaṁ prakṛtiṁ ca guṇaiḥ saha
sarvathā vartamāno'pi na sa bhūyo'bhijāyate

इस प्रकार पुरुष को और गुणों के सहित प्रकृति को जो मनुष्य तत्त्व से जानता है, वह सब प्रकार से कर्तव्य कर्म करता हुआ भी फिर नहीं जन्मता ।। 23 ।।

He who thus knows the Purusa (Spirit) and Prakrti (Nature) together with the Gunas,—even though performing his duties in every way, is never born again. (23)

प्रसंग – इस प्रकार गुणों के सहित प्रकृति और पुरुष के ज्ञान का महत्त्व सुनकर यह इच्छा हो सकती है कि ऐसा ज्ञान कैसे होता है। इसलिये अब दो श्लोकों द्वारा भिन्न-भिन्न अधिकारियों के लिये तत्त्व ज्ञान के भिन्न-भिन्न साधनों का प्रतिपादन करते हैं–

ध्यानेनात्मनि पश्यन्ति केचिदात्मानमात्मना।
अन्ये सांख्येन योगेन कर्मयोगेन चापरे।।24।।

dhyānenātmani paśyanti kecidātmānamātmanā
anye sāṅkhyena yogena karmayogena cāpare

उस परमात्मा को कितने ही मनुष्य तो शुद्ध हुई सूक्ष्म बुद्धि से ध्यान के द्वारा हृदय में देखते हैं; अन्य कितने ही ज्ञान योग के द्वारा और दूसरे कितने ही कर्मयोग के द्वारा देखते हैं अर्थात् प्राप्त करते हैं ।। 24 ।।

Some by meditation behold the supreme Spirit in the heart with the help of their refined and sharp intellect; others realize It through the discipline of Knowledge, and others, again, through the discipline of Action. (24)

अन्ये त्वेवमजानन्तः श्रुत्वान्येभ्य उपासते।
तेऽपि चातितरन्त्येव मृत्युं श्रुतिपरायणाः।।25।।

anye tvevamajānantaḥ śrutvānyebhya upāsate
te'pi cātitarantyeva mṛtyuṁ śrutiparāyaṇāḥ

परन्तु इनसे दूसरे अर्थात् जो मन्दबुद्धिवाले पुरुष हैं, वे इस प्रकार न जानते हुए दूसरों से अर्थात् तत्त्व के जानने वाले पुरुषों से सुनकर ही तदनुसार उपासना करते हैं और वे श्रवणपरायण पुरुष भी मृत्यु रूप संसार सागर को निःसंदेह तर जाते हैं ।। 25 ।।

Other dull witted persons, however, not knowing thus, whorship even as they have heard from others; and even those who are thus devoted to hearing, are able to cross the ocean of mundane existence in the shape of death. (25)

प्रसंग – इस प्रकार परमात्म सम्बन्धी तत्त्व ज्ञान के भिन्न-भिन्न साधनों का प्रतिपादन करके अब तीसरे श्लोक में जो 'यादृक्' पद से क्षेत्र के स्वभाव को सुनने के लिये कहा था, उसके अनुसार भगवान् दो श्लोकों द्वारा उस क्षेत्र को उत्पत्ति-विनाशशील बतलाकर उसके स्वभाव का वर्णन करते हुए आत्मा के यथार्थ तत्त्व को जानने की प्रशंसा करते हैं–

यावत्संजायते किंचित्सत्त्वं स्थावरजङ्गमम् ।
क्षेत्रक्षेत्रज्ञसंयोगात्तद्विद्धि भरतर्षभ ।। 26 ।।

yāvatsañjāyate kiñcitsattvaṁ sthāvarajaṅgamam
kṣetrakṣetrajñasaṁyogāttadviddhi bharatarṣabha

हे अर्जुन ! जितने भी स्थावर-जंगम प्राणी उत्पन्न होते हैं, उन सबको तू क्षेत्र और क्षेत्रज्ञ के संयोग से ही उत्पन्न जान ।। 26 ।।

Arjuna, whatsoever being, animate or inanimate, is born, know it as emanated from the union of Ksetra (Matter) and the ksetrajña (Spirit). (26)

समं सर्वेषु भूतेषु तिष्ठन्तं परमेश्वरम्।
विनश्यत्स्वविनश्यन्तं यः पश्यति स पश्यति।।27।।

samaṁ sarveṣu bhūteṣu tiṣṭhantaṁ parameśvaram
vinaśyatsvavinaśyantaṁ yaḥ paśyati sa paśyati

जो पुरुष नष्ट होते हुए सब चराचर भूतों में परमेश्वर को नाशरहित और समभाव से स्थित देखता है वही यथार्थ देखता है ।। 27 ।।

He alone truly sees, who sees the supreme Lord as imperishable and abiding equally in all perishable beings, both animate and inanimate. (27)

प्रसंग – उपर्युक्त श्लोक में यह कहा गया है कि उस परमेश्वर को जो सब भूतों में नाशरहित और समभाव से स्थित देखता है, वही ठीक देखता है; इस कथन की सार्थकता दिखलाते हुए उसका फल परमगति की प्राप्ति बतलाते हैं–

समं पश्यन्हि सर्वत्र समवस्थितमीश्वरम्।
न हिनस्त्यात्मनात्मानं ततो याति परां गतिम्।।28।।

samaṁ paśyanhi sarvatra samavasthitamīśvaram
na hinastyātmanātmānaṁ tato yāti parāṁ gatim

क्योंकि जो पुरुष सब में समभाव से स्थित परमेश्वर को समान देखता हुआ अपने द्वारा अपने को नष्ट नहीं करता, इससे वह परम गति को प्राप्त होता है ।। 28 ।।

For, he who kills not himself by himself be seeing the supreme Lord, equally present in all, as one, thereby reaches the supreme state. (28)

प्रसंग – इस प्रकार नित्य विज्ञानानन्दघन आत्म तत्त्व को सर्वत्र समभाव से देखने का महत्त्व और फल बतलाकर अब अगले श्लोक में उस अकर्ता देखने वाले की महिमा कहते हैं–

प्रकृत्यैव च कर्माणि क्रियमाणानि सर्वशः।
यः पश्यति तथात्मानमकर्तारं स पश्यति।।29।।

prakṛtyaiva ca karmāṇi kriyamāṇāni sarvaśaḥ
yaḥ paśyati tathātmānamakartāraṁ sa paśyati

और जो पुरुष सम्पूर्ण कर्मों को सब प्रकार से प्रकृति के द्वारा ही किये जाते हुए देखता है और आत्मा को अकर्ता देखता है, वही यथार्थ देखता है ।। 29 ।।

And he alone really sees, who sees all actions being performed in every way by Prakrti alone, and the Self as the non-doer. (29)

प्रसंग – इस प्रकार आत्मा को अकर्ता समझने की महिमा बतलाकर अब उसके एकत्वदर्शन का फल बतलाते हैं–

यदा भूतपृथग्भावमेकस्थमनुपश्यति।
तत एव च विस्तारं ब्रह्म संपद्यते तदा।।30।।

yadā bhūtapṛthagbhāvamekasthamanupaśyati
tata eva ca vistāraṁ brahma sampadyate tadā

जिस क्षण यह पुरुष भूतों के पृथक्-पृथक् भाव को एक परमात्मा में ही स्थित तथा उस परमात्मा से ही सम्पूर्ण भूतों का विस्तार देखता है, उसी क्षण वह सच्चिदानन्दघन ब्रह्म को प्राप्त हो जाता है ।। 30 ।।

The moment man perceives the diversified existence of beings as rooted in the one supreme Spirit, and the spreading forth of all beings from the same, that very moment he attains Brahma (who is Truth, Consciousness and Bliss solidified). (30)

प्रसंग – अब भगवान् द्वारा तीसरे श्लोक में जो 'यत्प्रभावश्च' पद से क्षेत्रज्ञ का प्रभाव सुनने का संकेत किया गया था, उसके अनुसार–तीन श्लोकों द्वारा आत्मा के प्रभाव का वर्णन करते हैं–

अनादित्वान्निर्गुणत्वात्परमात्मायमव्ययः।
शरीरस्थोऽपि कौन्तेय न करोति न लिप्यते।।31।।

anāditvānnirguṇatvātparamātmāyamavyayaḥ
śarīrastho'pi kaunteya na karoti na lipyate

हे अर्जुन ! अनादि होने से और निर्गुण होने से यह अविनाशी परमात्मा शरीर में स्थित होने पर भी वास्तव में न तो कुछ करता है और न लिप्त ही होता है ।। 31 ।।

Arjuna, being without beginning and without attributes, this indstructible supreme Spirit, though dwelling in the body, in fact does nothing nor gets contaminated. (31)

प्रसंग – शरीर में स्थित होने पर भी आत्मा क्यों नहीं लिप्त होता ? इस पर कहते हैं–

यथा सर्वगतं सौक्ष्म्यादाकाशं नोपलिप्यते।
सर्वत्रावस्थितो देहे तथात्मा नोपलिप्यते।।32।।

yathā sarvagataṁ saukṣmyādākāśaṁ nopalipyate
sarvatrāvasthito dehe tathātmā nopalipyate

जिस प्रकार सर्वत्र व्याप्त आकाश सूक्ष्म होने के कारण लिप्त नहीं होता, वैसे ही देह में सर्वत्र स्थित आत्मा निर्गुण होने के कारण देह के गुणों से लिप्त नहीं होता ।। 32 ।।

As the all-pervading ether is not tainted by reason of its subtlety, so seated everywhere in the body, the Self is not affected by the attributes of the body due to its attributeless character. (32)

प्रसंग – शरीर में स्थित होने पर भी आत्मा कर्ता क्यों नहीं है ? इस पर कहते हैं–

यथा प्रकाशयत्येकः कृत्स्नं लोकमिमं रविः।
क्षेत्रं क्षेत्री तथा कृत्स्नं प्रकाशयति भारत।।33।।

yathā prakāśayatyekaḥ kṛtsnaṁ lokamimaṁ raviḥ
kṣetraṁ kṣetrī tathā kṛtsnaṁ prakāśayati bhārata

हे अर्जुन ! जिस प्रकार एक ही सूर्य इस सम्पूर्ण ब्रह्माण्ड को प्रकाशित करता है, उसी प्रकार एक ही आत्मा सम्पूर्ण क्षेत्र को प्रकाशित करता है ।। 33 ।।

Arjuna, as the one sun illumines this entire universe, so the one Atma (Spirit) illumines the whole Ksetra (Field). (33)

प्रसग – तीसरे श्लोक में जिन छः बातों को कहने का भगवान् ने संकेत किया था, उनका वर्णन करके अब इस अध्याय में वर्णित समस्त उपदेश को भलीभाँति समझने का फल परब्रह्म परमात्मा की प्राप्ति बतलाते हुए अध्याय का उपसंहार करते हैं–

क्षेत्रक्षेत्रज्ञयोरेवमन्तरं ज्ञानचक्षुषा।
भूतप्रकृतिमोक्षं च ये विदुर्यान्ति ते परम्।।34।।

kṣetrakṣetrajñayorevamantaraṁ jñānacakṣuṣā
bhūtaprakṛtimokṣaṁ ca ye viduryānti te param

इस प्रकार क्षेत्र और क्षेत्रज्ञ के भेद को तथा कार्य सहित प्रकृति से मुक्त होने को जो पुरुष ज्ञान-नेत्रों द्वारा तत्त्व से जानते हैं, वे महात्माजन परम ब्रह्म परमात्मा को प्राप्त होते हैं ।। 34 ।।

ॐ तत्सदिति श्रीमद्भगवद्गीतासूपनिषत्सु ब्रह्मविद्यायां योगशास्त्रे श्रीकृष्णार्जुनसंवादे
क्षेत्रक्षेत्रज्ञविभागयोगो नाम त्रयोदशोऽध्यायः ।। 13 ।।

◎ ◎ ◎

ॐ श्रीपरमात्मने नमः

चतुर्दशोऽध्यायः

इस अध्याय में सत्त्व, रज और तम—इन तीनों गुणों के स्वरूप का, उनके कार्य, कारण और शक्ति का; तथा वे किस प्रकार किस अवस्था में जीवात्मा को कैसे बन्धन में डालते हैं और किस प्रकार इनसे छूटकर मनुष्य परम पद को प्राप्त हो सकता है; तथा इन तीनों गुणों से अतीत होकर परमात्मा को प्राप्त मनुष्य के क्या लक्षण हैं ?—इन्हीं त्रिगुण-संबंधी बातों का विवेचन किया गया है। पहले साधनकाल में रज और तम का त्याग करके सत्त्वगुण को ग्रहण करना और अन्त में सभी गुणों से सर्वथा संबंध त्याग देना चाहिये, इसको समझाने के लिये उन तीनों गुणों का विभाग पूर्वक वर्णन किया गया है। इसलिये इस अध्याय का नाम 'गुणत्रयविभाग योग' रखा गया है।

प्रसंग – तेरहवें अध्याय में वर्णित ज्ञान को ही स्पष्ट करके चौदहवें अध्याय में विस्तारपूर्वक समझाना है, इसलिये पहले भगवान् दो श्लोकों में उस ज्ञान का महत्त्व बतलाकर उसके पुनः वर्णन की प्रतिज्ञा करते हैं–

श्रीभगवानुवाच

परं भूयः प्रवक्ष्यामि ज्ञानानां ज्ञानमुत्तमम्।
यज्ज्ञात्वा मुनयः सर्वे परां सिद्धिमितो गताः।।1।।

paraṃ bhūya: pravakṣyāmi jñānānāṃ jñānamuttamam
yajjñātvā munaya: sarvē parāṃ siddhimitō gatā:

श्रीभगवान् बोले—ज्ञानों में भी अति उत्तम उस परम ज्ञान को मैं फिर कहूँगा, जिसको जानकर सब मुनिजन इस संसार से मुक्त होकर परम सिद्धि को प्राप्त हो गये हैं ।। 1 ।।

Sri Bhagavan said : I shall discuss once more the supreme wisdom, the best of all wisdoms, acquiring which all sages have attained highest perfection, being liberated from this mundane existence. (1)

इदं ज्ञानमुपाश्रित्य मम साधर्म्यमागताः।
सर्गेऽपि नोपजायन्ते प्रलये न व्यथन्ति च।।2।।

idaṁ jñānamupāśritya mama sādharmyamāgatāḥ
sarge'pi nopajāyante pralaye na vyathanti ca

इस ज्ञान को आश्रय करके अर्थात् धारण करके मेरे स्वरूप को प्राप्त हुए पुरुष सृष्टि के आदि में पुनः उत्पन्न नहीं होते और प्रलयकाल में भी व्याकुल नहीं होते ।। 2 ।।

Those who, by practising this wisdom, have entered into My Being are not born again at the cosmic dawn nor feel disturbed even during the cosmic night. (2)

प्रसग – इस प्रकार ज्ञान को फिर से कहने की प्रतिज्ञा करके और उसके महत्त्व का निरूपण करके अब भगवान् उस ज्ञान का वर्णन आरम्भ करते हुए दो श्लोकों में प्रकृति और पुरुष से समस्त जगत् की उत्पत्ति बतलाते हैं–

मम योनिर्महद्ब्रह्म तस्मिन्गर्भं दधाम्यहम्।
संभवः सर्वभूतानां ततो भवति भारत।। 3 ।।

mama yonirmahadbrahma tasmingarbhaṁ dadhāmyaham
saṁbhavaḥ sarvabhūtānāṁ tato bhavati bhārata

हे अर्जुन ! मेरी महत्-ब्रह्म रूप मूल प्रकृति सम्पूर्ण भूतों की योनि है अर्थात् गर्भाधान का स्थान है और मैं उस योनि में चेतन-समुदाय रूप गर्भ को स्थापन करता हूँ। उस जड़-चेतन के संयोग से सब भूतों की उत्पत्ति होती है ।। 3 ।।

My primordial Nature, known as the great Brahma.

is the womb of all creatures; in that womb I place the seed of all life. The creation of all beings follows from that union of matter and Spirit, O Arjuna. (3)

सर्वयोनिषु कौन्तेय मूर्तयः सम्भवन्ति याः।
तासां ब्रह्म महद्योनिरहं बीजप्रदः पिता।।4।।

sarvayoniṣu kaunteya mūrtayaḥ sambhavanti yāḥ
tāsāṁ brahma mahadyoniraham bījapradaḥ pitā

हे अर्जुन ! नाना प्रकार की सब योनियों में जितनी मूर्तियाँ अर्थात् शरीर धारी प्राणी उत्पन्न होते हैं, प्रकृति तो उन सबकी गर्भ धारण करने वाली माता है और मैं बीज को स्थापन करने वाला पिता हूँ ।।4।।

Of all embodied beings that appear in all the species of various kinds Arjuna, Prakṛti, or Nature is the conceiving Mother, while I am the seed-giving Father. (4)

प्रसंग – भगवान् अब पाँचवें से आठवें श्लोक तक पहले उन तीनों गुणों की प्रकृति से उत्पत्ति और उनके विभिन्न नाम बतलाकर फिर उनके स्वरूप और उनके द्वारा जीवात्मा के बन्धन-प्रकार का क्रमशः पृथक्-पृथक् वर्णन करते हैं–

सत्त्वं रजस्तम इति गुणाः प्रकृतिसंभवाः।
निबध्नन्ति महाबाहो देहे देहिनमव्ययम्।।5।।

sattvaṁ rajastama iti guṇāḥ prakṛtisaṁbhavāḥ
nibadhnanti mahābāho dehe dehinamavyayam

हे अर्जुन ! सत्त्वगुण, रजोगुण और तमोगुण—ये प्रकृति

से उत्पन्न तीनों गुण अविनाशी जीवात्मा को शरीर में बाँधते हैं ।। 5 ।।

Sattva, Rajas and Tamas—these three qualities born of Nature tie down the impersihable soul to the body, Arjuna. (5)

प्रसंग – अब सत्त्वगुण का स्वरूप और उसके द्वारा जीवात्मा के बाँधे जाने का प्रकार बतलाते हैं–

तत्र सत्त्वं निर्मलत्वात्प्रकाशकमनामयम् ।
सुखसंगेन बध्नाति ज्ञानसंगेन चानघ ।। 6 ।।

tatra sattvaṁ nirmalatvātprakāśakamanāmayam
sukhasaṅgena badhnāti jñānasaṅgena cānagha

हे निष्पाप ! उन तीनों गुणों में सत्त्वगुण तो निर्मल होने के कारण प्रकाश करने वाला और विकार रहित है, वह सुख के संबंध से और ज्ञान के संबंध से अर्थात् उसके अभिमान से बाँधता है ।। 6 ।।

Of these Sattva, being immaculate, is illuminating and flawless, Arjuna; it binds through identification with joy and wisdom. (6)

प्रसंग – अब रजोगुण का स्वरूप और उसके द्वारा जीवात्मा को बाँधे जाने का प्रकार बतलाते हैं–

रजो रागात्मकं विद्धि तृष्णासंगसमुद्भवम् ।
तन्निबध्नाति कौन्तेय कर्मसंगे देहिनम् ।। 7 ।।

rajo rāgātmakaṁ viddhi tṛṣṇāsaṅgasamudbhavam
tannibadhnāti kaunteya karmasaṅgena dehinam

हे अर्जुन ! राग रूप रजोगुण को कामना और आसक्ति से उत्पन्न जान। वह इस जीवात्मा को कर्मों के और उनके फल के संबंध से बाँधता है ।। 7 ।।

Arjuna, know the quality of Rajas, which is of the nature of passion, as born of cupidity and attachment. It binds the soul through attachment, to actions and their fruit. (7)

प्रसंग – अब तमोगुण स्वरूप और उसके द्वारा जीवात्मा के बाँधे जाने का प्रकार बतलाते हैं–

तमस्त्वज्ञानजं विद्धि मोहनं सर्वदेहिनाम्।
प्रमादालस्यनिद्राभिस्तन्निबध्नाति भारत।।8।।

tamastvajñānajaṁ viddhi mohanaṁ sarvadehinām
pramādālasyanidrābhistannibadhnāti bhārata

हे अर्जुन ! सब देहाभिमानियों को मोहित करने वाले तमोगुण को तो अज्ञान से उत्पन्न जान। वह इस जीवात्मा को प्रमाद, आलस्य और निद्रा के द्वारा बाँधता है ।। 8 ।।

And know, Tamas, the deluder of all those who look upon the body as their own self, as born of ignorance. It binds the soul through error, sloth and sleep, Arjuna! (8)

प्रसंग – इस प्रकार सत्त्व, रज और तम–इन तीनों गुणों के स्वरूप का और उनके द्वारा जीवात्मा के बाँधे जाने का प्रकार बतलाकर अब उन तीन गुणों का स्वाभाविक व्यापार बतलाते हैं–

सत्त्वं सुखे संजयति रजः कर्मणि भारत।
ज्ञानमावृत्य तु तमः प्रमादे संजयत्युत।।9।।

sattvaṁ sukhe sañjayati rajaḥ karmaṇi bhārata
jñānamāvṛtya tu tamaḥ pramāde sañjayatyuta

हे अर्जुन ! सत्त्वगुण सुख में लगाता है और रजोगुण कर्म में। तथा तमोगुण तो ज्ञान को ढककर प्रमाद में भी लगाता है ।।9 ।।

Sattva drives one to joy, and Rajas to action; while Tamas, clouding wisdom, incites one to errer as well as sleep and sloth. (9)

प्रसंग – सत्त्व आदि तीनों गुण जिस समय अपने-अपने कार्य में जीव को नियुक्त करते हैं, उस समय वे ऐसे करने में किस प्रकार समर्थ होते हैं—यह बात अगले श्लोक में बतलाते हैं—

रजस्तमश्चाभिभूय सत्त्वं भवति भारत।
रजः सत्त्वं तमश्चैव तमः सत्त्वं रजस्तथा।।10।।

rajastamaścābhibhūya sattvaṁ bhavati bhārata
rajaḥ sattvaṁ tamaścaiva tamaḥ sattvaṁ rajastathā

हे अर्जुन ! रजोगुण और तमोगुण को दबाकर सत्त्वगुण होता है और सत्त्वगुण तथा तमोगुण को दबाकर रजोगुण, वैसे ही सत्त्वगुण और रजोगुण को दबाकर तमोगुण होता है अर्थात् बढ़ता है ।।10 ।।

Overpowering Rajas And Tamas, Sattva previls; overpowering Sattva and Tamas, Rajas previls even so, overpowering Sattva and Rajas, Tamas, Rajas

prevals even so, overpowering Sattva and Rajas, Tamas. (10)

प्रसंग – इस प्रकार अन्य दो गुणों को दबाकर प्रत्येक गुण के बढ़ने की बात कही गयी। अब प्रत्येक गुण की वृद्धि के लक्षण जानने की इच्छा होने पर सत्त्वगुण की वृद्धि के लक्षण पहले बतलाये जाते हैं–

सर्वद्वारेषु देहेऽस्मिन्प्रकाश उपजायते।
ज्ञानं यदा तदा विद्याद्विवृद्धं सत्त्वमित्युत।। 11।।

sarvadvāreṣu dehe'sminprakāśa upajāyate
jñānaṁ yadā tadā vidyādvivṛddhaṁ sattvamityuta

जिस समय इस देह में तथा अन्तःकरण और इन्द्रियों में चेतनता और विवेकशक्ति उत्पन्न होती है, उस समय ऐसा जानना चाहिये कि सत्त्वगुण बढ़ा है ।। 11 ।।

When light and discernment dawn in this body, as well as in the mind and senses, then one should know that Sattva is predominant. (11)

प्रसंग – इस प्रकार सत्त्वगुण की वृद्धि के लक्षणों का वर्णन करके अब रजोगुण की वृद्धि के लक्षण बतलाते हैं–

लोभः प्रवृत्तिरारम्भः कर्मणामशमः स्पृहा।
रजस्येतानि जायन्ते विवृद्धे भरतर्षभ।। 12।।

lobhaḥ pravṛttirārambhaḥ karmaṇāmaśamaḥ spṛhā
rajasyetāni jāyante vivṛddhe bharatarṣabha

हे अर्जुन ! रजोगुण के बढ़ने पर लोभ प्रवृत्ति, स्वार्थ बुद्धि से कर्मों का सकाम भाव से आरम्भ, अशान्ति और विषय भोगों की लालसा—ये सब उत्पन्न होते हैं ।। 12 ।।

With the preponderance of Rajas, Arjuna, greed, activity, undertaking of actions with an interested motive, restlessness and a thirst for enjoyment make their appearance. (12)

प्रसंग – इस प्रकार बढ़े हुए रजोगुण के लक्षणों का वर्णन करके अब तमोगुण की वृद्धि के लक्षण बतलाये जाते हैं–

अप्रकाशोऽप्रवृत्तिश्च प्रमादो मोह एव च।
तमस्येतानि जायन्ते विवृद्धे कुरुनन्दन।। 13।।

aprakāśo'pravṛttiśca pramādo moha eva ca
tamasyetāni jāyante vivṛddhe kurunandana

हे अर्जुन ! तमोगुण के बढ़ने पर अन्तःकरण और इन्द्रियों में अप्रकाश, कर्तव्य-कंर्मों में अप्रवृत्ति और प्रमाद अर्थात् व्यर्थ चेष्टा और निद्रादि अन्तःकरण की मोहिनी वृत्तियाँ—ये सब ही उत्पन्न होते हैं ।। 13 ।।

With the growth of Tamas, Arjuna, obtuseness of the mind and senses, disinclination to perform one's obligatory duties, frivolity and stupor—all these appear. (13)

प्रसंग – इस प्रकार तीनों गुणों की वृद्धि के भिन्न-भिन्न लक्षण बतलाकर अब दो श्लोकों में उन गुणों में से किस गुण की वृद्धि के समय मरकर मनुष्य किस गति को प्राप्त होता है, यह बतलाया जाता है–

यदा सत्त्वे प्रवृद्धे तु प्रलयं याति देहभृत्।
तदोत्तमविदां लोकानमलान्प्रतिपद्यते।। 14।।

yadā sattve pravṛddhe tu pralayaṁ yāti dehabhṛt
tadottamavidāṁ lokānamalānpratipadyate

जब यह मनुष्य सत्त्वगुण की वृद्धि में मृत्यु को प्राप्त होता है, तब तो उत्तम कर्म करने वालों के निर्मल दिव्य स्वर्गादि लोकों को प्राप्त होता है ।। 14 ।।

When a man dies during the preponderance of Sattva, he obtains the stainless ethereal world (heaven, etc.) attained by men of noble deeds. (14)

रजसि प्रलयं गत्वा कर्मसंगिषु जायते।
तथा प्रलीनस्तमसि मूढयोनिषु जायते।। 15।।

rajasi pralayaṁ gatvā karmasaṅgiṣu jāyate
tathā pralīnastamasi mūḍhayoniṣu jāyate

रजोगुण के बढ़ने पर मृत्यु को प्राप्त होकर कर्मों की आसक्ति वाले मनुष्यों में उत्पन्न होता है; तथा तमोगुण के बढ़ने पर मरा हुआ मनुष्य कीट, पशु आदि मूढयोनियों में उत्पन्न होता है ।। 15 ।।

Dying when Rajas predominates, he is born among those attached to action; even so the man who has expired during the preponderance of Tamas is reborn in the species of stupid creatures, such as insects, and beasts etc. (15)

प्रसंग – सत्त्व, रज और तम–इन तीनों गुणों की वृद्धि में मरने के भिन्न-भिन्न फल बतलाये गये; इससे यह जानने की इच्छा होती है कि इस प्रकार कभी किसी गुण की कभी किसी गुण की वृद्धि क्यों होती है ? इस पर कहते हैं–

कर्मणः सुकृतस्याहुः सात्त्विकं निर्मलं फलम्।
रजसस्तु फलं दुःखमज्ञानं तमसः फलम्।। 16।।

karmaṇaḥ sukṛtasyāhuḥ sāttvikaṁ nirmalaṁ phalam
rajasastu phalaṁ duḥkhamajñānaṁ tamasaḥ phalam

श्रेष्ठ कर्म का तो सात्त्विक अर्थात् सुख, ज्ञान और वैराग्यादि निर्मल फल कहा है; राजस कर्म का फल दुःख एवं तामस कर्म का फल अज्ञान कहा है ।। 16 ।।

The reward of a righteous act, they say, is Sattvika and faultless (in the shape of joy, wisdom and dispassion etc.); sorrow is declared to be the fruit of a Rajasika act and ignorance, the fruit of a Tamasika act. (16)

प्रसंग – कार्य की उत्पत्ति से कारण की सत्ता को जान लेने के लिये ज्ञान आदि की उत्पत्ति में सत्त्व आदि गुणों को कारण बतलाते हैं–

सत्त्वात्संजायते ज्ञानं रजसो लोभ एव च।
प्रमादमोहौ तमसो भवतोऽज्ञानमेव च।। 17।।

sattvātsañjāyate jñānaṁ rajaso lobha eva ca
pramādamohau tamaso bhavato'jñānameva ca

सत्त्वगुण से ज्ञान उत्पन्न होता है और रजोगुण से निस्सन्देह लोभ; तथा तमोगुण से प्रमाद और मोह उत्पन्न होते हैं और अज्ञान भी होता है ।। 17 ।।

Wisdom follows from Sattva, and greed, undoubtedly, from Rajas, likewise obstinate error, stupor and also ignorance follow from Tamas. (17)

प्रसंग – सत्त्वादि तीनों गुणों के कार्य ज्ञान आदि का वर्णन करके अब सत्त्वगुण में स्थिति कराने और रज तथा तमोगुण का त्याग कराने के लिये तीनों गुणों में स्थित पुरुषों की भिन्न-भिन्न गतियों का प्रतिपादन करते हैं–

ऊर्ध्वं गच्छन्ति सत्त्वस्था मध्ये तिष्ठन्ति राजसाः।
जघन्यगुणवृत्तिस्था अधो गच्छन्ति तामसाः।। 18।।

ūrdhvam gacchanti sattvasthā madhye tiṣṭhanti rājasāḥ
jaghanyaguṇavṛttisthā adho gacchanti tāmasāḥ

सत्त्वगुण में स्थित पुरुष स्वर्गादि उच्च लोकों को जाते हैं, रजोगुण में स्थित राजस पुरुष मध्य में अर्थात् मनुष्यलोक में ही रहते हैं और तमोगुण के कार्यरूप निद्रा, प्रमाद और आलस्यादि में स्थित तामस पुरुष अधोगति को अर्थात् कीट, पशु आदि नीच योनियों को तथा नरकों को प्राप्त होते हैं ।। 18 ।।

Those who abide in the quality of Sattva wend their way upwards; while those of a Rajasika disposition stay in the middle. And those of a Tamasika temperament, enveloped as they are in the effects of Tamoguna sink down. (18)

प्रसंग – गुणातीत होने के उपाय और गुणातीत अवस्था का फल अगले दो श्लोकों द्वारा बतलाया–

नान्यं गुणेभ्यः कर्तारं यदा द्रष्टानुपश्यति।
गुणेभ्यश्च परं वेत्ति मद्भावं सोऽधिगच्छति।। 19।।

nānyaṁ guṇebhyaḥ kartāraṁ yadā draṣṭānupaśyati
guṇebhyaśca paraṁ vetti madbhāvaṁ so'dhigacchati

जिस समय द्रष्टा तीनों गुणों के अतिरिक्त अन्य किसी को कर्ता नहीं देखता और तीनों गुणों से अत्यन्त परे सच्चिदानन्दघन स्वरूप मुझ परमात्मा को तत्त्व से जानता है, उस समय वह मेरे स्वरूप को प्राप्त होता है ।। 19 ।।

When the seer perceives no agent other than the three Gunas; and realizes Me, the suprem Spirit standing entirely beyond these Gunas, he enters into My Being. (19)

गुणानेतानतीत्य त्रीन्देही देहसमुद्भवान् ।
जन्ममृत्युजरादुःखैर्विमुक्तोऽमृतमश्नुते ।। 20 ।।

guṇānetānatītya trīndehī dehasamudbhavān
janmamṛtyujarāduḥkhairvimukto'mṛtamaśnute

यह पुरुष शरीर की उत्पत्ति के कारण रूप इन तीनों गुणों को उल्लंघन करके जन्म, मृत्यु, वृद्धावस्था और सब प्रकार के दुःखों से मुक्त हुआ परमानन्द को प्राप्त होता है ।। 19 ।।

Having transcended the aforesaid three Gunas, which have caused the body, and freed from birth, death, old age and all kinds of sorrow, this soul attains supreme bliss. (20)

प्रसंग – इस प्रकार जीवन-अवस्था में ही तीनों गुणों से अतीत होकर मनुष्य अमृत को प्राप्त हो जाता है—इस रहस्य युक्त बात को सुनकर गुणातीत पुरुष के लक्षण, आचरण और गुणातीत बनने के उपाय जानने की इच्छा से अर्जुन पूछते हैं—

अर्जुन उवाच

कैर्लिंगैस्त्रीन्गुणानेतानतीतो भवति प्रभो।
किमाचारः कथं चैतांस्त्रीनगुणानतिवर्तते।।21।।

arjuna uvāca
kairliṅgaistrīnguṇānetānatīto bhavati prabho
kimācāraḥ kathaṁ caitāṁstrīnguṇānativartate

अर्जुन बोले—इन तीनों गुणों से अतीत पुरुष किन-किन लक्षणों से युक्त होता है और किस प्रकार के आचरणों वाला होता है; तथा हे प्रभो ! मनुष्य किस उपाय से इन तीनों गुणों से अतीत होता है ।।21 ।।

Arjuna said : What are the marks of him who has risen above the three Gunas, and what is his conduct? And how, Lord, does he rise above the three Gunas? (21)

प्रसंग – इस प्रकार अर्जुन के पूछने पर भगवान् उनके प्रश्नों में से 'लक्षण' और 'आचरण' विषयक दो प्रश्नों का उत्तर चार श्लोकों द्वारा देते हैं—

श्रीभगवानुवाच

प्रकाशं च प्रवृत्तिं च मोहमेव च पाण्डव।
न द्वेष्टि संप्रवृत्तानि न निवृत्तानि काङ्क्षति।।22।।

śrībhagavānuvāca
prakāśaṁ ca pravṛttiṁ ca mohameva ca pāṇḍava
na dveṣṭi sampravṛttāni na nivṛttāni kāṅkṣati

श्रीभगवान् बोले—हे अर्जुन ! जो पुरुष सत्त्वगुण के कार्यरूप प्रकाश को और रजोगुण के कार्यरूप प्रवृत्ति को तथा तमोगुण के कार्यरूप मोहको भी न तो प्रवृत्त होने पर उनसे द्वेष करता है और न निवृत्त होने पर उनकी आकाङ्क्षा करता है ।। 22 ।।

Sri Bhagavan said: Arjuna, he who hates not light (which is born of Sattva) and activity (which is born of Rajas) and even stupor (which is born of Tamas), when prevalent, nor longs for them when they have ceased. (22)

उदासीनवदासीनो गुणैर्यो न विचाल्यते।
गुणा वर्तन्त इत्येव योऽवतिष्ठति नेंगते।।23।।

udāsīnavadāsīno guṇairyo na vicālyate
guṇā vartanta ityeva yo'vatiṣṭhati neṅgate

जो साक्षी के सदृश स्थित हुआ गुणों के द्वारा विचलित नहीं किया जा सकता और गुण ही गुणों में बरतते हैं—ऐसा समझता हुआ जो सच्चिदानन्दघन परमात्मा में एकीभाव से स्थित रहता है एवं उस स्थिति से कभी विचलित नहीं होता ।। 23 ।।

He who, sitting like a witness is not disturbed by the Gunas and who knowing that the Gunas alone move among the Gunas, remains established in identity with God, and never falls off from that state. (23)

समदुःखसुखः स्वस्थः समलोष्टाश्मकाञ्चनः।
तुल्यप्रियाप्रियो धीरस्तुल्यनिन्दात्मसंस्तुतिः।। 24।।

samaduḥkhasukhaḥ svasthaḥ samaloṣṭāśmakāñcanaḥ
tulyapriyāpriyo dhīrastulyanindātmasaṁstutiḥ

जो निरन्तर आत्मभाव में स्थित, दुःख-सुख को समान समझने वाला, मिट्टी, पत्थर और स्वर्ण में समान भाव वाला, ज्ञानी, प्रिय तथा अप्रिय को एक-सा मानने वाला और अपनी निन्दा-स्तुति में भी समान भाव वाला है ।। 24 ।।

He who is ever established in the Self, takes woe and joy alike, regards a clod of earth, a stone and a piece of gold as equal in value, is possessed of wisdom, perceives the pleasant as well as the unpleasant in the same spirit, and views censure and praise alike. (24)

मानापमानयोस्तुल्यस्तुल्यो मित्रारिपक्षयोः।
सर्वारम्भपरित्यागी गुणातीतः स उच्यते।। 25।।

mānāpamānayostulyastulyo mitrāripakṣayoḥ
sarvārambhaparityāgī guṇātītaḥ sa ucyate

जो मान और अपमान में सम हैं, मित्र और वैरी के पक्ष में भी सम है एवं सम्पूर्ण आरम्भों में कर्तापन के अभिमान से रहित है, वह पुरुष गुणातीत कहा जाता है ।। 25 ।।

He who is indifferent to honour and ignominy; is alike to the cause of a friend as well as to that of an enemy, and has renounced the senses of doership in all undertakings, is said to have risen above the three Gunas. (25)

प्रसंग – अर्जुन ने दूसरा कोई सरल उपाय जानने की इच्छा से प्रश्न किया था, इसलिये प्रश्न के अनुकूल भगवान् दूसरा सरल उपाय बतलाते हैं–

मां च योऽव्यभिचारेण भक्तियोगेन सेवते।
स गुणान्समतीत्यैतान्ब्रह्मभूयाय कल्पते।। 26।।

māṁ ca yo'vyabhicāreṇa bhaktiyogena sevate
sa guṇānsamatītyaitānbrahmabhūyāya kalpate

जो पुरुष अव्यभिचारी भक्ति योग के द्वारा मुझ को निरन्तर भजता है, वह भी इन तीनों गुणों को भलीभाँति लाँघकर सच्चिदानन्दघन ब्रह्म को प्राप्त होने के लिये योग्य बन जाता है ।। 26 ।।

He too who constantly worships Me through the Yoga of exclusive devotion,—transcending these three Gunas, becomes eligible for attaining Brahma. (26)

प्रसंग – फल में विषमता की शंका का निराकरण करने के लिये सबकी एकता का प्रतिपादन करते हुए इस अध्याय का उपसंहार करते हैं–

ब्रह्मणो हि प्रतिष्ठाहममृतस्याव्ययस्य च।
शाश्वतस्य च धर्मस्य सुखस्यैकान्तिकस्य च।। 27।।

brahmaṇo hi pratiṣṭhāhamamṛtasyāvyayasya ca
śāśvatasya ca dharmasya sukhasyaikāntikasya ca

क्योंकि उस अविनाशी परब्रह्म का और अमृत का तथा नित्य धर्म का और अखण्ड एकरस आनन्द का आश्रय मैं हूँ इसलिए इनका मैं परम आश्रय हूँ ।। 27 ।।

For, I am the ground of the imperishable Brahma, of immortality, of the eternal virtue and of unending immutable bliss. (27)

ॐ तत्सदिति श्रीमद्भगवद्गीतासूपनिषत्सु ब्रह्मविद्यायां योगशास्त्रे श्रीकृष्णार्जुनसंवादे
गुणत्रयविभागयोगो नाम चतुर्दशोऽध्यायः ।। 14 ।।

ॐ श्रीपरमात्मने नमः

पञ्चदशोऽध्यायः

इस अध्याय में सम्पूर्ण जगत् के कर्ता-हर्ता 'सर्वशक्तिमान्' सबके नियन्ता, सर्वव्यापी, अन्तर्यामी, परम दयालु, सबके सुहृद, सर्वाधार, शरण लेने योग्य, सगुण परमेश्वर पुरुषोत्तम भगवान् के गुण, प्रभाव और स्वरूप का वर्णन किया गया है। एवं क्षर पुरुष (क्षेत्र), अक्षर पुरुष (क्षेत्रज्ञ) और पुरुषोत्तम (परमेश्वर)—इन तीनों का वर्णन करके, क्षर और अक्षर से भगवान् किस प्रकार उत्तम हैं, वे किसलिये 'पुरुषोत्तम' कहलाते हैं, उनको पुरुषोत्तम जानने का क्या माहात्म्य है और किस प्रकार उनको प्राप्त किया जा सकता है—इत्यादि विषय भलीभाँति समझाये गये हैं। इसी कारण इस अध्याय का नाम 'पुरुषोत्तमयोग' रखा गया है।

प्रसंग — अब उस सगुण परमेश्वर पुरुषोत्तम भगवान् के गुण, प्रभाव और स्वरूप का एवं गुणों से अतीत होने में प्रधान साधन वैराग्य और भगवत्-शरणागति का वर्णन करने के लिये पंद्रहवें अध्याय का आरम्भ किया जाता है। यहाँ पहले संसार में वैराग्य उत्पन्न कराने के उद्देश्य से तीन श्लोकों द्वारा संसार का वर्णन वृक्ष के रूप में करते हुए वैराग्य रूप शस्त्र द्वारा उसका छेदन करने के लिये कहते हैं—

श्रीभगवानुवाच

ऊर्ध्वमूलमधःशाखमश्वत्थं प्राहुरव्ययम्।
छन्दांसि यस्य पर्णानि यस्तं वेद स वेदवित्।। 1।।

śrībhagavānuvāca
ūrdhvamūlamadhaḥśākhamaśvattham̐ prāhuravyayam
chandām̐si yasya parṇāni yastam̐ veda sa vedavit

श्रीभगवान् बोले—आदि पुरुष परमेश्वर रूप मूल वाले और ब्रह्मा रूप मुख्य शाखा वाले जिस संसार रूप पीपल के वृक्ष को अविनाशी कहते हैं; तथा वेद जिसके पत्ते कहे गये हैं—उस संसार रूप वृक्ष को जो पुरुष मूल सहित तत्त्व से जानता है, वह वेद के तात्पर्य को जानने वाला है ।। 1 ।।

Sri Bhagavan said : He who knows the pipal tree (in the form of creation); which is said to be imperishable

with its roots in the Primeval Being (God), whose stem is represented by Brahma (the Creator), and whose leaves are the Vedas, is a knower of (the intention of) the Vedas. (1)

अधश्चोर्ध्वं प्रसृतास्तस्य शाखा गुणप्रवृद्धा विषयप्रवालाः।
अधश्च मूलान्यनुसंततानि कर्मानुबन्धीनि मनुष्यलोके ।। 2 ।।

adhaścordhvaṁ prasṛtāstasya śākhā guṇapravṛddhā viṣayapravālāḥ
adhaśca mūlānyanusantatāni karmānubandhīni manuṣyaloke

उस संसार वृक्ष की तीनों गुणों रूप जन के द्वारा बढ़ी हुई एवं विषय भोग रूप कोंपलों वाली देव, मनुष्य और तिर्यक् आदि योनि रूप शाखाएँ नीचे और ऊपर सर्वत्र फैली हुई हैं तथा मनुष्य लोक में कर्मों के अनुसार बाँधने वाली अहंता, ममता और वासना रूप जड़ें भी नीचे और ऊपर सभी लोकों में व्याप्त हो रही हैं ।। 2 ।।

Fed by the three Gunas and having sense-objects for their tender leaves, the branches of the aforesaid tree (in the shape of the different orders of creation) extend both downwards and upwards; and its roots, which bind the soul according to its action in the human body, are spread in all regions, higher as well as lower. (2)

न रूपमस्येह तथोपलभ्यते नान्तो न चादिर्न च संप्रतिष्ठा।
अश्वत्थमेनं सुविरूढमूलमसंगशस्त्रेण दृढेन छित्त्वा।।3।।

na rūpamasyeha tathopalabhyate
nānto na cādirna ca sampratiṣṭhā
aśvatthamenaṁ suvirūḍhamūla-
masaṅgaśastreṇa dṛḍhena chittvā

इस संसार वृक्ष का स्वरूप जैसा कहा है वैसा यहाँ विचार-काल में नहीं पाया जाता। क्योंकि न तो इसका आदि है, न अन्त है तथा न इसकी अच्छी प्रकार से स्थिति ही है। इसलिये इस अहंता, ममता और वासना रूप अति दृढ मूलों वाले संसार रूप पीपल के वृक्ष को दृढ वैराग्य रूप शस्त्र द्वारा काटकर— ।।3।।

The nature of this tree of creation does not on mature thought turn out what it is represented to be; for it has neither beginning nor end, nor even stability. Therefore, felling this Pipal tree, which is most firmly rooted, with the formidable axe of dispassion. (3)

प्रसंग – इस प्रकार वैराग्य रूप शस्त्र द्वारा संसार का छेदन करके क्या करना चाहिये, अब इसे बतलाते हैं–

ततः पदं तत्परिमार्गितव्यं यस्मिन्गता न निवर्तन्ति भूयः।
तमेव चाद्यं पुरुषं प्रपद्ये यतः प्रवृत्तिः प्रसृता पुराणी।।4।।

tatah padaṁ tatparimārgitavyaṁ
yasmingatā na nivartanti bhūyaḥ
tameva cādyaṁ puruṣaṁ prapadye
yataḥ pravṛttiḥ prasṛtā purāṇī

उसके पश्चात् उस परम पद रूप परमेश्वर को भलीभाँति खोजना चाहिये, जिसमें गये हुए पुरुष फिर लौटकर संसार में नहीं आते और जिस परमेश्वर से इस पुरातन संसार-वृक्ष की प्रवृत्ति विस्तार को प्राप्त हुई है, उसी आदि पुरुष नारायण के मैं शरण हूँ—इस प्रकार दृढ निश्चय करके उस परमेश्वर का मन्नन और निदिध्यासन करना चाहिये ।। 4 ।।

Thereafter a man should diligently seek for that supreme state, viz., God, having attained to which they return no more to this world; and having fully resolved that he stand dedicated to that primeval Being (God Narayana) Himself, from whom the flow of this beginningless creation has progressed, he should dwell and meditate on Him. (4)

प्रसंग – अब उपर्युक्त प्रकार से आदि पुरुष परम पद स्वरूप परमेश्वर की शरण होकर उसको प्राप्त हो जाने वाले पुरुषों के लक्षण बतलाये जाते हैं–

निर्मानमोहा जितसंगदोषा अध्यात्मनित्या विनिवृत्तकामाः।
द्वन्द्वैर्विमुक्ताः सुखदुःखसंज्ञैर्गच्छन्त्यमूढाः पदमव्ययं तत् ।। 5

nirmānamohā jitasaṅgadoṣā
adhyātmanityā vinivṛttakāmāḥ
dvandvairvimuktāḥ sukhaduḥkhasaṁjñair-
gacchantyamūḍhāḥ padamavyayaṁ tat

जिनका मान और मोह नष्ट हो गया है, जिन्होंने आसक्ति रूप दोष को जीत लिया है, जिनकी परमात्मा के स्वरूप में नित्य स्थिति है और जिनकी कामनाएँ पूर्ण रूप से नष्ट हो

गयी हैं—वे सुख-दुःख नामक द्वन्द्वों से विमुक्त ज्ञानीजन उस अविनाशी परमपद को प्राप्त होते हैं ।। 5 ।।

Those wise men who are free from pride and delusion, who have conquered the evil of attachment, who are in eternal union with God, whose cravings have altogether ceased and who are completely immune from all pairs of oposites going by the names of pleasure and pain, reach that supreme immortal state. (5)

प्रसंग – उपर्युक्त लक्षणों वाले पुरुष जिसे प्राप्त करते हैं, वह अविनाशी पद कैसा है ? ऐसी जिज्ञासा होने पर उस परमेश्वर के स्वरूप भूत परम पद की महिमा कहते हैं–

न तद्भासयते सूर्यो न शशांको न पावकः।
यद्गत्वा न निवर्तन्ते तद्धाम परमं मम।।6।।

na tadbhāsayate sūryo na śaśānko na pāvakaḥ
yadgatvā na nivartante taddhāma paramaṁ mama

जिस परमपद को प्राप्त होकर मनुष्य लौटकर संसार में नहीं आते, उस स्वयं प्रकाश परमपद को न सूर्य प्रकाशित कर सकता है, न चन्द्रमा और न अग्नि ही; वही मेरा परमधाम है ।। 6 ।।

Neither the sun nor the moon nor even fire can illumine that supreme self-effulgent state, attaining to which they never return to this world. That is My supreme Abode. (6)

प्रसंग – उपर्युक्त प्रकार से बँधे हुए जीव का क्या स्वरूप है ? और उसका वास्तविक स्वरूप क्या है ? उसे कौन कैसे जानता है ? अतः इन सब बातों का स्पष्टीकरण करने के लिये पहले जीव का स्वरूप बतलाते हैं–

ममैवांशो जीवलोके जीवभूतः सनातनः।
मनःषष्ठानीन्द्रियाणि प्रकृतिस्थानि कर्षति।।7।।

mamaivāṁśo jīvaloke jīvabhūtaḥ sanātanaḥ
manaḥṣaṣṭhānīndriyāṇi prakṛtisthāni karṣati

इस देह में यह सनातन जीवात्मा मेरा ही अंश है और वही इन प्रकृति में स्थित मन और पाँचों इन्द्रियों को आकर्षण करता है ।। 7 ।।

The eternal Jivatma in this body is a particle of My own being; and it is that alone which draws round itself the mind and the five senses, which rest in Prakrti. (7)

प्रसंग – यह जीवात्मा मनसहित छः इन्द्रियों को किस समय, किस प्रकार और किस लिये आकर्षित करता है तथा वे मनसहित छः इन्द्रियाँ कौन-कौन हैं–ऐसी जिज्ञासा होने पर अब दो श्लोकों में इसका उत्तर दिया जाता है–

शरीरं यदवाप्नोति यच्चाप्युत्क्रामतीश्वरः।
गृहीत्वैतानि संयाति वायुर्गन्धानिवाशयात्।।8।।

śarīraṁ yadavāpnoti yaccāpyutkrāmatīśvaraḥ
gṛhītvaitāni saṁyāti vāyurgandhānivāśayāt

वायु गन्ध के स्थान से गन्ध को जैसे ग्रहण करके ले जाता है, वैसे ही देहादि का स्वामी जीवात्मा भी जिस शरीर का त्याग करता है, उससे इन मनसहित इन्द्रियों को ग्रहण करके

फिर जिस शरीर को प्राप्त होता है, उसमें जाता है ।।8 ।।

Even as the wind wafts scents from their seats, so too the Jivatma, which is the controller of the body etc., taking the mind and the senses from the body which it leaves behind, forthwith migrates to the body which it acquires. (8)

श्रोत्रं चक्षुः स्पर्शनं च रसनं घ्राणमेव च।
अधिष्ठाय मनश्चायं विषयानुपसेवते ।।9।।

śrotraṁ cakṣuḥ sparśanaṁ ca rasanaṁ ghrāṇameva ca
adhiṣṭhāya manaścāyaṁ viṣayānupasevate

यह जीवात्मा श्रोत्र, चक्षु और त्वचा को तथा रसना, घ्राण और मन को आश्रय करके अर्थात् इन सबके सहारे से ही विषयों का सेवन करता है ।।9 ।।

It is while dwelling in the senses of hearing, sight, touch, taste and smell, as well as in the mind, Jivatma enjoys the objects of senses. (9)

प्रसंग – जीवात्मा को तीनों गुणों से सम्बद्ध, एक शरीर को छोड़कर दूसरे शरीर में जाने वाला और शरीर में रहकर विषयों का सेवन करने वाला कहा गया। अतएव यह जिज्ञासा होती है कि ऐसे आत्मा को कौन कैसे जानता है और कौन नहीं जानता ? इस पर दो श्लोकों में भगवान् कहते हैं–

उत्क्रामन्तं स्थितं वापि भुञ्जानं वा गुणान्वितम्।
विमूढा नानुपश्यन्ति पश्यन्ति ज्ञानचक्षुषः।।10।।

utkrāmantaṁ sthitaṁ vāpi bhuñjānaṁ vā guṇānvitam
vimūḍhā nānupaśyanti paśyanti jñānacakṣuṣaḥ

शरीर को छोड़कर जाते हुए को अथवा शरीर में स्थित हुए को अथवा विषयों को भोगते हुए को इस प्रकार तीनों गुणों से युक्त हुए को भी अज्ञानी जन नहीं जानते, केवल ज्ञान रूप नेत्रों वाले विवेकशील ज्ञानी ही तत्त्व से जानते हैं ।। 10 ।।

The ignorant know not the soul departing from or dwelling in the body, or enjoying the objects of senses i.e., even when it is connected with the three Gunas; only those endowed with the eye of wisdom are able to realize it. (10)

यतन्तो योगिनश्चैनं पश्यन्त्यात्मन्यवस्थितम् ।
यतन्तोऽप्यकृतात्मानो नैनं पश्यन्त्यचेतसः ।। 11 ।।

yatanto yoginaścainaṁ paśyantyātmanyavasthitam
yatanto'pyakṛtātmāno nainaṁ paśyantyacetasaḥ

यत्न करने वाले योगी जन भी अपने हृदय में स्थित इस आत्मा को तत्त्व से जानते हैं; किंतु जिन्होंने अपने अन्तःकरण को शुद्ध नहीं किया है, ऐसे अज्ञानीजन तो यत्न करते रहने पर भी इस आत्मा को नहीं जानते ।। 11 ।।

Striving Yogis too are able to realize this Self enshrined in their heart. The ignorant; however, whose heart has not been purified, know not this Self in spite of their best endeavours. (11)

प्रसंग – पहली शंका का उत्तर देने के लिये भगवन् बारहवें से पंद्रहवें श्लोक तक गुण, प्रभाव और ऐश्वर्य सहित अपने स्वरूप का वर्णन करते हैं–

यदादित्यगतं तेजो जगद्भासयतेऽखिलम्।
यच्चन्द्रमसि यच्चाग्नौ तत्तेजो विद्धि मामकम्।।12।।

yadādityagataṁ tejo jagadbhāsayate'khilam
yaccandramasi yaccāgnau tattejo viddhi māmakam

सूर्य में स्थित जो तेज सम्पूर्ण जगत् को प्रकाशित करता है तथा जो तेज चन्द्रमा में है और जो अग्नि में है—उसको तू मेरा ही तेज जान ।। 12 ।।

The light in the sun, that illumines the entire solar world, and that which shines in the moon and that too which shines in the fire, know that light to be Mine. (12)

गामाविश्य च भूतानि धारयाम्यहमोजसा।
पुष्णामि चौषधीः सर्वाः सोमो भूत्वा रसात्मकः।।13।।

gāmāviśya ca bhūtāni dhārayāmyahamojasā
puṣṇāmi cauṣadhīḥ sarvāḥ somo bhūtvā rasātmakaḥ

और मैं ही पृथ्वी में प्रवेश करके अपनी शक्ति से सब भूतों को धारण करता हूँ और रस स्वरूप अर्थात् अमृतमय चन्द्रमा

होकर सम्पूर्ण ओषधियों को अर्थात् वनस्पतियों को पुष्ट करता हूँ ।। 13 ।।

And permeating the soil, it is I who support all creatures by My vital power; and becoming the nectarine moon, I nourish all plants. (13)

अहं वैश्वानरो भूत्वा प्राणिनां देहमाश्रितः।
प्राणापानसमायुक्तः पचाम्यन्नं चतुर्विधम्।।14।।

ahaṁ vaiśvānaro bhūtvā prāṇināṁ dehamāśritaḥ
prāṇāpānasamāyuktaḥ pacāmyannaṁ caturvidham

मैं ही सब प्राणियों के शरीर में स्थित रहने वाला प्राण और अपान से संयुक्त वैश्वानर अग्नि रूप होकर चार प्रकार के अन्न को पचाता हूँ ।। 14 ।।

Taking the form of fire lodged in the body of all creatures and united with the Prana (ingoing) and Apana (outgoing) breaths, it is I who consume the four kinds of food. (14)

प्रसंग – अब भगवान् अपने सर्वान्तर्यामित्व और सर्वज्ञत्व आदि गुणों से युक्त स्वरूप का वर्णन करते हुए सब प्रकार से जानने योग्य अपने को बतलाते हैं–

सर्वस्य चाहं हृदि संनिविष्टो मत्तः स्मृतिर्ज्ञानमपोहनं ।
वेदैश्च सर्वैरहमेव वेद्यो वेदान्तकृद्वेदविदेव ॥ 12 ॥

sarvasya cāhaṁ hṛdi saṁniviṣṭo
mattaḥ smṛtirjñānamapohanaṁ ca
vedaiśca sarvairahameva vedyo
vedāntakṛdvedavideva cāham

मैं ही सब प्राणियों के हृदय में अन्तर्यामी रूप से स्थित हूँ तथा मुझसे ही स्मृति, ज्ञान और अपोहन होता है और सब वेदों द्वारा मैं ही जानने के योग्य हूँ तथा वेदान्त का कर्ता और वेदों को जानने वाला भी मैं ही हूँ ।। 15 ।।

It is I who remain seated in the heart of all creatures as the inner controller of all; and it is I who am the source memory, knowledge and the ratiocinative faculty. Again, I am the only object worth knowing through the Vedas; I alone am the father of Vedanta and the knower of the Vedas too. (15)

प्रसंग – अब अध्याय की समाप्ति तक पूर्वोक्त तीनों प्रकरणों का सार संक्षेप में बतलाने के लिये अगले श्लोक में क्षर और अक्षर पुरुष का स्वरूप बतलाते हैं–

द्वाविमौ पुरुषौ लोके क्षरश्चाक्षर एव च।
क्षरः सर्वाणि भूतानि कूटस्थोऽक्षर उच्यते।। 16।।

dvāvimau puruṣau loke kṣaraścākṣara eva ca
kṣaraḥ sarvāṇi bhūtāni kūṭastho'kṣara ucyate

इस संसार में नाशवान् और अविनाशी भी, ये दो प्रकार के पुरुष हैं। इनमें सम्पूर्ण भूत प्राणियों के शरीर तो नाशवान् और जीवात्मा अविनाशी कहा जाता है ।। 16 ।।

The perishable and the imperishable too—these are the two kinds of Purusas in this world. Of these, the bodies of all beings are spoken of as the perishable; while the jivatma or the embodied soul is called imperishable. (16)

प्रसंग — इस प्रकार क्षर और अक्षर पुरुष का स्वरूप बतलाकर अब उन दोनों से श्रेष्ठ पुरुषोत्तम भगवान् के स्वरूप का और पुरुषोत्तम होने के कारण का वर्णन दो श्लोकों में करते हैं—

उत्तमः पुरुषस्त्वन्यः परमात्मेत्युदाहृतः।
यो लोकत्रयमाविश्य बिभर्त्यव्यय ईश्वरः।। 17।।

uttamaḥ puruṣastvanyaḥ paramātmetyudāhṛtaḥ
yo lokatrayamāviśya bibhartyavyaya īśvaraḥ

इन दोनों से उत्तम पुरुष तो अन्य ही है, जो तीनों लोकों में प्रवेश करके सबका धारण-पोषण करता है एवं अविनाशी परमेश्वर और परमात्मा—इस प्रकार कहा गया है ।। 17 ।।

The Supreme Person is yet other than these, who, having entered all the three worlds, upholds and maintains all, and has been spoken of as the imperishable Lord and the supreme Spirit. (17)

यस्मात्क्षरमतीतोऽहमक्षरादपि चोत्तमः।
अतोऽस्मि लोके वेदे च प्रथितः पुरुषोत्तमः।। 18।।

yasmātkṣaramatīto'hamakṣarādapi cottamaḥ
ato'smi loke vede ca prathitaḥ puruṣottamaḥ

क्योंकि मैं नाशवान् जडवर्ग-क्षेत्र से तो सर्वथा अतीत हूँ और अविनाशी जीवात्मा से भी उत्तम हूँ, इसलिये लोक में और वेद में भी पुरुषोत्तम नाम से प्रसिद्ध हूँ ।। 18 ।।

Since I am wholly beyond the perishable world of matter of Ksetra, and am superior even to the imperishable soul, hence I am known as the Purusottama in the world as well as in the Vedas. (18)

प्रसंग – अब ऊपर कहे हुए प्रकार से भगवान् को पुरुषोत्तम समझने वाले पुरुष की महिमा और लक्षण वतलाते हैं–

यो मामेवमसंमूढो जानाति पुरुषोत्तमम् ।
स सर्वविद्भजति मां सर्वभावेन भारत ।। 19 ।।

yo māmevamasammūḍho jānāti puruṣottamam
sa sarvavidbhajati māṁ sarvabhāvena bhārata

हे भारत ! जो ज्ञानी पुरुष मुझको इस प्रकार तत्त्व से पुरुषोत्तम जानता है, वह सर्वज्ञ पुरुष सब प्रकार से निरन्तर मुझ वासुदेव परमेश्वर को ही भजता है ।। 19 ।।

Arjuna, the wise man who thus realizes Me as the Supreme Person,—knowing all, he constantly worship Me (the all-pervading Lord) with his whole being. (19)

प्रसंग – इस प्रकार भगवान् को पुरुषोत्तम जानने वाले पुरुष की महिमा का वर्णन करके अब इस अध्याय में वर्णित विषय को गुह्यतम बतलाकर उसे जानने का फल वर्णन करते हुए इस अध्याय का उपसंहार करते हैं–

इति गुह्यतमं शास्त्रमिदमुक्तं मयानघ।
एतद्बुद्ध्वा बुद्धिमान्स्यात्कृतकृत्यश्च भारत।।20।।

iti guhyatamaṁ śāstramidamuktaṁ mayānagha
etadbuddhvā buddhimānsyātkṛtakṛtyaśca bhārata

हे निष्पाप अर्जुन ! इस प्रकार यह अति रहस्य युक्त गोपनीय शास्त्र मेरे द्वारा कहा गया, इसको तत्त्व से जानकर मनुष्य ज्ञानवान् और कृतार्थ हो जाता है ।। 20 ।।

Arjuna, this most esoteric teaching has thus been imparted by Me; grasping it in essence man becomes wise and his mission in life is accomplished. (20)

ॐ तत्सदिति श्रीमद्भगवद्गीतासूपनिषत्सु ब्रह्मविद्यायां योगशास्त्रे श्रीकृष्णार्जुनसंवादे
पुरुषोत्तमयोगो नाम पञ्चदशोऽध्यायः ।। 15 ।।

ॐ श्रीपरमात्मने नमः

षोड़शोऽध्यायः

इस सोलहवें अध्याय में देवशब्द वाच्य परमेश्वर से संबंध रखने वाले तथा उनको प्राप्त करा देने वाले सद्‌गुणों और सदाचारों का, उन्हें जानकर धारण करने के लिये दैवीसम्पद् के नाम से और असुरों के—जैसे दुर्गुण और दुराचारों का, उन्हें जानकर त्याग करने के लिये आसुरी सम्पद् के नाम से विभागपूर्वक विस्तृत वर्णन किया गया है। इसलिये इस अध्याय का नाम 'दैवासुरसम्पद्विभागयोग' रखा गया है।

प्रसंग – सोलहवें अध्याय के पहले तीन श्लोकों द्वारा दैवी-सम्पद् से युक्त सात्त्विक पुरुषों के स्वाभाविक लक्षणों का विस्तारपूर्वक वर्णन किया जाता है—

श्रीभगवानुवाच

अभयं सत्त्वसंशुद्धिर्ज्ञानयोगव्यवस्थितिः।
दानं दमश्च यज्ञश्च स्वाध्यायस्तप आर्जवम्॥1॥

śrībhagavānuvāca
abhayaṁ sattvasaṁśuddhirjñānayogavyavasthitiḥ
dānaṁ damaśca yajñaśca svādhyāyastapa ārjavam

श्रीभगवान् बोले—भय का सर्वथा अभाव, अन्तःकरण की पूर्ण निर्मलता, तत्त्वज्ञान के लिये ध्यान योग में निरन्तर दृढ स्थिति और सात्त्विक दान, इन्द्रियों का दमन, भगवान्, देवता और गुरुजनों की पूजा तथा अग्निहोत्र आदि उत्तम कर्मों का आचरण एवं वेद-शास्त्रों का पठन-पाठन तथा भगवान् के नाम और गुणों का कीर्तन, स्वधर्मपालन के लिये कष्ट सहन और शरीर तथा इन्द्रियों के सहित अन्तःकरण की सरलता, ॥1॥

Absolute fearlessness, perfect purity of mind; constant fixity in the Yoga of meditation for the sake of Self-Realization, and even so charity in its Sattvika

form, control of the senses, worship of god and other deities as well as of one's elders including the performance of Agnihotra (pouring oblations into the sacred fire) and other sacred duties, study and teaching of the Vedas and other sacred books as well as the chanting of God's names and praises, suffering hardships for the discharge of one's sacred obligations and straightness of mind as well as of the body and senses; (1)

अहिंसा सत्यमक्रोधस्त्यागः शान्तिरपैशुनम्।
दया भूतेष्वलोलुप्त्वं मार्दवं ह्रीरचापलम्।।2।।

ahiṁsā satyamakrodhastyāgaḥ śāntirapaiśunam
dayā bhūteṣvaloluptvaṁ mārdavaṁ hrīracāpalam

मन, वाणी और शरीर से किसी प्रकार भी किसी को कष्ट न देना, यथार्थ और प्रिय भाषण, अपना अपकार करने वाले पर भी क्रोध का न होना, कर्मों में कर्तापन के अभिमान का त्याग, अन्तःकरण की उपरति अर्थात् चित्त की चञ्चलता का अभाव, किसी की भी निन्दादि न करना, सब भूतप्राणियों में हेतु रहित दया, इन्द्रियों का विषयों के साथ संयोग होने पर भी उनमें आसक्ति का न होना, कोमलता, लोक और शास्त्र से विरुद्ध आचरण में लज्जा और व्यर्थ चेष्टाओं का अभाव, ।। 2 ।।

Non-violence in thought, word and deed, truthfulness and geniality of speech, absence of anger even on

provocation, disclaiming doership in respect of actions, quietude or composure of mind, abstaining from malicious gossip compassion towards all creatures, absence of attachment to the objects of senses even during their contact with the senses, mildness, a sense of shame in transgressing against the scriptures or usage, and abstaining from frivolous pursuits; (2)

तेजः क्षमा धृतिः शौचमद्रोहो नातिमानिता।
भवन्ति संपदं दैवीमभिजातस्य भारत।।3।।

tejaḥ kṣamā dhṛtiḥ śaucamadroho nātimānitā
bhavanti sampadaṁ daivīmabhijātasya bhārata

तेज, क्षमा, धैर्य, बाहर की शुद्धि एवं किसी में भी शत्रुभाव का न होना और अपने में पूज्यता के अभिमान का अभाव—ये सब तो हे अर्जुन ! दैवी सम्पदा को लेकर उत्पन्न हुए पुरुष के लक्षण हैं ।। 3 ।।

Sublimity, forbearance, fortitude, external purity, bearing enmity to none and absence of self-esteem—these are the marks of him, who is born with the divine gifts Arjuna. (3)

प्रसंग – इस प्रकार धारण करने के योग्य दैवीसम्पत् से युक्त पुरुष के लक्षणों का वर्णन करके अब त्याग करने योग्य आसुरीसम्पत् से युक्त पुरुष के लक्षण संक्षेप में कह जाते हैं–

दम्भो दर्पोऽभिमानश्च क्रोधः पारुष्यमेव च।
अज्ञानं चाभिजातस्य पार्थ संपदमासुरीम्।।4।।

dambho darpo'bhimānaśca krodhaḥ pāruṣyameva ca
ajñānaṁ cābhijātasya pārtha sampadamāsurīm

हे पार्थ ! दम्भ, घमंण्ड और अभिमान तथा क्रोध, कठोरता और अज्ञान भी—ये सब आसुरी-सम्पदाको लेकर उत्पन्न हुए पुरुष के लक्षण हैं ।। 4 ।।

Hypocrisy, arrogance and pride, and anger, sternness and igorance too,—these are marks of him, who is born with demoniac properties. (4)

प्रसंग – इस प्रकार देवी-सम्पत् और आसुरी-सम्पत् से युक्त पुरुषों के लक्षणों का वर्णन करके अब भगवान् दोनों सम्पदाओं का फल बतलाते हुए अर्जुन को दैवी-सम्पदा से युक्त बतलाकर आश्वासन देते हैं–

दैवीसंपद्विमोक्षाय निबन्धायासुरी मता।
मा शुचः संपदं दैवीमभिजातोऽसि पाण्डव।।5।।

daivī sampadvimokṣāya nibandhāyāsurī matā
mā śucaḥ sampadaṁ daivīmabhijāto'si pāṇḍava

दैवी-सम्पदा मुक्ति के लिये और आसुरी-सम्पदा बाँधने के लिये मानी गयी है। इसलिये हे अर्जुन ! तू शोक मत कर, क्योंकि तू दैवी-सम्पदा को लेकर उत्पन्न हुआ है ।। 5 ।।

The divine gift has been recognized as conducive to liberation, and the demoniac gift as conducive to bondage; Grieve not, Arjuna; for you are born with the divine endowment. (5)

प्रसंग – इस अध्याय के प्रारम्भ में और इसके पूर्व भी दैवी-सम्पदा का विस्तार से वर्णन किया गया, परंतु आसुरी-सम्पदा का वर्णन अब तक बहुत संक्षेप से ही हुआ। अतएव आसुरी प्रकृति वाले मनुष्यों के स्वभाव और आचार-व्यवहार का विस्तारपूर्वक वर्णन करने के लिये अब भगवान् उसकी प्रस्तावना करते हैं–

द्वौ भूतसर्गौ लोकेऽस्मिन्दैव आसुर एव च।
दैवो विस्तरशः प्रोक्त आसुरं पार्थ मे श्रृणु।।6।।

dvau bhūtasargau loke'smindaiva āsura eva ca
daivo vistaraśaḥ prokta āsuraṁ pārtha me śṛṇu

हे अर्जुन ! इस लोक में भूतों की सृष्टि यानी मनुष्य समुदाय दो ही प्रकार का है, एक तो दैवी प्रकृतिवाला और दूसरा आसुरी प्रकृतिवाला। उनमें से दैवी प्रकृतिवाला तो विस्तारपूर्वक कहा गया, अब तू आसुरी प्रकृतिवाले मनुष्य-समुदाय को भी विस्तारपूर्वक मुझसे सुन ।। 6 ।।

There are only two types of men in this world, Arjuna,—the one possessing a divine nature and the other possessing a demoniac disposition. Of these, the type possessing a divine nature has been dealt with at length; now hear in detail from Me about the type possessing demoniac disposition. (6)

प्रसंग – इस प्रकार आसुरी प्रकृतिवाले मनुष्य समुदाय के लक्षण सुनने के लिये अर्जुन को सावधान करके अब भगवान् उनका वर्णन करते हैं–

प्रवृत्तिं च निवृत्तिं च जना न विदुरासुराः।
न शौचं नापि चाचारो न सत्यं तेषु विद्यते।।7।।

pravṛttiṁ ca nivṛttiṁ ca janā na vidurāsurāḥ
na śaucaṁ nāpi cācāro na satyaṁ teṣu vidyate

आसुरी स्वभाव वाले मनुष्य प्रवृत्ति और निवृत्ति—इन दोनों को ही नहीं जानते। इसलिये उनमें न तो बाहर-भीतर की शुद्धि है, न श्रेष्ठ आचरण है और न सत्यभाषण ही है ।। 7 ।।

Men possessing a demoniac disposition know not what is right activity and what is right abstinence from activity. Hence they possess neither purity (external or internal) nor good conduct nor even truthfulness. (7)

प्रसंग – आसुर-स्वभाव वालों में विवेक, शौच और सदाचार आदि का अभाव बतलाकर अब उनके नास्तिक भाव का वर्णन करते हैं–

असत्यमप्रतिष्ठं ते जगदाहुरनीश्वरम् ।
अपरस्परसंभूतं किमन्यत्कामहैतुकम् ।। 8 ।।

asatyamapratiṣṭhaṁ te jagadāhuranīśvaram
aparasparasambhūtaṁ kimanyatkāmahaitukam

वे आसुरी प्रकृति वाले मनुष्य कहा करते हैं कि जगत् आश्रय रहित, सर्वथा असत्य और बिना ईश्वर के, अपने-आप केवल स्त्री-पुरुष के संयोग से उत्पन्न है, अतएव केवल काम ही इसका कारण है। इसके सिवा और क्या है ? ।। 8 ।।

Men possessing a demoniac disposition say this world is without any foundation, absolutely unreal and godless, brought forth by mutual union of the male and female and hence conceived in lust; what else than this? (8)

प्रसंग – ऐसे नास्तिक सिद्धान्त के मानने वालों के स्वभाव और आचरण कैसे होते हैं ? इस जिज्ञासा पर अब भगवान् अगले चार श्लोकों में उनके लक्षणों का वर्णन करते हैं–

एतां दृष्टिमवष्टभ्य नष्टात्मानोऽल्पबुद्धयः।
प्रभवन्त्युग्रकर्माणः क्षयाय जगतोऽहिताः ।।9।।

etāṁ dṛṣṭimavaṣṭabhya naṣṭātmāno'lpabuddhayaḥ
prabhavantyugrakarmāṇaḥ kṣayāya jagato'hitāḥ

इस मिथ्या ज्ञान को अवलम्बन करके–जिनका स्वभाव नष्ट हो गया है तथा जिनकी बुद्धि मन्द है, वे सबका अपकार करने वाले क्रूरकर्मी मनुष्य केवल जगत् के नाश के लिये ही समर्थ होते हैं ।।9 ।।

Clinging to this false view these slow-witted men of a vile disposition and terrible deeds, these enemies of mankind; prove equal only to the destruction of the universe. (9)

काममाश्रित्य दुष्पूरं दम्भमानमदान्विताः।
मोहाद्गृहीत्वासद्ग्राहान्प्रवर्तन्तेऽशुचिव्रताः ।।10।।

kāmamāśritya duṣpūraṁ dambhamānamadānvitāḥ
mohādgṛhītvāsadgrāhānpravartante'śucivratāḥ

वे दम्भ, मान और मद से युक्त मनुष्य किसी प्रकार भी पूर्ण न होने वाली कामनाओं का आश्रय लेकर, अज्ञान से मिथ्या सिद्धान्तों को ग्रहण करके और भ्रष्ट आचरणों को धारण करके संसार में विचरते हैं ।।10 ।।

Cherishing insatiable desires and embracing false doctrines through ignorance, these men of impure conduct move in this world, full of hypocrisy, pride and arrogance. (10)

चिन्तामपरिमेयां च प्रलयान्तामुपाश्रिताः।
कामोपभोग परमा एतावदिति निश्चिताः।। 11।।

cintāmaparimeyāṁ ca pralayāntāmupāśritāḥ
kāmopabhogaparamā etāvaditi niścitāḥ

तथा वे मृत्यु पर्यन्त रहने वाली असंख्य चिन्ताओं का आश्रय लेने वाले, विषय भोगों के भोगने में तत्पर रहने वाले और 'इतना ही सुख है' इस प्रकार मानने वाले होते हैं।। 11 ।।

Giving themselves up to innumerable cares ending only with death, they remain devoted to the enjoyment of sensuous pleasures and are positive in their belief that this is the highest limit of joy. (11)

आशापाशशतैर्बद्धाः कामक्रोधपरायणाः।
ईहन्ते कामभोगार्थमन्यायेनार्थसंचयान्।। 12।।

āśāpāśaśatairbaddhāḥ kāmakrodhaparāyaṇāḥ
īhante kāmabhogārthamanyāyenārthasañcayān

वे आशा की सैकड़ों फाँसियों से बँधे हुए मनुष्य

काम-क्रोध के परायण होकर विषय-भोगों के लिये अन्यायपूर्वक धनादि पदार्थों को संग्रह करने की चेष्टा करते रहते हैं ।। 12 ।।

Held in bondage by hundreds of ties of expectation and wholly giving themselves up to lust and anger, they strive to amass by unfair means hoards of money and other objcts for the enjoyment of sensuous pleasures. (12)

प्रसंग – पिछले चार श्लोकों में आसुर-स्वभाव वाले मनुष्यों के लक्षण और आचरण बतलाकर अब अगले चार श्लोकों में उनके 'अहंता', 'ममता' और 'मोह' युक्त संकल्पों का निरूपण करते हुए उनकी दुर्गतिका वर्णन करते हैं–

इदमद्य मया लब्धमिमं प्राप्स्ये मनोरथम् ।
इदमस्तीदमपि मे भविष्यति पुनर्धनम् ।। 13 ।।

idamadya mayā labdhamimaṁ prāpsye manoratham
idamastīdamapi me bhaviṣyati punardhanam

वे सोचा करते हैं कि मैंने आज यह प्राप्त कर लिया है और अब इस मनोरथ को प्राप्त कर लूँगा । मेरे पास यह इतना धन है और फिर भी यह हो जायेगा ।। 13 ।।

They say to themselves, This much has been secured by me today and now I shall realize this ambition. So much wealth is already with me and yet again this shall be mine. (13)

असौ मया हतः शत्रुर्हनिष्ये चापरानपि ।
ईश्वरोऽहमहं भोगी सिद्धोऽहं बलवान्सुखी ।। 14 ।।

asau mayā hataḥ śatrurhaniṣye cāparānapi
īśvaro'hamahaṁ bhogī siddho'haṁ balavānsukhī

वह शत्रु मेरे द्वारा मारा गया और उन दूसरे शत्रुओं को भी मैं मार डालूँगा। मैं ईश्वर हूँ, ऐश्वर्य को भोगने वाला हूँ। मैं सब सिद्धियों से युक्त हँ और बलवान् तथा सुखी हूँ ।। 14 ।।

That enemy has been slain by me and I shall kill those others too. I am the Lord of all, the enjoyer of all power; I am endowed with all supernatural powers, and am mighty and happy. (14)

आढ्योऽभिजनवानस्मि कोऽन्योऽस्ति सदृशो मया।
यक्ष्ये दास्यामि मोदिष्य इत्यज्ञानविमोहिताः ।। 15 ।।
अनेकचित्तविभ्रान्ता मोहजालसमावृताः।
प्रसक्ताः कामभोगेषु पतन्ति नरकेऽशुचौ ।। 16 ।।

āḍhyo'bhijanavānasmi ko'nyo'sti sadṛśo mayā
yakṣye dāsyāmi modiṣya ityajñānavimohitāḥ

anekacittavibhrāntā mohajālasamāvṛtāḥ
prasaktāḥ kāmabhogeṣu patanti narake'śucau

मैं बड़ा धनी और बड़े कुटुम्ब वाला हूँ। मेरे समान दूसरा कौन है? मैं यज्ञ करूँगा, दान दूँगा और आमोद-प्रमोद

करूँगा। इस प्रकार अज्ञान से मोहित रहने वाले तथा अनेक प्रकार से भ्रमित चित्त वाले मोहरूप जाल से समावृत और विषय भोगों में अत्यन्त आसक्त आसुरलोग महान् अपवित्र नरक में गिरते हैं ।। 15-16 ।।

I am wealthy and own a large family; who else is like unto me? I will sacrifice to gods, I will give alms, I will make merry. Thus blinded by ignorance, enveloped in the mesh of delusion and addicted to the enjoyment of sensuous pleasures, their mind bewildered by numberous thoughts, these men of a devilish disposition fall into the foulest hell. (15,16)

प्रसंग – पंद्रहवें श्लोक में भगवान् ने कहा था कि वे लोग 'यज्ञ करूँगा' ऐसा कहते हैं; अतः अगले श्लोक में उनके यज्ञ का स्वरूप बतलाया जाता है–

आत्मसंभाविताः स्तब्धा धनमानमदान्विताः।
यजन्ते नामयज्ञैस्ते दम्भेनाविधिपूर्वकम् ।। 17 ।।

ātmasambhāvitāḥ stabdhā dhanamānamadānvitāḥ
yajante nāmayajñaiste dambhenāvidhipūrvakam

वे अपने-आपको ही श्रेष्ठ मानने वाले घमण्डी पुरुष धन और मान के मद से युक्त होकर केवल नाम मात्र के यज्ञों द्वारा पाखण्ड से शास्त्र विधि रहित यजन करते हैं ।। 17 ।।

Intoxicated by wealth and honour, those self-conceited and haughty men worship God through nominal sacrifices for ostentation without following the sacred rituals. (17)

प्रसंग – इस प्रकार आसुर-स्वभाव वाले मनुष्यों के यज्ञ का स्वरूप बतलाकर अब उनकी दुर्गति के कारण रूप स्वभाव का वर्णन करते हैं–

अहंकारं बलं दर्पं कामं क्रोधं च संश्रिताः।
मामात्मपरदेहेषु प्रद्विषन्तोऽभ्यसूयकाः ।। 18 ।।

ahankāram balam darpam kāmam krodham ca samśritāḥ
māmātmaparadeheșu pradviṣanto'bhyasūyakāḥ

वे अहंकार, बल, घमण्ड, कामना और क्रोधादि के परायण और दूसरों की निन्दा करने वाले पुरुष अपने और दूसरों के शरीर में स्थित मुझ अन्तर्यामी से द्वेष करने वाले होते हैं ।। 18 ।।

Given over to egotism, brute force, arrogance, lust and anger etc. and culminating others, they hate Me (the inner controller of all) dwelling in their own bodies as well as in those of others. (18)

प्रसंग – इस प्रकार सातवें से अठारहवें श्लोक तक आसुरी स्वभाव वालों के दुर्गुण और दुराचार आदि का वर्णन करके अब उन दुर्गुण-दुराचारों में त्याज्य-बुद्धि कराने के लिये अगले दो श्लोकों में भगवान् वैसे लोगों की घोर निन्दा करते हुए उनकी दुर्गति का वर्णन करते हैं–

तानहं द्विषतः क्रूरान्संसारेषु नराधमान् ।। 19 ।।
क्षिपाम्यजस्रमशुभानासुरीष्वेव योनिषु ।

tānaham dviṣataḥ krūrānsamsāreṣu narādhamān
kṣipāmyajasramaśubhānāsurīṣveva yonișu

उन द्वेष करने वाले पापाचारी और क्रूरकर्मी नराधमों को मैं संसार में बार-बार आसुरी योनियों में ही डालता हूँ ।। 19 ।।

These haters, sinful, cruel and vilest among men, I cast again and again into demoniacal wombs in this world. (19)

आसुरीं योनिमापन्ना मूढा जन्मनि जन्मनि।
मामप्राप्यैव कौन्तेय ततो यान्त्यधमां गतिम् ।। 20 ।।

āsurīṁ yonimāpannā mūḍhā janmani janmani
māmaprāpyaiva kaunteya tato yāntyadhamāṁ gatim

हे अर्जुन ! वे मूढ मुझको न प्राप्त होकर जन्म-जन्म में आसुरी योनिको प्राप्त होते हैं, फिर उससे भी अति नीच गति को ही प्राप्त होते हैं अर्थात् घोर नरकों में पड़ते हैं ।। 20 ।।

Failing to reach Me, Arjun, these stupid souls are born life after life in demoniac wombs and then verily sink down to a still lower plane. (20)

प्रसंग – आसुर-स्वभाव वाले मनुष्यों को लगातार आसुरी योनियों के और घोर नरकों के प्राप्त होने की बात सुनकर यह जिज्ञासा हो सकती है कि उनके लिये इस दुर्गति से बचकर परमगति को प्राप्त करने का क्या उपाय है ? इसपर अब दो श्लोकों में समस्त दुर्गतियों के प्रधान कारण रूप आसुरी सम्पत्ति के त्रिविध दोषों के त्याग करने की बात कहते हुए भगवान् परमगति की प्राप्ति का उपाय बतलाते हैं–

त्रिविधं नरकस्येदं द्वारं नाशनमात्मनः।
कामः क्रोधस्तथा लोभस्तस्मादेतत्त्रयं त्यजेत् ।। 21 ।।

trividhaṁ narakasyedaṁ dvāraṁ nāśanamātmanaḥ
kāmaḥ krodhastathā lobhastasmādetattrayaṁ tyajet

काम, क्रोध तथा लोभ—ये तीन प्रकार के नरक के द्वार आत्मा का नाश करने वाले अर्थात् उसको अधोगति में ले जाने वाले हैं। अतएव इन तीनों को त्याग देना चाहिये ।। 21 ।।

Desire, anger and greed— this triple gate of hell brings about the ruination of the soul. Therefore, one should, avoid all these three. (21)

एतैर्विमुक्तः कौन्तेय तमोद्वारैस्त्रिभिर्नरः।
आचरत्यात्मनः श्रेयस्ततो याति परां गतिम् ।। 22 ।।

etairvimuktaḥ kaunteya tamodvāraistribhirnaraḥ
ācaratyātmanaḥ śreyastato yāti parāṁ gatim

हे अर्जुन ! इन तीनों नरक के द्वारों से मुक्त पुरुष अपने कल्याण का आचरण करता है, इससे वह परमगति को जाता है अर्थात् मुझको प्राप्त हो जाता है ।। 22 ।।

Freed from these three gates of hell, man works his own salvation and thereby attains the supreme goal i.e., God. (22)

प्रसंग – जो उपर्युक्त दैवीसम्पदा का आचरण न करके अपनी मान्यता के अनुसार कर्म करता है वह परमगति को प्राप्त होता है या नहीं ? इस पर कहते हैं–

यः शास्त्रविधिमुत्सृज्य वर्तते कामकारतः ।
न स सिद्धिमवाप्नोति न सुखं न परां गतिम् ।। 23 ।।

yaḥ śāstravidhimutsṛjya vartate kāmakārataḥ
na sa siddhimavāpnoti na sukhaṁ na parāṁ gatim

जो पुरुष शास्त्र विधि को त्याग कर अपनी इच्छा से मनमाना आचरण करता है, वह न सिद्धि को प्राप्त होता है, न परमगति को और न सुख को ही ।। 23 ।।

Having cast aside the injunctions of the scriptures, he who acts in an arbitrary way according to his own sweet will neither attains perfection nor the supreme goal nor even happiness. (23)

प्रसंग – शास्त्रविधि को त्यागकर किये जाने वाले मनमाने कर्म निष्फल होते हैं, यह बात सुनकर जिज्ञासा हो सकती है कि ऐसी स्थिति में क्या करना चाहिये ? इस पर कहते हैं–

तस्माच्छास्त्रं प्रमाणं ते कार्याकार्यव्यवस्थितौ ।
ज्ञात्वा शास्त्रविधानोक्तं कर्म कर्तुमिहार्हसि ।। 24 ।।

tasmācchāstraṁ pramāṇaṁ te kāryākāryavyavasthitau
jñātvā śāstravidhānoktaṁ karma kartumihārhasi

इससे तेरे लिये इस कर्तव्य और अकर्तव्य की व्यवस्था में शास्त्र ही प्रमाण है। ऐसा जानकर तू शास्त्रविधि से नियत कर्म ही करने योग्य है ।। 24 ।।

Therefore, the scripture alone is your guide in determining what should be done and what should not be done. Knowing this, you ought to perform only such action as is ordained by the scriptures. **(24)**

ॐ तत्सदिति श्रीमद्भगवद्गीतासूपनिषत्सु ब्रह्मविद्यायां योगशास्त्रे श्रीकृष्णार्जुनसंवादे
दैवासुरसम्पद्विभागयोगो नाम षोडशोऽध्यायः ।। 16 ।।

ॐ श्रीपरमात्मने नमः

सप्तदशोऽध्यायः

इस सतरहवें अध्याय के आरम्भ में अर्जुन ने श्रद्धा युक्त पुरुषों की निष्ठा पूछी है, उसके उत्तर में भगवान् ने तीन प्रकार की श्रद्धा बतलाकर श्रद्धा के अनुसार ही पुरुष का स्वरूप बतलाया है। फिर पूजा, यज्ञ, तप आदि में श्रद्धा का संबंध दिखलाते हुए अन्तिम श्लोक में श्रद्धा रहित पुरुषों के कर्मों को असत् बतलाया गया है। इस प्रकार इस अध्याय में त्रिविध श्रद्धा की विभागपूर्वक व्याख्या होने से इसका नाम 'श्रद्धात्रय विभागयोग' रखा गया है।

प्रसंग – संसार में ऐसे लोग भी हो सकते हैं जो शास्त्र विधि का तो न जानने के कारण अथवा अन्य किसी कारण से त्याग कर बैठते हैं, परंतु यज्ञ-पूजादि शुभ कर्म श्रद्धापूर्वक करते हैं, उनकी क्या स्थिति होती है ? इस जिज्ञासा को व्यक्त करते हुए अर्जुन भगवान् से पूछते हैं–

अर्जुन उवाच

ये शास्त्रविधिमुत्सृज्य यजन्ते श्रद्धयान्विताः।
तेषां निष्ठा तु का कृष्ण सत्त्वमाहो रजस्तमः।। 1।।

arjuna uvāca
ye śāstravidhimutsṛjya yajante śraddhayānvitāḥ
teṣāṁ niṣṭhā tu kā kṛṣṇa sattvamāho rajastamaḥ

अर्जुन बोले—हे कृष्ण ! जो मनुष्य शास्त्रविधि को त्यागकर श्रद्धा से युक्त हुए देवादिका पूजन करते हैं, उनकी स्थिति फिर कौन-सी है ? सात्त्विकी है अथवा राजसी किंवा तामसी ? ।। 1 ।।

Arjuna said : Those who endowed with faith, worship gods and others casting aside the injunctions of the scriptures, where do they stand, Krsna,— in Sattva, Rajas or Tamas? (1)

प्रसंग – अर्जुन के प्रश्न को सुनकर भगवान् अब अगले दो श्लोकों में उसका संक्षेप से उत्तर देते हैं–

श्रीभगवानुवाच

त्रिविधा भवति श्रद्धा देहिनां सा स्वभावजा।
सात्त्विकी राजसी चैव तामसी चेति तां श्रृणु।।2।।

śrībhagavānuvāca
trividhā bhavati śraddhā dehināṁ sā svabhāvajā
sāttvikī rājasī caiva tāmasī ceti tāṁ śṛṇu

श्रीभगवान् बोले—मनुष्यों की वह शास्त्रीय संस्कारों से रहित केवल स्वभाव से उत्पन्न श्रद्धा सात्त्विकी और राजसी तथा तामसी—ऐसे तीनों प्रकार की ही होती है। उसको तू मुझसे सुन ।।2।।

Sri Bhagavan said : that untutored innate faith of men is of three kinds—Sattvika and Rajasika and Tamasika. Hear of it from Me. (2)

सत्त्वानुरूपा सर्वस्य श्रद्धा भवति भारत।
श्रद्धामयोऽयं पुरुषो यो यच्छ्रद्धः स एव सः।।3।।

sattvānurūpā sarvasya śraddhā bhavati bhārata
śrddhāmayo'yam puruso yo yacchraddhah sa eva sah

हे भारत ! सभी मनुष्यों की श्रद्धा उनके अन्तःकरण के अनुरूप होती है। यह पुरुष श्रद्धामय है, इसलिये जो पुरुष जैसी श्रद्धावाला है वह स्वयं भी वही है ।।3।।

The faith of all men conforms to their mental

constitution, Arjuna. This man consists of faith; whatever the nature of his faith, he is verily that. (3)

प्रसंग – श्रद्धा के अनुसार मनुष्यों की निष्ठा का स्वरूप बतलाया गया; इससे यह जानने की इच्छा हो सकती है कि ऐसे मनुष्यों की पहचान कैसे हो कि कौन किस निष्ठावाला है। इस पर भगवान् कहते हैं–

यजन्ते सात्त्विका देवान्यक्षरक्षांसि राजसाः।
प्रेतान्भूतगणांश्चान्ये यजन्ते तामसा जनाः ।।4।।

yajante sāttvikā devānyakṣarakṣāṁsi rājasāḥ
pretānbhūtagaṇāṁścānye yajante tāmasā janāḥ

सात्त्विक पुरुष देवों को पूजते हैं, राजस पुरुष यक्ष और राक्षसों को तथा अन्य जो तामस मनुष्य हैं, वे प्रेत और भूतगणों को पूजते हैं ।।4।।

Men of a Sattvika disposition worship gods; those of Rajasika temperament worship demigods and demons; while others, who are men of a Tamasika disposition, worship the spirits of the dead and groups of ghosts. (4)

प्रसंग – न जानने के कारण शास्त्रविधि का त्याग करके त्रिविध स्वाभाविक श्रद्धा के साथ यजन करने वालों का वर्णन किया गया, परंतु शास्त्रविधि का त्याग करने वाले अश्रद्धालु मनुष्यों के विषय में कुछ नहीं कहा गया, अतः यह जिज्ञासा उत्पन्न हुई कि जिनमें श्रद्धा भी नहीं है और जो शास्त्रविधि को भी नहीं मानते और घोर तप आदि कर्म करते हैं, वे किस श्रेणी में हैं? इस पर अगले दो श्लोकों में भगवान् कहते हैं–

अशास्त्रविहितं घोरं तप्यन्ते ये तपो जनाः।
दम्भाहंकारसंयुक्ताः कामरागबलान्विताः ।।5।।

aśāstravihitaṁ ghoraṁ tapyante ye tapo janāḥ
dambhāhaṅkārasaṁyuktāḥ kāmarāgabalānvitāḥ

जो मनुष्य शास्त्रविधि से रहित केवल मनःकल्पित घोर तप को तपते हैं तथा दम्भ और अहंकार से युक्त एवं कामना, आसक्ति और बल के अभिमान से भी युक्त हैं; ।।5।।

Men who practise dire penance of an arbitrary type not sanctioned by the scriptures, and who are full of hypocrisy and egotism and are obseseed with desire, attachment and pride of power; (5)

कर्षयन्तः शरीरस्थं भूतग्राममचेतसः।
मां चैवान्तःशरीरस्थं तान्विद्ध्यासुरनिश्चयान्।।6।।

karśayantaḥ śarīrasthaṁ bhūtagrāmamacetasaḥ
māṁ caivāntaḥśarīrasthaṁ tānviddhyāsuraniścayān

जो शरीर रूप से स्थित भूत समुदाय को और अन्तःकरण में स्थित मुझ परमात्मा को भी कृश करने वाले हैं, उन अज्ञानियों को तू आसुर-स्वभाव वाले जान ।।6।।

And who emaciate the elements constituting their body as well as Me, the supreme Spirit, dwelling in their heart,—know these senseless people to have a demoniac disposition. (6)

प्रसंग – त्रिविध स्वाभाविक श्रद्धा वालों के तथा घोर तप करने वाले लोगों के लक्षण बतलाकर अब भगवान् सात्त्विक का ग्रहण और राजस-तामस का त्याग कराने के उद्देश्य से सात्त्विक-राजस-तामस आहार, यज्ञ, तप और दान के भेद सुनने के लिये अर्जुन को आज्ञा देते हैं–

आहारस्त्वपि सर्वस्य त्रिविधो भवति प्रियः।
यज्ञस्तपस्तथा दानं तेषां भेदमिमं श्रृणु।।7।।

āhārastvapi sarvasya trividho bhavati priyaḥ
yajñastapastathā dānaṁ teṣāṁ bhedamimaṁ śṛṇu

भोजन भी सबको अपनी-अपनी प्रकृति के अनुसार तीन प्रकार का प्रिय होता है। और वैसे ही यज्ञ, तप और दान भी तीन-तीन प्रकार के होते हैं। उनके इस पृथक्-पृथक् भेद को तू मुझसे सुन ।। 7 ।।

Food also, which is agreeable to different men according to their innate disposition, is of three Kinds. And likewise sacrifice, penance and charity too are of three kinds each; hear their distinction as follows. (7)

प्रसंग – पूर्व श्लोक में भगवान् ने आहार, यज्ञ, तप और दान के भेद सुनने की आज्ञा की है; उसी के अनुसार इस श्लोक में ग्रहण करने योग्य सात्त्विक आहार का वर्णन करते हैं–

आयुःसत्त्वबलारोग्यसुखप्रीतिविवर्धनाः ।
रस्याः स्निग्धाः स्थिरा हृद्या, आहाराः सात्त्विकप्रियाः ।। 8 ।।

āyuḥsattvabalārogyasukhaprītivivardhanāḥ
rasyāḥ snigdhāḥ sthirā hṛdyā āhārāḥ sāttvikapriyāḥ

आयु, बुद्धि, बल, आरोग्य, सुख और प्रीति को बढ़ाने वाले, रस युक्त, चिकने और स्थिर रहने वाले तथा स्वभाव से ही मन को प्रिय—ऐसे आहार अर्थात् भोजन करने के पदार्थ सात्त्विक पुरुष को प्रिय होते हैं ।। 8 ।।

Foods which promote longevity, intelligence, vigour, health, happiness and cheerfulness, and which are sweet, bland, substantial and naturally agreeable, are dear to the Sattvika type of men. (8)

प्रसंग – ग्रहण करने योग्य सात्त्विक पुरुषों के आहार का वर्णन करके अब अगले दो श्लोकों में त्याग करने योग्य राजस और तामस पुरुषों के आहार का वर्णन करते हैं–

कट्वम्ललवणात्युष्णतीक्ष्णरूक्षविदाहिनः ।
आहारा राजसस्येष्टा दुःखशोकामयप्रदाः ।। 9 ।।

kaṭvamlalavaṇātyuṣṇatīkṣṇarūkṣavidāhinaḥ
āhārā rājasasyeṣṭā duḥkhaśokāmayapradāḥ

कड़वे, खट्टे, लवण युक्त, बहुत गरम, तीखे, रूखे, दाहकारक और दुःख, चिन्ता तथा रोगों को उत्पन्न करने वाले आहार अर्थात् भोजन करने के पदार्थ राजस पुरुष को प्रिय होते हैं ।। 9 ।।

Foods which are bitter, acid, salty, overhot, pungent, dry and burning, and which cause suffering, grief and sickness, are dear to the Rajasika type of men. (9)

यातयामं गतरसं पूति पर्युषितं च यत् ।
उच्छिष्टमपि चामेध्यं भोजनं तामसप्रियम् ।। 10 ।।

yātayāmaṁ gatarasaṁ pūti paryuṣitaṁ ca yat
ucchiṣṭamapi cāmedhyaṁ bhojanaṁ tāmasapriyam

जो भोजन अधपका, रसरहित, दुर्गन्ध युक्त, बासी और उच्छिष्ट है तथा जो अपवित्र भी है वह भोजन तामस पुरुष को प्रिय होता है ।। 10 ।।

Food which is half-cooked or half-ripe, insipid, putrid, stale and polluted, and which is impure too, is dear to men a Tamasika disposition. (10)

प्रसंग – इस प्रकार भोजन के तीन भेद बतलाकर अब यज्ञ के तीन भेद बतलाये जाते हैं; उनमें पहले करने योग्य सात्त्विक यज्ञ के लक्षण बतलाते हैं–

अफलाकाङ्‌क्षिभिर्यज्ञो विधिदृष्टो य इज्यते।
यष्टव्यमेवेति मनःसमाधाय स सात्त्विकः ।। 11 ।।

aphalâkānkṣibhiryajño vidhidṛṣṭo ya ijyate
yaṣṭavyameveti manaḥ samādhāya sa sāttvikaḥ

जो शास्त्रविधि से नियत, यज्ञ करना ही कर्तव्य है–इस प्रकार मन को समाधान करके, फल न चाहने वाले पुरुषों द्वारा किया जाता है, वह सात्त्विक है ।। 11 ।।

The sacrifice which is offered, as ordained by scriptural injunctions, by men who expect no return and who believe that such sacrifices must be performed, is Sattvika in character. (11)

प्रसंग – अब राजस यज्ञ के लक्षण बतलाते हैं–

अभिसंधाय तु फलं दम्भार्थमपि चैव यत्।
इज्यते भरतश्रेष्ठ तं यज्ञं विद्धि राजसम् ।। 12 ।।

abhisaṁdhāya tu phalaṁ dambhārthamapi caiva yat
ijyate bharataśreṣṭha taṁ yajñaṁ viddhi rājasam

परंतु हे अर्जुन ! केवल दम्भाचरण के लिये अथवा फल को भी दृष्टि में रखकर जो यज्ञ किया जाता है, उस यज्ञ को तू राजस जान ।। 12 ।।

That sacrifice; however, which is offered for the sake of mere show or even with an eye to its fruit, know it to be Rajasika Arjuna. (12)

प्रसंग – अब तामस यज्ञ के लक्षण बतलाये जाते हैं, जो कि सर्वथा त्याज्य हैं–

विधिहीनमसृष्टान्नं मन्त्रहीनमदक्षिणम् ।
श्रद्धाविरहितं यज्ञं तामसं परिचक्षते ।। 13 ।।

vidhihīnamasṛṣṭānnaṁ mantrahīnamadakṣiṇam
śraddhāvirahitaṁ yajñaṁ tāmasaṁ paricakṣate

शास्त्रविधि से हीन, अन्नदान से रहित, बिना मन्त्रों के, बिना दक्षिणा के और बिना श्रद्धा के किये जाने वाले यज्ञ को तामस यज्ञ कहते हैं ।। 13 ।।

A sacrifice which has no respect for scriptural injunctions, in which no food is offered, and no sacrificial fees are paid, which is without sacred chant and devoid of faith, is said to be Tamasika. (13)

प्रसंग – इस प्रकार तीन तरह के यज्ञों के लक्षण बतलाकर, अब तप के लक्षणों का प्रकरण आरम्भ करते हुए चार श्लोकों द्वारा सात्त्विक तप का लक्षण बतलाने के लिये पहले शारीरिक तप के स्वरूप का वर्णन करते हैं–

देवद्विजगुरुप्राज्ञपूजनं शौचमार्जवम् ।
ब्रह्मचर्यमहिंसा च शारीरं तप उच्यते ।। 14 ।।

devadvijagurupräjñapūjanaṁ śaucamārjavam
brahmacaryamahiṁsā ca śārīraṁ tapa ucyate

देवता, ब्राह्मण, गुरु और ज्ञानीजनों का पूजन, पवित्रता, सरलता, ब्रह्मचर्य और अहिंसा—यह शरीर संबंधी तप कहा जाता है ।। 14 ।।

Worship of gods, the Brahmanas, one's elders and wise men, purity, straightness, continence and harmlessness—this is called bodily penance. (14)

प्रसंग – अब वाणी संबंधी तप का स्वरूप बतलाते हैं–

अनुद्वेगकरं वाक्यं सत्यं प्रियहितं च यत् ।
स्वाध्यायाभ्यसनं चैव वाङ्मयं तप उच्यते ।। 15 ।।

anudvegakaraṁ vākyaṁ satyaṁ priyahitaṁ ca yat
svādhyāyābhyasanaṁ caiva vāṅmayaṁ tapa ucyate

जो उद्वेग न करने वाला, प्रिय और हितकारक एवं यथार्थ भाषण है तथा जो वेद-शास्त्रों के पठन का एवं परमेश्वर के नाम-जप का अभ्यास है—वही वाणी संबंधी तप कहा जाता है ।। 15 ।।

Words which cause no annoyance to others and are truthful, agreeable and wholesome, as well as the study of the Vedas and other Sastras and the practice of repetition of the Divine Name—this is known as the austerity of speech. (15)

प्रसंग – अब मन संबंधी तप का स्वरूप बतलाते हैं–

मनःप्रसादः सौम्यत्वं मौनमात्मविनिग्रहः ।
भावसंशुद्धिरित्येतत्तपो मानसमुच्यते ।। 16 ।।

manaḥprasādaḥ saumyatvaṁ maunamātmavinigrahaḥ
bhāvasaṁśuddhirityetattapo mānasamucyate

मन की प्रसन्नता, शान्त भाव, भगवच्चिन्तन करने का स्वभाव, मन का निग्रह और अन्तःकरण के भावों की भलीभाँति पवित्रता–इस प्रकार यह मनसंबंधी तप कहा जाता है ।। 16 ।।

Cheerfulness of mind, placidity, habit of contemplation on God, control of the mind and perfect purity of inner feeling—all this is called austerity of the mind. (16)

पंगस – अब सात्त्विक तप के लक्षण बतलाते हैं–

श्रद्धया परया तप्तं तपस्तत्त्रिविधं नरैः ।
अफलाकाङ्क्षिभिर्युक्तैः सात्त्विकं परिचक्षते ।। 17 ।।

śraddhayā parayā taptaṁ tapastattrividhaṁ naraiḥ
aphalākāṅkṣibhiryuktaiḥ sāttvikaṁ paricakṣate

फल को न चाहने वाले योगी पुरुषों द्वारा परम श्रद्धा से किये हुए उस पूर्वोक्त तीन प्रकार के तप को सात्त्विक कहते हैं ।। 17 ।।

This threefold penance performed with supreme faith by Yogis expecting no return is called Sattvika. (17)

प्रसंग – अब राजस तप के लक्षण बतलाये जाते हैं–

सत्कारमानपूजार्थं तपो दम्भेन चैव यत्।
क्रियते तदिह प्रोक्तं राजसं चलमध्रुवम्।। 18।।

satkāramānapūjārthaṁ tapo dambhena caiva yat
kriyate tadiha proktaṁ rājasaṁ calamadhruvam

जो तप सत्कार, मान और पूजा के लिये तथा अन्य किसी स्वार्थ के लिये भी स्वभाव से या पाखण्ड से किया जाता है, वह अनिश्चित एवं क्षणिक फलवाला तप यहाँ राजस कहा गया है ।। 18 ।।

The penance which is performed for the sake of renown, honour and worship as well as for any other selfish gain either in all sincerity or by way of ostentation, and yields an uncertain and momentary fruit, has been spoken of here as Rajasika. (18)

प्रसंग – अब तामस तप के लक्षण बतलाते हैं, जो कि सर्वथा त्याज्य है–

मूढग्राहेणात्मनो यत्पीडया क्रियते तपः।
परस्योत्सादनार्थं वा तत्तामसमुदाहृतम्।। 19।।

mūḍhagrāheṇātmano yatpīḍayā kriyate tapaḥ
parasyotsādanārthaṁ vā tattāmasamudāhṛtam

जो तप मूढतापूर्वक हठ से, मन, वाणी और शरीर की पीड़ा के सहित अथवा दूसरे का अनिष्ट करने के लिये किया जाता है—वह तप तामस कहा गया है ।। 19 ।।

Austerity which is practised through perversity and is accompanied with self-mortification or is intended to harm others, such austerity has been declared as Tamasika. (19)

प्रसंग – तीन प्रकार के तपों का लक्षण करके अब दान के तीन भेद बतलाने के लिये पहले सात्त्विक दान के लक्षण कहते हैं–

दातव्यमिति यद्दानं दीयतेऽनुपकारिणे।
देशे काले च पात्रे च तद्दानं सात्त्विकं स्मृतम् ।। 20 ।।

dātavyamiti yaddānaṁ dīyate'nupakāriṇe
deśe kāle ca pātre ca taddānaṁ sāttvikaṁ smṛtam

दान देना ही कर्तव्य है—ऐसे भाव से जो दान देश तथा काल और पात्र के प्राप्त होने पर उपकार न करने वाले के प्रति दिया जाता है, वह दान सात्त्विक कहा गया है ।। 20 ।।

A gift which is bestowed with a sense of duty on one who is no benefactor when a fit place, suitable time and a deserving person are available, that gift has been pronounced as Sattvika. (20)

प्रसंग – अब राजस दान के लक्षण बतलाते हैं–

यत्तु प्रत्युपकारार्थं फलमुद्दिश्य वा पुनः।
दीयते च परिक्लिष्टं तद्दानं राजसं स्मृतम्।।21।।

yattu pratyupakārārthaṁ phalamuddiśya vā punaḥ
dīyate ca parikliṣṭaṁ taddānaṁ rājasaṁ smṛtam

किन्तु जो दान क्लेशपूर्वक तथा प्रत्युपकार के प्रयोजन से अथवा फल को दृष्टि में रखकर फिर दिया जाता है, वह दान राजस कहा गया है ।। 21 ।।

A gift which is bestowed in a grudging spirit and with the object of getting a service in return or in the hope of obtaining a reward, is called Rajasika. (21)

प्रसंग – अब तामस दान के लक्षण बतलाते हैं–

अदेशकाले यद्दानमपात्रेभ्यश्च दीयते।
असत्कृतमवज्ञातं तत्तामसमुदाहृतम्।।22।।

adeśakāle yaddānamapātrebhyaśca dīyate
asatkṛtamavajñātaṁ tattāmasamudāhṛtam

जो दान बिना सत्कार के अथवा तिरस्कारपूर्वक अयोग्य देश-काल में और कुपात्र के प्रति दिया जाता है, वह दान तामस कहा गया है ।। 22 ।।

A gift which is made without good grace and in a

disdainful spirit out of time and place and to undeserving persons, is said to be Tamasika. (22)

प्रसंग – सात्त्विक यज्ञ, दान और तप उपादेय क्यों हैं; भगवान् से उनका क्या संबंध है तथा उन सात्त्विक यज्ञ, तप और दानों में जो अंग-वैगुण्य हो जाये, उसकी पूर्ति किस प्रकार होती है—यह सब बतलाने के लिये अगला प्रकरण आरम्भ किया जाता है—

ॐ तत्सदिति निर्देशो ब्रह्मणस्त्रिविधः स्मृतः।
ब्राह्मणास्तेन वेदाश्च यज्ञाश्च विहिताः पुरा।। 23।।

oṁ tatsaditi nirdeśo brahmaṇastrividhaḥ smṛtaḥ
brāhmaṇāstena vedāśca yajñāśca vihitāḥ purā

ॐ, तत्, सत्—ऐसे यह तीन प्रकार का सच्चिदानन्दघन ब्रह्म का नाम कहा है; उसी से सृष्टि के आदिकाल में ब्राह्मण और वेद तथा यज्ञादि रचे गये ।। 23 ।।

OM, TAT and SAT—This has been declared as the threefold appellation of the Absolute, who is Truth, Consciousness and Bliss solidified. By That the Brahmaṇas and the Vedas as well as sacrifices were created at the cosmic dawn. (23)

प्रसंग – परमेश्वर के उपर्युक्त ॐ, तत् और सत्—इन तीन नामों का यज्ञ, दान, तप आदि के साथ क्या संबंध है ? ऐसी जिज्ञासा होने पर पहले 'ॐ' के प्रयोग की बात कहते हैं—

तस्मादोमित्युदाहृत्य यज्ञदानतपःक्रियाः।
प्रवर्तन्ते विधानोक्ताः सततं ब्रह्मवादिनाम्।। 24।।

tasmādomityudāhṛtya yajñadānatapaḥkriyāḥ
pravartante vidhānoktāḥ satataṁ brahmavādinām

इसलिये वेदमन्त्रों का उच्चारण करने वाले श्रेष्ठ पुरुषों की शास्त्रविधि से नियत यज्ञ, दान और तपरूप क्रियाएँ सदा 'ॐ' इस परमात्मा के नाम को उच्चारण करके ही आरम्भ होती हैं ।। 24 ।।

Therefore, acts of sacrifice, charity and austerity as enjoined by sacred precepts are always commenced by noble souls given to the recitation of Vedic chants with utterance of the divine name OM. (24)

प्रसंग – इस प्रकार ॐकार के प्रयोग की बात कहकर अब परमेश्वर के 'तत्' नाम के प्रयोग का वर्णन करते हैं–

तदित्यनभिसंधायं फलं यज्ञतपःक्रियाः ।
दानक्रियाश्च विविधाः क्रियन्ते मोक्षकाङ्क्षिभिः ।। 25 ।।

tadityanabhisaṁdhāya phalaṁ yajñatapaḥkriyāḥ
dānakriyāśca vividhāḥ kriyante mokṣakāṅkṣibhiḥ

तत् अर्थात् 'तत्' नाम से कहे जाने वाले परमात्मा का ही यह सब है–इस भाव से फल को न चाहकर नाना प्रकार की यज्ञ, तपरूप क्रियाएँ तथा दान रूप क्रियाएँ कल्याण की इच्छा वाले पुरुषों द्वारा की जाती हैं ।। 25 ।।

With the idea that all this belongs to God, who is denoted by the appellation TAT, acts of sacrifice and austerity as well as acts of charity of various kinds are performed by the seekers of blessedness expecting no return for them. (25)

प्रसंग – इस प्रकार 'तत्' नाम के प्रयोग की बात कह कर अब परमेश्वरके 'सत्' नाम के प्रयोंग की बात दो श्लोकों

में कही जाती है–

सद्भावे साधुभावे च सदित्येतत्प्रयुज्यते।
प्रशस्ते कर्मणि तथा सच्छब्दः पार्थ युज्यते।।26।।

sadbhāve sādhubhāve ca sadityetatprayujyate
praśaste karmaṇi tathā sacchabdaḥ pārtha yujyate

'सत्'—इस प्रकार यह परमात्मा का नाम सत्यभाव में और श्रेष्ठभाव में प्रयोग किया जाता है तथा हे पार्थ! उत्तम कर्म में भी 'सत्' शब्द का प्रयोग किया जाता है ।। 26 ।।

The name of God, SAT, is employed in the sense of truth and goodness. And the word SAT is also used in the sense of a praiseworthy act, Arjuna. (26)

यज्ञे तपसि दाने च स्थितिः सदिति चोच्यते।
कर्म चैव तदर्थीयं सदित्येवाभिधीयते।।27।।

yajñe tapasi dāne ca sthitiḥ saditi cocyate
karma caiva tadarthīyaṁ sadityevābhidhīyate

तथा यज्ञ, तप और दान में जो स्थिति है, वह भी 'सत्' इस प्रकार कही जाती है और उस परमात्मा के लिये किया हुआ कर्म निश्चयपूर्वक सत्—ऐसे कहा जाता है ।। 27 ।।

And steadfastness in sacrifice, austerity and charity is likewise spoken of as 'Sat', and action for the sake of God is verily termed as 'Sat'. (27)

प्रसंग – इस प्रकार श्रद्धापूर्वक किये हुए शास्त्रविहित यज्ञ, तप, दान आदि कर्मों का महत्त्व बतलाया गया; उसे सुनकर यह जिज्ञासा होती है कि जो शास्त्रविहित यज्ञादि कर्म बिना श्रद्धा के किये जाते हैं, उनका क्या फल होता है ? इस पर भगवान इस अध्याय का उपसंहार करते हुए कहते हैं–

अश्रद्धया हुतं दत्तं तपस्तप्तं कृतं च यत्।
असदित्युच्यते पार्थ न च तत्प्रेत्य नो इह।।28।।

aśraddhayā hutaṁ dattaṁ tapastaptaṁ kṛtaṁ ca yat
asadityucyate pārtha na ca tatpretya no iha

हे अर्जुन ! बिना श्रद्धा के किया हुआ हवन, दिया हुआ दान एवं तपा हुआ तप और जो कुछ भी किया हुआ शुभ कर्म है—वह समस्त 'असत्'—इस प्रकार कहा जाता है; इसलिये वह न तो इस लोक में लाभदायक है और न मरने के बाद ही ।। 28 ।।

ॐ तत्सदिति श्रीमद्भगवद्गीतासूपनिषत्सु ब्रह्मविद्यायां योगशास्त्रे श्रीकृष्णार्जुनसंवादे
श्रद्धात्रयविभागयोगो नाम सप्तदशोऽध्यायः ।। 17 ।।

ॐ श्रीपरमात्मने नमः

अष्टादशोऽध्यायः

जन्म-मरण रूप संसार के बंधन से सदा के लिये छूटकर परमानन्द स्वरूप परमात्मा को प्राप्त कर लेने का नाम मोक्ष है; इस अध्याय में पूर्वोक्त समस्त अध्यायों का सार संग्रह करके मोक्ष के उपायभूत सांख्ययोग का संन्यास के नाम से और कर्मयोग का त्याग के नाम से अंग-प्रत्यंगों सहित वर्णन किया गया है, इसलिये तथा साक्षात् मोक्षरूप परमेश्वर में सर्व कर्मों का संन्यास यानी त्याग करने के लिये कहकर उपदेश का उपसंहार किया गया है, इसलिये भी इस अध्याय का नाम 'मोक्षसंन्यासयोग' रखा गया है।

प्रसंग – अर्जुन इस अठारहवें अध्याय में समस्त अध्यायों के उपदेश का सार जानने के उद्देश्य से भगवान् के सामने संन्यास यानी ज्ञान योग का और त्याग यानी फलासक्ति के त्याग रूप कर्मयोग का तत्त्व भलीभाँति अलग-अलग जानने की इच्छा प्रकट करते हैं–

अर्जुन उवाच

संन्यासस्य महाबाहो तत्त्वमिच्छामि वेदितुम्।
त्यागस्य च हृषीकेश पृथक्केशिनिषूदन।।1।।

arjuna uvāca
saṁnyāsasya mahābāho tattvamicchāmi veditum
tyāgasya ca hṛṣīkeśa pṛthakkeśiniṣūdana

अर्जुन बोले—हे महाबाहो ! हे अन्तर्यामिन् ! हे वासुदेव ! मैं संन्यास और त्याग के तत्त्व को पृथक्-पृथक् जानना चाहता हूँ ।।1 ।।

Arjuna said : O mighty-armed Sri Krsna, O inner controller of all, O Slayer of Kesi, I wish to know severally the truth of Samnyasa and Tyaga. (1)

प्रसंग – इस प्रकार अर्जुन के पूछने पर भगवान् अपना निश्चय प्रकट करने के पहले संन्यास और त्याग के विषय में दो श्लोकों द्वारा अन्य विद्वानों के भिन्न-भिन्न मत बतलाते हैं–

श्रीभगवानुवाच

काम्यानां कर्मणां न्यासं संन्यासं कवयो विदुः।
सर्वकर्मफलत्यागं प्राहुस्त्यागं विचक्षणाः।।2।।

śrībhagavānuvāca
kāmyānāṁ karmaṇāṁ nyāsaṁ saṁnyāsaṁ kavayo viduḥ
sarvakarmaphalatyāgaṁ prāhustyāgaṁ vicakṣaṇāḥ

श्रीभगवान् बोले—कितने ही पण्डितजन तो काम्यकर्मों के त्याग को संन्यास समझते हैं तथा दूसरे विचार कुशल पुरुष सब कर्मों के फल के त्याग को त्याग कहते हैं ।।2 ।।

Sri Bhagavan said : Some sages understand Samnyasa as the giving up of all actions motivated by desire; and other thinkers declare that Tyaga consists in relinquishing the fruit of all actions. (2)

त्याज्यं दोषवदित्येके कर्म प्राहुर्मनीषिणः।
यज्ञदानतपःकर्म न त्याज्यमिति चापरे।।3।।

tyājyaṁ doṣavadityeke karma prāhurmanīṣiṇaḥ
yajñadānatapaḥkarma na tyājyamiti cāpare

कई एक विद्वान् ऐसा कहते हैं कि कर्ममात्र दोष युक्त हैं, इसलिये त्यागने के योग्य हैं और दूसरे विद्वान् यह कहते हैं कि यज्ञ, दान और तपरूप कर्म त्यागने योग्य नहीं है ।।3 ।।

Some wise men declare that all actions contain a measure of evil, and are therefore worth giving up; while others say that acts of sacrifice, charity and penance are not worth shunning. (3)

प्रसंग – इस प्रकार संन्यास और त्याग के विषयों में विद्वानों के भिन्न-भिन्न मत बतलाकर अब भगवान् त्याग के विषय में अपना निश्चय बतलाना आरम्भ करते हैं–

निश्चयं शृणु मे तत्र त्यागे भरतसत्तम।
त्यागो हि पुरुषव्याघ्र त्रिविधः संप्रकीर्तितः।। 4।।

niścayaṁ śṛṇu me tatra tyāge bharatasattama
tyāgo hi puruṣavyāghra trividhaḥ saṁprakīrtitaḥ

हे पुरुष श्रेष्ठ अर्जुन ! संन्यास और त्याग, इन दोनों में से पहले त्याग के विषय में मेरा निश्चय सुन। क्योंकि त्याग सात्त्विक, राजस और तामस भेद से तीन प्रकार का कहा गया है ।। 4 ।।

Of Samnyasa and Tyaga, first hear My conclusion on the subject of Tyaga, Arjuna; for Tyaga, O tiger among men, has been declared to be of three kinds—Sattvika Rajasika and Tamasika. (4)

प्रसंग – इस प्रकार त्याग का तत्त्व सुनने के लिये अर्जुन को सावधान करके अब भगवान् उस त्याग का स्वरूप बतलाने के लिये पहले दो श्लोकों में शास्त्रविहित शुभ कर्मों को करने के विषय में अपना निश्चय बतलाते हैं–

यज्ञदानतपःकर्म न त्याज्यं कार्यमेव तत्।
यज्ञो दानं तपश्चैव पावनानि मनीषिणाम्।। 5।।

yajñadānatapaḥkarma na tyājyaṁ kāryameva tat
yajño dānaṁ tapaścaiva pāvanāni manīṣiṇām

यज्ञ, दान और तपरूप कर्म त्याग करने के योग्य नहीं है, बल्कि वह तो अवश्य कर्तव्य है, क्योंकि यज्ञ, दान और तप—ये तीनों ही कर्म बुद्धिमान् पुरुषों को पवित्र करने वाले हैं ।।5 ।।

Acts of sacrifice, charity and penance are not worth giving up; they must be performed. For sacrifice, charity and penance—all these are purifiers of wise men. (5)

एतान्यपि तु कर्माणि संगंत्यक्त्वा फलानि च।
कर्तव्यानीति मे पार्थ निश्चितं मतमुत्तमम्।।6।।

etānyapi tu karmāṇi saṅgaṁ tyaktvā phalāni ca
kartavyānīti me pārtha niścitaṁ matamuttamam

इसलिये हे पार्थ ! इन यज्ञ, दान और तपरूप कर्मों को तथा और भी सम्पूर्ण कर्तव्य कर्मों को आसक्ति और फलों का त्याग करके अवश्य करना चाहिये; यह मेरा निश्चय किया हुआ उत्तम मत है ।।6 ।।

Hence these acts of sacrifice, charity and penance, and all other acts too, must be performed without attachment and hope of reward: this is My considered and supreme verdict, Arjuna. (6)

प्रसंग – अब तीन श्लोकों में क्रम से तीन प्रकार के त्यागों के लक्षण बतलाते हुए पहले निकृष्ट कोटि के तामस त्याग के लक्षण बतलाते हैं–

नियतस्य तु संन्यासः कर्मणो नोपपद्यते।
मोहात्तस्य परित्यागस्तामसः परिकीर्तितः।।7।।

niyatasya tu saṁnyāsaḥ karmaṇo nopapadyate
mohāttasya parityāgastāmasaḥ parikīrtitaḥ

(निषिद्ध और काम्य कर्मों का तो स्वरूप से त्याग करना उचित ही है) परंतु नियत कर्म का स्वरूप से त्याग उचित नहीं है। इसलिये मोह के कारण उसका त्याग कर देना तामस त्याग कहा गया है ।। 7 ।।

(Prohibited acts and those that are motivated by desire should no doubt be given up.) But it is not advisable to abandon a prescribed duty. Its abandonment through ignorance has been declared as Tamasika. (7)

प्रसंग – तामस त्याग का निरूपण करके अब राजस त्याग के लक्षण बतलाते हैं–

दुःखमित्येव यत्कर्म कायक्लेशभयात्त्यजेत्।
स कृत्वा राजसं त्यागं नैव त्यागफलं लभेत्।।8।।

duḥkhamityeva yatkarma kāyakleśabhayāttyajet
sa kṛtvā rājasaṁ tyāgaṁ naiva tyāgaphalaṁ labhet

जो कुछ कर्म है वह सब दुःख रूप ही है—ऐसा समझकर यदि कोई शारीरिक क्लेश के भय से कर्तव्य-कर्मों का त्याग कर दे, तो वह ऐसा राजस त्याग करके त्याग के फल को किसी प्रकार भी नहीं पाता ।। 8 ।।

Should anyone give up his duties for fear of physical strain, thinking that all action is verily of the nature of discomfort,—practising such Rajasika form of renunciation, he reaps not the fruit renunciation. (8)

प्रसंग – अब उत्तम श्रेणी के सात्त्विक त्याग के लक्षण बतलाये जाते हैं–

कार्यमित्येव यत्कर्म नियतं क्रियतेऽर्जुन।
संगं त्यक्त्वा फलं चैव स त्यागः सात्त्विको मतः।।9।।

kāryamityeva yatkarma niyatam̐ kriyate'rjuna
sangam̐ tyaktvā phalam̐ caiva sa tyāgaḥ sāttviko mataḥ

हे अर्जुन ! जो शास्त्रविहित कर्म करना कर्तव्य है—इसी भाव से आसक्ति और फल का त्याग करके किया जाता है—वही सात्त्विक त्याग माना गया है ।।9 ।।

A prescribed duty which is performed simply because it has to be performed, giving up attachment and fruit, that alone has been recognized as the Sattvika form of renunciation. (9)

प्रसंग – उपर्युक्त प्रकार से सात्त्विक त्याग करने वाले पुरुष का निषिद्ध और काम्य कर्मों को स्वरूप से छोड़ने में और कर्तव्य कर्मों के करने में कैसा भाव रहता है, इस जिज्ञासा पर सात्त्विक त्यागी पुरुष की अन्तिम स्थिति के लक्षण बतलाते हैं–

न द्वेष्ट्यकुशलं कर्म कुशले नानुषज्जते।
त्यागी सत्त्वसमाविष्टो मेधावी छिन्नसंशयः।।10।।

na dveṣṭyakuśalam̐ karma kuśale nānuṣajjate
tyāgī sattvasamāviṣṭo medhāvī chinnasam̐śayaḥ

जो मनुष्य अकुशल कर्म से तो द्वेष नहीं करता और कुशल कर्म में आसक्त नहीं होता—वह शुद्ध सत्त्वगुण से युक्त पुरुष संशयरहित, बुद्धिमान् और सच्चा त्यागी है ।। 10 ।।

He who shrinks not from action which does not lasting happiness, nor gets attached to that which is conducive to blessedness,—imbued with the quality of goodness, he has all his doubts resolved, is intelligent and a man of true renunciation. (10)

प्रसंग – उपर्युक्त श्लोक में सात्त्विक त्यागी को यानी निष्काम भाव से कर्तव्य कर्म का अनुष्ठान करने वाले कर्मयोगी को सच्चा त्यागी बतलाया। इस पर यह शंका होती है कि निषिद्ध और काम्य कर्मों की भाँति अन्य समस्त कर्मों का स्वरूप से त्याग कर देने वाला मनुष्य भी तो सच्चा त्यागी हो सकता है, फिर केवल निष्काम भाव से कर्म करने वाले को ही सच्चा त्यागी क्यों कहा गया। इसलिये कहते हैं–

न हि देहभृता शक्यं त्यक्तुं कर्माण्यशेषतः।
यस्तु कर्मफलत्यागी स त्यागीत्यभिधीयते।।11।।

na hi dehabhṛtā śakyaṁ tyaktuṁ karmāṇyaśeṣataḥ
yastu karmaphalatyāgī sa tyagītyabhidhīyate

क्योंकि शरीरधारी किसी भी मनुष्य के द्वारा सम्पूर्णता से सब कर्मों का त्याग किया जाना शक्य नहीं है; इसलिये जो कर्मफल का त्यागी है, वही त्यागी है—यही कहा जाता है ।। 11 ।।

Since all actions cannot be given up in their entirety by anyone possessing a body, he alone who renounces the fruit of actions is called a man of renunciation. (11)

प्रसंग – कर्मों का फल भी किसी-न-किसी जन्म में सबको अवश्य भोगना पड़ता है; इसलिये केवल कर्म फल के त्याग से मनुष्य त्यागी यानी 'कर्मबन्धन रहित' कैसे हो सकता है ? इस शंका की निवृत्ति के लिये कहते हैं–

अनिष्टमिष्टं मिश्रं च त्रिविधं कर्मणः फलम् ।
भवत्यत्यागिनां प्रेत्य न तु संन्यासिनां क्वचित् ।। 12 ।।

aniṣṭamiṣṭaṁ miśraṁ ca trividhaṁ karmaṇaḥ phalam
bhavatyatyāgināṁ pretya na tu saṁnyāsināṁ kvacit

कर्म फल का त्याग न करने वाले मनुष्यों के कर्मों का तो अच्छा, बुरा और मिला हुआ–ऐसे तीन प्रकार का फल मरने के पश्चात् अवश्य होता है; किन्तु कर्मफल का त्याग कर देने वाले मनुष्यों के कर्मों का फल किसी काल में भी नहीं होता ।। 12 ।।

Welcome, unwelcome and mixed–threefold, indeed, is the fruit that accrues hereafter from the actions of the unrenouncing. But there is none ever for those who have renounced. (12)

प्रसंग – अब संन्यास का यानी सांख्ययोग का तत्त्व समझाने के लिये पहले सांख्य-सिद्धान्त के अनुसार कर्मों की सिद्धि में पाँच हेतु बतलाते हैं–

पञ्चैतानि महाबाहो कारणानि निबोध मे ।
सांख्ये कृतान्ते प्रोक्तानि सिद्धये सर्वकर्मणाम् ।। 13 ।।

pañcaitāni mahābāho kāraṇāni nibodha me
sāṅkhye kṛtānte proktāni siddhaye sarvakarmaṇām

हे महाबाहो ! सम्पूर्ण कर्मों की सिद्धि के पाँच हेतु कर्मों

का अन्त करने के लिये उपाय बतलाने वाले सांख्य-शास्त्र में कहे गये हैं, उनको तू मुझसे भलीभाँति जान ।। 13 ।।

In the branch of learning known by the name of Sankhya, which prescribes means for neutralizing all action, these five factors have been mentioned as contributory to the accomplishment of all actions; know them from Me, Arjuna. (13)

प्रसंग – अब उन पाँच हेतुओं के नाम बतलाये जाते हैं–

अधिष्ठानं तथा कर्ता करणं च पृथग्विधम्।
विविधाश्च पृथक्चेष्टा दैवं चैवात्र पञ्चमम्।। 14।।

adhiṣṭhānaṁ tathā kartā karaṇaṁ ca pṛthagvidham
vividhāśca pṛthakceṣṭā daivaṁ caivātra pañcamam

इस विषय में अर्थात् कर्मों की सिद्धि में अधिष्ठान और कर्ता तथा भिन्न-भिन्न प्रकार के करण एवं नाना प्रकार की अलग-अलग चेष्टाएँ और वैसे ही पाँचवाँ हेतु दैव कहा गया है ।। 14 ।।

The following are the factors operating towards the accomplishment of actions, viz., the seat of action and the agent, the organs of different kinds and the separate movements of divergent types; and the fifth is Daiva or destiny. (14)

शरीरवाङ्मनोभिर्यत्कर्म प्रारभते नरः।
न्याय्यं वा विपरीतं वा पञ्चैते तस्य हेतवः।। 15।।

śarīravāṅmanobhiryatkarma prārabhate naraḥ
nyāyyaṁ vā viparītaṁ vā pañcaite tasya hetavaḥ

मनुष्य मन, वाणी और शरीर से शास्त्रानुकूल अथवा विपरीत जो कुछ भी कर्म करता है—उसके ये पाँचों कारण हैं ।। 15 ।।

These five are the contributory causes of whatever actions, right or wrong man performs with the mind, speech and body. (15)

प्रसंग – इस प्रकार सांख्ययोग के सिद्धान्त से समस्त कर्मों की सिद्धि के अधिष्ठानादि पाँच कारणों का निरूपण करके अब, वास्तव में आत्मा का कर्मों से कोई संबंध नहीं है, आत्मा सर्वथा शुद्ध निर्विकार और अकर्ता है—यह बात समझाने के लिये पहले आत्मा को कर्ता मानने वाले की निन्दा करते हैं—

तत्रैवं सति कर्तारमात्मानं केवलं तु यः।
पश्यत्यकृतबुद्धित्वान्न स पश्यति दुर्मतिः।। 16।।

tatraivaṁ sati kartāramātmānaṁ kevalaṁ tu yaḥ
paśyatyakṛtabuddhitvānna sa paśyati durmatiḥ

परन्तु ऐसा होने पर भी जो मनुष्य अशुद्धबुद्धि होने के कारण उस विषय में यानी कर्मों के होने में केवल—शुद्ध स्वरूप आत्मा को कर्ता समझता है, वह मलिन बुद्धिवाला अज्ञानी यथार्थ नहीं समझता ।। 16 ।।

Notwithstanding this, however, he who, having an impure mind, regards the absolute, taintless Salf alone as the doer, that man of perverse understanding does not view aright. (16)

प्रसंग – आत्मा सर्वथा शुद्ध, निर्विकार और अकर्ता है—यह बात समझाने के लिये आत्मा को 'कर्ता' मानने वाले की निन्दा करके अब आत्मा के यथार्थ स्वरूप को समझकर उसे अकर्ता समझने वाले की स्तुति करते हैं—

यस्य नाहंकृतो भावो बुद्धिर्यस्य न लिप्यते।
हत्वापि स इमाँल्लोकान्न हन्ति न निबध्यते।।17।।

yasya nāhaṁkṛto bhāvo buddhiryasya na lipyate
hatvāpi sa imāँllokānna hanti na nibadhyate

जिस पुरुष के अन्तःकरण में 'मैं कर्ता हूँ' ऐसा भाव नहीं है तथा जिसकी बुद्धि सांसारिक पदार्थों में और कर्मों में लिपायमान नहीं होती, वह पुरुष इन सब लोकों को मारकर भी वास्तव में न तो मारता है और न पाप से बँधता है ।।17 ।।

He whose mind is free from the sense of doership, and whose reason is not tainted by worldly objects and activities, does not really slay, even having slaughtered all these creatures, nor is bound by sin. (17)

प्रसंग – इस प्रकार संन्यास (ज्ञानयोग) का तत्त्व समझाने के लिये आत्मा के अकर्तापन का प्रतिपादन करके अब उसके अनुसार कर्म के अंग-प्रत्यंगों को भलीभाँति समझाने के लिये कर्म-प्रेरणा और कर्मसंग्रह का प्रतिपादन करते हैं–

ज्ञानं ज्ञेयं परिज्ञाता त्रिविधा कर्मचोदनां।
करणं कर्तेति त्रिविधः कर्मसंग्रहः।।18।।

jñānaṃ jñeyaṁ parijñātā trividhā karmacodanā
karaṇaṁ karma karteti trividhaḥ karmasaṁgrahaḥ

ज्ञाता, ज्ञान और ज्ञेय—यह तीन प्रकार की कर्म-प्रेरणा

है और कर्ता,करण तथा क्रिया-यह तीन प्रकार का कर्म-संग्रह है ।। 18 ।।

The knower, knowledge and the object of knowledge— these three motivate action. Even so the doer, the organs and activity—these are the three constituents of action. (18)

प्रसंग – इस प्रकार सांख्ययोग के सिद्धान्त से कर्म-चोदना (कर्म-प्रेरणा) और कर्म-संग्रह का निरूपण करके अब तत्त्व ज्ञान में सहायक सात्त्विक भाव को ग्रहण कराने के लिये और उसके विरोधी राजस, तामस भावों का त्याग कराने के लिये उपर्युक्त कर्म-प्रेरणा और कर्म-संग्रह के नाम से बतलाये हुए ज्ञान आदि में से ज्ञान, कर्म और कर्ता के सात्त्विक, राजस और तामस–इस प्रकार त्रिविध भेद क्रम से बतलाने की प्रस्तावना करते हैं–

ज्ञानं कर्म च कर्ता च त्रिधैव गुणभेदतः।
प्रोच्यते गुणसंख्याने यथावच्छृणु तान्यपि।।19।।

jñānaṁ karma ca kartā ca tridhaiva guṇabhedataḥ
procyate guṇasaṅkhyāne yathāvacchṛṇu tānyapi

गुणों की संख्या करने वाले शास्त्र में ज्ञान और कर्म तथा कर्त्ता गुणों के भेद से तीन-तीन प्रकार के ही कहे गये हैं, उनको भी तू मुझसे भलीभाँति सुन ।। 19 ।।

In the branch of knowledge dealing with the Gunas or modes of Prakrti, knowledge and action as well as the doer have been declared to be of three kinds according to the Guna which predominates in each; hear them too duly from Me. (19)

प्रसंग – पूर्वश्लोक में जो ज्ञान, कर्म और कर्ता के सात्त्विक, राजस और तामस भेद क्रमशः बतलाने की प्रस्तावना की थी–उसके अनुसार पहले सात्त्विक ज्ञान के लक्षण बतलाते हैं–

सर्वभूतेषु येनैकं भावमव्ययमीक्षते।
अविभक्तं विभक्तेषु तज्ज्ञानं विद्धि सात्त्विकम्।।20।।

sarvabhūteṣu yenaikaṁ bhāvamavyayamīkṣate
avibhaktaṁ vibhakteṣu tajjñānaṁ viddhi sāttvikam

जिस ज्ञान से मनुष्य पृथक्-पृथक् सब भूतों में एक अविनाशी परमात्म भाव-को विभागरहित समभाव से स्थित देखता है, उस ज्ञान को तो तू सात्त्विक जान ।। 20 ।।

That by which man perceives one imperishable divine existence as undivided and equally present in all individual beings, know that knowledge to be Sattvika.
(20)

प्रसंग – अब राजस ज्ञान के लक्षण बतलाते हैं–

पृथक्त्वेन तु यज्ज्ञानं नानाभावान्पृथग्विधान्।
वेत्ति सर्वेषु भूतेषु तज्ज्ञानं विद्धि राजसम्।।21।।

pṛthaktvena tu yajjñānaṁ nānābhāvānpṛthagvidhān
vetti sarveṣu bhūteṣu tajjñānaṁ viddhi rājasam

किन्तु जो ज्ञान अर्थात् जिस ज्ञान के द्वारा मनुष्य सम्पूर्ण भूतों में भिन्न-भिन्न प्रकार के नाना भावों को अलग-अलग जानता है, उस ज्ञान को तू राजस जान ।। 21 ।।

That, however, by which man cognize many existences

of various kinds as apart from one another in all beings, know that knowledge to be Rajasika. (21)

प्रसंग – अब तामस ज्ञान का लक्षण बतलाते हैं–

यत्तु कृत्स्नवदेकस्मिन्कार्ये सक्तमहैतुकम्।
अतत्त्वार्थवदल्पं च तत्तामसमुदाहृतम्।। 22।।

yattu kṛtsnavadekasminkārye saktamahaitukam
atattvārthavadalpaṁ ca tattāmasamudāhṛtam

परन्तु जो ज्ञान एक कार्य रूप शरीर में ही सम्पूर्ण के सदृश आसक्त है; तथा उसे बिना युक्ति वाला, तात्त्विक अर्थ से रहित और तुच्छ है—वह तामस कहा गया है ।। 22 ।।

Again, that knowledge which clings to one body as if it were the whole, and which is irrational, has no real object and is trivial, has been declared as Tamasika. (22)

प्रसंग – अब सात्त्विक कर्म के लक्षण बतलाते हैं–

नियतं संगरहितमरागद्वेषतः कृतम्।
अफलप्रेप्सुना कर्म यत्तत्सात्त्विकमुच्यते।। 23।।

niyataṁ saṅgarahitamarāgadveṣataḥ kṛtam
aphalaprepsunā karma yattatsāttvikamucyate

जो कर्म शास्त्रविधि से नियत किया हुआ और कर्तापन के अभिमान से रहित हो तथा फल न चाहने वाले पुरुष द्वारा

बिना राग-द्वेष के किया गया हो—वह सात्त्विक कहा जाता है ।। 23 ।।

That action which is ordained by the scriptures and is not accompanied by the sense of doership, and has been done without any partiality or prejudice by one who seeks no return, is called Sattvika. (23)

प्रसंग – अब राजस कर्म के लक्षण बतलाते हैं–

यत्तु कामेप्सुना कर्म साहंकारेण वा पुनः ।
क्रियते बहुलायासं तद्राजसमुदाहृतम् ।। 24 ।।

yattu kāmepsunā karma sāhankāreṇa vā punaḥ
kriyate bahulāyāsaṁ tadrājasamudāhṛtam

परन्तु जो कर्म बहुत परिश्रम से युक्त होता है तथा भोगों को चाहने वाले पुरुष द्वारा या अहंकार युक्त पुरुष द्वारा किया जाता है, वह कर्म राजस कहा गया है ।। 24 ।।

That action, howeverwhich involves much strain and is performed by one who seeks enjoyments or by a man full of oegotism, has been spoken of as Rajasika. (24)

प्रसंग – अब तामस कर्म के लक्षण वतलाते हैं–

अनुबन्धं क्षयं हिंसामनवेक्ष्य च पौरुषम् ।
मोहादारभ्यते कर्म यत्तत्तामसमुच्यते ।। 25 ।।

anubandhaṁ kṣayaṁ hiṁsāmanavekṣya ca pauruṣam
mohādārabhyate karma yattattāmasamucyate

जो कर्म परिणाम, हानि, हिंसा और सामर्थ्य को न विचार कर केवल अज्ञान से आरम्भ किया जाता है—वह तामस कहा जाता है ।। 25 ।।

That action which is undertaken through sheer ignorance, without counting the upshot, loss to oneself, injury to others and one's own capacity, is declared as Tamasika. (25)

प्रसंग – अब सात्त्विक कर्ता के लक्षण बतलाते हैं–

मुक्तसंगोऽनहंवादी धृत्युत्साहसमन्वितः।
सिद्ध्यसिद्ध्योर्निर्विकारः कर्ता सात्त्विक उच्यते ।। 26 ।।

muktasaṅgo'nahaṁvādī dhṛtyutsāhasamanvitaḥ
siddhyasiddhyornirvikāraḥ kartā sāttvika ucyate

जो कर्ता संगरहित, अहंकार के वचन न बोलने वाला, धैर्य और उत्साह से युक्त तथा कार्य के सिद्ध होने और न होने में हर्ष-शोकादि विकारों से रहित है—वह सात्त्विक कहा जाता है ।। 26 ।।

Free from attachment, unegoistic, endowed with firmness and vigour and unswayed by success and failure—such a doer is said to be Sattvika. (26)

प्रसंग – अब राजस कर्ता के लक्षण बतलाते हैं–

रागी कर्मफलप्रेप्सुर्लुब्धो हिंसात्मकोऽशुचिः।
हर्षशोकान्वितः कर्ता राजसः परिकीर्तितः ।। 27 ।।

rāgī karmaphalaprepsurlubdho hiṁsātmako'śuciḥ
harṣaśokānvitaḥ kartā rājasaḥ parikīrtitaḥ

जो कर्ता आसक्ति से युक्त, कर्मों के फल को चाहने वाला और लोभी है तथा दूसरों को कष्ट देने के स्वभाव वाला, अशुद्धाचारी और हर्ष-शोक से लिप्त है—वह राजस कहा गया है ।। 27 ।।

The doer who is full of attachment, seeks the fruit of actions and is greedy, and who is oppressive by nature and of impure conduct, and is affected by joy and sorrow, has been called Rajasika. (27)

प्रसंग – अब तामस कर्ता के लक्षण बतलाते हैं–

अयुक्तः प्राकृतः स्तब्धः शठो नैष्कृतिकोऽलसः ।
विषादी दीर्घसूत्री च कर्ता तामस उच्यते ।। 28 ।।

ayuktaḥ prākṛtaḥ stabdhaḥ śaṭho'naiṣkṛtiko'lasaḥ
viṣādī dīrghasūtrī ca kartā tāmasa ucyate

जो कर्ता अयुक्त, शिक्षा से रहित, घमंडी, धूर्त और दूसरों की जीविका का नाश करने वाला तथा शोक करने वाला, आलसी और दीर्घसूत्री है—वह तामस कहा जाता है ।। 28 ।।

Lacking piety and self-control, uncultured, arrogant, deceitful, inclined to rob others of their livelihood, slothful, down-hearted and procrastinating, such a doer is called Tamasika. (28)

प्रसंग — इस प्रकार तत्त्वज्ञान में सहायक सात्त्विक भावको ग्रहण कराने के लिये और उसके विरोधी राजस-तामस भावों का त्याग कराने के लिये कर्म-प्रेरणा और कर्मसंग्रह में से ज्ञान, कर्म और कर्ता के सात्त्विक आदि तीन-तीन भेद क्रम से बतलाकर अब बुद्धि और धृति के सात्त्विक, राजस, और तामस—इस प्रकार त्रिविध भेद क्रमशः बतलाने की प्रस्तावना करते हैं—

बुद्धेर्भेदं धृतेश्चैव गुणतस्त्रिविधं शृणु।
प्रोच्यमानमशेषेण पृथक्त्वेन धनंजय।।29।।

buddherbhedaṁ dhṛteścaiva guṇatastrividhaṁ śṛṇu
procyamānamaśeṣeṇa pṛthaktvena dhanañjaya

हे धनंजय ! अब तू बुद्धि का और धृति का भी गुणों के अनुसार तीन प्रकार का भेद मेरे द्वारा सम्पूर्णता से विभागपूर्वक कहा जाने वाला सुन ।। 29 ।।

Now hear, Arjuna, the threefold division, based on the predominance of each Guna, of Buddhi and Dhrti also, which is being told by Me in full one by one. (29)

प्रसंग — पूर्वश्लोक में जो बुद्धि और धृति के सात्त्विक, राजस और तामस तीन-तीन भेद क्रमशः बतलाने की प्रस्तावना की है, उसके अनुसार पहले सात्त्विक बुद्धि के लक्षण बतलाते हैं—

प्रवृत्तिं च निवृत्तिं च कार्याकार्ये भयाभये।
बन्धं मोक्षं च या वेत्ति बुद्धिः सा पार्थ सात्त्विकी।।30।।

pravṛttiṁ ca nivṛttiṁ ca kāryākārye bhayābhaye
bandhaṁ mokṣaṁ ca yā vetti buddhiḥ sā pārtha sāttvikī

हे पार्थ ! जो बुद्धि प्रवृत्ति मार्ग और निवृत्ति मार्ग को, कर्तव्य और अकर्तव्य को, भय और अभय को तथा बन्धन

और मोक्ष को यथार्थ जानती है—वह बुद्धि सात्त्विकी है ।। 30 ।।

The intellect which correctly determines the paths of activity and renunciation, what ought to be done and what should not be done, what is fear and what is fearlessness, and what is bondage and what is liberation, that intellect is Sattvika. (30)

प्रसंग – अब राजसी बुद्धि के लक्षण बतलाते हैं–

यया धर्ममधर्मं च कार्यं चाकार्यमेव च।
अयथावत्प्रजानाति बुद्धिः सा पार्थ राजसी।। 31 ।।

yayā dharmamadharmaṁ ca kāryaṁ cākāryameva ca
ayathāvatprajānāti buddhiḥ sā pārtha rājasī

हे पार्थ ! मनुष्य जिस बुद्धि के द्वारा धर्म और अधर्म को तथा कर्तव्य और अकर्तव्य को भी यथार्थ नहीं जानता, वह बुद्धि राजसी है ।। 31 ।।

The intellect by which man does not truly perceive what is Dharma and what is Adharma, what ought to be done and what should not be done,—that intellect is Rajasika. (31)

प्रसंग – अब तामसी बुद्धि के लक्षण बतलाते हैं–

अधर्मं धर्ममिति या मन्यते तमसावृता।
सर्वार्थान्विपरीतांश्च बुद्धिः सा पार्थ तामसी।। 32 ।।

adharmaṁ dharmamiti yā manyate tamasāvṛtā
sarvārthānviparītāṁśca buddhiḥ sā pārtha tāmasī

हे अर्जुन ! जो तमोगुण से घिरी हुई बुद्धि अधर्म को भी 'यह धर्म है' ऐसा मान लेती है तथा इसी प्रकार अन्य सम्पूर्ण पदार्थों को भी विपरीत मान लेती है, वह बुद्धि तामसी है ।। 32 ।।

The intellect which imagines even Adharma to be Dharma, and sees all other things upside-down,—wrapped in ignorance, that intellect is Tamasika, Arjuna. (32)

प्रसंग – अब सात्त्विकी धृति के लक्षण बतलाते हैं–

धृत्या यया धारयते मनःप्राणेन्द्रियक्रियाः ।
योगेनाव्यभिचारिण्या धृतिः सा पार्थसात्त्विकी ।। 33 ।।

dhṛtyā yayā dhārayate manaḥprāṇendriyakriyāḥ
yogenāvyabhicāriṇyā dhṛtiḥ sā pārtha sāttvikī

हे पार्थ ! जिस अव्यभिचारिणी धारण शक्ति से मनुष्य ध्यान योग के द्वारा मन, प्राण और इन्द्रियों की क्रियाओं को धारण करता है, वह धृति सात्त्विकी है ।। 33 ।।

The unwavering firmness by which man controls through the Yoga of meditation the functions of the mind, the vital airs and the senses—that firmness, Arjuna, is Sattvika (33)

प्रसंग – अब राजसी धृति के लक्षण बतलाते हैं–

यया तु धर्मकामार्थान्धृत्या धारयतेऽर्जुन।
प्रसंगेन फलाकाङ्क्षी धृतिः सा पार्थ राजसी।। 34।।

yayā tu dharmakāmārthāndhṛtyā dhārayate'rjuna
prasaṅgena phalākāṅkṣī dhṛtiḥ sā pārtha rājasī

हे पृथापुत्र ! फल की इच्छा वाला मनुष्य जिस धारणशक्ति के द्वारा अत्यन्त आसक्ति से धर्म, अर्थ और कामों को धारण करता है, वह धारणशक्ति राजसी है ।। 34 ।।

The Dhrti, however, by which the man seeking a reward for his actions, clutches with extreme fondness virtues, earthly possessions and worldly ejoyments,—that Dhrti is Rajasika, Arjuna. (34)

प्रसंग – अब तामसी धृति का लक्षण बतलाते हैं–

यया स्वप्नं भयं शोकं विषादं मदमेव च।
न विमुञ्चति दुर्मेधा धृतिः सा पार्थ तामसी।। 35।।

yayā svapnaṁ bhayaṁ śokaṁ viṣādaṁ madameva ca
na vimuñcati durmedhā dhṛtiḥ sā pārtha tāmasī

हे पार्थ ! दुष्ट बुद्धिवाला मनुष्य जिस धारणशक्ति के द्वारा निद्रा, भय, चिन्ता और दुःख को तथा उन्मत्तता को भी नहीं छोड़ता अर्थात् धारण किये रहता है—वह धारणशक्ति तामसी है ।। 35 ।।

The firmness by which an evil-minded person refuses to shake off, i.e., clings to sleep, fear, anxiety, sorrow and vanity as well, that firmness is Tamasika. (35)

प्रसंग – इस प्रकार सात्त्विकी बुद्धि और धृति का ग्रहण तथा राजसी-तामसी का त्याग कराने के लिये बुद्धि और धृति के सात्त्विक आदि तीन-तीन भेद क्रम से बतलाकर अब, जिसके लिये मनुष्य समस्त कर्म करता है उस सुख के भी सात्त्विक, राजस और तामस–इस प्रकार तीन भेद क्रम से बतलाना आरम्भ करते हुए पहले सात्त्विक सुख के लक्षणों का निरूपण करते हैं–

सुखं त्विदानीं त्रिविधं शृणु मे भरतर्षभ।
अभ्यासाद्रमते यत्र दुःखान्तं च निगच्छति।।36।।
यत्तदग्रे विषमिव परिणामेऽमृतोपमम्।
तत्सुखं सात्त्विकं प्रोक्तमात्मबुद्धिप्रसादजम्।।37।।

sukhaṁ tvidānīṁ trividhaṁ śṛṇu me bharatarṣabha
abhyāsādramate yatra duḥkhāntaṁ ca nigacchati
yattadagre viṣamiva pariṇāme'mṛtopamam
tatsukhaṁ sāttvikaṁ proktamātmabuddhiprasādajam

हे भरत श्रेष्ठ ! अब तीन प्रकार के सुख को भी तू मुझसे सुन। जिस सुख में साधक मनुष्य भजन, ध्यान और सेवादि के अभ्यास से रमण करता है और जिससे दुःखों के अन्त को प्राप्त हो जाता है– ।। 36 ।। जो ऐसा सुख है, वह आरम्भकाल में यद्यपि विष के तुल्य प्रतीत होता है, परन्तु परिणाम में अमृत के तुल्य है; इसलिये वह परमात्मविषयक बुद्धि के प्रसाद से उत्पन्न होने वाला सुख सात्त्विक कहा गया है ।। 37 ।।

Now hear from Me the threefold joy too. That is which the striver finds enjoyments through practice of adoration, meditation and service to God etc., and whereby he reaches the end of sorrow,—such a joy, though appearing as poison in the beginning, tastes like nectar in the end; hence that joy, born as it is of the placidity of mind brought about by meditation on God, has been declared as Sattvika. (36-37)

प्रसंग – अब राजस सुख के लक्षण बतलाते हैं–

विषयेन्द्रियसंयोगाद्यत्तदग्रेऽमृतोपमम् ।
परिणामे विषमिव तत्सुखं राजसं स्मृतम् ।। 38 ।।

viṣayendriyasaṁyogādyattadagre'mṛtopamam
pariṇāme viṣamiva tatsukhaṁ rājasaṁ smṛtam

जो सुख विषय और इन्द्रियों के संयोग से होता है, वह पहले–भोगकाल में अमृत के तुल्य प्रतीत होने पर भी परिणाम में विष के तुल्य है; इसलिये वह सुख राजस कहा गया है ।। 38 ।।

The delight which follows from the contact of the senses with their objects is eventually poison-like, though appearing at first as nectar; hence it has been spoken of as Rajasika. (38)

प्रसंग – अब तामस सुख का लक्षण बतलाते हैं–

यदग्रे चानुबन्धे च सुखं मोहनमात्मनः ।
निद्रालस्यप्रमादोत्थं तत्तामसमुदाहृतम् ।। 39 ।।

yadagre cānubandhe ca sukhaṁ mohanamātmanaḥ
nidrālasyapramādotthaṁ tattāmasamudāhṛtam

जो सुख भोग काल में तथा परिणाम में भी आत्मा को मोहित करने वाला है—वह निद्रा, आलस्य और प्रमाद से उत्पन्न सुख तामस कहा गया है ।। 39 ।।

That which stupefies the self during its enjoyment as well as in the end,-derived from sleep, indolence and obstinate error; such delight has been called Tamasika. (39)

प्रसंग – इस प्रकार अठारहवें श्लोक से वर्णित मुख्य-मुख्य पदार्थों के सात्त्विक, राजस और तामस—ऐसे तीन-तीन भेद बतलाकर अब इस प्रकरण का उपसंहार करते हुए भगवान् सृष्टि के समस्त पदार्थों को तीनों गुणों से युक्त बतलाते हैं–

न तदस्ति पृथिव्यां वा दिवि देवेषु वा पुनः।
सत्त्वं प्रकृतिजैर्मुक्तं यदेभिः स्यात्त्रिभिर्गुणैः।।40।।

na tadasti pṛthivyāṁ vā divi deveṣu vā punaḥ
sattvaṁ prakṛtijairmuktaṁ yadebhiḥ syāttribhirguṇaiḥ

पृथ्वी में या आकाश में अथवा देवताओं में तथा इनके सिवा और कहीं भी ऐसा कोई भी सत्त्व नहीं है, जो प्रकृति से उत्पन्न इन तीनों गुणों से रहित हो ।। 40 ।।

There is no being on earth or in the middle region or even among the gods or anywhere else, which is free from these three Gunas born of Prakrti. (40)

प्रसंग – अब संक्षेप में नियत कर्मों का स्वरूप, त्याग के नाम से वर्णित कर्मयोग में भक्ति का सहयोग और उसका फल परम सिद्धि की प्राप्ति बतलाने के लिये पुनः उसी त्याग रूप कर्मयोग का प्रकरण आरम्भ करते हुए ब्राह्मण, क्षत्रिय, वैश्य और शूद्रों के स्वाभाविक नियत कर्म बतलाने की प्रस्तावना करते हैं–

ब्राह्मणक्षत्रियविशां शूद्राणां च परंतप।
कर्माणि प्रविभक्तानि स्वभावप्रभवैर्गुणैः ।। 41 ।।

brāhmaṇakṣatriyaviśāṁ śūdrāṇāṁ ca paraṁtapa
karmāṇi pravibhaktāni svabhāvaprabhavairguṇaiḥ

हे परंतप ! ब्राह्मण, क्षत्रिय और वैश्यों के तथा शूद्रों के कर्म स्वभाव से उत्पन्न गुणों के द्वारा विभक्त किये गये हैं ।। 41 ।।

The duties of the Brahmanas, the Ksatriyas and the Vaisyas, as well as of the Sudras, have been divided according to their inborn qualities, Arjuna. (41)

प्रसंग – पूर्वश्लोक में की हुई प्रस्तावना के अनुसार पहले ब्राह्मण के स्वाभाविक कर्म बतलाते हैं–

शमो दमस्तपः शौचं क्षान्तिरार्जवमेव च।
ज्ञानं विज्ञानमास्तिक्यं ब्रह्मकर्म स्वभावजम् ।। 42 ।।

śamo damastapaḥ śaucaṁ kṣāntirārjavameva ca
jñānaṁ vijñānamāstikyaṁ brahmakarma svabhāvajam

अन्तकरण का निग्रह करना; इन्द्रियों का दमन करना; धर्मपालन के लिये कष्ट सहना; बाहर-भीतर से शुद्ध रहना, दूसरों के अपराधों को क्षमा करना; मन, इन्द्रिय और शरीर को सरल रखना; वेद, शास्त्र, ईश्वर और परलोक आदि में

श्रद्धा रखना; वेद शास्त्रों का अध्ययन-अध्यापन करना और परमात्मा के तत्त्व का अनुभव करना—ये सब-के-सब ही ब्राह्मण के स्वाभाविक कर्म हैं ।। 42 ।।

Subjugation of the mind and senses, enduring hardships for the discharge of one's sacred obligations, external and internal purity, forgiving the faults of others, straightness of mind, senses and behaviour, belief in the Vedas and other scriptures, God and life after death etc., study and teaching of the Vedas and other scriptures and realization of the truth relating to God—all these constitute the natural duty of a Brahmana. (42)

प्रसंग – इस प्रकार ब्राह्मणों के स्वाभाविक कर्म वतलाकर अव क्षत्रियों के स्वाभाविक कर्म वतलाते हैं–

शौर्यं तेजो धृतिर्दाक्ष्यं युद्धे चाप्यपलायनम्।
दानमीश्वरभावश्च क्षात्रं कर्म स्वभावजम्।। 43।।

śauryaṁ tejo dhṛtirdākṣyaṁ yuddhe cāpyapalāyanam
dānamīśvarabhāvaśca kṣātraṁ karma svabhāvajam

शूरवीरता, तेज, धैर्य, चतुरता और युद्ध में न भागना, दान देना और स्वामिभाव—ये सब-के-सब ही क्षत्रिय के स्वाभाविक कर्म हैं ।। 43 ।।

Exhibition of valour, fearlessness, firmness, cleverness and steadiness in battle, bestowing gifts, and lordliness—all these constitute the natural duty of a Ksatriya. (43)

प्रसंग – इस प्रकार क्षत्रियों के स्वाभाविक कर्मों का वर्णन करके अब वैश्य और शूद्रों के स्वाभाविक कर्म बतलाते हैं–

कृषिगौरक्ष्यवाणिज्यं वैश्यकर्म स्वभावजम्।
परिचर्यात्मकं कर्म शूद्रस्यापि स्वभावजम्।।44।।

kṛṣigaurakṣyavāṇijyaṁ vaiśyakarma svabhāvajam
paricaryātmakaṁ karma śūdrasyāpi svabhāvajam

खेती, गोपालन और क्रय-विक्रय रूप सत्य व्यवहार—ये वैश्य के स्वाभाविक कर्म हैं। तथा सब वर्णों की सेवा करना शूद्र का भी स्वाभाविक कर्म है ।। 44 ।।

Agriculture, rearing of cows and honest exchange of merchandise—these constitute the natural duty of a Vaisya (a member of the trading class). And service of the other classes in the natural duty even of a Sudra (a member of the labouring class). (44)

प्रसंग – इस प्रकार चारों वर्णों के स्वाभाविक कर्मों का वर्णन करके अब भक्तियुक्त कर्मयोग का स्वरूप और फल बतलाने के लिये, उन कर्मों का किस प्रकार आचरण करने से मनुष्य अनायास परम सिद्धि को प्राप्त कर लेता है—यह बात दो श्लोकों में बतलाते हैं–

स्वे स्वे कर्मण्यभिरतः संसिद्धिं लभते नरः।
स्वकर्मनिरतः सिद्धिं यथा विन्दति तच्छृणु।।45।।

sve sve karmaṇyabhirataḥ saṁsiddhiṁ labhate naraḥ
svakarmanirataḥ siddhiṁ yathā vindati tacchṛṇu

अपने-अपने स्वाभाविक कर्मों में तत्परता से लगा हुआ मनुष्य भगवत्प्राप्ति रूप परम सिद्धि को प्राप्त हो जाता है।

अपने स्वाभाविक कर्म में लगा हुआ मनुष्य जिस प्रकार से कर्म करके परम सिद्धि को प्राप्त होता है, उस विधि को तू सुन ।। 45 ।।

Keenly devoted to his own natural duty, man attains the highest perfection in the shape of God-Realization. hear the mode of performance whereby the man engaged in his inborn duty reaches that highest consummation. (45)

यतः प्रवृत्तिर्भूतानां येन सर्वमिदं ततम्।
स्वकर्मणा तमभ्यर्च्य सिद्धिं विन्दति मानवः।। 46।।

yataḥ pravṛttirbhūtānāṁ yena sarvamidaṁ tatam
svakarmaṇā tamabhyarcya siddhiṁ vindati mānavaḥ

जिस परमेश्वर से सम्पूर्ण प्राणियों की उत्पत्ति हुई है और जिससे यह समस्त जगत् व्याप्त है, उस परमेश्वर की अपने स्वाभाविक कर्मों द्वारा पूजा करके मनुष्य परमसिद्धि को प्राप्त हो जाता है ।। 46 ।।

Man attains the highest perfection by worshipping Him through his own natural duties from whom the tide of creation has streamed forth and by whom all this universe is pervaded. (46)

प्रसंग – दूसरे के धर्म की अपेक्षा स्वधर्म को श्रेष्ठ बतलाकर उसके त्याग का निषेध करते हैं–

श्रेयान्स्वधर्मो विगुणः परधर्मात्स्वनुष्ठितात्।
स्वभावनियतं कर्म कुर्वन्नाप्नोति किल्बिषम्।। 47।।

śreyānsvadharmo viguṇaḥ paradharmātsvanuṣṭhitāt
svabhāvaniyataṁ karma kurvannāpnoti kilbiṣam

अच्छी प्रकार आचरण किये हुए दूसरे के धर्म से गुणरहित भी अपना धर्म श्रेष्ठ है, क्योंकि स्वभाव से नियत किये हुए स्वधर्म रूप कर्म को करता हुआ मनुष्य पाप को नहीं प्राप्त होता ।। 47 ।।

Better is one's own duty, though devoid of merit, than the duty of another well-performed; for performing the duty ordained by his own nature man does not incur sin. (47)

सहजं कर्म कौन्तेय सदोषमपि न त्यजेत् ।
सर्वारम्भा हि दोषेण धूमेनाग्निरिवावृताः ।। 48 ।।

sahajaṁ karma kaunteya sadoṣamapi na tyajet
sarvārambhā hi doṣeṇa dhūmenāgnirivāvṛtāḥ

अतएव हे कुन्ती पुत्र ! दोष युक्त होने पर भी सहज कर्म को नहीं त्यागना चाहिये, क्योंकि धूएँ से अग्नि की भाँति सभी कर्म किसी-न-किसी दोष से आवृत हैं ।। 48 ।।

Therefore, Arjuna, one should not abandon one's innate duty, even though it may be tainted with blemish; for even as fire is enveloped in smoke, all undertakings are clouded with demerit (48)

प्रसंग – यहाँ उपासना के सहित विवेक और वैराग्यपूर्वक एकान्त में रहकर साधन करने की विधि और उसका फल बतलाने के लिये पुनः सांख्ययोग का प्रकरण आरम्भ करते हैं–

असक्तबुद्धिः सर्वत्र जितात्मा विगतस्पृहः ।
नैष्कर्म्यसिद्धिं परमां संन्यासेनाधिगच्छति ।। 49 ।।

asaktabuddhiḥ sarvatra jitātmā vigataspṛhaḥ
naiṣkarmyasiddhiṁ paramāṁ saṁnyāsenādhigacchati

सर्वत्र आसक्ति रहित बुद्धिवाला, स्पृहारहित और जीते हुए अन्तःकरण वाला पुरुष सांख्ययोग के द्वारा उस परम नैष्कर्म्यसिद्धि को प्राप्त होता है ।। 49 ।।

He whose intellect is unattached everywhere, whose thirst for enjoyments has altogether disappeared and who has subdued his mind, reaches through Sankhyayoga (the path of Knowledge) the consummation of actionlessness. (49)

प्रसंग – उपुर्यक्त श्लोक में यह बात कही गयी कि संन्यास के द्वारा मनुष्य परम नैष्कर्म्यसिद्धि को प्राप्त होता है; इस पर यह जिज्ञासा होती है कि उस संन्यास (सांख्ययोग) का क्या स्वरूप है और उसके द्वारा मनुष्य किस क्रम से सिद्धि को प्राप्त होकर ब्रह्म को प्राप्त होता है ? अतः इन सब बातों को बतलाने की प्रस्तावना करते हुए भगवान् अर्जुन को सुनने के लिये सावधान करते हैं–

सिद्धिं प्राप्तो यथा ब्रह्म तथाप्नोति निबोध मे ।
समासेनैव कौन्तेय निष्ठा ज्ञानस्य या परा ।। 50 ।।

siddhiṁ prāpto yathā 'brahma tathāpnoti nibodha me
samāsenaiva kaunteya niṣṭhā jñānasya yā parā

जो कि ज्ञानयोग की परानिष्ठा है, उस नैष्कर्म्य सिद्धि को जिस प्रकार से प्राप्त होकर मनुष्य ब्रह्म को प्राप्त होता है, उस प्रकार को हे कुन्ती पुत्र ! तू संक्षेप में ही मुझसे समझ ।। 50 ।।

Arjuna, know from Me only briefly the process through which man having attained actionlessness, which is the highest consummation of Jñanayoga (the path of Knowledge) reaches Brahma. (50)

प्रसंग – पूर्वश्लोक में की हुई प्रस्तावना के अनुसार अब तीन श्लोकों में अंग-प्रत्यंगों के सहित ज्ञानयोग का वर्णन करते हैं–

बुद्ध्या विशुद्धया युक्तो धृत्यात्मनं नियम्य च।
शब्दादीन्विषयांस्त्यक्त्वा रागद्वेषौ व्युदस्य च।।51।।
विविक्तसेवी लघ्वाशी यतवाक्कायमानसः।
ध्यानयोगपरो नित्यं वैराग्यं समुपाश्रितः।।53।।
अहंकार बलं दर्पं कामं क्रोधं परिग्रहम्।
विमुच्य निर्ममः शान्तो ब्रह्मभूयाय कल्पते।।53।।

buddhyā viśuddhayā yukto dhṛtyātmānaṁ niyamya ca
śabdādīnviṣayāṁstyaktvā rāgadveṣau vyudasya ca
viviktasevī laghvāśī yatavākkāyamānasaḥ
dhyānayogaparo nityaṁ vairāgyaṁ samupāśritaḥ
ahaṅkāraṁ balaṁ darpaṁ kāmaṁ krodhaṁ parigraham
vimucya nirmamaḥ śānto brahmabhūyāya kalpate

विशुद्ध बुद्धि से युक्त तथा हल्का, सात्त्विक और नियमित भोजन करने वाला, शब्दादि विषयों का त्याग करके एकान्त और शुद्ध देश का सेवन करने वाला, सात्त्विक धारणशक्ति के द्वारा अन्तःकरण और इन्द्रियों का संयम करके मन, वाणी और शरीर को वश में कर लेने वाला, राग-द्वेष को सर्वथा नष्ट करके भलीभाँति दृढ वैराग्य का आश्रय लेने वाला तथा अहंकार, बल, घमंड, काम, क्रोध और परिग्रह का त्याग करके निरन्तर ध्यान योग के परायण रहने वाला ममता रहित और

शान्ति युक्त पुरुष सच्चिदानन्द ब्रह्म में अभिन्न भाव से स्थित होने का पात्र होता है ।। 51-53 ।।

Endowed with an untarnished intellect and partaking of a light, Sattvika and regulated diet, living in a lonely and undefiled place having rejected sound and other objects of sense, having controlled the mind, speech and body by restraining the mind and senses through firmness of a Sattvika type, taking a resolute stand on dispassion, after having completely got rid of attraction and aversion and remaining ever devoted to the Yoga of meditation having given up egotism, violence, arrogance, lust, anger and luxuries, devoid of the feeling of meum and tran quil of hear,—such a man becomes qualified for oneness with Brahma, who is Truth Consciousness and Bliss. (51,52,53)

प्रसंग – इस प्रकार अंग-प्रत्यंगोंसहित संन्यास का यानी सांख्ययोग स्वरूप बतलाकर अब उस साधन द्वारा ब्रह्मभाव को प्राप्त हुए योगी के लक्षण और उसे ज्ञानयोग की परानिष्ठा रूप परा भक्ति का प्राप्त होना बतलाते हैं–

ब्रह्मभूतः प्रसन्नात्मा न शोचति न काङ्क्षति।
समः सर्वेषु भूतेषु मद्भक्तिं लभते पराम्।।54।।

brahmabhūtaḥ prasannātmā na śocati na kāṅkṣati
samaḥ sarveṣu bhūteṣu madbhaktiṁ labhate parām

फिर वह सच्चिदानन्दघन ब्रह्म में एकीभाव से स्थित, प्रसन्न मनवाला योगी न तो किसी के लिये शोक करता है और न किसी की आकाङ्क्षा ही करता है। ऐसा समस्त प्राणियों में

समभाव वाला योगी मेरी परा भक्ति को प्राप्त हो जाता है ।। 54 ।।

Established in identity with Brahma (who in Truth, Consciousness and Bliss solidified); and cheerful in mind, the Sankhyayogi no longer grieves nor craves for anything. The same to all beings, such a Yogi attains supreme devotion to Me. (54)

प्रसंग – इस प्रकार ब्रह्मभूत योगी को परा भक्ति की प्राप्ति बतलाकर अब उसका फल बतलाते हैं–

भक्त्या मामभिजानाति यावान्यश्चास्मि तत्त्वतः ।
ततो मां तत्त्वतो ज्ञात्वा विशते तदनन्तरम् ।। 55 ।।

bhaktyā māmabhijānāti yāvānyaścāsmi tattvataḥ
tato māṁ tattvato jñātvā viśate tadanantaram

उस पर भक्ति के द्वारा वह मुझ परमात्मा को, मैं जो हूँ और जितना हूँ ठीक वैसा-का-वैसा तत्त्व से जान लेता है; तथा उस भक्ति से मुझ को तत्त्व से जानकर तत्काल ही मुझमें प्रविष्ट हो जाता है ।। 55 ।।

Through that supreme devotion he comes to know Me in reality, what and how great I am; and thereby knowing Me in essence he forthwith enters into My being. (55)

प्रसंग – इस प्रकार अर्जुन को जिज्ञासा के अनुसार त्याग का यानी कर्मयोग का और संन्यास का यानी सांख्ययोग का तत्त्व अलग-अलग समझाकर यहाँ तक उस प्रकरण को समाप्त कर दिया; किन्तु इस वर्णन में भगवान् ने यह बात नहीं कही कि दोनों में से तुम्हारे लिये अमुक साधन कर्तव्य है, अतएव अर्जुन को भक्ति प्रधान कर्म योग ग्रहण कराने के उद्देश्य से अब भक्ति प्रधान कर्मयोग की महिमा कहते हैं–

सर्वकर्माण्यपि सदा कुर्वाणो मद्व्यपाश्रयः।
मत्प्रसादादवाप्नोति शाश्वतं पदमव्ययम्।।56।।

sarvakarmāṇyapi sadā kurvāṇo madvyapāśrayaḥ
matprasādādavāpnoti śāśvataṁ padamavyayam

मेरे परायण हुआ कर्मयोगी तो सम्पूर्ण कर्मों को सदा करता हुआ भी मेरी कृपा से सनातन अविनाशी परमपद को प्राप्त हो जाता है ।। 56 ।।

The Karmayogi, however, who depends on Me, attains by My grace the eternal, imperishable state, even though performing all actions. (56)

प्रसंग – इस प्रकार भक्ति प्रधान कर्मयोगी की महिमा का वर्णन करके अब अर्जुन को वैसा बनने के लिये आज्ञा देते हैं–

चेतसा सर्वकर्माणि मयि संन्यस्य मत्परः।
बुद्धियोगमुपाश्रित्य मच्चित्तः सततं भव।।57।।

cetasā sarvakarmāṇi mayi saṁnyasya matparaḥ
buddhiyogamupāśritya maccittaḥ satataṁ bhava

सब कर्मों को मन से मुझमें अर्पण करके तथा समबुद्धि रूप योग को अवलम्बन करके मेरे परायण और निरन्तर मुझमें चित्तवाला हो ।। 57 ।।

Mentally resigning all your duties to Me, and taking recourse to Yoga in the form of even-mindedness,

be solely devoted to Me and constantly give your mind to Me. (57)

प्रसंग – इस प्रकार भगवान् अर्जुन को भक्ति प्रधान कर्मयोगी बनने की आज्ञा देकर अब उस आज्ञा के पालन करने का फल बतलाते हुए उसे न मानने में बहुत बड़ी हानि दिखलाते हैं–

मच्चित्तः सर्वदुर्गाणि मत्प्रसादात्तरिष्यसि।
अथचेत्त्वमहंकारान्न श्रोष्यसि विनङ्क्ष्यसि।।58।।

maccittaḥ sarvadurgāṇi matprasādāttariṣyasi
atha cettvamahaṅkārānna śroṣyasi vinaṅkṣyasi

उपुर्यक्त प्रकार से मुझमें चित्तवाला होकर तू मेरी कृपा से समस्त संकटों को अनायास ही पार कर जायेगा और यदि अहंकार के कारण मेरे वचनों को न सुनेगा तो नष्ट हो जायेगा अर्थात् परमार्थ से भ्रष्ट हो जायेगा ।।58 ।।

With your mind thus given to Me, you shall tide over all difficulties by My grace. And if, from egotism, you will not listen, you will be lost. (58)

प्रसंग – पूर्वश्लोक में जो अहंकार वश भगवान् की आज्ञा को न मानने से नष्ट हो जाने की बात कही है, उसी की पुष्टि करने के लिये अब भगवान् दो श्लोकों द्वारा अर्जुन की मान्यता में दोष दिखलाते हैं–

यदहंकारमाश्रित्य न योत्स्य इति मन्यसे।
मिथ्यैष व्यवसायस्ते प्रकृतिस्त्वां नियोक्ष्यति।।59।।

yadahaṅkāramāśritya na yotsya iti manyase
mithyaiṣa vyavasāyaste prakṛtistvāṁ niyokṣyati

जो तू अहंकार का आश्रय लेकर यह मान रहा है कि 'मैं

युद्ध नहीं करूंगा', तेरा यह निश्चय मिथ्या है, क्योंकि तेरा स्वभाव तुझे जबरदस्ती युद्ध में लगा देगा ।। 59 ।।

If, taking your stand on egotism, you think, "I will not fight", vain is this resolve of yours; nature will drive you to the act. (59)

स्वभावजेन कौन्तेय निबद्धः स्वेन कर्मणा।
कर्तुं नेच्छसि यन्मोहात्करिष्यस्यवशोऽपि तत्।।60।।

svabhāvajena kaunteya nibaddhaḥ svena karmaṇā
kartuṁ necchasi yanmohātkariṣyasyavaśo'pi tat

हे कुन्ती पुत्र ! जिस कर्म को तू मोह के कारण करना नहीं चाहता, उसको भी अपने पूर्वकृत स्वाभाविक कर्म से बँधा हुआ परवश होकर करेगा ।। 60 ।।

That action too which you are not willing to undertake through ignorance,—bound by your own duty born of your nature, you will helplessly perform. (60)

प्रसंग – पूर्वश्लोकों में कर्म करने में मनुष्य को स्वभाव के अधीन बतलाया गया; इस पर यह शंका हो सकती है कि प्रकृति या स्वभाव जड है, वह किसी को अपने वश में कैसे कर सकता है ? इसलिये भगवान् कहते हैं–

ईश्वरः सर्वभूतानां हृद्देशेऽर्जुन तिष्ठति।
भ्रामयन्सर्वभूतानि यन्त्रारूढानि मायया।।61।।

īśvaraḥ sarvabhūtānāṁ hṛddeśe'rjuna tiṣṭhati
bhrāmayansarvabhūtāni yantrārūḍhāni māyayā

हे अर्जुन ! शरीर-रूप यन्त्र में आरूढ़ हुए सम्पूर्ण प्राणियों को अन्तर्यामी परमेश्वर अपनी माया से उनके कर्मों के अनुसार भ्रमण कराता हुआ सब प्राणियों के हृदय में स्थित है ।। 61 ।।

Arjuna, God abides in the heart of all creatures, causing them to revolve according to their karma by His illusive power, seated as those beings are in the vehicle of the body. (61)

प्रसंग – प्रश्न उठता है कि कर्मबन्धन से छूटकर परम शान्तिलाभ करने के लिये मनुष्य को क्या करना चाहिये ? इस पर भगवान् उसका कर्तव्य बतलाते हुए कहते हैं–

तमेव शरणं गच्छ सर्वभावेन भारत।
तत्प्रसादात्परां शान्तिं स्थानं प्राप्स्यसि शाश्वतम् ।। 62 ।।

tameva śaraṇaṁ gaccha sarvabhāvena bhārata
tatprasādātparāṁ śāntiṁ sthānaṁ prāpsyasi śāśvatam

हे भारत ! तू सब प्रकार से उस परमेश्वर की ही शरण में जा। उस परमात्मा की कृपा से ही तू परम शान्ति को तथा सनातन परम धाम को प्राप्त होगा ।। 62 ।।

Take shelter in Him alone, with all your being, Arjuna. By His mere grace you shall attain supreme peace and the eternal state. (62)

प्रसंग – इस प्रकार अर्जुन को अन्तर्यामी परमेश्वर की शरण ग्रहण करने के लिये आज्ञा देकर अब भगवान् उक्त उपदेश का उपसंहार करते हुए कहते हैं–

इति ते ज्ञानमाख्यातं गुह्याद्गुह्यतरं मया।
विमृश्यैतदशेषेण यथेच्छसि तथा कुरु ।। 63 ।।

iti te jñānamākhyātaṁ guhyādguhyataraṁ mayā
vimṛśyaitadaśeṣeṇa yathecchasi tathā kuru

इस प्रकार यह गोपनीय से भी अति गोपनीय ज्ञान मैंने तुझसे कह दिया। अब तू इस रहस्य युक्त ज्ञान को पूर्णतया भलीभाँति विचार कर, जैसे चाहता है वैसे ही कर ।। 63 ।।

Thus has this wisdom, more secret than secrecy itself, been imparted to you by Me. Fully pondering it, do as you like. (63)

प्रसंग – सबके हृदय की बात जानने वाले अन्तर्यामी भगवान् स्वयं ही अर्जुन पर दया करके उसे समस्त गीता के उपदेश का सार बतलाने का विचार करके कहने लगे–

सर्वगुह्यतमं भूयः श्रृणु मे परमं वचः।
इष्टोऽसि मे दृढमिति ततो वक्ष्यामि ते हितम्।।64।।

sarvaguhyatamaṁ bhūyaḥ śṛṇu me paramaṁ vacaḥ
iṣṭo'si me dṛḍhamiti tato vakṣyāmi te hitam

सम्पूर्ण गोपनीयों से अति गोपनीय मेरे परम रहस्य युक्त वचन को तू फिर भी सुन। तू मेरा अतिशय प्रिय है, इससे यह परम हितकारक वचन मैं तुझसे कहूँगा ।। 64 ।।

Hear, again, My supremely secret word, the most esoteric of all truths. You are extremely dear to Me; therefore, I shall offer you this salutary advice. (64)

प्रसंग – पूर्वश्लोक में जिस सर्वगुह्यतम बात को कहने की भगवान् ने प्रतिज्ञा की, उसे अब कहते हैं–

मन्मना भव मद्भक्तो मद्याजी मां नमस्कुरु।
मामेवैष्यसि सत्यं ते प्रतिजाने प्रियोऽसि मे।।65।।

manmanā bhava madbhakto madyājī māṁ namaskuru
māmevaiṣyasi satyaṁ te pratijāne priyo'si me

हे अर्जुन ! तू मुझमें मनवाला हो, मेरा भक्त बन, मेरा पूजन करने वाला हो और मुझको प्रणाम कर। ऐसा करने से तू मुझे ही प्राप्त होगा, यह मैं तुझसे सत्य प्रतिज्ञा करता हूँ; क्योंकि तू मेरा अत्यन्त प्रिय है ।। 65 ।।

Give your mind to Me, be devoted to Me, worship Me and bow to Me. Doing so you will come to Me alone, I truly promise you; for you are exceptionally dear to Me. (65)

सर्वधर्मान्परित्यज्य मामेकं शरणं व्रज।
अहं त्वा सर्वपापेभ्यो मोक्षयिष्यामि मा शुचः।।66।।

sarvadharmānparityajya māmekaṁ śaraṇaṁ vraja
ahaṁ tvā sarvapāpebhyo mokṣayiṣyāmi mā śucaḥ

सम्पूर्ण धर्मों को अर्थात् सम्पूर्ण कर्तव्य कर्मों को मुझमें त्याग कर तू केवल एक मुझ सर्वशक्तिमान्, सर्वाधार परमेश्वर की ही शरण में आ जा। मैं तुझे सम्पूर्ण पापों से मुक्त कर दूँगा, तू शोक मत कर ।। 66 ।।

Resigning all your duties to Me, the all-powerful and all-supporting Lord, take refuge in Me alone. I shall absolve you of all sins, worry not. (66)

प्रसंग — इस प्रकार भगवान् गीता के उपदेश का उपसंहार करके अब उस उपदेश के अध्यापन और अध्ययन आदि का माहात्म्य बतलाने के लिये पहले अनधिकारी के लक्षण बतलाकर उसे गीता का उपदेश सुनाने का निषेध करते हैं—

इदं ते नातपस्काय नाभक्ताय कदाचन।
न चाशुश्रूषवे वाच्यं न च मां योऽभ्यसूयति।।67।।

idaṁ te nātapaskāya nābhaktāya kadācana
na cāśuśrūṣave vācyaṁ na ca māṁ yo'bhyasūyati

तुझे यह गीता रूप रहस्यमय उपदेश किसी भी काल में न तो तपरहित मनुष्य से कहना चाहिये, न भक्तिरहित और न बिना सुनने की इच्छा वाले से ही कहना चाहिये; तथा जो मुझमें दोषदृष्टि रखता है उससे भी नहीं कहना चाहिये ।। 67 ।।

This secret gospel of the Gita should never be imparted to a man who lacks penance, nor to him who is wanting in devotion, nor even to him who lends not a willing ear; and in no case to him who finds fault with Me. (67)

प्रसंग — इस प्रकार गीतोक्त उपदेश के अनधिकारी के लक्षण बतलाकर अब भगवान् दो श्लोकों द्वारा अपने भक्तों में इस उपदेश के वर्णन का फल और माहात्म्य बतलाते हैं—

य इमं परमं गुह्यं मद्भक्तेष्वभिधास्यति।
भक्तिं मयि परां कृत्वा मामेवैष्यत्यसंशयः।।68।।

ya imaṁ paramaṁ guhyaṁ madbhakteṣvabhidhāsyati
bhaktiṁ mayi parāṁ kṛtvā māmevaiṣyatyasaṁśayaḥ

जो पुरुष मुझमें परम प्रेम करके इस परम रहस्ययुक्त गीताशास्त्र को मेरे भक्तों में कहेगा, वह मुझको ही प्राप्त होगा—इसमें कोई सन्देह नहीं है ।। 68 ।।

He who, offering the highest love to Me, preaches the most profound gospel of the Gita among My devotees, shall come to Me alone; there is no doubt about it. (68)

न च तस्मान्मनुष्येषु कश्चिन्मे प्रियकृत्तमः।
भविता न च मे तस्मादन्यः प्रियतरो भुवि।।69।।

na ca tasmānmanuṣyeṣu kaścinme priyakṛttamaḥ
bhavitā na ca me tasmādanyaḥ priyataro bhuvi

उससे बढ़कर मेरा प्रिय कार्य करने वाला मनुष्यों में कोई भी नहीं है; तथा पृथ्वी भर में उससे बढ़कर मेरा प्रिय दूसरा कोई भविष्य में होगा भी नहीं ।। 69 ।।

Among men there is none who does Me a more loving service than he; nor shall anyone be dearer to Me on the entire globe than he. (69)

प्रसंग – इस प्रकार उपर्युक्त दो श्लोकों में गीताशास्त्र का श्रद्धा-भक्तिपूर्वक भगवद्भक्तों में विस्तार करने का फल और माहात्म्य बतलाया; किन्तु सभी मनुष्य इस कार्य को नहीं कर सकते, इसका अधिकारी तो कोई विरला ही होता है।

इसलिये अब गीताशास्त्र के अध्ययन का माहात्म्य बतलाते हैं—

**अध्येष्यते च य इमं धर्म्यं संवादमावयोः।
ज्ञानयज्ञेन तेनाहमिष्टः स्यामिति मे मतिः।। 70।।**

*adhyeṣyate ca ya imaṁ dharmyaṁ saṁvādamāvayoḥ
jñānayajñena tenāhamiṣṭaḥ syāmiti me matiḥ*

जो पुरुष इस धर्ममय हम दोनों के संवाद रूप गीताशास्त्र को पढ़ेगा, उसके द्वारा भी मैं ज्ञानयज्ञ से पूजित होऊँगा—ऐसा मेरा मत है ।। 70 ।।

Whosoever studies this sacred dialogue of ours in the form of the Gita, by him too shall I be worshipped through wisdom-sacrifice; such is My mind. (70)

प्रसंग – इस प्रकार गीताशास्त्र के अध्ययन का माहात्म्य बतलाकर, अब जो उपर्युक्त प्रकार से अध्ययन करने में असमर्थ हैं—ऐसे मनुष्यों के लिये उसके श्रवण का फल बतलाते हैं—

**श्रद्धावाननसूयश्च शृणुयादपि यो नरः।
सोऽपि मुक्तः शुभाँल्लोकान्प्राप्नुयात्पुण्यकर्मणाम्।। 71।।**

*śraddhāvānanasūyaśca śṛṇuyādapi yo naraḥ
so'pi muktaḥ śubhā̐llokānprāpnuyātpuṇyakarmaṇām*

जो मनुष्य श्रद्धायुक्त और दोषदृष्टि से रहित होकर इस गीताशास्त्र का श्रवण भी करेगा, वह भी पापों से मुक्त होकर उत्तम कर्म करने वालों के श्रेष्ठ लोकों को प्राप्त होगा ।। 71 ।।

The man who hears the holy Gita with reverence and in an uncarping spirit,—liberated from sin, he too shall reach the happy worlds of the virtuous. (71)

प्रसंग—इस प्रकार गीताशास्त्र के कथन, पठन और श्रवण का माहात्म्य बतलाकर अब भगवान् स्वयं सब कुछ जानते हुए भी अर्जुन को सचेत करने के लिये उससे उसकी स्थिति पूछते हैं—

कच्चिदेतच्छ्रुतं पार्थ त्वयैकाग्रेण चेतसा।
कच्चिदज्ञानसंमोहः प्रनष्टस्ते धनंजय।। 72।।

kaccidetacchrutaṁ pārtha tvayaikāgreṇa cetasā
kaccidajñānasaṁmohaḥ pranaṣṭaste dhanañjaya

हे पार्थ ! क्या इस (गीताशास्त्र) को तूने एकाग्रचित्त से श्रवण किया ? और हे धनंजय ! क्या तेरा अज्ञानजनित मोह नष्ट हो गया ? ।। 72 ।।

Have you heard this gospel of the Gita with one-pointed mind, Arjuna? And has your delusion born of ignorance melted away, O conquerer of riches. (72)

प्रसंग – इस प्रकार भगवान् के पूछने पर अब अर्जुन भगवान् से कृतज्ञता प्रकट करते हुए अपनी स्थिति का वर्णन करते हैं—

अर्जुन उवाच

नष्टो मोहः स्मृतिर्लब्धा त्वत्प्रसादान्मयाच्युत।
स्थितोऽस्मिं गतसन्देहः करिष्ये वचनं तव।। 73।।

arjuna uvāca

naṣṭo mohaḥ smṛtirlabdhā tvatprasādānmayācyuta
sthito'smi gatasandehaḥ kariṣye vacanaṁ tava

अर्जुन बोले—हे अच्युत ! आपकी कृपा से मेरा मोह नष्ट हो गया और मैंने स्मृति प्राप्त कर ली है, अब मैं संशयरहित होकर स्थित हूँ, अतः आपकी आज्ञा का पालन करूँगा ।। 73 ।।

Arjuna said: Krsna, by Your grace my delusion has fled and wisdom has been gained by me. I stand shorn of all doubts. I will do your bidding. (73)

प्रसंग – इस प्रकार धृतराष्ट्र के प्रश्नानुसार भगवान् श्रीकृष्ण और अर्जुन के संवादरूप गीताशास्त्र का वर्णन करके अब उसका उपसंहार करते हुए सञ्जय दो श्लोकों में धृतराष्ट्र के सामने गीता का महत्त्व प्रकट करते हैं—

सञ्जय उवाच

इत्यहं वासुदेवस्य पार्थस्य च महात्मनः ।
संवादमिममश्रौषमद्भुतं रोमहर्षणम् ।। 74 ।।

sañjaya uvāca
ityahaṁ vāsudevasya pārthasya ca mahātmanaḥ
saṁvādamimamaśrauṣamadbhutaṁ romaharṣaṇam

सञ्जय बोले—इस प्रकार मैंने श्रीवासुदेव के और महात्मा अर्जुन के इस अद्भुत रहस्ययुक्त, रोमाञ्चकारक संवाद को सुना ।। 74 ।।

Sañjaya said: Thus I heard the mysterious and thrilling conversation between Sri Krsna and the high-souled Arjuna, son of Kunti. (74)

व्यासप्रसादाच्छ्रुतवानेतद्गुह्यमहं परम् ।
योगं योगेश्वरात्कृष्णात्साक्षात्कथयतः स्वयम् ।। 75 ।।

vyāsaprasādācchrutavānetadguhyamahaṁ param
yogaṁ yogeśvarātkṛṣṇātsākṣātkathayataḥ svayam

श्रीव्यासजी की कृपा से दिव्य दृष्टि पाकर मैंने इस परम गोपनीय योग के अर्जुन के प्रति कहते हुए स्वयं योगेश्वर भगवान् श्रीकृष्ण से प्रत्यक्ष सुना है ।। 75 ।।

Having been blessed with the divine vision by the grace of Sri Vyasa, I heard this supremely esoteric gospel from the Lord of Yoga, Sri Krsna Himself, imparting it to Arjuna before my very eyes. (75)

प्रसंग – इस प्रकार अतिदुर्लभ गीताशास्त्र के सुनने के महत्त्व को प्रकट करके अब सञ्जय अपनी स्थिति का वर्णन करते हुए उस उपदेश की स्मृति का महत्त्व प्रकट करते हैं–

राजन्संस्मृत्य संस्मृत्य संवादमिममद्भुतम् ।
केशवार्जुनयोः पुण्यं हृष्यामि च मुहुर्मुहुः ।। 76 ।।

rājansaṁsmṛtya saṁsmṛtya saṁvādamimamadbhutam
keśavārjunayoḥ puṇyaṁ hṛṣyāmi ca muhurmuhuḥ

हे राजन् ! भगवान् श्रीकृष्ण और अर्जुन के इस रहस्ययुक्त, कल्याणकारक और अद्भुत संवाद को पुनः-पुनः स्मरण करके मैं बार-बार हर्षित हो रहा हूँ ।। 76 ।।

Remembering, over and over, that sacred and mystic conversation between Bhagavan Sri Krsna and Arjuna, O King! I rejoice again and yet again. (76)

प्रसंग – इस प्रकार गीताशास्त्र की स्मृति का महत्त्व बतलाकर अब सञ्जय अपनी स्थिति का वर्णन करते हुए भगवान् के विराट् स्वरूप की स्मृति का महत्त्व दिखलाते हैं–

तच्च संस्मृत्य संस्मृत्य रूपमत्यद्भुतं हरेः।
विस्मयो मे महान्राजन्हृष्यामि च पुनः पुनः।।77।।

tacca saṁsmṛtya saṁsmṛtya rūpamatyadbhutaṁ hareḥ
vismayo me mahān rājan hṛṣyāmi ca punaḥ punaḥ

हे राजन् ! श्रीहरि के उस अत्यन्त विलक्षण रूप को पुनः-पुनः स्मरण करके मेरे चित्त में महान् आश्चर्य होता है और मैं बार-बार हर्षित हो रहा हूँ ।। 77 ।।

Remembering also, again and again, that most wonderful Form of Sri Krsna, great is my wonder and I rejoice over and over again. (77)

प्रसंग – इस प्रकार अपनी स्थिति का वर्णन करते हुए गीता के उपदेश की और भगवान् के अद्भुत रूप की स्मृति का महत्त्व प्रकट करके, अब सञ्जय धृतराष्ट्र से पाण्डवों की विजय की निश्चित संभावना प्रकट करते हुए इस अध्याय का उपसंहार करते हैं–

यत्र योगेश्वरः कृष्णो यत्र पार्थो धनुर्धरः।
तत्र श्रीर्विजयो भूतिर्ध्रुवा नीतिर्मतिर्मम।।78।।

yatra yogeśvaraḥ kṛṣṇo yatra pārtho dhanurdharaḥ
tatra śrīrvijayo bhūtirdhruvā nītirmatirmama

हे राजन् ! जहाँ योगेश्वर भगवान् श्रीकृष्ण हैं और जहाँ गाण्डीव-धनुषधारी अर्जुन हैं, वहीं पर श्री, विजय, विभूति और अचल नीति है—ऐसा मेरा मत है ।। 78 ।।

Wherever there is Bhagavan Sri Krsna, the Lord of Yoga, and wherever there is Arjuna, the wielder of the Gandiva bow, goodness, victory, glory and unfailing righteousness are there: such is my conviction. (78)

ॐ तत्सदिति श्रीमद्भगवद्गीतासूपनिषत्सु ब्रह्मविद्यायां योगशास्त्रे श्रीकृष्णार्जुनसंवादे
मोक्षसंन्यासयोगो नामाष्टादशोऽध्यायः ॥१८॥